CB081694

nuevo PRISMA

Curso de español para extranjeros

LIBRO DEL PROFESOR

NIVEL

B1

Paula Cerdeira

María José Gelabert

Edi numen

Con EXTENSIÓN DIGITAL

ELEteca
un espacio en constante actualización

Extensión digital de ***Nuevo Prisma, nivel B1***:
consulta nuestra **ELEteca**, en la que puedes encontrar, con descarga gratuita, materiales que complementan este curso.
www.edinumen.es/eleteca

© **Editorial Edinumen**, 2015
© **Autores:** Paula Cerdeira y María José Gelabert

La Extensión digital para el **alumno** contiene, entre otros materiales, prácticas interactivas de consolidación de contenidos, quizz de repaso y todos aquellos recursos de apoyo al alumno en su proceso de aprendizaje.

Recursos del alumno:
Código de acceso
Localiza el código de acceso en el
Libro del alumno

Material ELEteca:

- **Apéndice sobre léxico:**
  © Paula Cerdeira y María José Gelabert
- **El componente estratégico en el aprendizaje de ELE:**
  © María José Gelabert
- **El trabajo cooperativo en el aula de ELE:**
  © María José Gelabert
- **Las emociones en la clase de ELE:**
  © Rafael Bisquerra

La Extensión digital para el **profesor** contiene, entre otros materiales, transcripciones, material fotocopiable y material proyectable, así como diversos contenidos de apoyo a la labor docente.

Extensión digital
Código de acceso
a2e7cc76

ISBN Libro del profesor: 978-84-9848-638-4
Depósito Legal: M-27487-2015
Impreso en España
Printed in Spain

En el futuro, podrás encontrar nuevas actividades. **Visita la ELEteca**

Coordinación pedagógica:
María José Gelabert

Coordinación editorial:
Mar Menéndez

Edición:
Amelia Guerrero

Diseño de cubierta:
Juanjo López

Diseño y maquetación:
Ana María Gil

Fotografías e ilustración:
Archivo Edinumen

Impresión:
Gráficas Viro. Madrid

Editorial Edinumen
José Celestino Mutis, 4. 28028 - Madrid
Teléfono: 91 308 51 42
Fax: 91 319 93 09
e-mail: edinumen@edinumen.es
www.edinumen.es

Reservados todos los derechos. No está permitida la reproducción parcial o total de este libro, ni su tratamiento informático, ni transmitir de ninguna forma parte alguna de esta publicación por cualquier medio mecánico, electrónico, por fotocopia, grabación, etc., sin el permiso previo y por escrito de los titulares del copyright a excepción de aquellas páginas marcadas explícitamente como fotocopiables.

Cualquier forma de reproducción, distribución, comunicación pública o transformación de esta obra solo puede ser realizada con la autorización de sus titulares, salvo excepción prevista por la ley. Diríjase a CEDRO (Centro Español de Derechos Reprográficos) si necesita fotocopiar o escanear algún fragmento de esta obra (www.conlicencia.com; 91 702 19 70 / 93 272 04 47).

INTRODUCCIÓN

nuevo PRISMA es un método de español estructurado en 6 niveles: A1, A2, B1, B2, C1 y C2, según los requerimientos del *Marco común europeo de referencia* (MCER) y del *Plan Curricular del Instituto Cervantes. Niveles de referencia para el español* (PCIC).

nuevo PRISMA está elaborado bajo una metodología de enfoque comunicativo, orientado a la acción y centrado en el alumno con el fin de utilizar la lengua para comunicarse y poder actuar de manera competente, considerando al estudiante como un agente social que deberá realizar tareas en diversos contextos socioculturales.

El objetivo general de nuevo PRISMA es ofrecer al estudiante un material para que pueda desarrollar tanto las competencias generales como las competencias comunicativas, con el fin de realizar las actividades de lengua apropiadas para llevar a cabo las tareas que deba efectuar y proporcionarle los conocimientos necesarios para desenvolverse en un ambiente hispano en el que convergen diferentes culturas.

El proceso de aprendizaje está relacionado con los conocimientos que se establecen entre el estudiante, su grupo de compañeros y el profesor. nuevo PRISMA tiene en cuenta estos recursos cognitivos de los estudiantes e introduce actividades específicas para procesar información a partir de la percepción, el conocimiento adquirido (experiencia) y las características subjetivas que permiten valorar esa información.

nuevo PRISMA también comprende una serie de técnicas y estrategias de aprendizaje y comunicación que contribuirán a que el alumno reflexione sobre su aprendizaje y a que su comunicación sea cada vez más eficaz, siendo capaz de cubrir sus necesidades de comprensión y expresión y de superar sus deficiencias en cualquiera de las áreas de competencia comunicativa, ya sean de tipo lingüístico, discursivo o sociocultural.

nuevo PRISMA ofrece una serie de actividades enmarcadas dentro del enfoque del aprendizaje cooperativo. Actividades diseñadas con el fin de desarrollar el trabajo en equipo que permite la colaboración de todos y cada uno de sus miembros en la consecución de las tareas, atendiendo a la diversidad de los estudiantes. Se fomenta, así, una enseñanza más reflexiva, basada en las habilidades propias, de manera que ayude a mejorar el nivel de conocimientos de cada aprendiz, a aumentar sus capacidades comunicativas, y a aumentar el número de interacciones en clase. El aprendizaje cooperativo es, además, una estrategia que promueve la participación colaborativa entre los estudiantes en el desarrollo afectivo, cognitivo y social.

Con todo ello, nuevo PRISMA · Nivel B1, siguiendo las indicaciones del MCER, pretende formar usuarios básicos que serán capaces de:

- comprender los puntos principales de textos claros y en lengua estándar si tratan sobre cuestiones que le son conocidas, ya sea en situaciones de trabajo, de estudio o de ocio.
- desenvolverse en la mayor parte de las situaciones que pueden surgir durante un viaje por zonas donde se utiliza la lengua.
- producir textos sencillos y coherentes sobre temas que le son familiares o en los que tiene un interés personal.
- describir experiencias, acontecimientos, deseos y aspiraciones, así como justificar brevemente sus opiniones o explicar sus planes.

nuevo PRISMA · Nivel B1 **PROFESOR**, se ofrece en papel y en soporte digital (ELEteca) de manera que se pueda actualizar y complementar siempre que sea necesario. Este material digital es proyectable e imprimible y aparece referenciado en el libro en el momento adecuado mediante una serie de símbolos gráficos o iconos. El libro del profesor ha sido diseñado como una guía fácil e intuitiva que permitirá al profesor localizar de manera inmediata y completa toda la información y el material complementario de cada actividad del libro del alumno y preparar así sus clases de manera rápida y eficaz.

A continuación podrá encontrar:

- la descripción general del libro en papel;
- la descripción general del material digital disponible en la ELEteca;
- el índice general del libro y su correspondencia con el material digital;
- los índices pormenorizados del material digital.

El libro en papel incluye:

- **guía visual** de las páginas del libro del alumno que se están tratando;
- **referencias cruzadas** al material disponible en la ELEteca;
- **sugerencias de explotación** y **dinámicas de las actividades** del libro del alumno;
- **sugerencias de explotación de las dinámicas** de las **fichas** y **proyecciones** complementarias de cada unidad;
- **soluciones** de las actividades;
- **transcripciones**.

2 ¡MÓJATE!

Guía visual de las páginas del libro del alumno.

El título de esta unidad, "¡Mójate!", es una expresión que significa "atrévete a dar tu opinión", y que servirá para favorecer y propiciar el uso de las funciones de la unidad: expresar opiniones, valorar acciones y opiniones de otros, expresar acuerdo o desacuerdo, o posicionarse a favor o en contra de algo.

Como contenidos culturales que propiciarán que los estudiantes expresen su opinión, se presentan diversos temas de actualidad, como vivir fuera del país de origen, la medicina alternativa, o el trabajo desarrollado durante 150 años de la Cruz Roja o el de otras ONG. A través de las actividades propuestas, se trabajan contenidos gramaticales como los verbos de opinión, las estructuras de valoración y los conectores del discurso.

Antes de empezar con las actividades de la unidad, puede preguntar a los alumnos si conocen la expresión "mójate" y si saben cuándo y cómo se usa.

1 NO CREO QUE SEA BUENA IDEA... 20

El primer epígrafe de la unidad se centra en reflexionar sobre los medios y dispositivos que usamos a la hora de comunicarnos con otras personas. A través de una audición por Skype se trata el tema de vivir fuera del país de origen y se da pie a una reflexión donde se incluye la presentación de los verbos de opinión. De este modo, los alumnos entrarán en contacto con una nueva forma verbal: el presente de subjuntivo.

Guía de explotación de las dinámicas del libro del alumno.

> 1 Actividad grupal en la que se pretende obtener la mayor información de los estudiantes sobre el medio o dispositivo que utilizan para comunicarse con otras personas. Se ha considerado que puede ser un tema interesante, ya que hoy en día, gracias a las redes sociales, hay diversidad de opciones. Si sus alumnos no coinciden a la hora de responder a las preguntas que se formulan, anímelos a que justifiquen sus respuestas.

Soluciones de las actividades.

Todas estas imágenes hacen referencia a diferentes medios y dispositivos para comunicarse.

1.1. Esta actividad de comprensión auditiva se puede trabajar en el aula de manera alternativa si se propone a los estudiantes que, a modo de hipótesis, respondan a las preguntas propuestas y después realicen la escucha para comprobar si sus hipótesis eran las correctas. El objetivo que se pretende, en cualquier caso, es el de realizar una escucha global.

Sugerencias y alternativas de explotación de las actividades planteadas en el libro del alumno.

[4]
- **Antonio:** ¡Hola, mamá! ¿Cómo estáis?
- **Madre:** ¡Hola, hijo! Pues, echándote mucho de menos.
- **Antonio:** Y yo a vosotros también. Sobre todo vuestras comiditas caseras.
- **Madre:** Ya me lo imaginaba. No creo que comas muy bien, ¿verdad?
- **Antonio:** Pues ya sabes que no me gusta mucho cocinar. Oye, ¿está papá por ahí?
- **Madre:** No, hijo. Hoy llegará tarde… Pero, cuenta, cuenta, ¿cómo estás?
- **Antonio:** Estoy bien y muy contento. Tengo muchas cosas que contaros. ¿Sabes? Ya he encontrado trabajo. Vine a Chile para trabajar y lo he conseguido. ¿Qué te parece?
- **Madre:** ¡Qué bien! ¡Qué rápido! ¿Cómo fue?
- **Antonio:** Pues mira… La semana pasada mi compañera de piso, Teresa,

Transcripciones de los audios del libro del alumno.

| 20 |

nuevo PRISMA • Libro del Profesor • Nivel B1

Proyección 10. Productos de España.

Guía visual de fichas y proyecciones en la ELEteca, disponibles para descargar.

Guía de explotación de las dinámicas de fichas y proyecciones.

Dinámica. Proyecte la imagen del mapa de España. Es importante que, en primer lugar, se haga una breve explicación de las diferentes comunidades autónomas que lo componen. A continuación, se anima a los estudiantes a explicar cada uno de los productos que aparecen en el mapa. Muchos de ellos son muy conocidos y podrán comentar si los han probado en alguna ocasión y en qué consisten. También se pueden comparar con productos característicos de su país, y hablar de las diferencias o similitudes que puede existir entre algunos de ellos. Por supuesto, es importante destacar aquellos que son Denominación de Origen para que estén preparados para la posterior lectura.

ELEteca
17. Productos de España. Denominación de Origen.

> 3 Actividad en la que se presenta el blog de un chico que ha realizado un viaje a Colombia. Por un lado, se aprovechan todos los elementos culturales para dar a conocer a los estudiantes lugares de interés turístico de este país, así como sus creencias y gastronomía. Por otro, se siguen trabajando los adjetivos acompañados de los verbos *ser* o *estar*, ya que el estudiante deberá escribir el significado de cada uno de los adjetivos en función del contexto en el que aparecen.

1. tener interés; 2. prestar atención; 3. estar satisfechos; 4. ser muy amable; 5. tener muy buen sabor; 6. tener buen sabor; 7. color; 8. no encontrarse bien; 9. ser extrovertida.

ELEteca
18. Colombia.

Referencias cruzadas al material complementario de la ELEteca.

3.1. Tomando como ejemplo el blog de la actividad 3, se pedirá a los estudiantes que sean ahora ellos los que creen su propio blog sobre alguno de los países hispanos. Se trata de una actividad cooperativa en la que los estudiantes, en pequeños grupos, deberán repartirse el trabajo de búsqueda de la información requerida, una vez hayan decidido sobre qué país van a trabajar, y después trabajar en equipo hasta la realización del blog.

3.2. Para cerrar esta serie de actividades de carácter cultural, se propone una puesta en común en la que los alumnos darán su opinión sobre algunas cuestiones referidas a los países hispanos y los compararán con sus países de origen.

La **ELEteca** incluye:

- **fichas** y **proyecciones**, como **material didáctico complementario** para reforzar o ampliar los contenidos después de un epígrafe o actividad;
- **información sociocultural y lingüística extra**, útil tanto para el profesor como para el estudiante;
- **12 fichas** sobre léxico, una por unidad, en las que, mediante la realización de diferentes actividades con las que se practican distintas destrezas, se amplían algunos contenidos léxicos tratados en la unidad. Estas fichas van acompañadas del solucionario y las transcripciones correspondientes;
- **guía didáctica** para el profesor sobre **el trabajo cooperativo en clase de ELE**. Conceptualización y dinámicas;
- **guía didáctica** para el profesor sobre **el componente estratégico en el aprendizaje de ELE**;
- **guía didáctica** para el profesor sobre **las emociones en la clase de ELE**;
- **transcripciones** de los audios de libro del alumno para proyectar o imprimir.

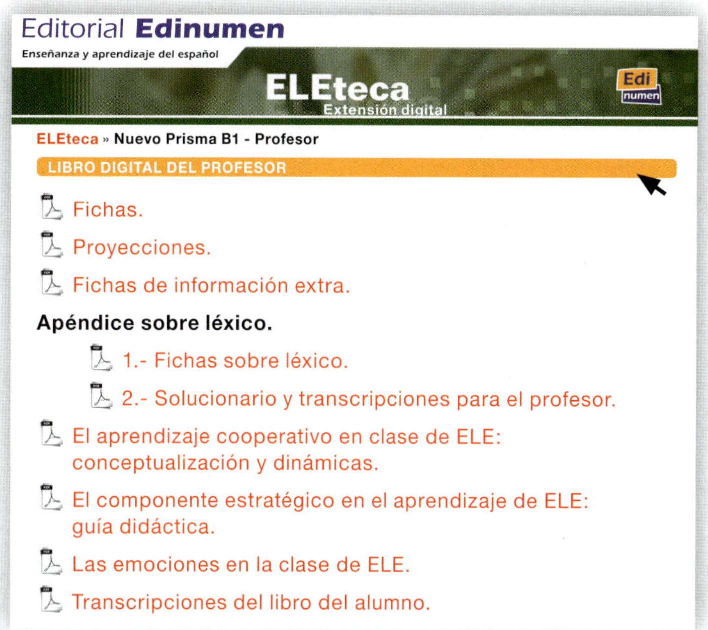

ÍNDICE GENERAL

ÍNDICE DEL MATERIAL DIGITAL

FICHAS

1. Experiencias y sensaciones.
2. *Ser* y *estar*.
3. ¿Inocente o culpable?
4. ¿Indicativo o subjuntivo?
5. Reglas de acentuación.
6. Mis mejores deseos.
7. Diptongos, triptongos e hiatos.
8. Jugamos al burro.
9. Práctica para expresar gustos y aversiones.
10. Práctica de las oraciones de relativo.
11. Interactuamos en la plataforma.
12. Las grafías *g*/*j* /y *c*/*qu*/*k*.
13. Práctica de las oraciones temporales.
14. Imágenes con historia.
15. Muy interesante.
16. Expresar hipótesis.
17. Es cierto que…
18. ¿Qué habrá pasado?
19. Mario Vargas Llosa.
20. Expresar causa o finalidad.
21. Disciplinas y personas.
22. *Uña y carne*.
23. ¿De qué trata esta película?
24. *Viaje con nosotros*.
25. Guía de culturas.

PROYECCIONES

1. Los conectores del discurso.
2. El chófer de Einstein.
3. Expresar opinión y valoración.
4. Opina y reacciona.
5. Dar consejos y hacer recomendaciones.
6. Expresar deseos.
7. Expresar gustos y aversiones.
8. Las oraciones de relativo.
9. Expresar sentimientos negativos.
10. Productos de España.
11. Oraciones temporales con *cuando*.
12. Oraciones temporales.
13. Expresamos la causa.
14. Naturaleza exótica.
15. Confirmar una realidad o desmentirla.
16. El seseo, el ceceo y el yeísmo rehilado.
17. El futuro perfecto de indicativo: forma y uso.
18. Historias cómicas.
19. Sensaciones profesionales.
20. La carta de motivación.
21. Perífrasis verbales.
22. Patrones entonativos del español (1).
23. Expresar consecuencia y las estructuras consecutivas con matiz intensificativo.
24. Patrones entonativos del español (2).

INFORMACIÓN EXTRA

1. Definición de anécdota.
2. La situación del español en el mundo.
3. El día E: la fiesta de todos los que hablamos español.
4. Páginas oficiales del Gobierno y Ministerio de Turismo de los países donde el español es lengua oficial.
5. Revista Internacional de Sociología (RIS).
6. Las ONG Unicef, Greenpeace, Aldeas Infantiles SOS y Médicos sin fronteras.
7. Dos costumbres en España: el tirón de orejas y los dos besos.
8. Expresiones coloquiales.
9. Los diminutivos en español.
10. Los parques temáticos.
11. Tres ciudades españolas: Alicante, Pamplona y Granada.
12. Algunos edificios emblemáticos de la arquitectura española contemporánea.
13. Ciudades españolas e hispanoamericanas declaradas Patrimonio de la Humanidad por la Unesco.
14. Plataformas: Change.org, MoveOn.org, Oiga.me y Actuable.
15. El clictivismo.
16. Biografía de Jorge Bucay.
17. Productos de España. Denominación de Origen.
18. Colombia.
19. Steve Jobs.
20. Personajes famosos: Albert Einstein, J.K. Rowling, Walt Disney, Stephen King, Winston Churchill, Isaac Newton, Soichiro Honda.
21. La universidad de Salamanca.
22. Antonio Machado.
23. Pablo Alborán.
24. Revista *Muy interesante*.
25. Estereotipos españoles.
26. Las líneas de Nazca.
27. Fenómenos curiosos.
28. El seseo, el ceceo y el yeísmo rehilado.
29. Manuel Vicent.
30. *Mafalda* del ilustrador Quino.
31. Elena Poliatowska, Gabriel García Márquez, José Hierro, Ana María Matute.
32. *La colmena* de Camilo José Cela.
33. *La sombra del viento* de Carlos Ruiz Zafón; *El último catón* de Matilde Asensi; *Como agua para chocolate* de Laura Esquivel.
34. Ritmos latinos.
35. La telebasura.
36. Biografías de artistas hispanos famosos.
37. La ruta Quetzal.
38. Manual básico Praat.

APÉNDICE SOBRE LÉXICO

1. Las anécdotas.
2. La comunicación en las redes.
3. Los comportamientos sociales.
4. El lenguaje de las adivinanzas.
5. Los sentimientos.
6. Los poemas.
7. Los artículos de divulgación científica.
8. El lenguaje de los sueños.
9. La literatura española.
10. La música hispana.
11. El cine.
12. El arte en los viajes.

1 EXPERIENCIAS EN ESPAÑOL

Esta primera unidad aborda el tema de las experiencias, en concreto, las relacionadas con el aprendizaje de una lengua. Los contenidos funcionales que se trabajan son contar y describir anécdotas en el pasado, y situar acciones en el pasado, expresando anterioridad y posterioridad inmediata de una acción con respecto a otra. Desde el punto de vista gramatical, se hace una revisión de los tiempos del pasado, del condicional y de los conectores del discurso, y se repasan los verbos *ser* y *estar* para describir características de la personalidad y estados de ánimo. Por último, se presenta el pretérito pluscuamperfecto de indicativo. Los contenidos culturales hacen alusión tanto a la situación del español en el mundo como a sus variantes dialectales. El apartado de fonética y ortografía centra su atención en diferentes aspectos de la puntuación y la acentuación.

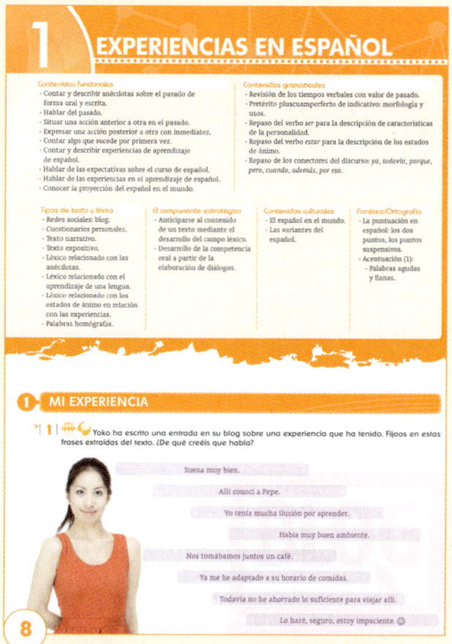

1 MI EXPERIENCIA 8

Este epígrafe tiene como objetivo principal la revisión de los tiempos del pasado y del condicional, además de los conectores del discurso. Los alumnos van a contar y a describir su experiencia sobre el aprendizaje del español y, bajo el formato textual de un blog, se trabajará el léxico correspondiente a los estados de ánimo en relación con las experiencias.

> 1 Con esta dinámica oral se presentan expresiones extraídas del texto que los alumnos van a leer en la siguiente actividad. De este modo se pretende que se familiaricen con dichas expresiones, previendo el contenido del texto y facilitando, al mismo tiempo, su posterior comprensión.

1.1. De manera individual los estudiantes procederán a una lectura del texto y comprobarán si han acertado en sus hipótesis. Adviértales que esta primera lectura se realizará con la única finalidad de constatar las suposiciones.

> 2 Proponga una nueva lectura del texto anterior, donde se preste especial atención a los conectores en negrita. Antes de contestar a las preguntas, haga una revisión de los conectores del discurso con la proyección 1.

Proyección 1. Los conectores del discurso.

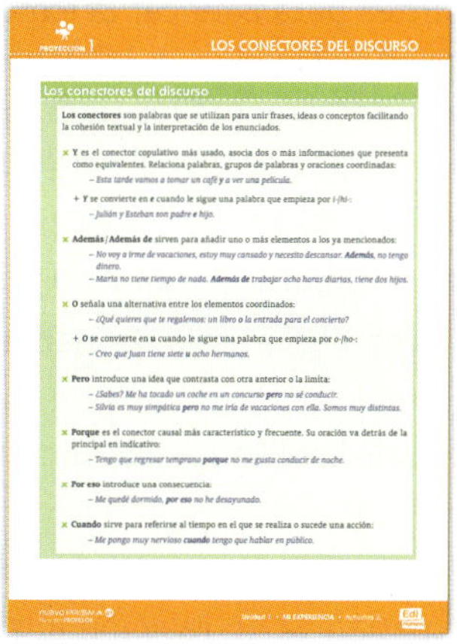

Dinámica. Proyecte la lámina haciendo una revisión de los principales conectores que se utilizan para unir frases, ideas, conceptos... Una vez explicados, mantenga la imagen proyectada para la práctica de la actividad.

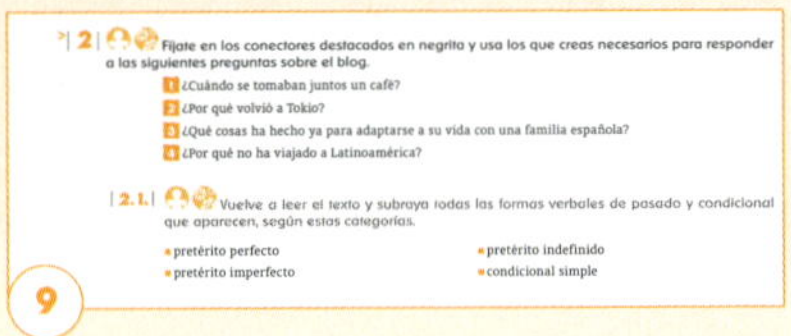

1. Cada día, cuando llegaban a clase; 2. Porque consiguió un trabajo en Osaka y se tuvo que mudar allí; 3. Cambiar su horario de comidas por el de la familia y acostumbrarse a su forma de gesticular; 4. Porque todavía no ha ahorrado lo suficiente para viajar allí y porque, además, no tiene mucho tiempo.

2.1. Indique a los alumnos que vuelvan a leer el texto prestando atención a las formas verbales del pasado y condicional, que las señalen y que las clasifiquen en la categoría correspondiente.

Pretérito perfecto: ha propuesto; He vivido; he decidido; me he adaptado; he ahorrado; Pretérito indefinido: fue; Me inscribí; conocí; enseñó; decidí; visitamos; volví; tuve; conseguí; Pretérito imperfecto: tenía; eran; tenía; Empezábamos; terminábamos; Había; llegábamos; nos tomábamos; era; Nos sentábamos; había; colgaban, debía; Condicional simple: me gustaría, me gustaría.

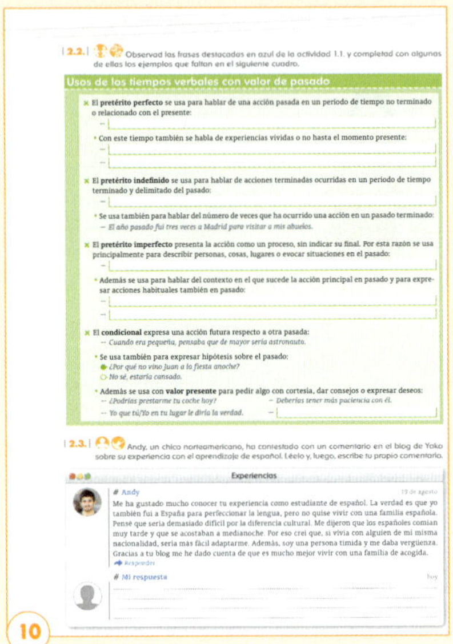

2.2. Remita a los alumnos al texto de la actividad 1.1. e indíqueles que, en parejas, completen el cuadro sobre los usos de los tiempos verbales, tal y como se sugiere en la actividad. Si detecta cualquier laguna o malentendido en relación a estos contenidos por parte de sus alumnos, tanto en lo que respecta a la forma como al uso de estos pasados, es el momento de detenerse a resolverlos.

El pretérito perfecto: He vivido varias veces con familias españolas de acogida/mi empresa me ha propuesto viajar de nuevo a España; Ya me he adaptado a su horario de comidas; todavía no he ahorrado lo suficiente para viajar allí. El pretérito indefinido: Mi primer contacto con el español fue en Tokio. El pretérito imperfecto: Había muy buen ambiente en clase; Aprovechando que tenía tres meses libres después de terminar la universidad, decidí hacer un curso de español en Málaga; Cada día, cuando llegábamos, nos tomábamos juntos un café. El condicional: (...) me gustaría pasar más tiempo con ellos.

2.3. Después de realizar la actividad de expresión escrita, puede proponer a los estudiantes que comenten con otros compañeros de la clase las respuestas que han escrito a Andy.

Para practicar el contraste de pasados, el condicional y los conectores del discurso, proponga la realización de los ejercicios 1 al 7 de la unidad 1 del *Libro de ejercicios*.

> 3 Recomiende a los alumnos que reflexionen primero sobre aquellas preguntas que consideran importantes para conocer la experiencia de sus compañeros como estudiantes de español. Guíeles en la elaboración del cuestionario, indicándoles que utilicen correctamente los tiempos del pasado en la formulación de las preguntas. En el caso de que observe alguna dificultad para crear el cuestionario, puede proponerles alguna de las siguientes preguntas:

- ¿Por qué has escogido estudiar español y no otro idioma?
- ¿Has visitado alguna vez algún país de habla hispana? ¿Cuál? ¿Cuánto tiempo?
- ¿Has vivido en algún país de habla hispana? ¿En cuál? ¿Cuándo? ¿Cuánto tiempo?
- ¿Cuál es la costumbre que más te sorprendió de la cultura hispana?
- ¿Cuál fue tu mejor experiencia en relación al aprendizaje del español? ¿Y la peor?

3.1. En esta actividad se trata de que cada alumno exponga brevemente las experiencias de sus compañeros. Para ello, indíqueles que primero lean con detenimiento la información recabada y que la organicen para poder contársela al resto de la clase. Una vez hayan expuesto todas las experiencias, haga una puesta en común para que, entre todos, comenten qué experiencia les parece más satisfactoria o interesante justificando su respuesta.

>4 Con esta actividad, se pretende que los alumnos reflexionen sobre sus experiencias en su proceso de aprendizaje del español, valorando si estas han sido positivas o no. Es importante que los alumnos focalicen su atención en expresar su propia experiencia, qué sensaciones tienen en relación a la misma y que la compartan con sus compañeros.

Las actividades referidas al estado de ánimo y a la afectividad en el proceso de aprendizaje aparecen en el *Libro del alumno* bajo la etiqueta de **Sensaciones**.

Es recomendable que, antes de llevar a cabo la actividad, lea el apéndice *Las emociones en el aprendizaje de ELE* que puede encontrar en la ELEteca.

Para guiar esta actividad y poder profundizar en las experiencias de sus alumnos, se propone trabajar con la ficha 1.

Ficha 1. Experiencias y sensaciones.

FICHA 1 EXPERIENCIAS Y SENSACIONES (1)

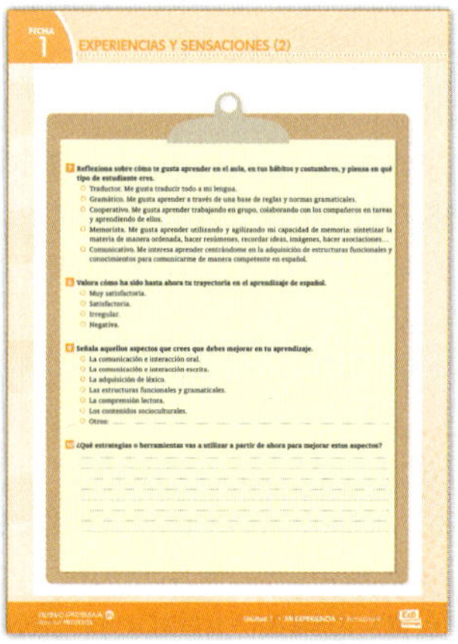

FICHA 1 EXPERIENCIAS Y SENSACIONES (2)

Dinámica. Entregue la ficha 1 a los alumnos y pídales que contesten individualmente al cuestionario con el fin de reflexionar sobre cómo ha sido su experiencia en el aprendizaje del español. Para hacer una valoración global sobre su experiencia, empezarán recordando cómo fue su contacto inicial con el español (por qué han querido estudiar esta lengua, cuáles fueron sus motivaciones e intereses para aprenderlo, sus primeras sensaciones al entrar en contacto con la lengua y la cultura...); a continuación, valorarán su proceso de aprendizaje y la manera en la que se enfrentan al español y, por último, reflexionarán sobre aquellos aspectos que piensan que deben cambiar o mejorar para que su aprendizaje sea más eficaz. Una vez que los alumnos hayan terminado de rellenar el formulario, haga una puesta en común para intercambiar experiencias y nuevas formas de abarcar el estudio de la lengua.

2 UNA ANÉCDOTA 11

El tema central de este epígrafe gira en torno a las anécdotas relacionadas con el aprendizaje del español. Se trata de que los alumnos cuenten y describan anécdotas en pasado de forma oral y escrita, utilizando para ello un nuevo tiempo verbal: el pretérito pluscuamperfecto de indicativo, del que se presenta su morfología y se explican sus usos.

Antes de comenzar con este bloque de actividades, pregunte a sus estudiantes si saben qué es una anécdota y que, en parejas, intenten escribir una defi-

nición para este término. Después, ponga en común todas las definiciones y pídales que den algunos ejemplos de ellas.

Para profundizar sobre el concepto de anécdota y sus efectos en el aprendizaje de una lengua, así como para ver algunos ejemplos, puede consultar la información extra de la ELEteca.

i+ ELEteca

1. Definición de anécdota.

> 1 Esta actividad tiene como objetivo presentar el tema de las anécdotas relacionadas con el aprendizaje del español. En primer lugar, se procede a una lectura individual del texto por parte de los alumnos. Una vez leído, asegúrese que han entendido su contenido. Para ello, puede realizar las siguientes preguntas:

– ¿Qué estudió el alumno ese día en clase?

– ¿Qué hicieron los alumnos al terminar la clase?

– ¿Qué pidió el alumno en el bar?

– ¿Por qué se rieron las personas que estaban con él?

– ¿Qué quería pedir el alumno?

– ¿Por qué se confundió?

Porque dice que quiere unos camareros fritos en vez de calamares fritos.

1.1. En la primera escucha, recomiende a los alumnos que se centren en escuchar las tres anécdotas sin tomar nota. Luego, proceda a una segunda escucha y déjeles unos minutos para que puedan escribir lo que sucede en cada anécdota.

Diálogo 1

| 1 | Era mi primer año como profesora de español y todavía no conocía bien las diferencias y malentendidos culturales. Hacía un mes que trabajaba en una pequeña academia en Barcelona y, además de dar clases de español, me encargaba de las visitas turísticas. Resulta que esa tarde me tocó hacer una ruta por el centro con una alumna de Inglaterra. En aquel momento yo vivía en Las Ramblas y le dije a Jessica que pasaríamos un momento por mi casa para dejar los libros de la escuela y, así, no iría tan cargada. Dio la casualidad de que mi novio estaba en casa y se lo presenté. Él le dio dos besos y ella los aceptó, pero no con muy buena cara. Dejé mis cosas en el salón y le dije que podíamos irnos. Mi novio tenía que bajar a hacer unos recados y salimos todos juntos. Ya en la calle quiso despedirse de ella y cuando fue a darle dos besos…

Diálogo 2

Como todo profesor de español, podría explicar mil anécdotas relacionadas con confusiones léxicas, pero la anécdota que nunca olvidaré (y seguro que mi alumna tampoco) es gestual. Era el último día de clase de una alumna brasileña, así que nos intercambiamos los correos electrónicos, nos hicimos unas fotos y cuando fuimos a darnos dos besos de despedida…

Diálogo 3

Yuki era uno de los alumnos más simpáticos que tuve en la clase el año pasado. Era japonés y tenía 60 años. Era supertrabajador: por ejemplo, si el lunes le ponías una redacción para el miércoles, ese mismo día por la tarde ya la había hecho. Bueno, pues resulta que un día llegó a clase con una sonrisa de oreja a oreja y con los deberes sin hacer; a todos nos extrañó muchísimo y entonces nos contó que ¡había sido abuelo! Me invitó a mí y a sus otras dos profesoras a cenar a un restaurante japonés y, como no rechazamos nunca una invitación a comer fuera, fuimos encantadas. Le compramos un regalito para su nieto y cuando se lo dimos…

1.2. En parejas, los estudiantes comentan las anécdotas de la audición y, entre los dos, idean un final para cada una de ellas. Si lo considera relevante, puede proponer a los estudiantes que comparen sus finales con otras parejas de la clase y los comenten.

1.3. En esta audición, los alumnos escucharán el final de cada historia. En gran grupo, comentan si han acertado con las hipótesis y dan su opinión de cada situación. Pregúnteles si les ha extrañado alguna de ellas y por qué. Si lo cree pertinente, puede hacer hincapié en este punto en el aspecto intercultural, proponiendo a los estudiantes que expliquen qué sucedería si estas situaciones ocurrieran en sus países.

Diálogo 1

|2| ...ella se alejó unos pasos, mi novio se le acercó otra vez y ella se apartó mucho más. ¡Imagínate la cara que puse! ¡No entendía nada! Total que le pregunté qué pasaba y me dijo: "¡Tu novio me quiere besar!". Me costó un poco explicarle bien que en España nos damos dos besos en las situaciones informales para saludarnos.

Diálogo 2

...nos dimos cuenta de que ¡en Brasil empiezan por la mejilla izquierda y que en España por la derecha! En fin, que, sin querer, nos dimos un beso en los labios. Creo que ninguno de los dos se había puesto tan rojo antes. La chica era muy maja y nos reímos un montón.

Diálogo 3

...sonrió y dejó el paquete a su lado sin abrirlo. Nos miramos entre nosotras preguntándonos por qué no lo abría. Él no dejaba de sonreír y de mirarnos. Al final le preguntamos por qué no lo abría y, claro, nos explicó que en Japón no se abren los regalos delante de la persona que te lo ha dado. ¡Qué cosas tiene la cultura!

>2 Actividad de reflexión gramatical en la que se presentará el pretérito pluscuamperfecto de indicativo a partir de frases extraídas de las audiciones anteriores.

Explique la formación del pretérito pluscuamperfecto a partir del siguiente cuadro. Una vez explicado, proponga a los alumnos que lean las frases, focalizando su atención en el nuevo tiempo verbal, y escriban la frase en el hueco adecuado según el uso. Si lo cree relevante, puede entregarles la transcripción completa para que puedan leer el contexto completo de las frases. Antes de una corrección final, indíqueles que, en parejas, comparen y justifiquen sus respuestas.

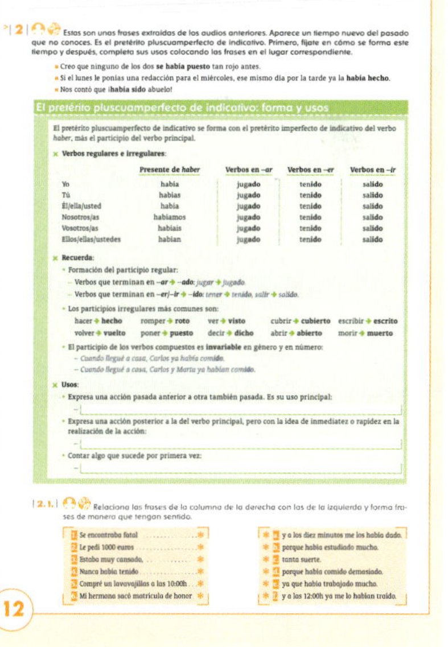

Expresar una acción pasada anterior a otra también pasada: Nos contó que ¡había sido abuelo!; Expresar una acción posterior a la del verbo principal, pero con la idea de inmediatez o rapidez en la realización de la acción: Si el lunes le ponías una redacción para el miércoles, ese mismo día por la tarde ya la había hecho; Contar algo que sucede por primera vez: Creo que ninguno de los dos se había puesto tan rojo antes.

2.1. Actividad que servirá para verificar que los alumnos han entendido los contenidos comprendidos en el cuadro gramatical. Puede proponer que, antes de la corrección en común, comparen sus respuestas en parejas.

1. d; 2. a; 3. e; 4. c; 5. f; 6. b.

2.2. Mantenga las mismas parejas de la actividad anterior e indíqueles que reflexionen sobre los usos del pretérito pluscuamperfecto en cada frase. Después, corrija en gran grupo y aproveche para resolver las dudas que puedan surgir.

Expresar una acción pasada anterior a otra también pasada: 1. d.; 3. e; 6. b; Expresar una acción posterior a la del verbo principal, pero con la idea de inmediatez o rapidez en la realización de la acción: 2. a; 5. f. Contar algo que sucede por primera vez: 4. c.

2.3. Sugiera a los estudiantes que observen con atención las imágenes y que, tomando como referencia el ejemplo 1, elaboren frases que relacionen las imágenes utilizando el pretérito pluscuamperfecto de indicativo. Propóngales que intercambien sus interpretaciones con otras parejas de la clase para, a continuación, comentarlas en gran grupo. ¿Ha habido interpretaciones muy diferentes? ¿Cuál ha sido la interpretación más original?

Posible respuesta: 2. Cuando María llegó a casa, sus amigos le habían preparado una fiesta sorpresa; 3. Cuando Antonio llegó al supermercado, ya habían cerrado; 4. Cuando pusieron la televisión, la película ya había terminado.

Puede continuar la práctica del pretérito pluscuamperfecto de indicativo con el ejercicio 8 de la unidad 1 del *Libro de ejercicios*.

> 3 Esta actividad tiene como finalidad trabajar la interculturalidad, fomentando la reflexión en búsqueda de la integración y la convivencia entre la cultura del estudiante y las diferentes dimensiones culturales de la lengua española. De este modo, se obtiene una panorámica amplia y rica de la diversidad cultural.

Recomiende a los estudiantes que se tomen unos minutos para pensar en una anécdota que les haya sucedido durante su andadura en el aprendizaje del español y que tomen nota si lo creen necesario. A continuación, indíqueles que cuenten a sus compañeros sus anécdotas. Para una eficaz narración de las mismas, recuérdeles que sigan las instrucciones y utilicen las estructuras del cuadro de atención.

3.1. Para finalizar el trabajo intercultural, se propone una actividad en la que los estudiantes deberán pensar en una costumbre de su país que crean que pueda provocar un malentendido cultural y explicarla al resto de la clase. Si se trata de una clase multicultural, puede agrupar a los alumnos por nacionalidades; en el caso de que todos los estudiantes tengan la misma nacionalidad, indíqueles que piensen en una costumbre de su región, de su ciudad o, incluso, de su pueblo. Una vez explicadas las anécdotas, concluya la actividad haciendo hincapié en lo importante que es entender los códigos culturales que rige un determinada lengua y cultura para poder entendernos mejor, evitar malentendidos y ser más tolerante ante las diferencias.

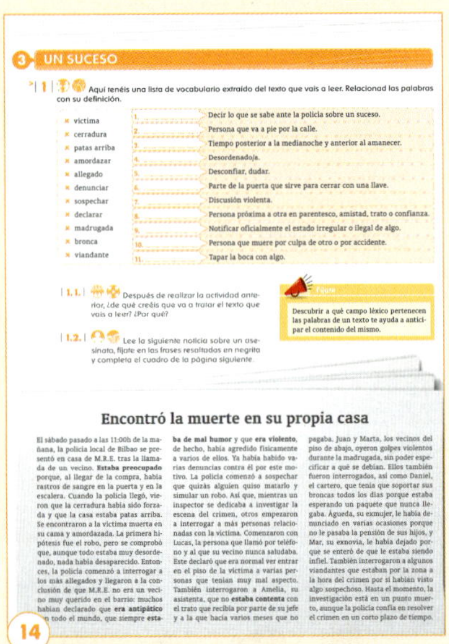

3 UN SUCESO 14

En este epígrafe, además de seguir revisando los tiempos del pasado, se repasa el uso del verbo *ser* para describir características de la personalidad y el uso del verbo *estar* para la descripción de los estados de ánimo. El estudiante aprenderá una nueva estrategia que le facilitará la comprensión lectora de un texto: anticipar el contenido del mismo mediante el desarrollo de su campo léxico. Se presenta, también, la primera actividad de carácter cooperativo de la unidad.

> 1 Actividad propuesta para realizar en parejas o, si se considera conveniente, en pequeños grupos. Advierta a los alumnos que estas palabras van a aparecer en el texto que leerán a continuación y que entender su significado previamente les va a facilitar la comprensión del mismo. En primer lugar, deben realizar una lectura de las palabras y ver de cuáles conocen ya el significado. Para aquellas palabras cuyo significado no conozcan ninguno de los miembros de la pareja, propóngales consultar un diccionario monolingüe.

1. declarar; 2. viandante; 3. madrugada; 4. patas arriba; 5. sospechar; 6. cerradura; 7. bronca; 8. allegado; 9. denunciar; 10. víctima; 11. amordazar.

1.1. Se presenta una actividad de activación de estrategias de aprendizaje. Este tipo de actividades aportan al alumno herramientas que facilitan su aprendizaje y están destacadas en el *Libro del alumno* con el icono ✚. Se sugiere que, previamente a su realización, consulte en la ELEteca el documento *El componente estratégico en el aprendizaje de ELE*.

En este caso, los alumnos deben reflexionar en gran grupo sobre el campo léxico al que pertenecen las palabras de la actividad anterior y que aparecen también en el texto que van a leer. Una vez detectado el campo léxico de estas palabras, ya sabrán de qué trata el texto y podrán abordar su lectura con mayor facilidad. Después de realizar la actividad, pregúnteles si ya conocían esta estrategia y si la habían utilizado alguna vez al estudiar español u otra segunda lengua.

1.2. Indique a los alumnos que realicen una lectura del texto prestando especial atención a las frases con *ser* y *estar* que aparecen resaltadas en negrita. Posteriormente, deberán completar con dichas estructuras el cuadro que aparece a continuación en el que se explican diferentes usos de estos dos verbos.

1. ser: era antipático; era violento. 2. estar: Estaba preocupado; estaba de mal humor; estaba contenta.

Antes de que los alumnos completen el cuadro, asegúrese de que estos han comprendido el texto, para ello puede realizar diferentes preguntas de contenido:

– ¿De qué trata el texto?

– ¿Quién llamó a la policía? ¿Por qué?

– ¿Qué se encontró la policía al llegar a la casa de M.R.E?

– ¿Cómo describen los vecinos a la víctima?

– ¿Se ha resuelto la investigación?

Para consolidar el correcto uso de los verbos *ser* y *estar* y revisar usos estudiados en niveles anteriores, se recomienda utilizar la ficha 2.

Ficha 2. *Ser y estar.*

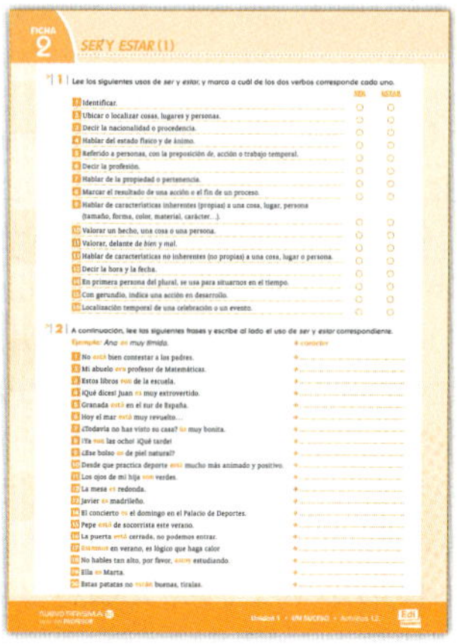

Dinámica. Entregue la ficha a los estudiantes para que puedan practicar los usos de estos dos verbos de manera individual. Una vez que hayan finalizado, corrija la actividad haciendo una puesta en común.

1. *Ser*: 1, 3, 6, 7, 9, 10, 13; *Estar*: 2, 4, 5, 8, 11, 12, 14, 15, 16.

2. 1. valoración; 2. profesión; 3. propiedad; 4. característica inherente/carácter; 5. localización; 6. característica no inherente; 7. valoración; 8. hora; 9. material; 10. estado de ánimo; 11. característica inherente/color; 12. característica inherente/forma; 13. nacionalidad; 14. localización temporal de un evento; 15. trabajo temporal; 16. resultado de una acción; 17. situarse en el tiempo, valoración; 18. acción en desarrollo; 19. identificación; 20. característica no inherente.

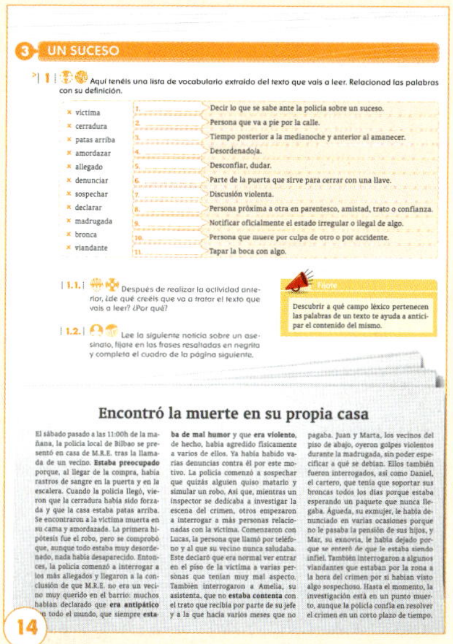

3 UN SUCESO

1 Aquí tenéis una lista de vocabulario extraído del texto que vais a leer. Relacionad las palabras con su definición.

- víctima
- cerradura
- patas arriba
- amordazar
- allegado
- denunciar
- sospechar
- declarar
- madrugada
- bronca
- viandante

1. .... Decir lo que se sabe ante la policía sobre un suceso.
2. .... Persona que va a pie por la calle.
3. .... Tiempo posterior a la medianoche y anterior al amanecer.
4. .... Desordenado/a.
5. .... Desconfiar, dudar.
6. .... Parte de la puerta que sirve para cerrar con una llave.
7. .... Discusión violenta.
8. .... Persona próxima a otra en parentesco, amistad, trato o confianza.
9. .... Notificar oficialmente el estado irregular o ilegal de algo.
10. .... Persona que muere por culpa de otro o por accidente.
11. .... Tapar la boca con algo.

1.1. Después de realizar la actividad anterior, ¿de qué creéis que va a tratar el texto que vais a leer? ¿Por qué?

Descubrir a qué campo léxico pertenecen las palabras de un texto te ayuda a anticipar el contenido del mismo.

1.2. Lee la siguiente noticia sobre un asesinato, fíjate en las frases resaltadas en negrita y completa el cuadro de la página siguiente.

Encontró la muerte en su propia casa

El sábado pasado a las 11:00h de la mañana, la policía local de Bilbao se presentó en casa de M.R.E. tras la llamada de un vecino. **Estaba preocupado** porque, al llegar de la compra, había rastros de sangre en la puerta y en la escalera. Cuando la policía llegó, vieron que la cerradura había sido forzada y que la casa estaba patas arriba. Se encontraron a la víctima muerta en su cama y amordazada. La primera hipótesis fue el robo, pero se comprobó que, aunque todo estaba muy desordenado, nada había desaparecido. Entonces, la policía comenzó a interrogar a los más allegados y llegaron a la conclusión de que M.R.E. no era un vecino muy querido en el barrio: muchos habían declarado que **era antipático** con todo el mundo, que siempre **estaba de mal humor** y que **era violento**, de hecho, había agredido físicamente a varios de ellos. Ya había habido varias denuncias contra él por este motivo. La policía comenzó a sospechar que quizás alguien quiso matarlo y simular un robo. Así que, mientras un inspector se dedicaba a investigar la escena del crimen, otros empezaron a interrogar a más personas relacionadas con la víctima. Comenzaron con Lucas, la persona que llamó por teléfono y al que su vecino nunca saludaba. Este declaró que era normal ver entrar en el piso de la víctima a varias personas que tenían muy mal aspecto. También interrogaron a Amelia, su asistenta, que no **estaba contenta** con el trato que recibía por parte de su jefe y a la que hacía varios meses que no pagaba. Juan y Marta, los vecinos del piso de abajo, oyeron golpes violentos durante la madrugada, sin poder especificar a qué se debían. Ellos también fueron interrogados, así como Daniel, el cartero, que tenía que soportar sus broncas todos los días porque estaba esperando un paquete que nunca llegaba. Águeda, su exmujer, le había denunciado en varias ocasiones porque no le pasaba la pensión de sus hijos, y Mar, su exnovia, le había dejado porque se enteró de que le estaba siendo infiel. También interrogaron a algunos viandantes que estaban por la zona a la hora del crimen por si habían visto algo sospechoso. Hasta el momento, la investigación está en un punto muerto, aunque la policía confía en resolver el crimen en un corto plazo de tiempo.

14

3. 1. es; 2. son; 3. Es; 4. está; 5. es; 6. está; 7. están; 8. estoy; 9. está; 10. es; 11. es; 12. es; 13. es; 14. son; 15. es; 16. estoy; 17. Es; 18. estamos; 19. es; 20. es, está; 21. está; 22. es, está.

4. 1. correcto; 2. Es; 3. Eres; 4. está; 5. correcto; 6. está; 7. correcto; 8. Está.

Puede continuar la práctica del contraste entre *ser* y *estar* con el ejercicio 9 de la unidad 1 del *Libro de ejercicios*.

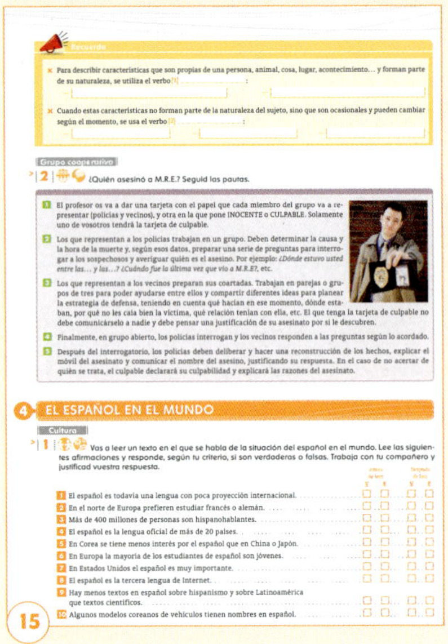

Recuerda

- Para describir características que son propias de una persona, animal, cosa, lugar, acontecimiento... y forman parte de su naturaleza, se utiliza el verbo [1] ....:
- Cuando estas características no forman parte de la naturaleza del sujeto, sino que son ocasionales y pueden cambiar según el momento, se usa el verbo [2] ....:

Grupo cooperativo

>2 ¿Quién asesinó a M.R.E.? Seguid las pautas.

1. El profesor os va a dar una tarjeta con el papel que cada miembro del grupo va a representar (policías y vecinos), y otra en la que pone INOCENTE o CULPABLE. Solamente uno de vosotros tendrá la tarjeta de culpable.
2. Los que representan a los policías trabajan en un grupo. Deben determinar la causa y la hora de la muerte y, según esos datos, preparar una serie de preguntas para interrogar a los sospechosos y averiguar quién es el asesino. Por ejemplo: *¿Dónde estuvo usted entre las... y las...? ¿Cuándo fue la última vez que vio a M.R.E?*, etc.
3. Los que representan a los vecinos preparan sus coartadas. Trabajan en parejas o grupos de tres para poder ayudarse entre ellos y compartir diferentes ideas para planear la estrategia de defensa, teniendo en cuenta qué hacían en ese momento, dónde estaban, por qué no les caía bien la víctima, qué relación tenían con ella, etc. El que tenga la tarjeta de culpable no debe comunicárselo a nadie y debe pensar una justificación de su asesinato por si le descubren.
4. Finalmente, en grupo abierto, los policías interrogan y los vecinos responden a las preguntas según lo acordado.
5. Después del interrogatorio, los policías deben deliberar y hacer una reconstrucción de los hechos, explicar el móvil del asesinato y comunicar el nombre del asesino, justificando su respuesta. En el caso de no acertar de quién se trata, el culpable declarará su culpabilidad y explicará las razones del asesinato.

4 EL ESPAÑOL EN EL MUNDO

Cultura

>1 Vas a leer un texto en el que se habla de la situación del español en el mundo. Lee las siguientes afirmaciones y responde, según tu criterio, si son verdaderas o falsas. Trabaja con tu compañero y justificad vuestra respuesta.

	V	F	V	F
1. El español es todavía una lengua con poca proyección internacional.	☐	☐	☐	☐
2. En el norte de Europa prefieren estudiar francés o alemán.	☐	☐	☐	☐
3. Más de 400 millones de personas son hispanohablantes.	☐	☐	☐	☐
4. El español es la lengua oficial de más de 20 países.	☐	☐	☐	☐
5. En Corea se tiene menos interés por el español que en China o Japón.	☐	☐	☐	☐
6. En Europa la mayoría de los estudiantes de español son jóvenes.	☐	☐	☐	☐
7. En Estados Unidos el español es muy importante.	☐	☐	☐	☐
8. El español es la tercera lengua de Internet.	☐	☐	☐	☐
9. Hay menos textos en español sobre hispanismo y sobre Latinoamérica que textos científicos.	☐	☐	☐	☐
10. Algunos modelos coreanos de vehículos tienen nombres en español.	☐	☐	☐	☐

15

>2 La siguiente actividad pretende fomentar la participación directa y activa de los estudiantes en la realización de la actividad: todos van a trabajar juntos, colaborando para alcanzar objetivos comunes. Como puede observar, las actividades de trabajo cooperativo aparecen bajo la etiqueta **Grupo cooperativo**. Se recomienda que, previamente a su realización, consulte en la ELEteca el documento *El trabajo cooperativo en el aula de ELE*, donde se aporta información sobre esta dinámica de trabajo.

En esta actividad en concreto los alumnos deben resolver el misterio de quién asesinó a M.R.E. Para ello, la clase se dividirá en policías y vecinos siguiendo las instrucciones del profesor. Utilice las tarjetas que aparecen en la ficha 3.

Ficha 3. ¿Inocente o culpable?

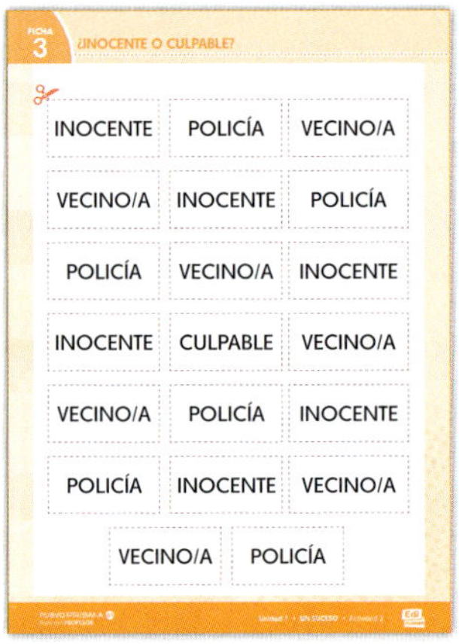

Ficha 3 ¿INOCENTE O CULPABLE?

INOCENTE	POLICÍA	VECINO/A
VECINO/A	INOCENTE	POLICÍA
POLICÍA	VECINO/A	INOCENTE
INOCENTE	CULPABLE	VECINO/A
VECINO/A	POLICÍA	INOCENTE
POLICÍA	INOCENTE	VECINO/A
VECINO/A	POLICÍA	

Dinámica. Reparta, en primer lugar, las tarjetas correspondientes al grupo "policías y vecinos"; después, entre los vecinos, reparta las fichas correspondientes al grupo "culpable o inocente". En todas las tarjetas aparece la palabra *inocente*, salvo en una que aparece la palabra *culpable*. El estudiante al que le haya tocado la tarjeta de culpable, no debe comunicárselo a nadie, pero puede ir pensando en los motivos que le han llevado a cometer el crimen. A partir de aquí, toda la dinámica de la actividad tiene como objetivo descubrir al asesino. El grupo de policías debe averiguar la causa y la hora de la muerte de la víctima. Para ello, deberán elaborar un cuestionario que les servirá para poder realizar el interrogatorio. El grupo de vecinos, tanto los inocentes como el que es culpable, debe construir una coartada y su estrategia de defensa: explican cómo era la relación con su vecino, dónde estaban en el momento en que creen se desarrollaron los hechos... A continuación, tiene lugar el interrogatorio por parte de los policías y, una vez terminado, estos deben deliberar y determinar quién es el asesino justificando su respuesta. Si los policías no han acertado, el asesino debe confesar su culpabilidad y explicar las razones del asesinato.

4 EL ESPAÑOL EN EL MUNDO 15

Este epígrafe, de contenido exclusivamente cultural, trata sobre la situación del español en el mundo. El alumno conocerá los países en los que el español es lengua oficial y ampliará sus conocimientos sobre estos países. Se fomenta también el trabajo intercultural, ya que los alumnos aportarán información sobre la situación de su lengua materna y la compartirán con el resto de sus compañeros.

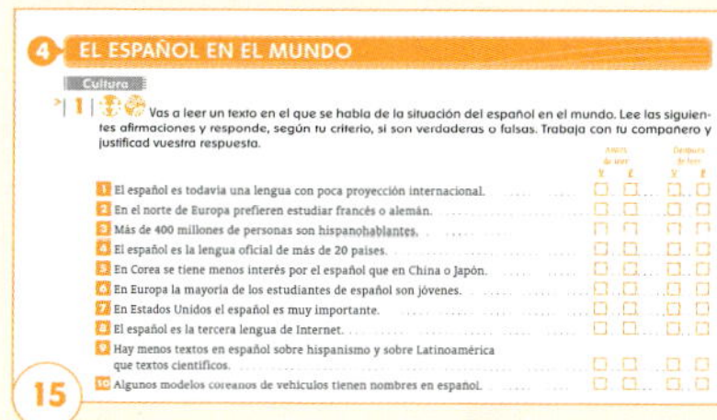

> 1 El objetivo de esta actividad de carácter cultural es que el alumno reflexione sobre la situación de la lengua española en el mundo, y que comente con su compañero si las afirmaciones que se presentan son verdaderas o falsas. Si lo considera oportuno, puede proponer una puesta en común, antes de abordar la lectura del texto, en la que los estudiantes comparen y justifiquen sus respuestas. La información que aporten le ayudará también a saber los conocimientos previos que poseen los alumnos sobre la situación actual de la lengua española en el mundo para así, una vez realizada la lectura del texto, matizar aquellos aspectos que crea relevantes.

1.1. Lectura individual del texto donde el alumno podrá comprobar las respuestas de la actividad anterior y corregirlas en caso necesario. Los estudiantes pueden comentar aquella información que les ha llamado la atención. Para ampliar la información sobre la situación del español en el mundo y saber en qué consiste "El día E", se recomienda acceder a la información extra de la ELEteca.

1. F; 2. F; 3. V; 4. V; 5. F; 6. V; 7. V; 8. V; 9. F; 10. V. La imagen representa la fusión de la letra *e*, de "español", con la *ñ*, letra más característica de esta lengua.

i+ ELEteca
2. La situación del español en el mundo.

i+ ELEteca
3. El día E: la fiesta de todos los que hablamos español.

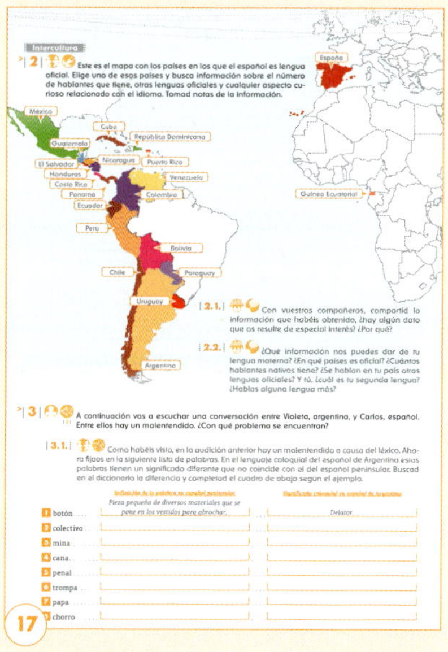

> 2 En parejas, los alumnos eligen uno de los países del mapa donde el español es la lengua oficial y buscan información sobre ellos: número de hablantes, si se hablan otras lenguas oficiales, otros aspectos culturales relacionados con el idioma... Asegúrese de que cada pareja se encarga de un país, de esta manera la puesta en común será mucho más enriquecedora. Para obtener una información veraz, recomiende a los estudiantes que consulten en las diferentes páginas oficiales del país que escojan. En la ELEteca, podrá encontrar los enlaces web de las páginas oficiales del gobierno y de turismo de cada país.

i+ ELEteca
4. Páginas oficiales del Gobierno y Ministerio de Turismo de los países donde el español es la lengua oficial.

2.1. Una vez recopilada la información, indique a los alumnos que la compartan con los demás compañeros y que comenten aquellos datos que consideren más relevantes o que les hayan llamado más la atención.

2.2. Dé a sus alumnos unos minutos para que piensen primero, de forma individual, en las preguntas que aparecen en la actividad. A continuación, indíqueles que comenten su información intentando formar grupos de estudiantes de diferentes nacionalidades. En el caso de que todos los estudiantes sean de un mismo país, forme grupos igualmente para que pongan en común toda la información y comprueben si están de acuerdo.

> 3 En esta actividad, el alumno va a escuchar un diálogo entre dos amigos: Violeta, de Uruguay, y Carlos, de España, sobre una tradición española. El desconocimiento por parte de Violeta de la denominación de esta tradición cultural en España la lleva a un malentendido. Si lo cree necesario, ponga la audición dos veces.

|3|
Carlos: ¿Qué vas a hacer este fin de semana?
Violeta: Pues no lo sé, la verdad. ¿Qué me recomendás vos?

- **Carlos:** Pues si quieres, te invito a venir a mi pueblo, que son las fiestas esta semana.
- **Violeta:** ¿En serio? Me encantaría. Así podría empezar a conocer más cosas de la cultura de España.
- **Carlos:** En la plaza Mayor ponen una feria de atracciones y hacen diferentes actividades, tanto para niños como para adultos.
- **Violeta:** ¿Por ejemplo?
- **Carlos:** Pues mira, lo que más nos gusta en mi familia son las carreras de sacos. Yo siempre le gano a mi hermano mayor.
- **Violeta:** ¿Por qué hacen carreras de sacos?
- **Carlos:** Es algo típico en los pueblos. Yo he jugado a esto desde pequeño.
- **Violeta:** ¿Pero cómo se hace una carrera con un saco?
- **Carlos:** Pues vas saltando hasta llegar a la línea de meta. ¿No lo conoces?
- **Violeta:** ¡No! Y, ¿por qué saltás y no corrés?
- **Carlos:** Porque tienes los pies dentro del saco.
- **Violeta:** Ah! ¡Sí! ¡Es que nosotros lo llamamos carreras de embolsados.

Con un malentendido léxico: Para Violeta, un saco es una chaqueta.

3.1. Con esta actividad los estudiantes van a conocer palabras cuyo significado varía dependiendo de si pertenecen al español peninsular o al español de Argentina. Para la realización de la misma, aconseje a los estudiantes que consulten el diccionario de la RAE: http://www.rae.es/ y el Diccionario Panhispánico de dudas: http://www.rae.es/recursos/diccionarios/dpd

2. Grupo/Autobús; 3. Excavación que se hace para extraer un mineral/Mujer; 4. Pelo blanco/Cárcel; 5. Cárcel/Penalti; 6. Prolongación de la nariz de algunos animales/Labios; 7. Máxima autoridad de la Iglesia católica/Patata: Se utiliza la expresión "no tener ni papa" para decir que no se tiene ni idea de algo; Roto o agujero en una prenda; 8. Líquido que sale por una parte estrecha, como un tubo o un grifo/Ladrón.

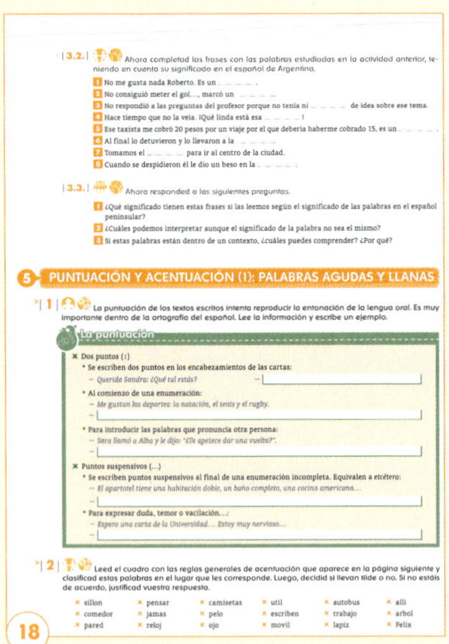

3.2. Indique a los estudiantes que completen las frases de esta actividad con el léxico del español de Argentina aprendido en la actividad anterior.

1. botón; 2. penal; 3. papa; 4. mina; 5. chorro; 6. cana; 7. colectivo; 8. trompa.

3.3. En gran grupo los alumnos intentarán comprobar si es posible darle un significado distinto a las frases tomando como referencia el léxico en la variante del español peninsular. Adviértales que no todas las frases se pueden interpretar en el contexto de las frases anteriores.

5 PUNTUACIÓN Y ACENTUACIÓN 18

El siguiente epígrafe está dedicado a dos aspectos de la ortografía y la fonética: la puntuación y la acentuación. La actividad de puntuación centra su atención en los dos puntos (:) y los puntos suspensivos (...); mientras que las dos actividades de fonética presentan las reglas generales de acentuación, clasificando las palabras según cuál sea la sílaba en la que recae el acento: palabras agudas y palabras llanas.

> 1 Esta actividad tiene como objetivo que el estudiante revise cuándo hay que utilizar los dos puntos (:) y los puntos suspensivos (...) en español. Para ello, indique a sus alumnos que lean con atención el cuadro sobre la puntuación y que lo completen con sus propios ejemplos.

> 2 Indique a los alumnos que, en parejas, lean con atención el cuadro sobre las reglas generales de la acentuación. A continuación, deberán leer las palabras del listado y decidir cuáles llevan tilde. Finalmente, las clasificarán en el apartado correspondiente teniendo en cuenta si son agudas, o graves o llanas.

Palabras agudas: sillón; comedor; pared; pensar; jamás; reloj; autobús; allí; Palabras graves o llanas: camisetas; pelo; ojo; útil; escriben; móvil; trabajo; lápiz; árbol; Mayúsculas acentuadas: Félix.

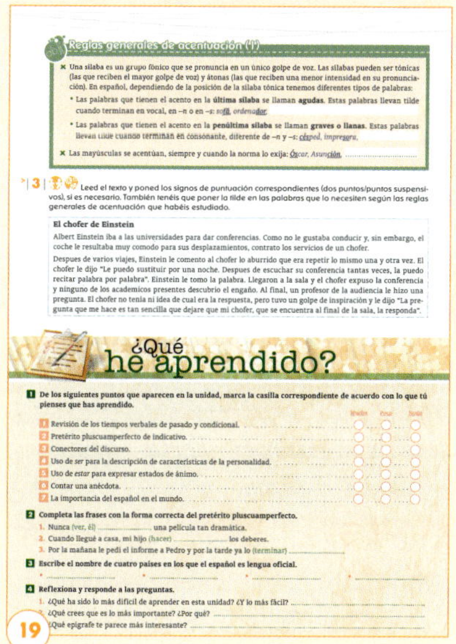

>3 Para finalizar esta secuencia de ejercicios sobre la acentuación y la puntuación, proponga a los estudiantes que, en parejas o en pequeños grupos, lean el siguiente texto que aparece sin puntuar y sin acentuar, y lo puntúen y acentúen teniendo en cuenta las reglas aprendidas. Puede usar la proyección 2 para facilitar la corrección.

Proyección 2. El chófer de Einstein.

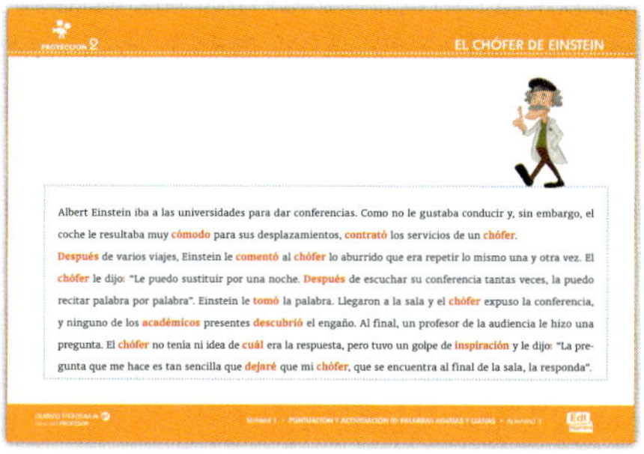

Dinámica. Proyecte la imagen del texto "El chófer de Einstein" correctamente puntuado y acentuado, y proceda a la corrección de la actividad. Aproveche la ocasión para aclarar todas las dudas que puedan surgir.

Albert Einstein iba a las universidades para dar conferencias. Como no le gustaba conducir y, sin embargo, el coche le resultaba muy cómodo para sus desplazamientos, contrató los servicios de un chófer.

Después de varios viajes, Einstein le comentó al chófer lo aburrido que era repetir lo mismo una y otra vez. El chófer le dijo: "Le puedo sustituir por una noche. Después de escuchar su conferencia tantas veces, la puedo recitar palabra por palabra". Einstein le tomó la palabra. Llegaron a la sala y el chófer expuso la conferencia, y ninguno de los académicos presentes descubrió el engaño. Al final, un profesor de la audiencia le hizo una pregunta. El chófer no tenía ni idea de cuál era la respuesta, pero tuvo un golpe de inspiración y le dijo: "La pregunta que me hace es tan sencilla que dejaré que mi chófer, que se encuentra al final de la sala, la responda."

Puede seguir practicando la puntuación y acentuación de las palabras agudas y llanas con las actividades 10, 11 y 12 de la unidad 1 del *Libro de ejercicios*.

¿QUÉ HE APRENDIDO? 19

El apartado *¿Qué he aprendido?* cierra cada unidad. Estos epígrafes sirven para que el estudiante pueda comprobar qué nuevos contenidos ha asimilado y reflexione sobre su proceso de aprendizaje.

>2 1. había visto; 2. había hecho; 3. había terminado.

>3 Posible respuesta. Colombia, Perú, Ecuador, Venezuela…

ELEteca
Léxico. Las anécdotas.

2 ¡MÓJATE!

El título de esta unidad, "¡Mójate!", es una expresión que significa "atrévete a dar tu opinión", y que servirá para introducir y favorecer el uso de las funciones de la unidad: expresar opiniones, valorar acciones y opiniones de otros, expresar acuerdo o desacuerdo, o posicionarse a favor o en contra de algo.

Como contenidos culturales que propiciarán que los estudiantes expresen su opinión, se presentan diversos temas de actualidad, como vivir fuera del país de origen, la medicina alternativa, o el trabajo desarrollado durante 150 años de la Cruz Roja o el de otras ONG. A través de las actividades propuestas, se trabajan contenidos gramaticales como los verbos de opinión, las estructuras de valoración y los conectores del discurso.

Antes de empezar con las actividades de la unidad, puede preguntar a los alumnos si conocen la expresión "mójate" y si saben cuándo y cómo se usa.

1 NO CREO QUE SEA BUENA IDEA... 20

El primer epígrafe de la unidad se centra en reflexionar sobre los medios y dispositivos que usamos a la hora de comunicarnos con otras personas. A través de una audición por Skype se trata el tema de vivir fuera del país de origen y se da pie a una reflexión donde se incluye la presentación de los verbos de opinión. De este modo, los alumnos entrarán en contacto con una nueva forma verbal: el presente de subjuntivo.

> 1 Actividad grupal en la que se pretende obtener la mayor información de los estudiantes sobre el medio o dispositivo que utilizan para comunicarse con otras personas. Se ha considerado que puede ser un tema interesante, ya que hoy en día, gracias a las redes sociales, hay diversidad de opciones. Si sus alumnos no coinciden a la hora de responder a las preguntas que se formulan, anímelos a que justifiquen sus respuestas.

Todas estas imágenes hacen referencia a diferentes medios y dispositivos para comunicarse.

1.1. Esta actividad de comprensión auditiva se puede trabajar en el aula de manera alternativa si se propone a los estudiantes que, a modo de hipótesis, respondan a las preguntas propuestas y después realicen la escucha para comprobar si sus hipótesis eran las correctas. El objetivo que se pretende, en cualquier caso, es el de realizar una escucha global.

|4|

- **Antonio:** ¡Hola, mamá! ¿Cómo estáis?
- **Madre:** ¡Hola, hijo! Pues, echándote mucho de menos.
- **Antonio:** Y yo a vosotros también. Sobre todo vuestras comiditas caseras.
- **Madre:** Ya me lo imaginaba. No creo que comas muy bien, ¿verdad?
- **Antonio:** Pues ya sabes que no me gusta mucho cocinar. Oye, ¿está papá por ahí?
- **Madre:** No, hijo. Hoy llegará tarde... Pero, cuenta, cuenta, ¿cómo estás?
- **Antonio:** Estoy bien y muy contento. Tengo muchas cosas que contaros. ¿Sabes? Ya he encontrado trabajo. Vine a Chile para trabajar y lo he conseguido. ¿Qué te parece?
- **Madre:** ¡Qué bien! ¡Qué rápido! ¿Cómo fue?
- **Antonio:** Pues mira... La semana pasada mi compañera de piso, Teresa,

me dijo que en el restaurante de unos amigos suyos necesitaban un camarero y que ella les había hablado de mí. Le pidieron mi número de teléfono y me llamaron. Al día siguiente me entrevistaron y dos días más tarde me llamaron para decirme que... ¡estaba contratado! ¿Te lo puedes creer?

- **Madre:** Bueno, ¿de camarero? Por algo se empieza, ¿no? Pensaba que habías encontrado algo de tu profesión.
- **Antonio:** Ya, mamá. Ya sé que soy ingeniero... Pero está bien trabajar de camarero por un tiempo. Así puedo pagar las facturas y gastos de momento. ¿No es una buena oportunidad?
- **Madre:** Sí, hijo, sí. Ya encontrarás algo de lo tuyo más adelante...
- **Antonio:** El restaurante es muy moderno y elegante. Me parece que los clientes que van a comer allí tienen mucho dinero. Es una pena que no estéis aquí para verlo. Oye, ¿qué tal Marta?
- **Madre:** Al final, tu hermana ha dejado definitivamente a Miguel, y yo, la verdad, no creo que vuelvan a estar juntos. Es absurdo que una pareja siga adelante si la relación no funciona...
- **Antonio:** Sí, tienes razón... Bueno, mamá, dale muchos besos y un abrazo a papá. Te dejo, que tengo que ir a trabajar.
- **Madre:** Vale, hijo. Es una buena oportunidad que vivas esta experiencia.
- **Antonio:** Si puedo, os llamo el domingo.
- **Madre:** Un beso...

1.1. 1. Son madre e hijo; 2. Skype; 3. Sí, sobre todo las comidas caseras; 5. Antonio es ingeniero; 6. Porque así puede pagar las facturas y los gastos; 7. Es un restaurante moderno y elegante; 8. Le dice que es una buena oportunidad y que ya encontrará algo de lo suyo más adelante.

1.2. Esta actividad pretende llevar a los estudiantes a una escucha de reconocimiento de estructuras. El objetivo es, pues, detectar el contenido de las frases que faltan en el texto y escribirlas en el lugar correspondiente. Para ello, es importante advertirles que no interpreten las frases que faltan por el contexto sino que, a través de la escucha y la lectura, identifiquen las frases exactas. Se trata de una actividad previa para llegar de manera inductiva a reconocer los verbos de opinión y crear la necesidad del aprendizaje del presente de subjuntivo.

1. No creo que comas; 2. Pensaba que habías encontrado; 3. está bien trabajar de camarero; 4. Me parece que los clientes que van; 5. no creo que vuelvan; 6. Es absurdo que una pareja siga adelante; 7. Es una buena oportunidad que vivas esta experiencia.

1.3. Siguiendo con el aprendizaje inductivo de la gramática, es el momento de pedir a los alumnos que discriminen las frases escritas en la actividad anterior y anoten solo aquellas que, por su construcción, requieran el presente de subjuntivo. Si lo cree oportuno, puede proponer realizar esta actividad en parejas para que los alumnos puedan ayudarse entre ellos en la reflexión.

2. No creo que vuelvan; 3. Es absurdo que una pareja siga adelante; 4. Es una buena oportunidad que vivas esta experiencia. Están en modo subjuntivo.

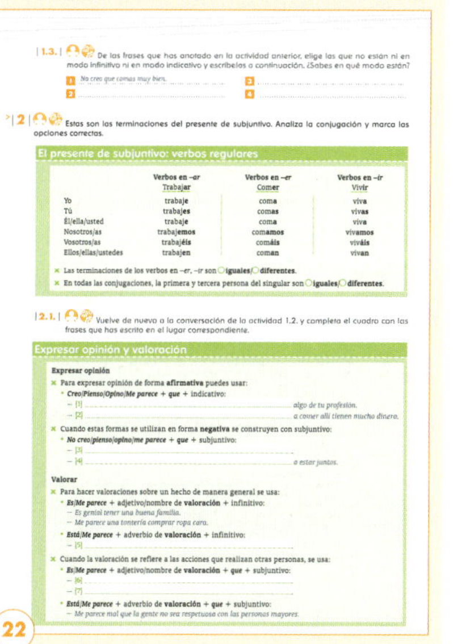

>2 Se ofrece la conjugación del presente regular del modo subjuntivo con el objetivo de que los alumnos conozcan las terminaciones y se den cuenta por sí mismos de algunos aspectos como que los verbos en *–er*, *–ir* tienen las mismas terminaciones, o que la primera y la tercera persona del singular son iguales en las tres conjugaciones. Estas advertencias son importantes porque facilitan la memorización.

Las terminaciones de los verbos en *–er*, *–ir* son iguales. En todas las conjugaciones, la primera y la tercera persona del singular son iguales.

2.1. Pida a los estudiantes que, volviendo al texto de la actividad 1.2., completen con las frases que aparecen en este cuadro de gramática deductiva sobre la

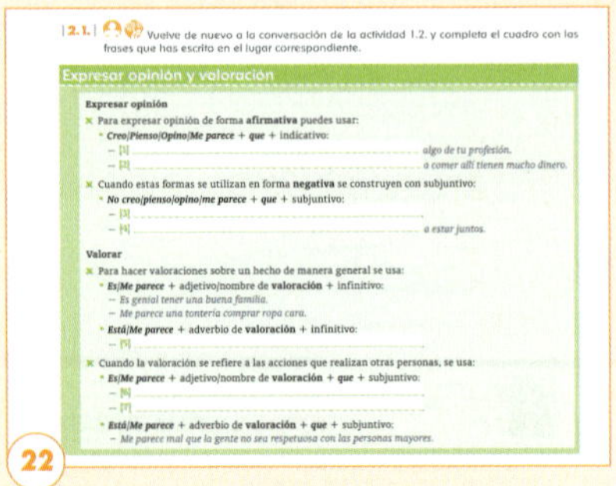

expresión de opinión y valoración. De este modo, podrán comprender mejor el significado y uso del presente de subjuntivo al obtenerlo del contexto que han trabajado anteriormente. Puede proponerles un primer trabajo individual y una posterior reflexión en parejas. Finalmente, si lo considera pertinente, puede utilizar, para una corrección grupal, la proyección 3 que se ofrece para la actividad 4.1. de este mismo epígrafe.

1. Pensaba que habías encontrado; 2. Me parece que los clientes que van; 3. No creo que comas muy bien, ¿verdad?; 4. No creo que vuelvan; 5. Está bien trabajar de camarero por un tiempo; 6. Es absurdo que una pareja siga adelante si la relación no funciona; 7. Es una buena oportunidad que vivas esta experiencia.

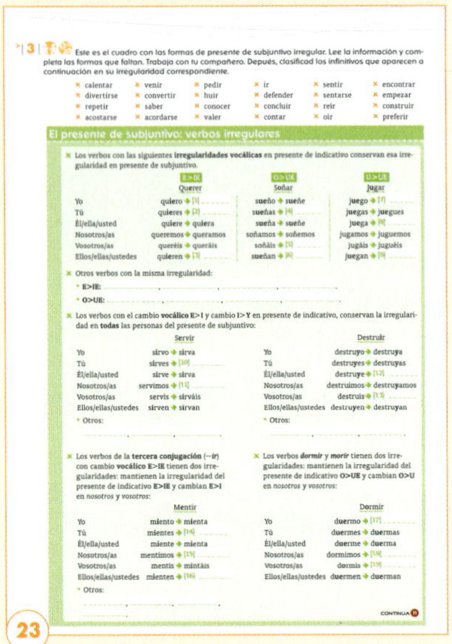

> 3 El objetivo de esta actividad es ayudar a memorizar las formas irregulares del presente de subjuntivo. Al ser una actividad mecánica, se propone que sean los propios alumnos los que completen los huecos con las formas que faltan. Para mostrarles que las irregularidades del presente de subjuntivo coinciden, en su mayoría, con las del presente de indicativo se partirá de lo conocido: el presente de indicativo. Con la información de la que ya disponen, los alumnos podrán terminar la actividad y clasificar, en el lugar correspondiente del cuadro, los infinitivos de la lista, según su irregularidad.

1. quiera; 2. quieras; 3. quieran; 4. sueñes; 5. soñéis; 6. sueñen; 7. juegue; 8. juegue; 9. jueguen; E>IE: calentar; defender; sentarse; empezar; O>UE: acostarse; acordarse; contar; encontrar; 10. sirvas; 11. sirvamos; Otros: repetir; pedir; reír; 12. destruya; 13. destruyáis; Otros: huir; concluir; construir; 14. mientas; 15. mintamos; 16. mientan; Otros: divertirse; convertir; sentir; preferir; 17. duerma; 18. durmamos; 19. durmáis; 20. tenga; 21. tengamos; 22. tengáis; Otros: venir; conocer; valer; oír; 23. seas; 24. seáis; 25. haya; 26. hayamos; Otros: saber; ir.

3.1. Actividad que consiste en la realización de varios ejercicios mecánicos de una ficha con el fin de consolidar las formas verbales del presente de subjuntivo, así como los usos estudiados de este.

Ficha 4. ¿Indicativo o subjuntivo?

Dinámica. Entregue a los estudiantes la ficha y pídales que realicen las actividades que aparecen en ella y que servirán para consolidar el estudio de las formas verbales del presente de subjuntivo, así como el contraste de este con el presente de indicativo.

En función de las características del grupo, puede proponer la actividad con otras dinámicas alternativas: parejas, pequeños grupos, competición… También podrá consultarse el *Libro del alumno*, puesto que el objetivo que se persigue es la consolidación de las formas del presente de subjuntivo.

1. Pedir: pida; pidas; pida; pidamos; pidáis; pidan; Decir: diga; digas; diga; digamos; digáis; digan; Venir: venga; vengas; venga; vengamos; vengáis; vengan; Huir: huya; huyas; huya; huyamos; huyáis; huyan; Pensar: piense; pienses; piense; pensemos; penséis; piensen; Volar: vuele; vueles; vuele; volemos; voléis; vuelen. **2.** 1. que limpies; 2. entregue; 3. que hagáis; 4. debe/debería; 5. que otros decidan; 6. cierran; 7. que cierren; 8. que tengamos; 9. está; 10. tire. **3.** 1. Incorrecta: pasen, es una valoración que se refiere a las acciones que realizan otras personas y se usa subjuntivo; 2. Correcta; 3. Correcta; 4. Incorrecta: ayude, es una valoración que se refiere a las acciones que realizan otras personas y se usa subjuntivo; 5. Incorrecta: reciclemos, es una valoración que se refiere a las acciones que realizan otras personas y se usa subjuntivo; 6. Incorrecta: cantes, es una valoración que se refiere a las acciones que realizan otras personas y se usa subjuntivo.

4.

M	P	L	M	A	W	C	D	A	X	I	I
E	A	I	C	X	A	P	I	E	N	S	E
F	L	K	D	T	Ñ	H	G	A	R	F	C
G	Q	A	R	A	I	O	A	T	E	H	A
L	U	V	O	A	E	A	O	R	T	U	R
V	E	N	G	A	L	D	V	I	M	Y	I
O	I	Y	U	C	I	I	I	D	E	A	D
N	O	A	S	V	U	E	L	E	Y	L	L

pida: pedir;
diga: decir;
venga: venir;
huya: huir;
piense: pensar;
vuele: volar.

Para continuar la práctica de la formación del presente de subjuntivo, puede remitir a los alumnos a los ejercicios 1 al 3 de la unidad 2 del *Libro de ejercicios*.

El presente de subjuntivo: verbos irregulares (Cont.)

Vivir fuera de tu país

>4 Se presenta ahora un artículo de la Revista Internacional de Sociología (RIS) sobre cuestiones importantes a tener en cuenta a la hora de tomar la decisión de vivir fuera del país de origen. La finalidad es que el estudiante, tanto a partir de los contenidos del artículo como por su conocimiento previo, pueda extraer información fidedigna y se sienta motivado para poder valorar y opinar sobre el tema.

i+ ELEteca
5. Revista Internacional de Sociología (RIS).

4.1. Con toda la información de la que ya disponen, los estudiantes se sentirán preparados para realizar la siguiente actividad que se presenta a modo de debate. Se pretende que, en pequeños grupos o en gran grupo, opinen sobre lo que han leído, lo valoren y aporten sus propias ideas. Recuerde a los alumnos que, para tal fin, deberán usar las estructuras trabajadas en el epígrafe. Se propone utilizar la proyección 3.

Proyección 3. **Expresar opinión y valoración.**

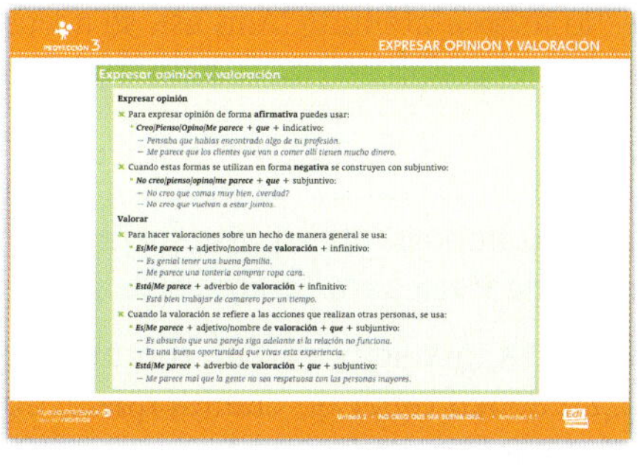

Dinámica. Se proyecta en la pantalla el cuadro correspondiente a las estructuras para expresar opinión y valoración. De esta manera, mientras los estudiantes realizan sus intervenciones, podrán apoyarse en el cuadro y se sentirán más seguros a la hora de producir las estructuras que acaban de aprender, agilizando la interacción durante la actividad oral.

Para la práctica de la expresión de opinión y valoración, y del contraste entre infinitivo, indicativo y subjuntivo, proponga la realización de los ejercicios 4 al 7 de la unidad 2 del *Libro de ejercicios*.

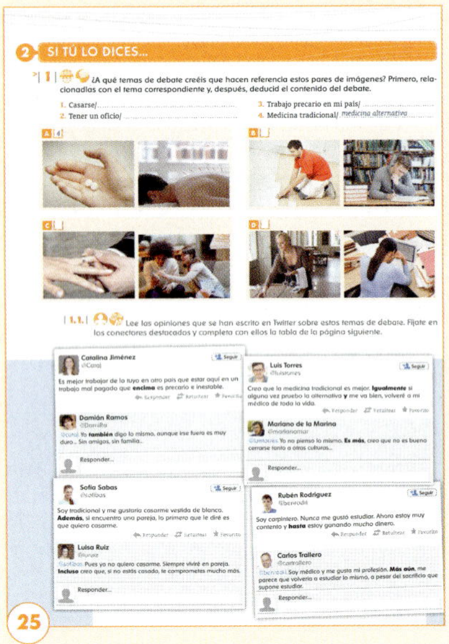

2 SI TÚ LO DICES... 25

En este epígrafe se ofrecen diversos temas que propician el debate, como la medicina alternativa, casarse de manera tradicional, o tener un oficio o una profesión... El objetivo que se persigue es que los estudiantes interactúen expresando no solo opinión, sino también acuerdo, desacuerdo total, acuerdo parcial o escepticismo. La frase "Si tú lo dices", es representativa de esa expresión de escepticismo ante las palabras de un interlocutor.

> 1 Se empieza a trabajar a través de la imagen para que los estudiantes destaquen los temas que se van a desarrollar en actividades posteriores. En primer lugar, se ofrecen pares de imágenes contrastadas que los alumnos deberán relacionar con los temas propuestos. A continuación, deberán completar cuáles son los temas que se pretende confrontar a los que ya aparecen escritos. Si el profesor lo cree más adecuado, puede trabajar solo con las imágenes, obviando los textos, o pedir a los alumnos que propongan otros temas que a ellos les resulten motivadores o que sean de su interés.

1. C: casarse/vivir en pareja; 2. B: tener un oficio/estudiar; 3. D: trabajo precario en mi país/trabajo bien remunerado en el extranjero.

1.1. Los estudiantes deben leer unos textos de Twitter sobre los temas de debate presentados en la actividad anterior y que servirán de excusa para trabajar los conectores del discurso que aparecen destacados en negrita. El objetivo de la actividad consiste, pues, en que el estudiante, de manera inductiva a partir del contexto en el que aparecen, pueda matizar el significado de dichos conectores y los agrupe según la información que aporten al discurso.

1. también; 2. igualmente... y; 3. es más; 4. además; 5. incluso; 6. más aún; 7. encima; 8. hasta.

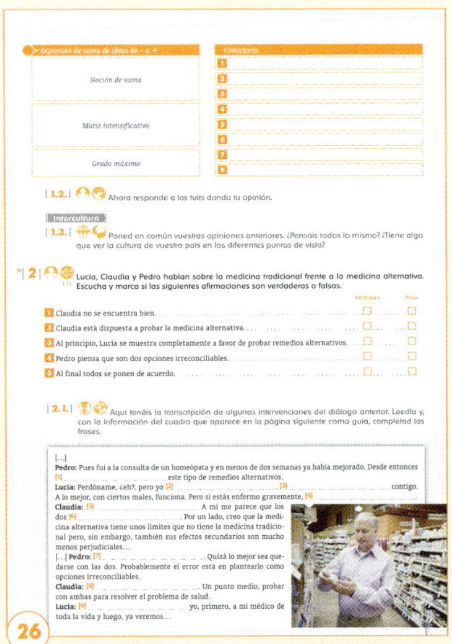

1.2. Con esta actividad escrita se pretende que los alumnos consoliden y confirmen el aprendizaje inductivo referente a los conectores del discurso llevado a cabo en la actividad anterior. Para ello, se pondrá fin a la secuencia pidiéndoles que respondan a los tuits de la actividad 1.1., teniendo en cuenta que deben dar su opinión y utilizar los conectores estudiados. Si bien Twitter no es el mejor medio para escribir y posee unas características propias para hacerlo, se ha optado por él porque sí que es un medio frecuente para expresar opiniones y seguro que los estudiantes lo usan a menudo. Aun así, se aconseja realizar esta tarea como una actividad de expresión escrita común y corregirla como tal.

1.3. Actividad intercultural en la que se propone que, en gran grupo, se abra un debate sobre hasta qué punto influye la propia cultura en los hábitos y costumbres de la gente. Lo importante es que surjan múltiples intervenciones con diferentes puntos de vista para promover la interacción en el aula.

> 2 A continuación se realiza una actividad de comprensión auditiva, recordando a los alumnos que deben tener en cuenta que el objetivo de esta unidad es opinar y expresar acuerdo o desacuerdo. Es importante, también, que los estudiantes, antes de escuchar, lean las preguntas que se les proponen para que puedan realizar una escucha selectiva.

| 5 |

Lucía: ¡Hombre, Claudia! Pero, mujer, ¿qué te pasa? ¡Qué mala cara tienes...!

Claudia: Pues nada... Que desde hace un mes o así me duele muchísimo la cabeza. He ido al médico y me ha recetado unas pastillas pero no me hacen nada...

- **Pedro:** Yo también padecía dolores de cabeza continuos. Tomé toda clase de pastillas que me mandaba el médico y, al final, acudí a la medicina alternativa.
- **Claudia:** ¿Sí? ¿Y qué hiciste?
- **Pedro:** Pues fui a la consulta de un homeópata y en menos de dos semanas ya había mejorado. Desde entonces estoy completamente a favor de este tipo de remedios alternativos.
- **Lucía:** Perdóname, ¿eh?, pero yo no creo que eso sea serio. Estoy completamente en desacuerdo contigo. A lo mejor, con ciertos males, funciona. Pero si estás enfermo gravemente, dudo que sea una buena opción.
- **Claudia:** Bueno... Depende... A mí me parece que los dos tenéis razón. Por un lado, creo que la medicina alternativa tiene unos límites que no tiene la medicina tradicional, pero, sin embargo, también sus efectos secundarios son mucho menos perjudiciales...
- **Lucía:** Bueno, no tanto. Conozco gente que ha seguido tratamientos de este tipo y no solo no ha mejorado, sino que está peor de lo que estaba...
- **Pedro:** Si tú lo dices... Pero bueno... Quizá lo mejor sea quedarse con las dos. Probablemente el error está en plantearlo como opciones irreconciliables.
- **Claudia:** Totalmente de acuerdo. Un punto medio, probar con ambas para resolver el problema de salud.
- **Lucía:** Sí, sí..., pero yo, primero, a mi médico de toda la vida y luego, ya veremos...

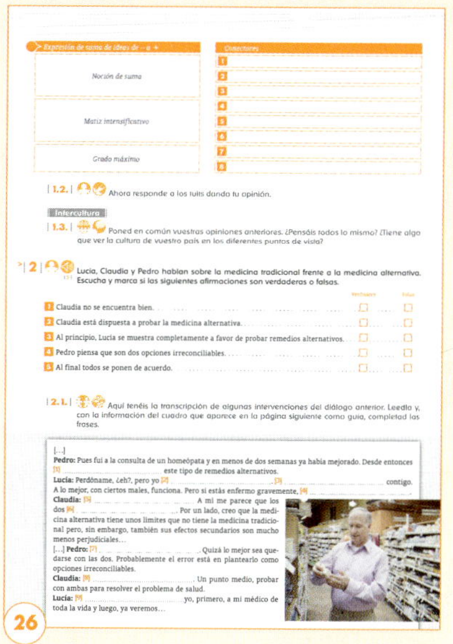

1. V; 2. V; 3. F; 4. F; 5. F.

2.1. En primer lugar, pida a los estudiantes que, en parejas, lean el cuadro que aparece en la página siguiente para expresar acuerdo, desacuerdo total, acuerdo parcial, y escepticismo, y que reflexionen sobre su contenido. A continuación, explique aquello que no comprendan y resuelva las dudas que puedan surgir. Finalmente, indíqueles que completen, de manera deductiva y según la información del cuadro, la transcripción del diálogo de la actividad seleccionando las frases adecuadas a cada contexto.

1. estoy completamente a favor de; 2. no creo que eso sea serio; 3. Estoy completamente en desacuerdo; 4. dudo que sea una buena opción; 5. Bueno... Depende...; 6. tenéis razón; 7. Si tú lo dices... Pero bueno...; 8. Totalmente de acuerdo; 9. Sí, sí..., pero.

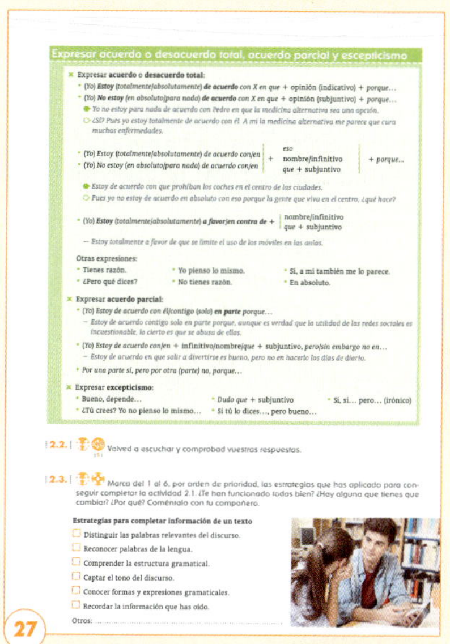

2.2. Los estudiantes volverán a escuchar la audición de la actividad 2 para comprobar sus respuestas en 2.1. Es recomendable advertirles que la escucha que realicen debe ser selectiva y de reconocimiento, ya que el objetivo es centrarse solamente en las estructuras gramaticales de las funciones que se están trabajando.

2.3. Actividad de estrategias para completar la información de un texto auditivo. Es importante hacer reflexionar al estudiante sobre las estrategias que ha utilizado personalmente para poder resolver la actividad. El objetivo es que los alumnos tomen conciencia de todas las estrategias posibles en una comprensión auditiva para que, en función de sus necesidades, apliquen las que les sean de mayor utilidad en posteriores audiciones.

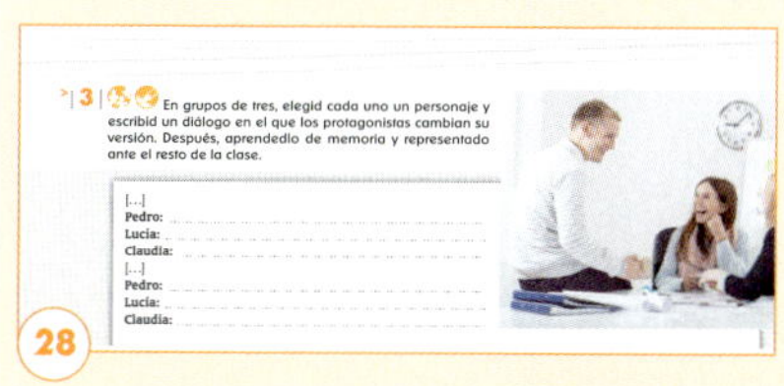

>3 Se propone una actividad escrita en grupos de tres con la intención de reproducir un diálogo similar al que se ha trabajado en la actividad 2. Sin embargo, el profesor puede adecuar los personajes según las necesidades. El primer objetivo de la actividad es escribir un diálogo utilizando las funciones y estructuras presentadas en este epígrafe con el fin de consolidarlas. El segundo, que realicen un trabajo de memorización. Memorizar para reproducir las funciones (con su correspondiente estructura gramatical) en su contexto

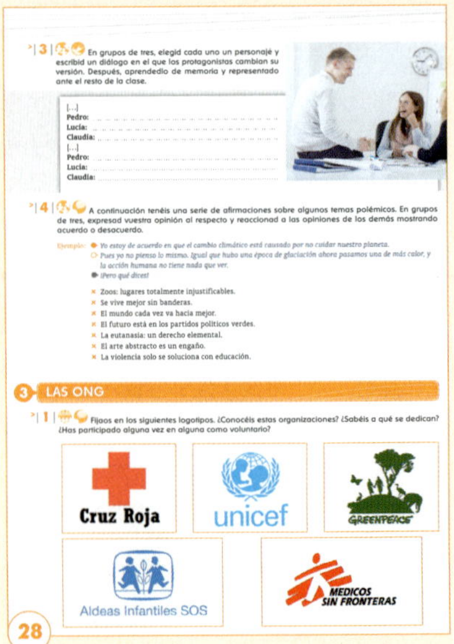

>| 3 | En grupos de tres, elegid cada uno un personaje y escribid un diálogo en el que los protagonistas cambian su versión. Después, aprendedlo de memoria y representadlo ante el resto de la clase.

[...]
Pedro: ....
Lucía: ....
Claudia: ....
[...]
Pedro: ....
Lucía: ....
Claudia: ....

>| 4 | A continuación tenéis una serie de afirmaciones sobre algunos temas polémicos. En grupos de tres, expresad vuestra opinión al respecto y reaccionad a las opiniones de los demás mostrando acuerdo o desacuerdo.

Ejemplo: ● *Yo estoy de acuerdo en que el cambio climático está causado por no cuidar nuestro planeta.*
○ *Pues yo no pienso lo mismo. Igual que hubo una época de glaciación ahora pasamos una de más calor, y la acción humana no tiene nada que ver.*
● *¡Pero qué dices!*

- Zoos: lugares totalmente injustificables.
- Se vive mejor sin banderas.
- El mundo cada vez va hacia mejor.
- El futuro está en los partidos políticos verdes.
- La eutanasia: un derecho elemental.
- El arte abstracto es un engaño.
- La violencia solo se soluciona con educación.

3 LAS ONG

>| 1 | Fijaos en los siguientes logotipos. ¿Conocéis estas organizaciones? ¿Sabéis a qué se dedican? ¿Has participado alguna vez en alguna como voluntario?

Cruz Roja — unicef — Greenpeace — Aldeas Infantiles SOS — Médicos sin fronteras

28

adecuado es una manera de que el estudiante pueda recordarlas después y aplicarlas de forma automatizada en otras ocasiones en las que las necesite.

Puede continuar la práctica de las estructuras para expresar acuerdo, desacuerdo total, acuerdo parcial y escepticismo con los ejercicios 8 al 10 de la unidad 2 del *Libro de ejercicios*.

> 4 Actividad para debatir en pequeños grupos sobre algunos temas polémicos. Como alternativa a los temas sugeridos en la actividad, se ofrecen las imágenes de la proyección 4.

Proyección 4. Opina y reacciona.

Dinámica. Proyecte la actividad y pida a sus estudiantes que, a partir de las imágenes, expresen su opinión y reaccionen a las opiniones de otros compañeros. Se trata de propiciar un debate para seguir consolidando las funciones comunicativas que sirven para expresar acuerdo y desacuerdo, así como las estructuras gramaticales que contienen dichas funciones.

3 LAS ONG 28

En esta sección se presentan diversas ONG para realizar actividades de adquisición léxica. Asimismo, aprovechando el conocimiento previo de los alumnos, se proponen actividades interculturales de debate para poner en práctica las funciones y estructuras estudiadas en la unidad, y se culmina la sección elaborando una tarea cooperativa referida a las ONG.

> 1 Se pretende activar todos los conocimientos previos que puedan tener los estudiantes sobre las ONG a través de sus distintas aportaciones en una interacción oral en la que, además de compartir la información que conozcan, deberán explicar sus propias experiencias, en caso de tenerlas.

Cruz Roja es una institución humanitaria de carácter voluntario que se ocupa de la salud de las personas en situaciones de riesgo; Unicef es la organización de las Naciones Unidas que presta ayuda humanitaria y de desarrollo a niños y madres en países en vías de desarrollo. Nació en 1946 y trabaja en más de 190 países; Greenpeace es una ONG que se encarga de proteger y de defender el medioambiente. Lucha contra el cambio climático y por el mantenimiento de la biodiversidad; Aldeas Infantiles SOS es una organización internacional de ayuda a la infancia, que fue creada en 1949 y que trabaja en 133 países. Su labor consiste en prestar ayuda a las familias para que puedan atender adecuadamente a sus hijos y en dar un hogar a aquellos niños que no tengan familia; Médicos sin fronteras es una organización humanitaria que da ayuda médica a poblaciones en situación precaria, y a víctimas de catástrofes y de conflictos armados.

>2 Se presenta una actividad de anticipación léxica para, posteriormente, leer un texto. Relacionar las palabras con su definición, según la acepción con la que aparecerán en el texto, ayudará a los estudiantes por un lado, a la comprensión del mismo y, por otro, al reconocimiento del vocabulario. Otra alternativa, si el profesor lo considera adecuado, sería la de proponer a los estudiantes la lectura del texto de la actividad 2.1. y, luego, realizar la actividad de vocabulario.

1. c; 2. b; 3. i; 4. d; 5. h; 6. e; 7. g; 8. f; 9. a.

2.1. Se pide a los estudiantes que lean el texto con el objetivo de comprobar las respuestas de la actividad anterior, ya que en la lectura pueden reconocer el vocabulario que se ha trabajado a partir de las definiciones de las palabras.

Noticias
Cruz Roja Española cumple 150 años

2.2. Actividad estratégica sobre la comprensión del vocabulario en la que se ofrecen algunas alternativas recomendables a la hora de comprender el léxico. Cada alumno debe considerar cuáles de ellas son las que personalmente más le ayudan a comprender y recordar el vocabulario. Se abre un amplio abanico de posibilidades y, aunque en la actividad solo se anotan algunas, queda abierto a que el profesor las amplíe y tome en consideración otras estrategias que puedan aportar los propios estudiantes.

Para ampliar el léxico relacionado con las ONG, así como para trabajar los conectores vistos en la sección anterior y el uso del presente de subjuntivo, proponga la realización del ejercicio 11 de la unidad 2 del *Libro de ejercicios*.

2.3. Aprovechando el texto que trata sobre la Cruz Roja, se plantea una actividad intercultural de carácter oral para que los estudiantes respondan a las preguntas, expresen su opinión, valoren otras opiniones y expresen acuerdo y desacuerdo, posicionándose a favor o en contra de lo que opinen los demás.

>3 A través de esta actividad colaborativa se propone que cada grupo de alumnos cree su propia ONG, describiendo un informe sobre la labor humanitaria que quieran realizar e indicando a quién va dirigida. Es importante que cada componente del grupo tenga un papel y tarea asignados, de manera que el trabajo del grupo sea la suma de cada trabajo individual.

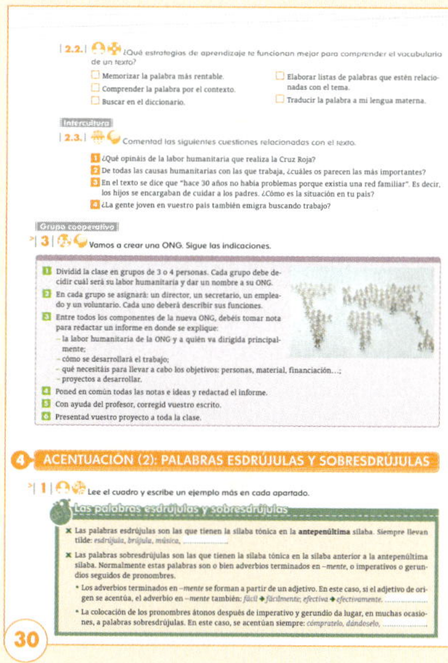
ACENTUACIÓN (2): PALABRAS ESDRÚJULAS Y SOBRESDRÚJULAS

4 ACENTUACIÓN (2): PALABRAS ESDRÚJULAS Y SOBRESDRÚJULAS 30

En este epígrafe se van a trabajar las normas de acentuación en las palabras esdrújulas y sobresdrújulas. Posteriormente, se revisarán las reglas de acentuación en todas las palabras: agudas, llanas, esdrújulas y sobresdrújulas; es una síntesis de los contenidos vistos en el apartado de fonética y ortografía de las unidades 1 y 2.

>1 En esta primera actividad se trabajan las normas de acentuación en las palabras esdrújulas y sobresdrújulas. Proponga a los estudiantes que, individualmente, lean el cuadro y lo completen con algunos ejemplos más. Posteriormente, puede comentarles que comparen sus palabras para, finalmente, corregir en gran grupo, asegurándose de que han asimilado bien las reglas de acentuación de este tipo de palabras.

Posibles ejemplos: Esdrújulas: bolígrafo; ácido; política; Sobresdrújulas: técnicamente; estratégicamente; dígaselo; quítatela; coméntamelo.

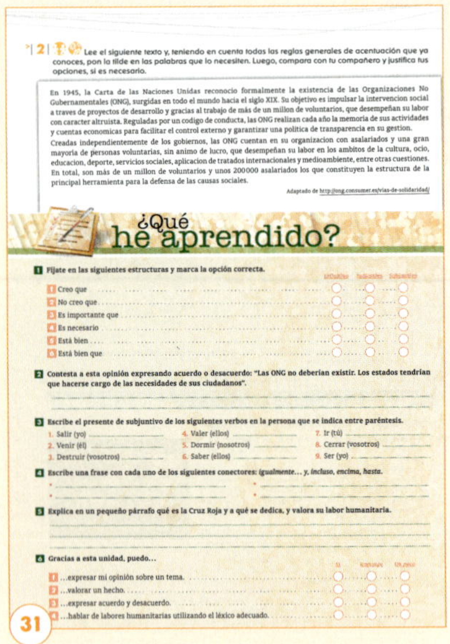

¿Qué he aprendido?

>**2** Es aconsejable que revise las reglas de acentuación estudiadas hasta este momento. Para ello, se propone entregar a los estudiantes la ficha 5, de manera que tengan toda la información antes de llevar a cabo la actividad.

Ficha 5. Reglas de acentuación.

REGLAS DE ACENTUACIÓN

Dinámica. Se entrega a los estudiantes esta ficha para revisar y repasar las reglas de acentuación de las palabras agudas, graves, esdrújulas y sobresdrújulas aprendidas en las unidades 1 y 2. Se propone hacer una puesta en común de las reglas para consolidar el aprendizaje y resolver posibles dudas. Después ya se puede pasar a hacer la actividad 2.

En 1945, la Carta de las Naciones Unidas reconoció formalmente la existencia de las Organizaciones No Gubernamentales (ONG), surgidas en todo el mundo hacia el siglo XIX. Su objetivo es impulsar la intervención social a través de proyectos de desarrollo y gracias al trabajo de más de un millón de voluntarios, que desempeñan su labor con carácter altruista. Reguladas por un código de conducta, las ONG realizan cada año la memoria de sus actividades y cuentas económicas para facilitar el control externo y garantizar una política de transparencia en su gestión.

Creadas independientemente de los gobiernos, las ONG cuentan en su organización con asalariados y una gran mayoría de personas voluntarias, sin ánimo de lucro, que desempeñan su labor en los ámbitos de la cultura, ocio, educación, deporte, servicios sociales, aplicación de tratados internacionales y medioambiente, entre otras cuestiones. En total, son más de un millón de voluntarios y unos 200 000 asalariados los que constituyen la estructura de la principal herramienta para la defensa de las causas sociales.

Para seguir practicando las reglas acentuación vistas en las unidades 1 y 2, puede remitir a los alumnos al ejercicio 12 de la unidad 2 del *Libro de ejercicios*.

¿QUÉ HE APRENDIDO? 31

Este epígrafe ofrece al estudiante la posibilidad de comprobar qué nuevos contenidos ha asimilado y reflexionar sobre su proceso de aprendizaje.

>**1** 1. Indicativo; 2. Subjuntivo; 3. Subjuntivo; 4. Infinitivo; 5. Infinitivo; 6. Subjuntivo.

>**3** 1. salga; 2. venga; 3. destruyáis; 4. valgan; 5. durmamos; 6. sepan; 7. vayas; 8. cerréis. 9. sea.

>**5** Posible respuesta. La Cruz Roja es una organización mundial y humanitaria que se dedica a socorrer a las personas que están en países en guerra, que han sufrido una catástrofe o que se encuentran en una situación crítica. En mi opinión, su labor es importantísima y nos hace más humanos a todos.

ELEteca
Léxico. La comunicaxión en las redes.

3 COMPORTAMIENTOS

En esta unidad el alumno aprenderá a dar consejos y recomendaciones, a expresar deseos, peticiones y mandatos, y a pedir disculpas. Se plantean actividades interculturales para comparar la propia cultura con otras que convivan en la clase, facilitándoles el reconocimiento de la diversidad cultural existente. En la sección de gramática, se verán las estructuras que sirven para expresar las funciones arriba mencionadas (*Te recomiendo que…*, *Ojalá…*, *Te pido que…*, etc.), así como algunos conectores del discurso y diminutivos. En el apartado estratégico, se proponen nuevas herramientas que guiarán al alumno en la tarea de ordenar los párrafos que componen un texto o que enseñarán cómo usar el diccionario para inferir el significado de expresiones fijas. La fonética y la ortografía prestan su atención en la revisión de los diptongos, triptongos, hiatos y tildes diacríticas.

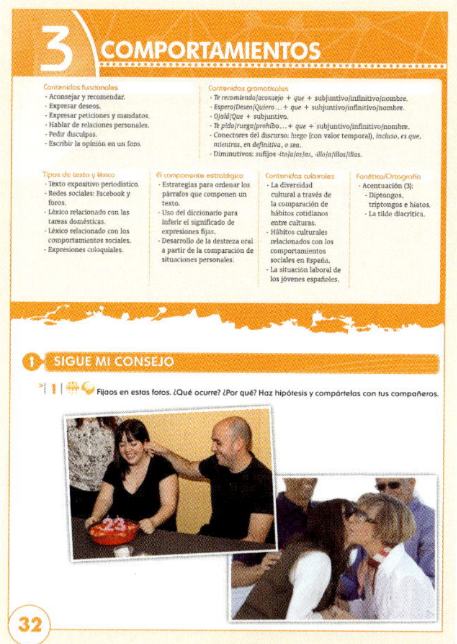

1 SIGUE MI CONSEJO 32

Con este epígrafe se pretende profundizar en las costumbres y hábitos socioculturales de España para compararlos luego con los hábitos y costumbres de los países de los estudiantes. Se aprenderá a dar consejos y recomendaciones. Para ello, se presentarán las estructuras: *Te recomiendo/aconsejo* + infinitivo, sustantivo o *que* + subjuntivo.

> 1 En esta actividad, planteada para conversar en gran grupo, se propone que los estudiantes observen con atención las fotografías y hagan suposiciones sobre la situación que están viendo. Se trata de una primera toma de contacto con algunos hábitos y costumbres socioculturales de España. Como se puede comprobar, en la primera foto están tirando de las orejas a un chico para felicitarle por su cumpleaños, y en la segunda, dos mujeres se están saludando dándose dos besos. Una vez los alumnos hayan lanzado sus hipótesis, dé las explicaciones que crea pertinentes contextualizando las situaciones de ambas fotografías.

En España, cuando una persona cumple años, es muy habitual felicitarla tirándole de las orejas; tantos tirones como años cumple la persona. Asimismo, en España, al saludarse o despedirse dos mujeres, se dan dos besos en la mejilla. También sucede lo mismo si se trata de un hombre y una mujer; en cambio, dos hombres se dan la mano.

ELEteca
7. Dos costumbres en España: el tirón de orejas y los dos besos.

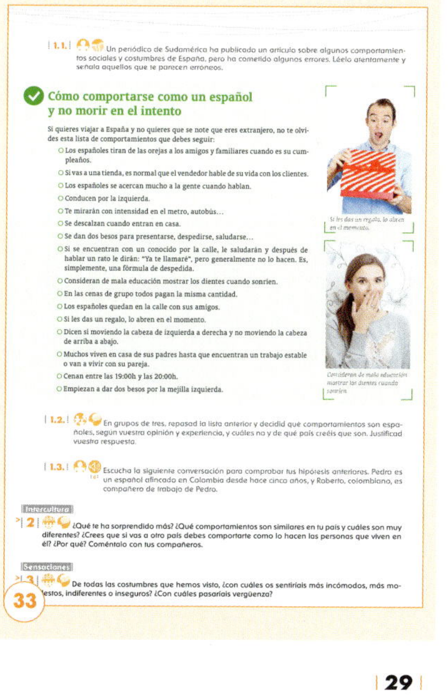

1.1. A continuación, los alumnos van a leer individualmente varias costumbres y hábitos en España que han sido publicados en un periódico de Sudamérica. Recomiéndeles que los lean con mucha atención y que señalen aquellos que piensen que no son propios de la cultura española.

1.2. En grupos de tres, indique a los alumnos que vuelvan a repasar la lista y comparen sus respuestas. Pídales que justifiquen su elección y que intenten llegar a un acuerdo.

1.3. Proceda a la escucha y señale a los estudiantes que focalicen su atención en detectar cuáles son los comportamientos que no son propios de la cultura española, que comprueben sus respuestas anteriores y que las corrijan en caso necesario.

Son incorrectas: Conducen por la izquierda. Esto es típico de Inglaterra; Se descalzan cuando entran en casa. Es típico de algunos países como Sue-

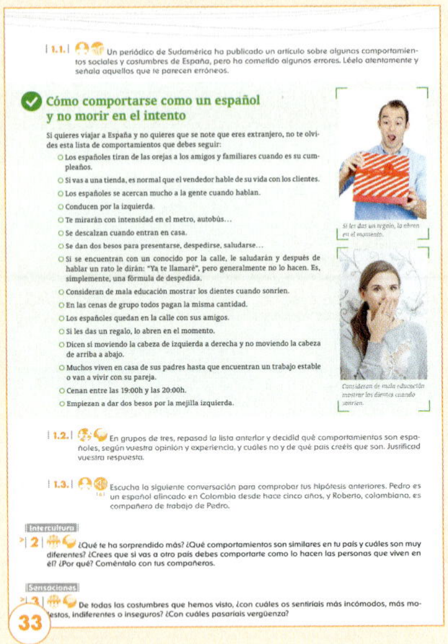

| 1.1. | Un periódico de Sudamérica ha publicado un artículo sobre algunos comportamientos sociales y costumbres de España, pero ha cometido algunos errores. Léelo atentamente y señala aquellos que te parecen erróneos.

Cómo comportarse como un español y no morir en el intento

Si quieres viajar a España y no quieres que se note que eres extranjero, no te olvides esta lista de comportamientos que debes seguir:

- Los españoles tiran de las orejas a los amigos y familiares cuando es su cumpleaños.
- Si vas a una tienda, es normal que el vendedor hable de su vida con los clientes.
- Los españoles se acercan mucho a la gente cuando hablan.
- Conducen por la izquierda.
- Te mirarán con intensidad en el metro, autobús…
- Se descalzan cuando entran en casa.
- Se dan dos besos para presentarse, despedirse, saludarse…
- Si se encuentran con un conocido por la calle, le saludarán y después de hablar un rato le dirán: "Ya te llamaré", pero generalmente no lo hacen. Es, simplemente, una fórmula de despedida.
- Consideran de mala educación mostrar los dientes cuando sonríen.
- En las cenas de grupo todos pagan la misma cantidad.
- Los españoles quedan en la calle con sus amigos.
- Si les das un regalo, lo abren en el momento.
- Dicen sí moviendo la cabeza de izquierda a derecha y no moviendo la cabeza de arriba a abajo.
- Muchos viven en casa de sus padres hasta que encuentran un trabajo estable o van a vivir con su pareja.
- Cenan entre las 19:00h y las 20:00h.
- Empiezan a dar dos besos por la mejilla izquierda.

Si les das un regalo, lo abren en el momento.

Consideran de mala educación mostrar los dientes cuando sonríen.

| 1.2. | En grupos de tres, repasad la lista anterior y decidid qué comportamientos son españoles, según vuestra opinión y experiencia, y cuáles no y de qué país creéis que son. Justificad vuestra respuesta.

| 1.3. | | 6 | Escucha la siguiente conversación para comprobar tus hipótesis anteriores. Pedro es un español afincado en Colombia desde hace cinco años, y Roberto, colombiano, es compañero de trabajo de Pedro.

Intercultura

>| 2 | ¿Qué te ha sorprendido más? ¿Qué comportamientos son similares en tu país y cuáles son muy diferentes? ¿Crees que si vas a otro país debes comportarte como lo hacen las personas que viven en él? ¿Por qué? Coméntalo con tus compañeros.

Sensaciones

>| 3 | De todas las costumbres que hemos visto, ¿con cuáles os sentiríais más incómodos, más molestos, indiferentes o inseguros? ¿Con cuáles pasaríais vergüenza?

33

cia; Consideran de mala educación mostrar los dientes cuando sonríen. Es típico de Japón; Dicen "sí" moviendo la cabeza de izquierda a derecha y "no" moviendo la cabeza de arriba abajo. Es típico de Bulgaria; Cenan entre las 7 y las 8 de la tarde. Es típico de otros países europeos como Francia o Alemania; Empiezan a dar dos besos por la mejilla izquierda. Es típico de Francia.

| 6 |

- **Pedro:** Mira, Roberto, ¿has leído este artículo sobre las costumbres españolas?
- **Roberto:** Sí, esta mañana. Pero creo que había algunos errores. O al menos hay algunas costumbres que no me parecen muy españolas.
- **Pedro:** Sí, sí, hay errores. Vamos a ver si sabes cuáles son. A ver, dime.
- **Roberto:** No conducís por la izquierda. Eso es en Inglaterra.
- **Pedro:** Muy bien.
- **Roberto:** Tú no te descalzas cuando entras en casa.
- **Pedro:** Pues no, eso es típico de países como Suecia.
- **Roberto:** Lo de los dos besos sí que es español, ¿eh?
- **Pedro:** Sí, no lo podemos evitar.
- **Roberto:** Aquí hay una muy incorrecta.
- **Pedro:** ¿Cuál?
- **Roberto:** La de que se considera maleducado mostrar los dientes cuando sonreís. Esto lo hacía una chica japonesa a la que conocí hace unos años.
- **Pedro:** Oye, vas muy bien. De momento todo correcto. Cómo se nota que me conoces bien, ¿eh?
- **Roberto:** Seguimos… Lo de cenar entre 7 y 8 de la tarde, yo creo que no es típico de España. Siempre se dice que los horarios de las comidas allí son muy tarde con respecto a otros países europeos como Francia o Alemania.
- **Pedro:** Exactamente, depende de las regiones pero, en general, la hora de la cena es entre las 9 y las 10 de la noche. Te quedan dos.
- **Roberto:** Esta tengo claro que no es española, pero no sabría decir de qué país es.
- **Pedro:** ¿Cuál?
- **Roberto:** La de que dicen "sí" moviendo la cabeza de izquierda a derecha y "no" moviendo la cabeza de arriba abajo.
- **Pedro:** ¡Ah, sí! Eso es típico en Bulgaria. ¿Y la última?
- **Roberto:** Los españoles no empiezan a dar los dos besos con la mejilla izquierda.
- **Pedro:** Pues no.
- **Roberto:** Eso lo hacen los franceses, ¿no?
- **Pedro:** ¡Bingo! Estás bien preparado para ir a vivir a España.

>2 Una vez que los alumnos ya conocen algunas costumbres y hábitos socioculturales en España, se propone una actividad de reflexión intercultural. En el caso de que se trate de una clase multicultural, mezcle las nacionalidades y pídales que comenten si les ha sorprendido estos hábitos españoles y si son iguales en sus respectivos países. Para finalizar, haga una puesta en común para que todos los grupos expresen sus conclusiones y debatan cómo se debe comportar uno cuando viaja y si debe o no adaptarse a las costumbres del país que visita.

>3 Para cerrar esta secuencia de actividades de reflexión cultural e intercultural, y a modo de conclusión, se propone una actividad cuyo objetivo es la exteriorización por parte del estudiante de sus sensaciones ante costumbres y hábitos ajenos a su cultura. Es recomendable que pregunte si alguno de ellos ha vivido alguna de estas situaciones y cómo se ha sentido. Haga hincapié en el hecho de que conocer una lengua extranjera conlleva conocer también las costumbres, hábitos y códigos socioculturales del país, y que reconocerlos ayuda a comprender el comportamiento de sus habitantes evitando situaciones que puedan provocar incomodidad o malestar.

>4 Pida a sus alumnos que, en primer lugar y de manera individual, lean con atención el enunciado de la actividad para luego leer el diálogo prestando especial atención a las expresiones resaltadas en negrita. Indíqueles también que no deben resolver ninguna tarea y que el enunciado de la actividad les aportará la información necesaria para poder contextualizar la conversación que mantienen las dos amigas. La finalidad de esta lectura es una primera toma de contacto con las expresiones que se emplean para dar consejos y hacer recomendaciones, y que se presentarán en la siguiente actividad.

4.1. Indique a los estudiantes que, de manera individual, lean con atención el cuadro para dar consejos y recomendaciones, y completen los espacios con los ejemplos de la conversación de la actividad anterior. Una vez hayan realizado el ejercicio, puede indicarles que comparen sus respuestas en parejas antes de proceder a la corrección en gran grupo. Para facilitar la corrección, se propone utilizar la proyección 5.

1. subjuntivo; 2. infinitivo; Te aconsejo que no llegues antes de la hora; ¿Por qué no me recomiendas ser puntual?

Proyección 5. Dar consejos y hacer recomendaciones.

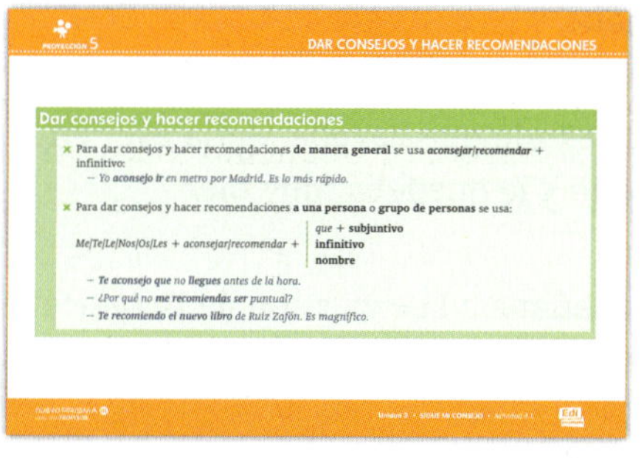
PROYECCIÓN 5 — DAR CONSEJOS Y HACER RECOMENDACIONES

Dar consejos y hacer recomendaciones

- Para dar consejos y hacer recomendaciones **de manera general** se usa *aconsejar/recomendar* + infinitivo:
  - *Yo* **aconsejo ir** *en metro por Madrid. Es lo más rápido.*
- Para dar consejos y hacer recomendaciones **a una persona o grupo de personas** se usa:

  Me/Te/Le/Nos/Os/Les + aconsejar/recomendar + | *que* + **subjuntivo** / **infinitivo** / **nombre**

  - **Te aconsejo que** *no* **llegues** *antes de la hora.*
  - *¿Por qué no* **me recomiendas** *ser puntual?*
  - **Te recomiendo el nuevo libro** *de Ruiz Zafón. Es magnífico.*

Dinámica. Proyecte el cuadro para dar consejos y hacer recomendaciones, y proceda a la corrección del ejercicio. Dé las explicaciones necesarias y facilite otros ejemplos, de modo que a sus estudiantes les quede clara la diferencia entre las alternativas presentadas para expresar ambas funciones.

4.2. Como alternativa para la realización de la siguiente actividad, puede proponer a los alumnos que trabajen en parejas. El objetivo es que comenten entre ellos los consejos que le darían a María y pongan en práctica las estructuras aprendidas. Como apoyo, durante la realización del ejercicio, puede dejar proyectado el cuadro de la actividad anterior.

2 ¡QUE TE VAYA BIEN! 35

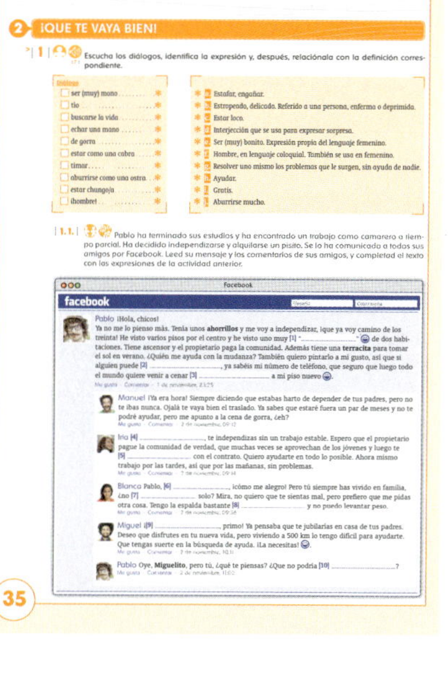

Se introduce el epígrafe trabajando expresiones idiomáticas mediante el formato textual de Facebook y, a continuación, se presentan las estructuras para expresar deseos: *Espero/ Deseo/Quiero…* + infinitivo, sustantivo o *que* + subjuntivo; *Ojalá (que)* + subjuntivo y *Qué* + subjuntivo. Puede iniciar la sección preguntando a sus alumnos si conocen la expresión que sirve de título a la misma (*¡Que te vaya bien!*) y que digan en qué situaciones podrían usarla. Se trata únicamente de introducir el tema de la sección, así que no es necesario que se detenga dando una explicación exhaustiva al respecto.

>1 En la presente audición el alumno va a tener un primer contacto con varias expresiones coloquiales. Antes de proceder con la primera escucha, indíqueles que oirán diez breves diálogos y que, de momento, solo deben identificar qué expresión coloquial aparece en cada uno de ellos. A continuación, proceda a una segunda escucha para que los alumnos puedan relacionar las expresiones idiomáticas con su definición correspondiente. Es necesario que

2 ¡QUÉ TE VAYA BIEN!
35

los alumnos lean con anterioridad las definiciones y que se asegure de que entienden el significado de todas las palabras para poder realizar la actividad de forma satisfactoria.

|7|

Diálogo 1

- ¿Te vas a ir a Irlanda sin trabajo?
- Sí... Allí ya me buscaré la vida.

Diálogo 2

- ¡Hombre, María! ¡Cuánto tiempo sin verte! ¡Qué sorpresa!
- Sí, es que pasaba por aquí y he dicho: "Voy a ver a Nuria".

Diálogo 3

- Ayer noche fui a casa de Ruth a llevarle unos libros y me invitó a cenar. Así que cené de gorra.
- ¡Qué suerte!

Diálogo 4

- Me han regalado una tele nueva y no sé configurarla.
- No te preocupes. Si quieres, esta tarde voy a tu casa, tomamos un café y te echo una mano.

Diálogo 5

- ¡Qué bonito el vestido que llevaba María ayer en la fiesta!
- Sí, era muy mono y le quedaba muy bien.

Diálogo 6

- Luis, ¿vas a ir mañana a la excursión de botánica?
- No, tío, no puedo.

Diálogo 7

- ¿Has visto a Mercedes?
- No viene hoy. Está chunga porque le duele mucho la cabeza.

Diálogo 8

- ¿Cómo te ha ido el fin de semana?
- Pues nada... No he hecho nada. Me he aburrido como una ostra.

Diálogo 9

- El domingo pasado fui al mercado de flores que me dijiste.
- ¿Y qué tal? ¿Compraste algo?
- Sí, tulipanes, pero cuando llegué a casa me di cuenta de que me habían timado.
- ¿Por qué?
- Porque pagué 15 euros y en el paquete ponía 12.

Diálogo 10

- Me ha dicho Rubén que se va a escalar solo este fin de semana.
- Está como una cabra. Es peligroso.

Ser (muy) mono: diálogo 5: e; Tío: diálogo 6: f; Buscarse la vida: diálogo 1: g; Echar mano: diálogo 4: h; De gorra: diálogo 3: i; Estar como una cabra: diálogo 10: c; Timar: diálogo 9: a; Aburrirse como una ostra: diálogo 8: j; Chungo/a: diálogo 7: b; ¡Hombre!: diálogo 2: d.

i+ ELEteca

8. Expresiones coloquiales.

1.1. Actividad propuesta en parejas para contextualizar y poner en práctica las estructuras aprendidas en la actividad 1. Antes de realizar el ejercicio, advierta a sus alumnos de que no solo deberán seleccionar la expresión más adecuada según el contexto, sino que también tendrán que realizar los cambios de género, número, y persona o tiempo del verbo que proceda. Anímelos a que comparen, comenten y justifiquen sus respuestas con otras parejas antes de realizar una corrección en gran grupo.

Una vez corregida la actividad, remítalos de nuevo al texto y pídales que se fijen en las palabras resaltadas en negrita, preguntándoles qué les llama la atención y por qué. A continuación, focalice su atención en el cuadro que explica el significado de los diminutivos en español. Si lo considera relevante, puede recurrir a la ELEteca para ampliar la información sobre este aspecto.

1. mono; 2. echarme una mano; 3. de gorra; 4. Estás como una cabra; 5. timan; 6. tío; 7. te aburrirás como una ostra; 8. chunga; 9. Hombre; 10. buscarme la vida.

ELEteca
9. Los diminutivos en español.

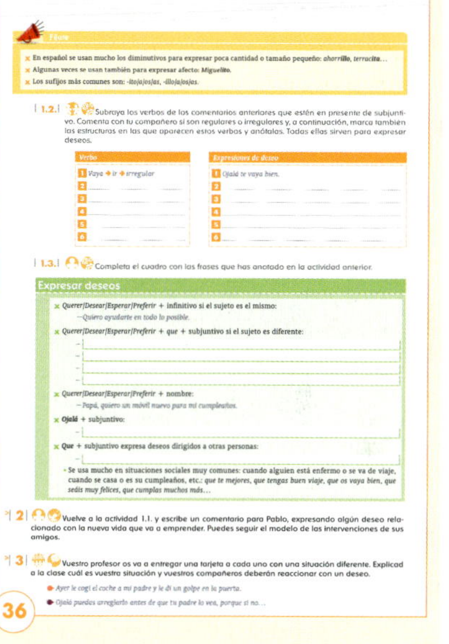

1.2. En parejas, los estudiantes realizarán la siguiente actividad de reflexión lingüística. Pídales que vuelvan a leer el mensaje de Facebook de la actividad anterior y que presten atención a las estructuras que expresan deseo, que señalen los verbos en presente de subjuntivo que aparecen en ellas y que completen las columnas del cuadro. Antes de pasar a la actividad 1.3., le recomendamos que haga una puesta en común para asegurarse de que han resuelto la actividad adecuadamente y corregir a sus alumnos en caso necesario.

2. pague → pagar, irregular; Espero que el propietario pague la comunidad de verdad; 3. sientas → sentirse, irregular; Mira, no quiero que te sientas mal; 4. pidas → pedir, irregular; prefiero que me pidas otra cosa; 5. disfrutes → disfrutar, regular; Deseo que disfrutes en tu nueva vida; 6. tengas → tener, irregular; Que tengas suerte en la búsqueda de ayuda.

1.3. De manera individual, o manteniendo las parejas de la actividad anterior si lo cree oportuno, los alumnos deberán completar el cuadro funcional para expresar deseos con los ejemplos del ejercicio 1.2. Para la corrección y posteriores explicaciones, puede ayudarse proyectando el cuadro funcional.

Proyección 6. Expresar deseos.

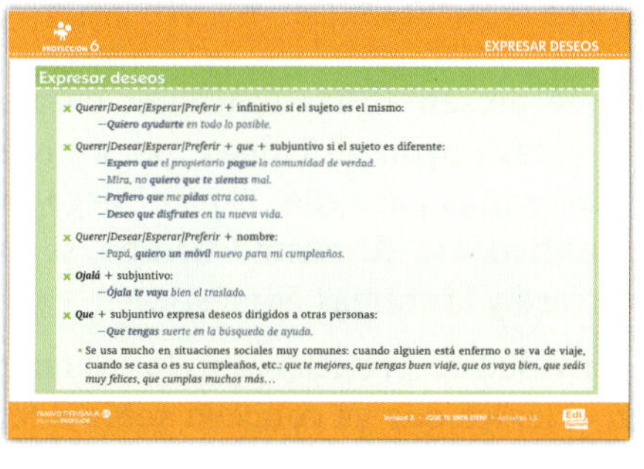

Dinámica. Proyecte el cuadro para dar consejos y recomendaciones, y proceda a la corrección del ejercicio. Asegúrese de que los alumnos han entendido el contenido del cuadro aportando más ejemplos y dando las explicaciones pertinentes en caso de que sea necesario.

Querer/Desear/Esperar/Preferir + *que* + subjuntivo si el sujeto es diferente: Espero que el propietario pague la comunidad de verdad; Mira, no quiero que te sientas mal; Prefiero que me pidas otra cosa; Deseo que disfrutes en tu nueva vida; *Ojalá* + subjuntivo: Ojalá te vaya bien el traslado; *Que* + subjuntivo: Que tengas suerte en la búsqueda de ayuda.

>2 Con la finalidad de poner en práctica las estructuras para expresar deseos, indique a los estudiantes que, de forma individual, respondan a Pablo por Facebook expresándole deseos relacionados con su cambio de vida. Realice una corrección en común para asegurarse de que los alumnos han asimilado las estructuras aprendidas.

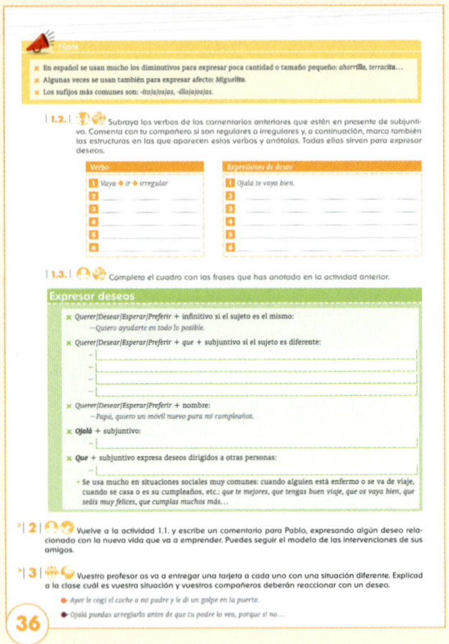

> 3 Actividad oral en la que los alumnos deberán expresar deseos a sus compañeros ante diferentes situaciones. Para realizar esta tarea, proporcione a los estudiantes la ficha 6.

Ficha 6. Mis mejores deseos.

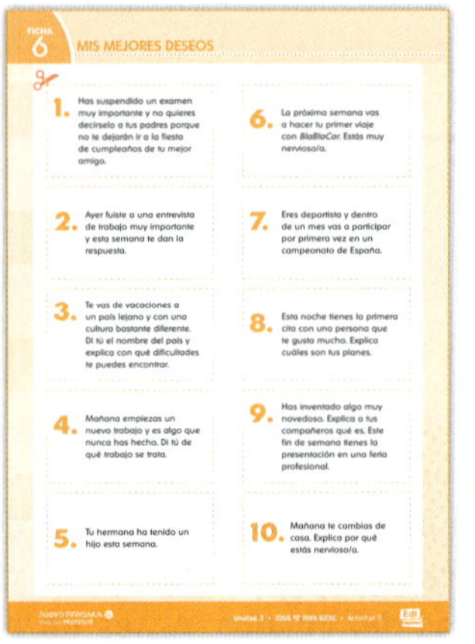

FICHA 6 MIS MEJORES DESEOS

1. Has suspendido un examen muy importante y no quieres decírselo a tus padres porque no te dejarán ir a la fiesta de cumpleaños de tu mejor amigo.
2. Ayer fuiste a una entrevista de trabajo muy importante y esta semana te dan la respuesta.
3. Te vas de vacaciones a un país lejano y con una cultura bastante diferente. Di tú el nombre del país y explica con qué dificultades te puedes encontrar.
4. Mañana empiezas un nuevo trabajo y es algo que nunca has hecho. Di tú de qué trabajo se trata.
5. Tu hermana ha tenido un hijo esta semana.
6. La próxima semana vas a hacer tu primer viaje con *BlaBlaCar*. Estás muy nervioso/a.
7. Eres deportista y dentro de un mes vas a participar por primera vez en un campeonato de España.
8. Esta noche tienes la primera cita con una persona que te gusta mucho. Explica cuáles son tus planes.
9. Has inventado algo muy novedoso. Explica a tus compañeros qué es. Este fin de semana tienes la presentación en una feria profesional.
10. Mañana te cambias de casa. Explica por qué estás nervioso/a.

Dinámica. Se recortan las tarjetas y se entrega a cada estudiante una o dos situaciones, de manera que pueda explicar lo que le ha pasado. Sus compañeros deben reaccionar con las expresiones de deseo estudiadas. Preste atención al uso adecuado de las expresiones y haga las correcciones oportunas en caso necesario.

Para trabajar tanto las estructuras para dar consejos y recomendaciones como las estructuras para expresar deseos, se pueden realizar los ejercicios 1 al 4 de la unidad 3 del *Libro de ejercicios*.

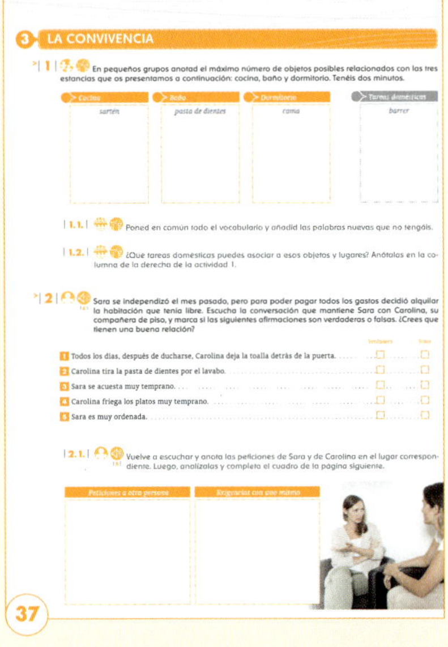

3 LA CONVIVENCIA 37

En el siguiente epígrafe se presentan las funciones para expresar peticiones y mandatos, por un lado, y para pedir disculpas, por otro, introduciendo las estructuras gramaticales necesarias para ello: *Te pido/ruego/prohíbo...* + infinitivo, sustantivo o *que* + subjuntivo, etc. Al mismo tiempo, se ampliará e introducirá léxico relacionado con la casa y las tareas domésticas.

> 1 A través de esta actividad se pretende que los alumnos, en grupos de tres o cuatro, reactiven el léxico que ya conocen sobre diferentes estancias de la casa: *cocina*, *baño* y *dormitorio*. Al tratarse de una actividad de activación de léxico, se debe realizar de manera espontánea. Indíqueles, por lo tanto, que tienen dos minutos para completarla. Controle el tiempo y avíselos cuando se cumpla el plazo.

Posible respuesta.

Cocina: cacharros; cubiertos; vasos; platos; cucharas; tenedores; cuchillos; servilletas; manteles; trapos; fregona; estropajo; lavavajillas...

Baño: pasta de dientes; gel de ducha; esponja; toalla; cepillo de dientes; champú; crema hidratante; alfombrilla; peine; cepillo...

Dormitorio: cama; mesilla; lamparilla; armario; alfombra; espejo; cómoda; cortinas; colcha; edredón; sábanas; almohada; cojines...

1.1. Mediante este ejercicio, propuesto para llevarse a cabo en gran grupo, los estudiantes pondrán en común el léxico que han escrito para cada estancia y terminarán de completar la tabla con el vocabulario que propongan sus compañeros y que ellos no tengan. Asegúrese de que todos comprenden el significado de cada palabra y añada alguna nueva, si considera que la lista queda incompleta.

1.2. En esta tarea los alumnos van a ampliar el léxico relacionado con las tareas del hogar. Indíqueles que asocien los objetos que han seleccionado para las diferentes estancias con una tarea. El objetivo de esta actividad es facilitar a los estudiantes nuevas herramientas para la adquisición y ampliación de léxico. Si lo considera oportuno, puede proponer el siguiente ejemplo para guiar la actividad.

Objeto: *Sartén/¿Qué se puede hacer con una sartén?* → Tarea doméstica: *Cocinar.*

Haga una puesta en común para la corrección y, al igual que en la actividad anterior, proponga a los estudiantes que añadan en la lista aquellas palabras aportadas por sus compañeros y que ellos no tengan.

Posible respuesta. Tareas domésticas: fregar los platos; poner/quitar la mesa; limpiar; fregar el suelo; poner el lavavajillas; lavar la ropa; limpiar el baño; hacer la cama; limpiar el polvo; limpiar los cristales…

Para seguir trabajando y ampliar el léxico relacionado con la casa y las tareas domésticas, puede realizar los ejercicios 7 al 9 de la unidad 3 del *Libro de ejercicios*.

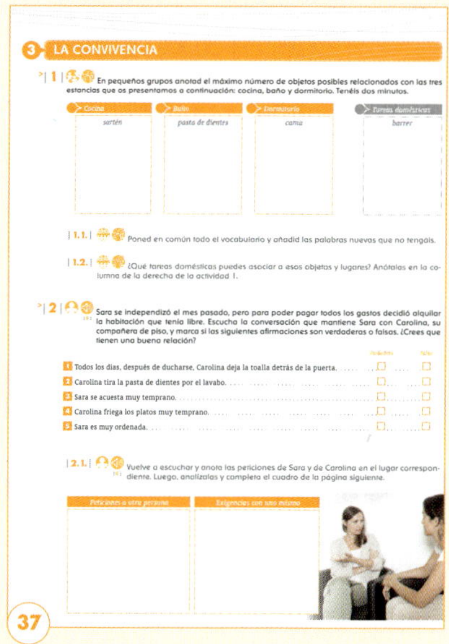

3 LA CONVIVENCIA

1 En pequeños grupos anotad el máximo número de objetos posibles relacionados con las tres estancias que os presentamos a continuación: cocina, baño y dormitorio. Tenéis dos minutos.

Cocina	Baño	Dormitorio	Tareas domésticas
sartén	*pasta de dientes*	*cama*	*barrer*

1.1. Poned en común todo el vocabulario y añadid las palabras nuevas que no tengáis.

1.2. ¿Qué tareas domésticas puedes asociar a esos objetos y lugares? Anótalas en la columna de la derecha de la actividad 1.

2 Sara se independizó el mes pasado, pero para poder pagar todos los gastos decidió alquilar la habitación que tenía libre. Escucha la conversación que mantiene Sara con Carolina, su compañera de piso, y marca si las siguientes afirmaciones son verdaderas o falsas. ¿Crees que tienen una buena relación?

1. Todos los días, después de ducharse, Carolina deja la toalla detrás de la puerta.
2. Carolina tira la pasta de dientes por el lavabo.
3. Sara se acuesta muy temprano.
4. Carolina friega los platos muy temprano.
5. Sara es muy ordenada.

2.1. Vuelve a escuchar y anota las peticiones de Sara y de Carolina en el lugar correspondiente. Luego, analízalas y completa el cuadro de la página siguiente.

Peticiones a otra persona	Exigencias con uno mismo

37

> 2 Antes de poner la audición, indique a los estudiantes que lean con detenimiento las afirmaciones e insista en la idea de que no es importante entender el significado de cada palabra, sino resolver correctamente la actividad que se indica. Luego, proceda a la escucha y déjeles un breve tiempo para completar la actividad.

8

● **Sara:** Carolina, ¿tienes un momento? Me gustaría hablar contigo.

○ **Carolina:** Sí, claro, ¿pasa algo?

● **Sara:** Mira, es que hace días que quiero comentarte algunas cosas de la casa que no me gustan.

○ **Carolina:** Pues dime…

● **Sara:** Ya sé que no lo haces adrede, pero todos los días me encuentro tu toalla mojada en el suelo después de ducharte. Te pido, por favor, que la cuelgues detrás de la puerta y también que no tires la pasta de dientes por todo el lavabo, que después lo tengo que limpiar yo.

○ **Carolina:** Es verdad, tienes razón. Perdóname, ya sabes que soy un poco desordenada, lo siento.

● **Sara:** Vale, no te preocupes. ¡Ah! Te quiero pedir otra cosa: sabes que me voy a dormir tarde porque tengo turno de noche en el restaurante. Te ruego que no friegues los cacharros a las ocho de la mañana cuando te levantas, es que si no, me despierto con el ruido.

○ **Carolina:** Perfecto, lo haré, no te preocupes, pero te pido más paciencia, eres muy perfeccionista y solo hace un mes que vivimos juntas. Me exijo ser más responsable, pero me cuesta un poco.

● **Sara:** Sí, lo reconozco, para mí el orden es fundamental. Bueno, y para ser justas, ya que estamos hablando, ¿quieres pedirme algo tú? ¿Hay algo que te moleste de mí?

○ **Carolina:** Hombre, pues ahora que lo dices, sí… Yo te pido que, por favor, quites el polvo, que soy alérgica. Quedamos en que tú limpiabas el polvo y yo fregaba la casa y, la verdad, no lo haces…

● **Sara:** Tienes toda la razón. Perdóname. Yo también debo ser responsable con mis obligaciones.

○ **Carolina:** Bueno, pues todo claro. Ya dicen que es mejor hablar las cosas.

● **Sara:** Pues sí… Anda, vamos a tomar algo por ahí y no discutamos más sobre las tareas de la casa.

○ **Carolina:** Eso, que han abierto un local nuevo y me han dicho que está muy bien.

1. F; 2. V; 3. F; 4. V; 5. V.

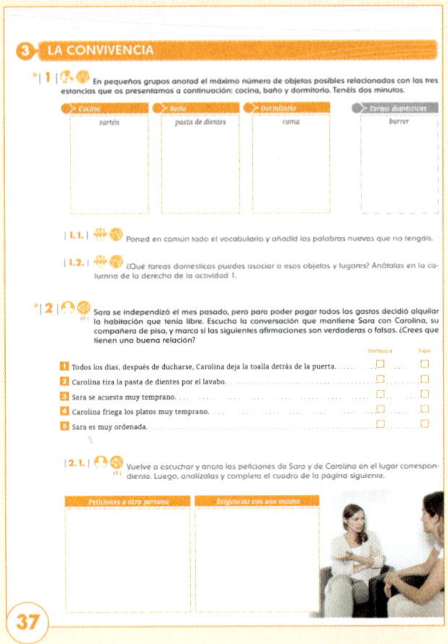

2.1. Vuelva a poner la audición anterior advirtiendo previamente a los alumnos que deben prestar especial atención a las peticiones que hacen Sara y Carolina, y clasificarlas en la columna correspondiente. Otra alternativa podría ser indicarles que anoten primero todas las peticiones durante la audición y que, posteriormente, las comprueben y clasifiquen con otro compañero. Si lo considera necesario, proceda a una segunda escucha antes de la corrección de esta primera parte de la actividad.

Como segunda parte del ejercicio, y manteniendo las mismas parejas, los alumnos completan el cuadro gramatical de la página siguiente para expresar peticiones, mandatos y disculpas. Una vez completado el cuadro, haga una puesta en común para la corrección focalizando su atención en los aspectos más relevantes del mismo, incluyendo el apartado que figura a continuación donde se presentan algunas expresiones atenuantes y justificaciones que pueden acompañar a las peticiones, por un lado, o expresiones para pedir disculpas por un comportamiento no adecuado, por otro. Si lo considera oportuno, puede repartir entre los alumnos la transcripción de la conversación y pedirles que intenten localizar estas últimas expresiones.

Columnas. Peticiones a otra persona: Te pido, por favor, que la cuelgues detrás de la puerta y también que no dejes la pasta de dientes por todo el lavabo; Te ruego que no friegues los cacharros a las ocho de la mañana; Yo te pido que, por favor, quites el polvo, que soy alérgica; te pido más paciencia. Exigencias con uno mismo: Me exijo ser más responsable; Yo también debo ser responsable con mis obligaciones.

Cuadro funcional. Expresar peticiones y mandatos; 1. Infinitivo; 2. iguales; 3. Subjuntivo; Te ruego que no friegues los cacharros a las ocho de la mañana.

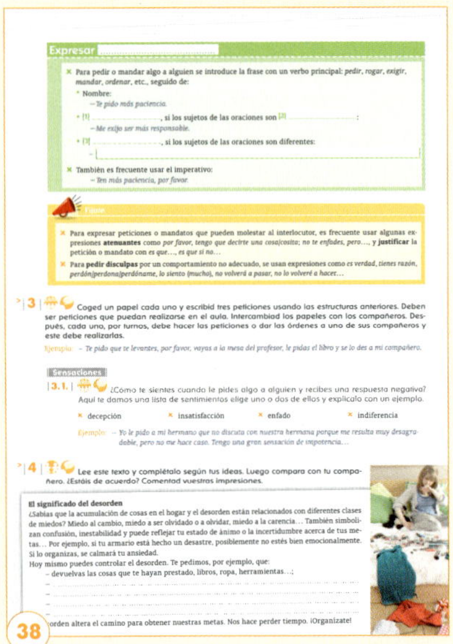

>3 Para llevar a cabo esta actividad, pida a sus alumnos que escriban de manera individual en un papel tres peticiones usando las estructuras aprendidas. Haga hincapié en el hecho de que deben estar relacionadas con acciones que puedan realizarse en el aula. Déjeles unos minutos para pensarlas y escribirlas, e indíqueles, luego, que las intercambien entre ellos. Por turnos, deberán dar las órdenes a un compañero y este tendrá que realizarlas. El estudiante que da la orden deberá comprobar también si su compañero responde correctamente a su petición.

Para seguir trabajando las estructuras para expresar peticiones y mandatos, así como las atenuantes, de justificación o de petición de disculpas, puede realizar los ejercicios 10 y 11 de la unidad 3 del *Libro de ejercicios*.

3.1. Esta actividad tiene como objetivo que los alumnos comenten sus sentimientos y reacciones ante una determinada circunstancia: la negativa de alguien cuando le piden algo. Si lo considera oportuno, propóngales primero que se junten en parejas o en pequeños grupos y comenten cómo reaccionan ante esta situación, escogiendo aquellos sentimientos con los que más se identifiquen y dando algunos ejemplos. Luego, en gran grupo, pueden poner en común sus respuestas e identificar cuál es el sentimiento más común.

>4 Se presenta una actividad para seguir consolidando las estructuras para expresar peticiones y mandatos. Puede introducirla preguntando a sus alumnos si son desordenados y, en caso afirmativo, en qué ámbitos de su vida. Una vez lo hayan comentado, indíqueles que lean en primer lugar el texto y asegúrese de que lo han comprendido. A continuación, en parejas, pídales que intercambien sus impresiones y las directrices que creen que deben seguir para tener un autocontrol del desorden. Luego, puede proponer un intercambio de ideas en gran grupo.

Por último, y si lo considera oportuno, puede preguntar a los alumnos, sobre todo a aquellos que manifestaron considerarse desordenados, si están de acuerdo con lo que dice el texto y si se sienten identificados.

> 5 Para finalizar el epígrafe, proponga la siguiente actividad cooperativa cuyo objetivo es crear un decálogo que facilite la convivencia a la hora de compartir piso. Para ello, transmita con precisión las siguientes pautas:

1. Divida la clase en dos o más grupos en función del número de alumnos, pida a cada grupo que lea la lista de aspectos relacionados con la convivencia cuando se comparte piso y los ordenen siguiendo el criterio de más a menos importante. Para ello, deben comentarlos y llegar a un consenso en el orden de prioridades. Pídales también que añadan un aspecto más a la lista que todavía no esté reflejado.
2. Cada grupo debe nombrar a un representante o portavoz que será el encargado de comunicar al resto de la clase su lista ordenada. A continuación, se sucede un debate para llegar a un consenso con toda la clase del orden de prioridades.
3. Una vez se haya establecido la lista final, escríbala en la pizarra.
4. Ahora cada grupo debe elegir entre uno y dos aspectos de esta lista y escribir cuatro peticiones relacionadas con ellos. Si lo considera oportuno, puede aportar un ejemplo.

   La limpieza de la casa.

   Peticiones: *Te pido que seas ordenado y que ensucies lo menos posible/Te ruego que laves siempre los platos al terminar de comer…*
5. De nuevo, se procede a una puesta en común de las peticiones y, entre todos, determinan las diez más importantes para crear un decálogo de convivencia. Puede escribirlas usted en la pizarra o nombrar a un portavoz de todos los grupos, para que las escriban.

5.1. Mediante esta actividad intercultural, los estudiantes van a intercambiar con sus compañeros sus experiencias compartiendo piso y la opinión que tienen de la convivencia. Para finalizar, indíqueles que comenten si compartir piso en su país es algo habitual y propóngales que lo comparen con España.

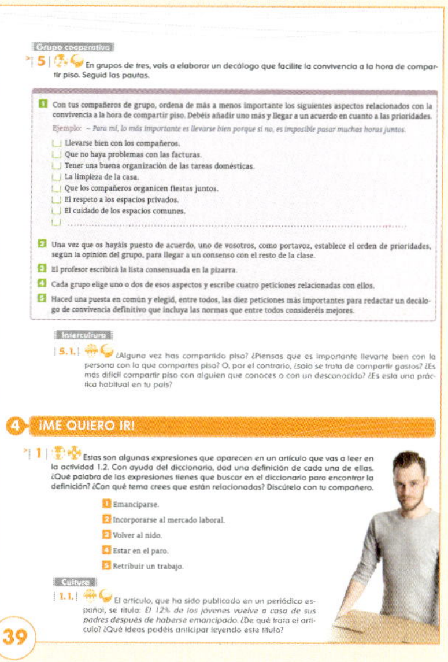

Grupo cooperativo

> 5 | En grupos de tres, vais a elaborar un decálogo que facilite la convivencia a la hora de compartir piso. Seguid las pautas.

1. Con tus compañeros de grupo, ordena de más a menos importante los siguientes aspectos relacionados con la convivencia a la hora de compartir piso. Debéis añadir uno más y llegar a un acuerdo en cuanto a las prioridades.

   Ejemplo: – *Para mí, lo más importante es llevarse bien porque si no, es imposible pasar muchas horas juntos.*

   - [ ] Llevarse bien con los compañeros.
   - [ ] Que no haya problemas con las facturas.
   - [ ] Tener una buena organización de las tareas domésticas.
   - [ ] La limpieza de la casa.
   - [ ] Que los compañeros organicen fiestas juntos.
   - [ ] El respeto a los espacios privados.
   - [ ] El cuidado de los espacios comunes.
   - [ ] ……………………………………
2. Una vez que os hayáis puesto de acuerdo, uno de vosotros, como portavoz, establece el orden de prioridades, según la opinión del grupo, para llegar a un consenso con el resto de la clase.
3. El profesor escribirá la lista consensuada en la pizarra.
4. Cada grupo elige uno o dos de esos aspectos y escribe cuatro peticiones relacionadas con ellos.
5. Haced una puesta en común y elegid, entre todos, las diez peticiones más importantes para redactar un decálogo de convivencia definitivo que incluya las normas que entre todos consideréis mejores.

Intercultura

| 5.1. | ¿Alguna vez has compartido piso? ¿Piensas que es importante llevarte bien con la persona con la que compartes piso? O, por el contrario, ¿solo se trata de compartir gastos? ¿Es más difícil compartir piso con alguien que conoces o con un desconocido? ¿Es esta una práctica habitual en tu país?

4 ¡ME QUIERO IR!

> 1 | Estas son algunas expresiones que aparecen en un artículo que vas a leer en la actividad 1.2. Con ayuda del diccionario, dad una definición de cada una de ellas. ¿Qué palabra de las expresiones tienes que buscar en el diccionario para encontrar la definición? ¿Con qué tema crees que están relacionadas? Discútelo con tu compañero.

1. Emanciparse.
2. Incorporarse al mercado laboral.
3. Volver al nido.
4. Estar en el paro.
5. Retribuir un trabajo.

Cultura

| 1.1. | El artículo, que ha sido publicado en un periódico español, se titula: *El 12% de los jóvenes vuelve a casa de sus padres después de haberse emancipado.* ¿De qué trata el artículo? ¿Qué ideas podéis anticipar leyendo este título?

39

4 ¡ME QUIERO IR! 39

Este epígrafe focaliza su atención en el apartado cultural, presentando a los estudiantes la situación laboral de los jóvenes en España. Se aportan también estrategias para ordenar los párrafos que componen un texto y se introducen los conectores del discurso: *luego* (con valor temporal), *incluso, es que, mientras, en definitiva,* y *o sea.*

> 1 Con esta actividad de adquisición de léxico, se pretende que el estudiante se vaya familiarizando con el vocabulario que va a encontrar en el artículo de la actividad 1.2. Se trata de una herramienta para presentar el tema del artículo y facilitar su comprensión. Proponga a los estudiantes que se unan en parejas o en pequeños grupos. Indíqueles que, en primer lugar, intenten explicar el significado de las expresiones que se presentan y que lo comenten entre ellos. A continuación, se pueden ayudar de un diccionario monolingüe para consultar aquellas expresiones que no conocen. Para una corrección final, haga una puesta en común para comentar los significados y matizar o explicar aquello que crea conveniente. Como preludio de las actividades siguientes, los estudiantes expresarán cuál creen que es el tema del artículo, tomando como base el léxico que acaban de trabajar.

1. Emanciparse: irse de casa de los padres y vivir con tus propios recursos; 2. Incorporarse al mercado laboral: comenzar a trabajar, conseguir tu primer empleo; 3. Volver al nido: Nido: construcción hecha por animales de cualquier especie para depositar sus huevos. También se utiliza esta palabra para referirse de manera cariñosa al hogar o vivienda familiar. *Volver al nido* significa regresar a tu origen, a la casa familiar después de estar tiempo viviendo fuera y haberte independizado. 4. Estar en el paro: no tener trabajo. Esta expresión se utiliza para referirse a la situación de estar sin trabajo cobrando o no

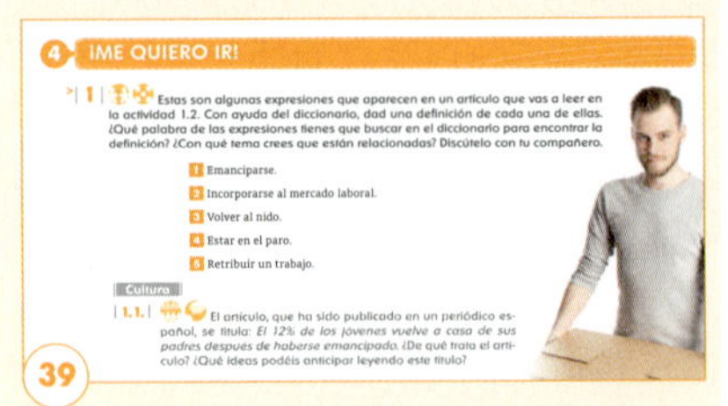

la prestación social; 5. Retribuir un trabajo: pagar por un trabajo realizado.

1.1. Esta actividad es una continuación del ejercicio anterior. Los estudiantes ya conocen el título del texto y, entre todos, van a explicar de qué trata el artículo y anticipar sus ideas principales. Además de la facilitación de la comprensión del texto, se pretende introducir un tema sociocultural que refleja un aspecto de la actualidad en España.

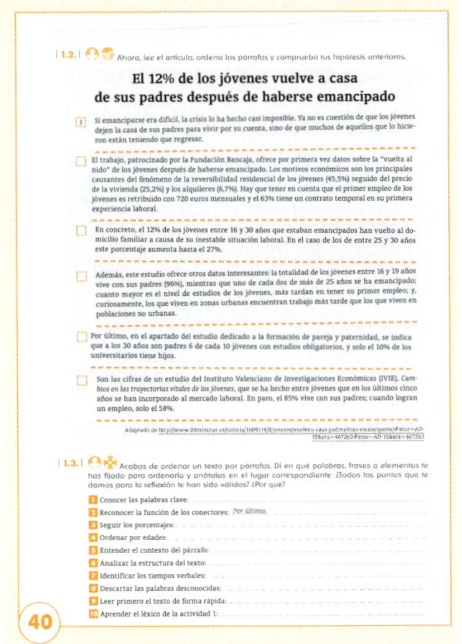

1.2. Deje tiempo a los estudiantes para que lean detenidamente el texto, cuyos párrafos están desordenados, y que procedan a ordenarlo. Antes de realizar la corrección, puede pedirles que, en parejas o pequeños grupos, comparen y comenten el orden que han propuesto de los párrafos.

1, 4, 2, 5, 6, 3.

1.3. Con esta actividad etiquetada como actividad de estrategia, el estudiante reflexionará sobre las herramientas que ha utilizado para ordenar el texto. Sería recomendable que propusiera una puesta en común para que comenten aquellos puntos que les han sido válidos y lo expliquen. Pregúnteles también si han utilizado alguna herramienta que no aparezca en la lista del ejercicio pero que para ellos haya sido útil y, de ser así, que lo comenten con el resto de la clase. Este sería un ejemplo de práctica de modelización, que se basa en compartir aquellas herramientas o métodos que nos han sido útiles como aprendientes de una lengua para que otros estudiantes las conozcan y puedan incorporarlas a su aprendizaje.

Puede proponer también a los estudiantes que clasifiquen, por orden de importancia, las estrategias de la lista. Se presenta la siguiente propuesta de orden:

Para ordenar correctamente el texto, es necesario: leerlo, primero, de forma rápida (9), para poder ver las partes que lo componen, y de ahí, entender su estructura (6). Para ello, se necesita conocer las palabras clave (1), términos que se han trabajado en el léxico de la actividad 1 (10) *–emanciparse, incorporarse al mercado laboral, volver al nido, estar en paro, retribuir un trabajo–*. De esta manera, es posible entender cada uno de los párrafos (5) y reconocer la relación entre ellos gracias a los conectores (2) y a las palabras que los relacionan. Los puntos 3, 4, 7 y 8 no son válidos para realizar esta tarea, ya que no están relacionados con la estrategia descrita.

> 2 A través del formato textual de un foro, los alumnos van a leer las opiniones de varios españoles sobre el tema del artículo. Se trata de que indiquen si están o no de acuerdo con dichos comentarios aportando su propia opinión. Si lo cree conveniente, puede proponer realizar la actividad en pequeños grupos en lugar de en parejas.

2.1. Proponga a los estudiantes que vuelvan a leer el texto anterior prestando especial atención a los conectores del discurso que aparecen señalados en negrita y que reflexionen sobre su valor para, a continuación, relacionarlo con su significado.

1. b; 2. d; 3. a; 4. e; 5. c; 6. f.

2.2. Partiendo del ejercicio anterior, se procede a una actividad mecánica para consolidar el uso adecuado de los conectores del discurso aprendidos.

1. es que; 2. mientras; 3. luego; 4. incluso; 5. En definitiva; 6. o sea.

Para seguir practicando el uso de los conectores estudiados, puede realizar los ejercicios 5 y 6 de la unidad 3 del *Libro de ejercicios*.

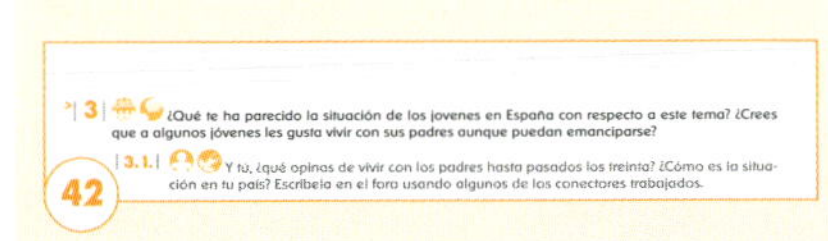

> 3 Como cierre del epígrafe, proponga que los estudiantes, en gran grupo, den su opinión sobre la situación actual que viven los jóvenes en España. Puede preguntarles si han tenido alguna vivencia o experiencia en España que corrobore la situación que plantea el artículo y, en caso afirmativo, pídales que la compartan con el resto de compañeros.

3.1. De manera individual, los estudiantes opinarán sobre este tema practicando la destreza escrita. Indíqueles que reflexionen acerca de cómo es la situación en su país, la expliquen y la comparen con la situación en España. Recuérdeles que para una organización coherente del texto, deben utilizar los conectores correspondientes. Si lo cree conveniente, puede finalizar el epígrafe fomentando el intercambio intercultural. Para ello, pídales que comenten en gran grupo cómo es esta situación en sus respectivos países.

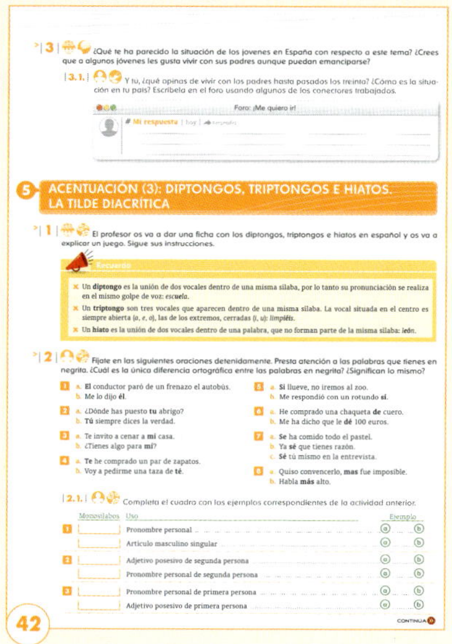

5 ACENTUACIÓN (3): DIPTONGOS, TRIPTONGOS E HIATOS. LA TILDE DIACRÍTICA 42

Este epígrafe centra su atención en la revisión y diferenciación de los diptongos, triptongos e hiatos en español. Se presenta también la tilde diacrítica y el cambio de significado de una misma palabra dependiendo de si lleva o no tilde.

> 1 Actividad planteada a modo de juego para practicar la distinción entre diptongos, triptongos e hiatos en español. Para llevarla a cabo, utilice la ficha explicativa 7 y la ficha 8 del juego de *El burro*.

Ficha 7. Diptongos, triptongos e hiatos.

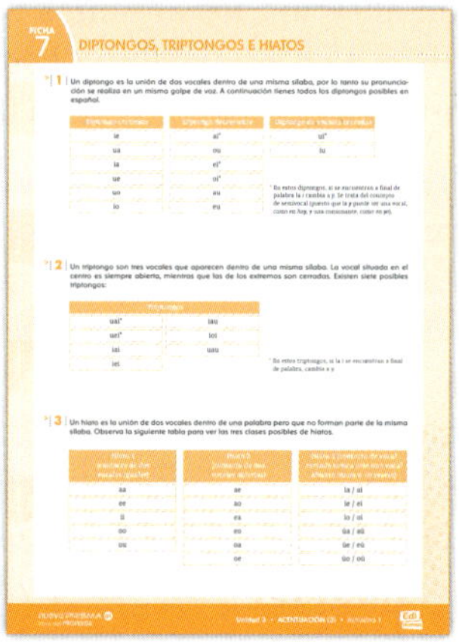

La siguiente ficha contiene la explicación de los conceptos de diptongo, triptongo e hiato.

Dinámica. Entregue a los estudiantes la ficha explicativa para facilitar la distinción entre diptongos, triptongos e hiatos, y la posterior realización del juego. Después de dar las explicaciones y de aportar los ejemplos pertinentes, y una vez se haya asegurado de los que estudiantes han comprendido, pase a la siguiente ficha.

Ficha 8. Jugamos al burro.

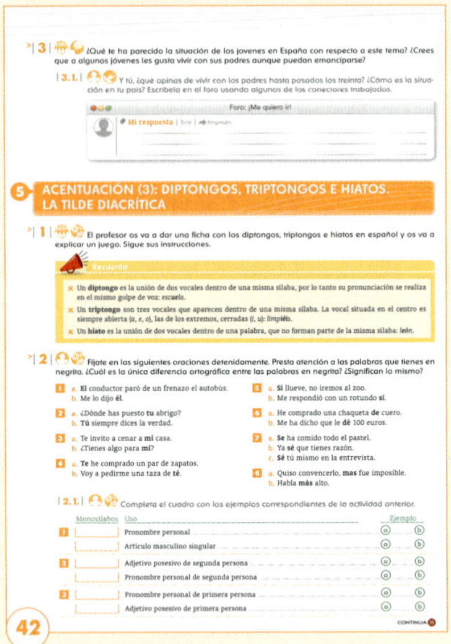

Se aprovecha el popular juego de la baraja llamado *El burro* para practicar el reconocimiento los diptongos, triptongos e hiatos. La ficha contiene las nueve barajas en tarjetas recortables.

Dinámica. Recorte las tarjetas y coloque las nueve barajas boca abajo en la mesa. Forme tres equipos. Un miembro de cada equipo coge quince cartas al azar de los nueve montones. Debe barajarlas antes de verlas. Una vez que los equipos tienen sus tarjetas, comienza el juego. Deben clasificar sus tarjetas en diptongos, triptongos e hiatos. El equipo que termina primero grita "burro". Si todas las tarjetas están bien clasificadas, gana el juego.

Diptongos: salgáis; naútico; deshaucio; puntapié; gaviota; deuda; diáfano; náufrago; cuídalo; euro; baúl; sucia; boina; huésped; farmacéutico; paisaje; Triptongos: limpiáis; santigüéis; averigüáis; Uruguay; miau; buey; santiguáis; Paraguay; limpiéis; iniciéis; fotografiáis; averigüéis; iniciáis; guau; Camagüey; Hiatos: zoólogo; poleo; oceánico; poeta; paseábamos; continúe; aéreo; azahar; cacao; león; poseer; alcohol; caer; tío.

>2 Indique al alumno que lea con detenimiento las frases de la actividad 2, preste especial atención a las palabras resaltadas en negrita en cada apartado, y señale si existe o no alguna diferencia de significado entre ellas. Si lo considera oportuno, puede proponer realizar la actividad en parejas.

La tilde. No significan lo mismo.

2.1. Partiendo de la actividad anterior, los alumnos van a completar la tabla señalando los diferentes usos de cada palabra dependiendo si lleva o no tilde. Si lo cree oportuno, proponga que lleven a cabo la actividad en parejas.

1. Pronombre personal: él, b; Artículo masculino singular: el, a; 2. Adjetivo posesivo de segunda persona: tu, a; Pronombre personal de segunda persona: Tú, b; 3. Pronombre personal de primera persona: mí, b; Adjetivo posesivo de primera persona: mi, a; 4. Nombre: planta, bebida u hoja: té, b; Pronombre personal de segunda persona: Te, a; 5. Conjunción que indica condición: Si, a; Adverbio de afirmación: sí, b; 6. Presente de subjuntivo del verbo *dar*: dé, b; Preposición de, a; 7. Imperativo del verbo *ser*: Sé, c; Presente del verbo *saber*: sé, b; Pronombre personal de tercera persona: Se, a; 8. Adverbio de cantidad: más, b; Conjunción igual a *pero*: mas, a.

Para continuar con la práctica de las tildes diacríticas, se puede realizar el ejercicio 12 de la unidad 3 del *Libro de ejercicios*.

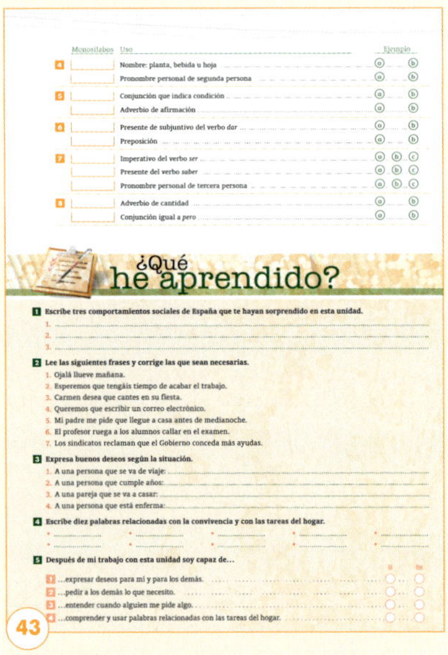

¿QUÉ HE APRENDIDO? 43

>2 1. Ojalá llueva mañana; 2. Correcta; 3. Correcta; 4. Queremos escribir un correo electrónico; 5. Correcta; 6. Correcta (también es posible: El profesor ruega a los alumnos que se callen en el examen); 7. Correcta.

>3 Posibles respuestas: 1. Que tengas un buen viaje/Que te diviertas; 2. Que cumplas muchos más; 3. Que seáis muy felices; 4. Que te mejores.

ELEteca
LÉXICO. Los comportamientos sociales.

4 SOBRE GUSTOS, COLORES

El título de este epígrafe hace alusión al núcleo temático de esta unidad: Los gustos y las preferencias. La expresión "Sobre gustos, colores" engloba el significado de que cada persona tiene un gusto diferente, y lo que a uno le puede parecer bonito, a otro le puede parecer feo, ya sea en lo físico como en lo emocional. A lo largo de esta unidad el alumno aprenderá, por lo tanto, a expresar gustos y aversiones personales y de otras personas del entorno, además de aprender a describir objetos, lugares y personas, y a pedir información sobre si se sabe algo, o se conoce algo o a alguien. Para tal objetivo, se introducen los verbos de sensaciones y sentimientos con infinitivo y subjuntivo; los relativos *que* y *donde* con indicativo o subjuntivo (dependiendo de si el antecedente es conocido o desconocido) y los pronombres indefinidos. En relación al contenido cultural, los alumnos conocerán diferentes ciudades españolas e hispanoamericanas declaradas Patrimonio de la Humanidad por la Unesco y aspectos de la arquitectura española contemporánea. Se presentará léxico relacionado con el ocio y la arquitectura y textos referentes a anuncios a través de la web. El apartado de fonética y ortografía focaliza su atención en las consonantes oclusivas y en el contraste de sordas/sonoras.

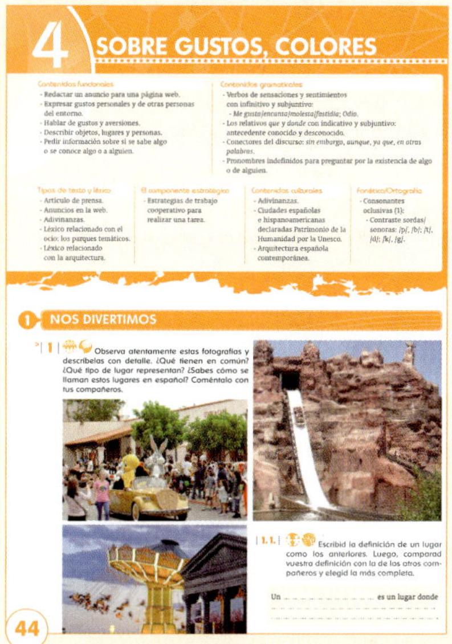
4 SOBRE GUSTOS, COLORES

Contenidos funcionales
- Redactar un anuncio para una página web.
- Expresar gustos personales y de otras personas del entorno.
- Hablar de gustos y aversiones.
- Describir objetos, lugares y personas.
- Pedir información sobre si se sabe algo o se conoce algo o a alguien.

Contenidos gramaticales
- Verbos de sensaciones y sentimientos con infinitivo y subjuntivo:
  - *Me gusta/encanta/molesta/fastidia; Odio.*
- Los relativos *que* y *donde* con indicativo y subjuntivo: antecedente conocido y desconocido.
- Conectores del discurso: *sin embargo, aunque, ya que, en otras palabras.*
- Pronombres indefinidos para preguntar por la existencia de algo o de alguien.

Tipos de texto y léxico
- Artículo de prensa.
- Anuncios en la web.
- Adivinanzas.
- Léxico relacionado con el ocio: los parques temáticos.
- Léxico relacionado con la arquitectura.

El componente estratégico
- Estrategias de trabajo cooperativo para realizar una tarea.

Contenidos culturales
- Adivinanzas.
- Ciudades españolas e hispanoamericanas declaradas Patrimonio de la Humanidad por la Unesco.
- Arquitectura española contemporánea.

Fonética/Ortografía
- Consonantes oclusivas (1):
  - Contraste sordas/sonoras: /p/, /b/; /t/, /d/; /k/, /g/.

1 NOS DIVERTIMOS

1 Observa atentamente estas fotografías y descríbelas con detalle. ¿Qué tienen en común? ¿Qué tipo de lugar representan? ¿Sabes cómo se llaman estos lugares en español? Coméntalo con tus compañeros.

1.1. Escribid la definición de un lugar como los anteriores. Luego, comparad vuestra definición con la de los otros compañeros y elegid la más completa.

Un .... es un lugar donde ....

44

1 NOS DIVERTIMOS 44

En el primer epígrafe de la unidad se trabaja léxico relacionado con el ocio, y especialmente con los parques temáticos. Desde el punto de vista funcional, los alumnos expresarán sus gustos personales y de otras personas de su entorno, además de hablar de sus aficiones. El apartado gramatical centra su atención en la introducción de verbos de sensaciones y de sentimientos con infinitivo o subjuntivo: *Me gusta/encanta/molesta/fastidia/disgusta; Odio...*

> 1 Con esta primera actividad, planteada para realizar en gran grupo, se pretende establecer una primera toma de contacto por parte de los estudiantes con lugares de ocio y tiempo libre. Indíqueles que observen con atención las fotografías, y que comenten qué es lo que ven y qué tienen en común los lugares que aparecen en ellas para determinar finalmente cómo se llaman.

Son parques de atracciones temáticos.

1.1. Proponga a sus alumnos que, en parejas, escriban con sus propias palabras y sin ayuda del diccionario la definición de parque temático. A continuación, indíqueles que la comparen con las definiciones del resto de la clase y que escojan aquella que consideren que se adecua más al concepto de este término.

Un parque temático es un lugar donde hay atracciones para los visitantes, dedicadas a un tema en concreto.

ELEteca
10. Los parques temáticos.

1.2. El objetivo de esta actividad es presentar a los estudiantes el léxico de las atracciones que se pueden encontrar en un parque temático. Para llevar a cabo la actividad, pídales que se unan en parejas o pequeños grupos, que observen con atención las fotos y que las relacionen con los nombres propuestos. Para una corrección final, haga una puesta en común.

1. A; 2. C; 3. E; 4. F; 5. B; 6. D.

1.2. ¿Sabéis cómo se llaman estas atracciones? Relacionad las imágenes con su nombre correspondiente.

1 noria
2 sillas voladoras
3 torre de caída
4 coches de choque
5 tiovivo
6 montaña rusa

45

| 1.2. | ¿Sabéis cómo se llaman estas atracciones? Relacionad las imágenes con su nombre correspondiente.

1 [ ] noria
2 [ ] sillas voladoras
3 [ ] torre de caída
4 [ ] coches de choque
5 [ ] tiovivo
6 [ ] montaña rusa

| 2 | Ana es de Uruguay y Verónica de Madrid. Esta semana Ana va a viajar a Madrid para pasar unos días. Escucha el diálogo sobre los gustos que tiene cada una y marca qué actividades les gusta hacer a las dos.

1 [ ] Ir a la playa.
2 [ ] Hacer senderismo.
3 [ ] Ir a museos.
4 [ ] Ver una película en el cine.
5 [ ] Ir a un parque de atracciones.
6 [ ] Conocer gente.

| 2.1. | Vuelve a escuchar y completa las frases extraídas de la audición.

1 Me .... a la playa.
2 También .... senderismo.
3 ¿Tú no .... ejercicio?
4 A mí también .... por el campo.
5 A mí .... de museo en museo.
6 Me .... así por mí.

Recuerda

- Los verbos como *gustar* (*encantar, molestar, fastidiar*...) se construyen normalmente en tercera persona con esta estructura:
  - (*A mí/ti/él/ella*...) + *Me/Te/Le/Nos/Os/Les* + *gusta* + nombre singular / infinitivo / *que* + subjuntivo
    - *Me gusta el chocolate negro.*
    - *A ellos les molesta muchísimo levantarse temprano.*
    - *¡Cuánto me fastidia que los conductores no respeten los pasos de cebra!*
  - (*A mí/ti/él/ella*...) + *Me/Te/Le/Nos/Os/Les* + *gustan* + nombre plural:
    - *A Laura le encantan los dulces.*

45

>2 Antes de poner la audición, comente a sus estudiantes que van a escuchar la conversación de dos amigas. Ana, que es de Uruguay, va a viajar a Madrid para pasar uno días con su amiga Verónica, y hablan de lo que les gustaría hacer estos días teniendo en cuenta sus gustos y preferencias. Una vez escuchada la audición, deben marcar aquellas actividades que les gusta hacer a las dos.

| 9 |

- **Ana:** Vero, ¡no te podés imaginar las ganas que tengo de ir a España a conocerte!
- **Verónica:** Y yo de que vengas. Además, ya verás qué bien nos lo vamos a pasar.
- **Ana:** Seguro que sí, pero tenemos que decidir qué vamos a hacer. ¿Preparaste ya una ruta turística?
- **Verónica:** No, mujer, primero quería hablarlo contigo. ¿Qué te gusta hacer?
- **Ana:** Bueno, ya sabés que me encanta ir a la playa, pero en Madrid es un poco complicado, ¿no?
- **Verónica:** Pues sí, bastante, pero siempre podemos ir al río Manzanares.
- **Ana:** Sí, sí, pero no es lo mismo... Bueno, en serio... También me gusta muchísimo hacer senderismo.
- **Verónica:** Pues eso sí que podemos hacerlo. Nos vamos a la sierra y ya está. Pero me extraña que te guste hacer eso, ¿tú no odiabas caminar y hacer ejercicio?
- **Ana:** No exactamente... Odio andar con prisas por la ciudad y también los gimnasios, pero caminar por el campo me encanta, me relaja muchísimo. Bueno, y vos, ¿qué querés hacer?
- **Verónica:** Lo del senderismo está bien, a mí también me gusta mucho andar por el campo. También podemos dedicar un par de días a los museos. Está el Prado, el Thyssen, el Reina Sofía... Son muy importantes...
- **Ana:** Pero seguro que vos ya los conocés y vas a aburrirte. No quiero que estés a disgusto. Se supone que debemos hacer cosas que nos gusten a las dos. Además a mí no me gusta demasiado andar de museo en museo, prefiero vivir más la calle...
- **Verónica:** Oye, me encanta que te preocupes así por mí, pero yo quiero que tú hagas todo lo que te apetezca. Eres mi invitada...
- **Ana:** Bueno... Muchas gracias... También me gustaría ir al cine a ver una película española, salir de tapas... ¡Ah! ¿Y sabés lo que me chifla? Los parques de atracciones...
- **Verónica:** ¡No me digas! ¡A mí me vuelven loca! Entonces conozco el sitio ideal: el parque Warner. Es un parque temático que reproduce el ambiente del cine de Hollywood y algunas de sus atracciones son fantásticas. ¿Sabes qué? Podemos ir con mi hermano. Le encantan estos sitios.
- **Ana:** ¡Perfecto!
- **Verónica:** Bueno, pues ve pensándolo y hablamos por Skype para concretar.
- **Ana:** Muy bien. Muchas gracias, Vero.
- **Verónica:** Ya ves... ¡Qué tontería! Venga, hasta pasado mañana.
- **Ana:** Adiós.

Hacer senderismo; Ir a un parque de atracciones.

2.1. Antes de proceder a una segunda escucha, indique a sus alumnos que deberán completar las frases extraídas de la audición con expresiones de sensaciones y sentimientos.

Una vez finalizado este ejercicio y antes de comenzar la siguiente actividad, indíqueles que lean el cuadro de atención para recordar la estructura gramatical y funcional de los verbos que expresan gustos, como *gustar, encantar, molestar, fastidiar*...

1. me encanta ir; 2. me gusta muchísimo hacer; 3. odiabas caminar y hacer; 4. me gusta mucho andar; 5. no me gusta demasiado andar; 6. encanta que te preocupes.

2.2. Antes de proceder a la realización de la actividad, contextualícela debidamente. Los alumnos deben leer primero el cuadro para expresar gustos y aversiones, y completar, a continuación, el diálogo que mantienen Verónica, Alberto y Ana, eligiendo el verbo y modo adecuados, y siguiendo las indicaciones que están entre paréntesis. Adviértales que puede haber varias soluciones posibles. Para facilitar la realización y corrección de la actividad, puede utilizar la proyección 7; para profundizar en la práctica de los contenidos vistos, proponga la realización de la ficha 9.

Proyección 7. Expresar gustos y aversiones.

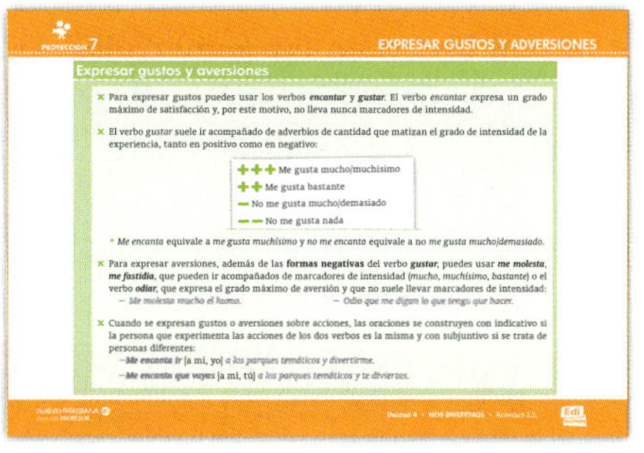

Dinámica. Proyecte el cuadro para expresar gustos y aversiones e indique a los alumnos que pueden apoyarse en él durante la realización de la actividad. Una vez hayan finalizado la tarea, mantenga la imagen proyectada para su corrección.

Ficha 9. Práctica para expresar gustos y aversiones.

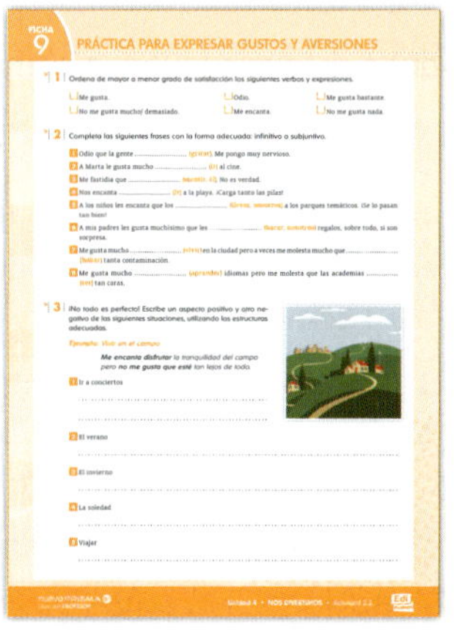

Dinámica. Para consolidar el correcto uso de los verbos y expresiones sobre gustos y aversiones, entregue a los estudiantes la siguiente ficha para que trabajen de manera individual. Una vez que hayan finalizado, corríjala haciendo una puesta en común.

1. 1. Me encanta; 2. Me gusta bastante; 3. Me gusta; 4. No me gusta mucho/demasiado; 5. No me gusta nada; 6. Odio.

2. 1. grite; 2. ir; 3. mienta; 4. ir; 5. llevemos; 6. hagamos; 7. vivir, haya; 8. aprender, sean.

Posible respuesta. 1. Me encanta/gusta muchísimo; 2. No me gusta nada; 3. venir; 4. me encantaban/gustaban muchísimo; 5. odio; 6. persiga; 7. Me encanta/gusta mucho que; 8. suba; 9. No me gusta mucho/demasiado.

>3 La siguiente actividad tiene como objetivo practicar y consolidar el léxico y las expresiones aprendidas en este epígrafe de manera oral. Para ello, proponga a los estudiantes que se agrupen en parejas para comentar las preguntas. Si lo considera oportuno, indíqueles que las comenten también con otras parejas de la clase.

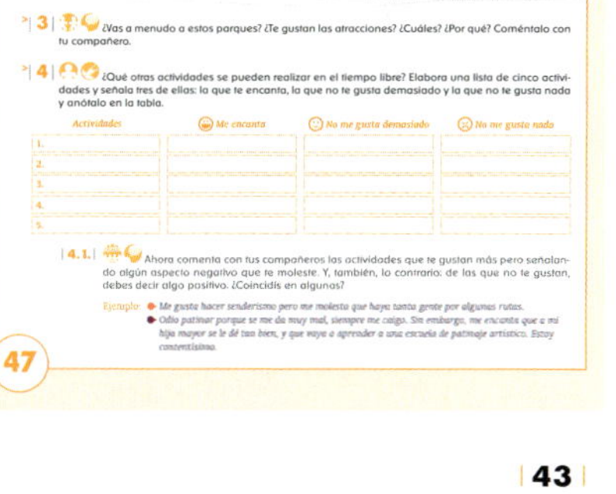

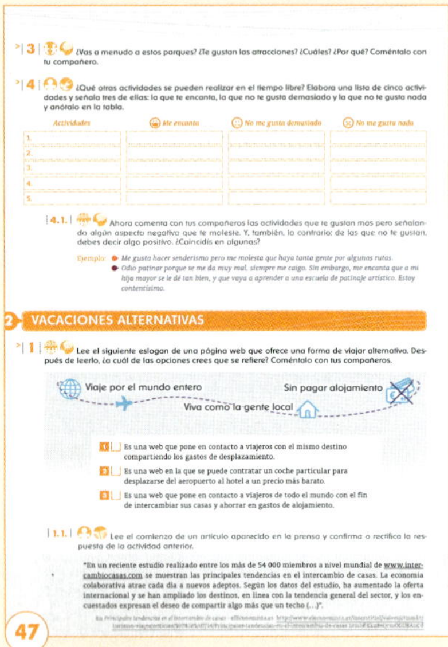

>4 A continuación, el alumno elaborará una lista de cinco actividades de ocio y tiempo libre, y completará el cuadro señalando la que le encanta, la que no le gusta demasiado y la que no le gusta nada. Además de volver a revisar el léxico de actividades de ocio y tiempo libre, se trata de una esquematización que servirá para realizar la siguiente actividad oral y grupal.

4.1. Para finalizar esta secuenciación de actividades de práctica y consolidación de las estructuras para expresar gustos y aversiones, proponga a los estudiantes que comenten las actividades que les gusten, señalando algún aspecto que les moleste de las mismas y, al contrario, que comenten las actividades que menos les gustan señalando algún aspecto positivo de ellas.

Para seguir trabajando tanto el léxico de las actividades de ocio como las estructuras para expresar gustos y aversiones, puede realizar los ejercicios 1 al 3 de la unidad 4 del *Libro de ejercicios*.

2 VACACIONES ALTERNATIVAS 47

El tema central sobre el que trata este epígrafe son las vacaciones y las formas de viajar alternativas. El apartado textual centra su atención en el formato de los anuncios en la web, y en el apartado gramatical se presentan las oraciones de relativo con *que* y *donde* seguidos de indicativo o subjuntivo, además de hacer una revisión de los conectores del discurso: *sin embargo, aunque, ya que, en otras palabras*. El aspecto cultural gira en torno a tres ciudades españolas: Alicante, Pamplona y Granada.

>1 El conjunto de la clase debe discutir y llegar a un consenso sobre el eslogan que se adecua más a la página web que ofrece una forma de viajar alternativa. Para ello, propóngales que, en primer lugar, lean con atención los tres eslóganes y analicen con detenimiento su mensaje.

3. Es una web que pone en contacto a viajeros de todo el mundo con el fin de intercambiar sus casas y ahorrar en gastos de alojamiento.

1.1. Después de la lectura del artículo, proponga al alumno que revise la respuesta de la actividad anterior y que comente y discuta con el resto de la clase si su elección ha sido la correcta o, por el contrario, cree que alguno de los otros dos eslóganes se ciñe más al concepto que quiere transmitir la página web.

La número 1 y la número 3 son apropiadas para lo que quiere.

>2 Esta actividad constituye, por un lado, un ejercicio de comprensión lectora donde se resumen datos básicos sobre tres ofertas de alojamiento para pasar unas vacaciones y, por otro, una actividad conversacional, de intercambio de opiniones, de justificación y de negociación entre los dos miembros de la pareja para decantarse por una de las tres ofertas. Recomiende a los estudiantes que lean con atención el lugar y las condiciones que a Sandra le gustaría encontrar en sus vacaciones y, a continuación, los tres anuncios. Para poder comentar y argumentar de forma más adecuada su discurso, remita a los estudiantes al cuadro de atención en el que se recuerdan el uso de algunos conectores del discurso y su función: contrastar ideas, expresar una causa o reformular lo que ya se ha expresado antes.

2.1. Proceda a una puesta en común en la que los estudiantes expresarán y argumentarán su decisión. En el caso de que no hayan coincidido en la respuesta, deben justificar sus argumentos con más precisión.

2.2. Actividad de reflexión gramatical en la que se presentan las oraciones de relativo. Indique a los alumnos que, de manera individual, vuelvan a leer el texto de Sandra y los anuncios fijando su atención en las expresiones señaladas en negrita para completar el cuadro con algunos de los ejemplos. Si lo cree conveniente, los alumnos pueden intercambiar y comentar su respuesta con otros compañeros de la clase antes de proceder a la corrección grupal. Para la misma, ayúdese de la proyección 8; y para seguir trabajando y consolidar el uso de las oraciones de relativo con los pronombres *que* y *donde*, utilice la ficha 10.

Proyección 8. Las oraciones de relativo.

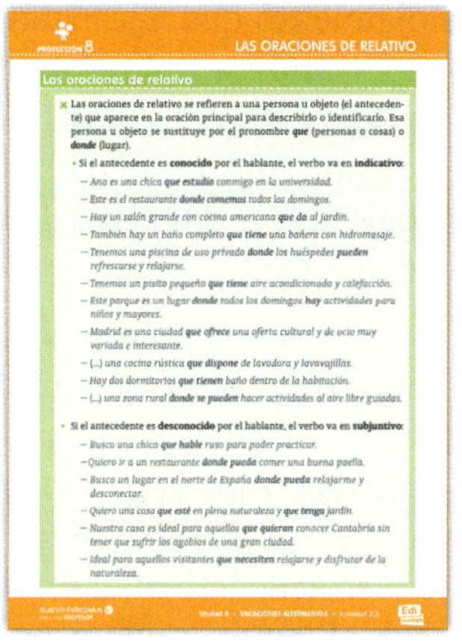

PROYECCIÓN 8 — LAS ORACIONES DE RELATIVO

Las oraciones de relativo

- Las oraciones de relativo se refieren a una persona u objeto (el antecedente) que aparece en la oración principal para describirlo o identificarlo. Esa persona u objeto se sustituye por el pronombre ***que*** (personas o cosas) o ***donde*** (lugar).
  - Si el antecedente es **conocido** por el hablante, el verbo va en **indicativo**:
    - *Ana es una chica **que estudia** conmigo en la universidad.*
    - *Este es el restaurante **donde comemos** todos los domingos.*
    - *Hay un salón grande con cocina americana **que da** al jardín.*
    - *También hay un baño completo **que tiene** una bañera con hidromasaje.*
    - *Tenemos una piscina de uso privado **donde** los huéspedes **pueden** refrescarse y relajarse.*
    - *Tenemos un pisito pequeño **que tiene** aire acondicionado y calefacción.*
    - *Este parque es un lugar **donde** todos los domingos **hay** actividades para niños y mayores.*
    - *Madrid es una ciudad **que ofrece** una oferta cultural y de ocio muy variada e interesante.*
    - *(...) una cocina rústica **que dispone** de lavadora y lavavajillas.*
    - *Hay dos dormitorios **que tienen** baño dentro de la habitación.*
    - *(...) una zona rural **donde se pueden** hacer actividades al aire libre guiadas.*
  - Si el antecedente es **desconocido** por el hablante, el verbo va en **subjuntivo**:
    - *Busco una chica **que hable** ruso para poder practicar.*
    - *Quiero ir a un restaurante **donde pueda** comer una buena paella.*
    - *Busco un lugar en el norte de España **donde pueda** relajarme y desconectar.*
    - *Quiero una casa **que esté** en plena naturaleza y **que tenga** jardín.*
    - *Nuestra casa es ideal para aquellos **que quieran** conocer Cantabria sin tener que sufrir los agobios de una gran ciudad.*
    - *Ideal para aquellos visitantes **que necesiten** relajarse y disfrutar de la naturaleza.*

Dinámica. Proyecte el cuadro de las oraciones de relativo y proceda a completar el mismo con las respuestas de sus alumnos. En caso necesario, dé las explicaciones pertinentes y aporte más ejemplos.

Ficha 10. Práctica de las oraciones de relativo.

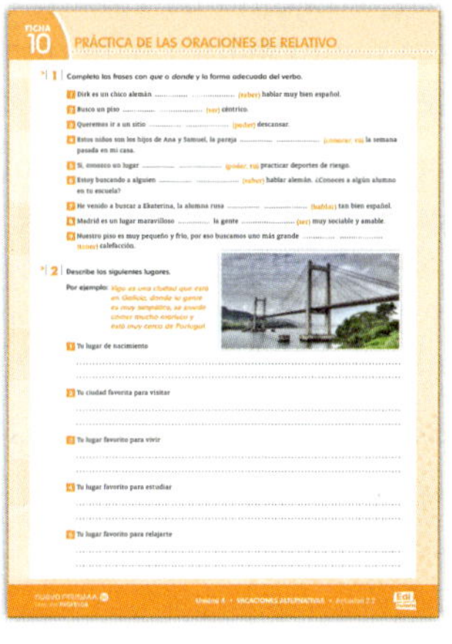

Dinámica. Entregue la siguiente ficha a los estudiantes y pídales que realicen las actividades de la misma de una manera individual y reflexiva. Una vez que hayan finalizado, corrija haciendo una puesta en común. Si lo considera oportuno, también puede indicar a sus alumnos que comparen en parejas antes de la corrección en gran grupo.

1. 1. que sabe; 2. que sea; 3. donde podamos; 4. que conociste; 5. donde puedes; 6. que sepa; 7. que habla; 8. donde … es; 9. que tenga.

1. conocido; Hay un salón grande con cocina americana que da al jardín; También hay un baño completo que tiene una bañera con hidromasaje; Tenemos una piscina de uso privado donde los huéspedes pueden refrescarse y relajarse; Tenemos un pisito pequeño que tiene aire acondicionado y calefacción; Este parque es un lugar donde todos los domingos hay actividades para niños y mayores; Madrid es una ciudad que ofrece una oferta cultural y de ocio muy variada e interesante; (…) una cocina rústica que dispone de lavadora y lavavajillas; Hay dos dormitorios que tienen baño dentro de la habitación; (…) una zona rural donde se pueden hacer actividades al aire libre guiadas; 2. desconocido; Busco un lugar en el norte de España donde

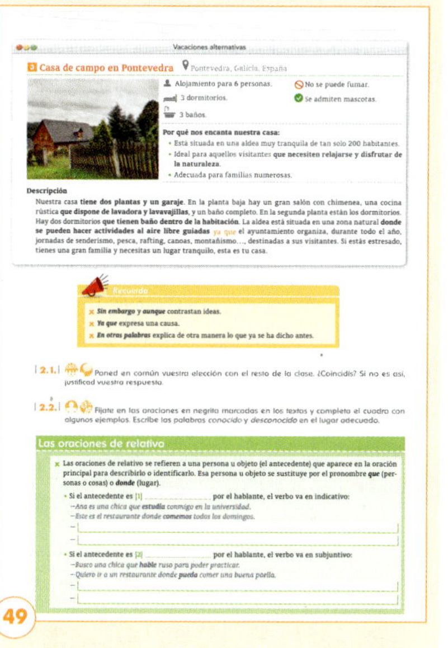

pueda relajarme y desconectar; Quiero una casa que esté en plena naturaleza y que tenga jardín; (...) nuestra casa es ideal para aquellos que quieran conocer Cantabria sin tener que sufrir los agobios de una gran ciudad; Ideal para aquellos visitantes que necesiten relajarse y disfrutar de la naturaleza.

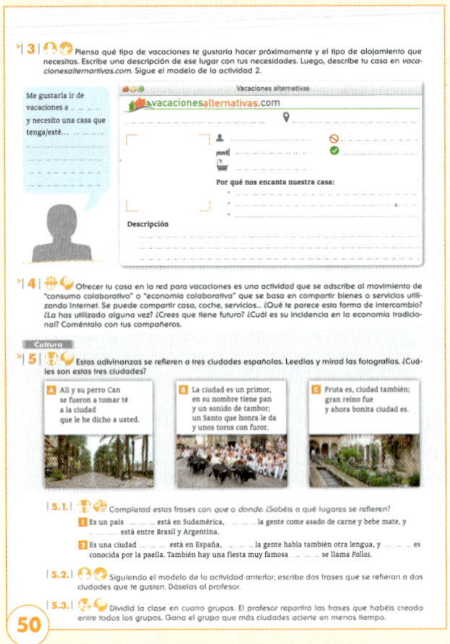

>3 El objetivo de la siguiente actividad es la práctica de la expresión escrita. Para ello, proporcione a los alumnos unos minutos para que, de manera individual, piensen en el tipo de vacaciones que les gustaría realizar próximamente y el tipo de alojamiento que necesitarían. Una vez lo hayan decidido, indíqueles que tomen como ejemplo el modelo de la actividad 2 y que escriban una descripción de ese lugar con sus necesidades. Si lo considera necesario, para guiar a los alumnos en el correcto uso de las oraciones de relativo, puede volver a proyectar la imagen 8 del cuadro gramatical durante la realización de la actividad.

>4 En gran grupo, los alumnos van a comentar y a dar su opinión sobre esta nueva alternativa de practicar turismo denominada "consumo colaborativo" o "economía colaborativa". Pídales que den su opinión sobre cuáles son para ellos los aspectos positivos y los negativos a la hora de practicarla y si piensan que se puede ampliar a otro tipo de servicios y a cuáles. Si lo cree conveniente, puede extender esta actividad fomentando el componente intercultural, invitando a los alumnos a que comenten si es habitual en sus culturas este movimiento y que lo expliquen.

>5 A continuación, se presenta una secuencia de actividades de carácter cultural donde se presentan adivinanzas sobre ciudades. Se sugiere comenzar preguntando a los alumnos qué es una adivinanza y con qué finalidad se utilizan. Si lo cree conveniente, a modo de conclusión, puede aportar la siguiente definición: "Frase, conjunto de versos, etc., en los que se describe algo de manera indirecta o enigmática para que alguien adivine de qué se trata, a modo de pasatiempo o entretenimiento".

En parejas, los alumnos deben leer las siguientes adivinanzas que se refieren a tres ciudades españolas. Indíqueles que observen con atención las fotografías para poder obtener información. Si lo considera oportuno, puede facilitar pistas sobre las tres ciudades. Por ejemplo: "Hay una ciudad de mar, otra ciudad está en el sur y otra se encuentra en el norte".

Una vez resuelta la actividad, puede ampliar la información de las tres ciudades en la ELEteca.

A. Alicante; B. Pamplona; C. Granada.

i+ **ELEteca**

11. Tres ciudades españolas: Alicante, Pamplona y Granada.

5.1. Actividad de reflexión gramatical en la que los alumnos deben completar las frases con los pronombres *que* y *donde*. Una vez completadas, tendrán que adivinar a qué ciudades se refieren.

1. Uruguay: que; donde; que; 2. Valencia: que; donde; que; que.

5.2. Dé a los alumnos unos minutos para que piensen en dos ciudades de España y Latinoamérica que les gusten y las describan siguiendo el modelo de la actividad anterior. Si lo cree oportuno, puede escribir en la pizarra la estructura de descripción:

– Es un país/una ciudad que está en..., donde hay/donde la gente/donde se come...

Para ampliar el abanico de lugares y fomentar el contenido intercultural, puede proponer a los alumnos que piensen en otras ciudades o países del mundo. Indíqueles que deben escribir las definiciones en un papel y, mientras lo hacen, supervise sus escritos para asegurarse de que son correctos.

5.3. Proceda a dividir la clase en cuatro grupos o, en caso de que no sea posible, en menos. A continuación, reparta las frases que han escrito todos los alumnos entre los grupos. El equipo que adivine los países o lugares en menos tiempo será el ganador.

Para seguir trabajando las oraciones de relativo con antecedente conocido o desconocido introducidas por *que* y *donde*, puede realizar los ejercicios 4 al 7 de la unidad 4 del *Libro de ejercicios.*

3 ¿CONOCES A ALGUIEN QUE...? 51

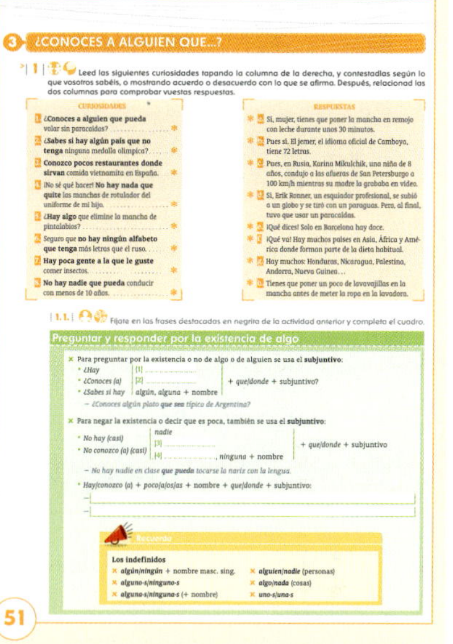

En este breve epígrafe se presenta un nuevo contenido funcional: pedir información sobre si se sabe algo, o se conoce algo o a alguien. Para ello, se hace un recordatorio de los pronombres indefinidos.

> 1 Comience el epígrafe con la siguiente actividad propuesta para realizar en parejas. Explique a los alumnos el funcionamiento de la misma, indicándoles que primero deben tapar la columna de "respuestas" y, a continuación, leer la columna de "curiosidades", responder a las preguntas según los conocimientos que ellos tengan, y mostrar acuerdo o desacuerdo con las afirmaciones. Antes de destapar la columna de respuestas puede proponer que comenten las que ellos han dado con otras parejas de la clase. Finalmente, se procede a destapar la columna de respuestas y se relacionan las columnas. Realice una puesta en común para una corrección final.

1. d; 2. g; 3. e; 4. a; 5. h; 6. b; 7. f; 8. c.

1.1. Con esta actividad de reflexión funcional y gramatical, el alumno analizará una nueva función: preguntar y responder por la existencia de algo; además, recordará los pronombres indefinidos. Indíqueles que, de manera individual o manteniendo las parejas anteriores, vuelvan a leer la columna de curiosidades de la actividad anterior, prestando especial atención a las expresiones señaladas en negrita, y que completen con ellas los espacios en blanco.

1. algo; 2. alguien; 3. nada; 4. ningún; Conozco pocos restaurantes donde sirvan comida vietnamita en España; Hay poca gente a la que le guste comer insectos.

> 2 Con esta actividad se ponen en práctica las estructuras para preguntar por la existencia de algo estudiadas en la actividad anterior. Indique a los alumnos que, tomando el ejemplo y el cuadro funcional de la actividad 1.1. como referencia, construyan una frase para cada grupo de palabras y la escriban.

Posible respuesta: 1. ¿Conoces algún animal que duerma tres años?; 2. ¿Conoces a algún hombre que mida más de 2,40 m?; 3. ¿Hay algún animal que cambie de sexo?; 4. ¿Sabes si hay alguna ciudad que tenga más de 18 millones de habitantes?

2.1. En parejas, los alumnos deberán contestar, según su conocimiento del mundo, a las preguntas que han elaborado en la actividad anterior.

2.2 Actividad que cierra el epígrafe y la secuencia de actividades sobre la práctica de las estructuras para preguntar y responder sobre la existencia de algo. En gran grupo, los alumnos deberán comentar todas las respuestas y llegar a un consenso sobre cuáles son las más apropiadas. Finalmente, proceda a dar las soluciones.

1. No, pero el koala es el animal que más horas duerme, ya que duerme 22 horas por día; 2. Sultan Kösen, de Turquía, nacido en 1982, mide 2,51 m.; 3. Algunos animales cambian de sexo como el pez payaso, el caracol marino o las estrellas de mar, entre otros; 4. Ciudades como Pekín, Río de Janeiro o Ciudad de México, entre otras, tienen más de 18 millones de habitantes.

Si desea seguir trabajando las estructuras para hablar y preguntar sobre la existencia de algo o alguien, así como los indefinidos, proponga la realización del ejercicio 8 de la unidad 4 del *Libro de ejercicios*.

>|2| A continuación tienes unos grupos de palabras. Escribe una pregunta para cada uno usando las estructuras estudiadas.

Ejemplo: lengua/saber/origen → ¿Conoces alguna lengua de la que no se sepa su origen?

1 animal/dormir/3 años
2 Hombre/medir/más de 2,40 cm
3 Animal/cambiar de sexo
4 Ciudad/tener/más de 18 millones de habitantes

|2.1.| ¿Sabes las respuestas? Con tu compañero, contestad las preguntas anteriores, según vuestros conocimientos.

Ejemplo: – Sí, conozco una, el vasco; todavía no se sabe con exactitud de dónde proviene.

|2.2.| Haced una puesta en común con el resto de la clase y llegad entre todos a un consenso sobre cuál es la respuesta más adecuada. Luego, el profesor os va a dar la solución. ¿Habéis acertado?

4 EDIFICIOS FAMOSOS

Cultura

>|1| Escuchad el diálogo y relacionad el edificio de cada una de las siguientes fotografías con su nombre y la ciudad en la que se encuentra. ¿Qué edificio no tiene foto? ¿Qué afición comparten los interlocutores?

1 ☐ Palacio de Congresos y Auditorio Kursaal. San Sebastián. Arquitecto: Rafael Moneo.
2 ☐ Ciudad de las Artes y de las Ciencias de Valencia. Arquitecto: Santiago Calatrava.
3 ☐ Rascacielos del complejo empresarial CTBA (Cuatro Torres Business Area). Madrid.
4 ☐ Museo Guggenheim. Bilbao. Arquitecto: Frank Gehry.
5 ☐ Centro Niemeyer. Avilés (Asturias). Arquitecto: Oscar Niemeyer.

52

4 EDIFICIOS FAMOSOS 52

Como su título indica, en este epígrafe se presentan edificios famosos pertenecientes a la arquitectura española contemporánea, además de hacer un recorrido por diferentes ciudades españolas e hispanoamericanas declaradas Patrimonio de la Humanidad por la Unesco. En el apartado estratégico, se propone una reflexión sobre las herramientas y estrategias que los alumnos han utilizado para optimizar su tarea en el trabajo cooperativo.

> 1 En esta primera actividad del epígrafe el alumno va a escuchar el diálogo entre dos amigos, Carlos y Marta. Marta ha regresado de su viaje a España y le cuenta a su amigo los lugares que ha visitado. Para contextualizar el diálogo puede, en primer lugar, pedir a los alumnos que observen las fotografías y comenten si reconocen los edificios que aparecen en ellas y si los han visto alguna vez. No se detenga demasiado en este punto, ya que se trata tan solo de presentar la actividad. A continuación, indíqueles que lean con atención las instrucciones y proceda a la escucha de la actividad. Si lo considera necesario, déjeles escuchar la audición por segunda vez.

El edificio que no tiene foto es el Palacio de Congresos y Auditorio Kursaal; A los dos les gusta la arquitectura; 2. D; 3. C; 4. A; 5. B.

10

Marta: ¡Hola, Carlos! ¿Cómo estás?

Carlos: Pues, muy bien, ¿y tú, cómo estás? ¿Qué tal tu viaje a España? Cuéntamelo todo, por favor.

Marta: Pues fue genial. Mirá, primero fuimos a Avilés, en Asturias, a visitar el Centro Cultural Oscar Niemeyer, ¿sabés? Es el arquitecto que creó la ciudad de Brasilia.

Carlos: Sí, sí. Esa obra es considerada por la UNESCO Patrimonio de la Humanidad, ¿verdad?

Marta: Sí. Es un lugar precioso, magnífico, donde se realizan numerosas actividades dedicadas a la educación, la cultura y la paz: exposiciones, danza, *ballet*, conciertos, conferencias... Es todo blanco, amarillo y rojo.

Carlos: Y luego, ¿a dónde fueron?

Marta: Después, fuimos a San Sebastián, una ciudad bellísima. Allí visitamos el Palacio de Congresos y Auditorio Kursaal.

Carlos: No oí nunca hablar de él.

Marta: Allí es donde se celebra el Festival de Cine de San Sebastián, así que imaginate, maravilloso. Su diseño, de líneas rectas y geométricas, construido en cristal, contrasta con la arquitectura clásica de San Sebastián. Es del arquitecto Rafael Moneo.

Carlos: ¿Fueron a algún concierto?

Marta: Sí. Asistimos a una pequeña representación de ópera en la que cantaba Ainhoa Arteta.

Carlos: ¡Qué maravilla! ¡Cómo me habría gustado estar allí con ustedes!

Marta: La verdad es que Pedro y yo nos acordamos mucho de vos, Carlos. Después viajamos a Bilbao, también en el País Vasco, y vimos el Museo Guggenheim, del arquitecto canadiense Frank O. Gehry.

Carlos: ¿Y les gustó?

Marta: ¡Claro que nos gustó! ¡Nos gustó muchísimo! ¿Sabías que está construido todo en líneas curvas? Tiene una forma muy, muy original, y está cubierto de titanio. En su interior vimos una exposición de pintura de la fundación Guggenheim, interesantísima.

Carlos: ¡Guau! ¿Visitaron algo más después?

Marta: Sí. Todavía viajamos a dos lugares más...

Carlos: ¿A cuáles?

Marta: Pues..., fuimos a Madrid. Allí visitamos las Cuatro Torres Business Area.

○ **Carlos:** ¿Y?

● **Marta:** Impresionantes también. Esta zona es un parque empresarial, construido sobre la antigua Ciudad Deportiva del Real Madrid. Tiene cuatro rascacielos, que son los edificios más altos de España: la torre Bankia, la torre PwC, la torre de Cristal y la torre Espacio. La torre de Cristal es la más alta de todas, con 249 metros de altura.

○ **Carlos:** Bueno, ¿y qué hay allí?

● **Marta:** La mayor parte de los pisos son oficinas. También hay un hotel y un jardín en la parte más alta de la torre de Cristal que nos encantó. Luego nos fuimos a Valencia para conocer la Ciudad de las Artes y las Ciencias, del famoso arquitecto valenciano Santiago Calatrava, ese que ha diseñado tantos edificios y construcciones en todo el mundo. Lo que más me gustó fue el edificio en forma de ojo, L'Hemisfèric se llama. Impresionante.

○ **Carlos:** ¡Madre mía! ¡Qué interesante!

● **Marta:** Sí, la verdad es que sí, ¡fue un viaje muy completo!

>| 2 | A continuación tienes unos grupos de palabras. Escribe una pregunta para cada uno usando las estructuras estudiadas.

Ejemplo: *lengua/saber/origen* → *¿Conoces alguna lengua de la que no se sepa su origen?*

1. animal/dormir/3 años ……
2. Hombre/medir/más de 2,40 cm ……
3. Animal/cambiar de sexo ……
4. Ciudad/tener/más de 18 millones de habitantes ……

| 2.1. | ¿Sabes las respuestas? Con tu compañero, contestad las preguntas anteriores, según vuestros conocimientos.

Ejemplo: *– Sí, conozco una, el vasco; todavía no se sabe con exactitud de dónde proviene.*

| 2.2. | Haced una puesta en común con el resto de la clase y llegad entre todos a un consenso sobre cuál es la respuesta más adecuada. Luego, el profesor os va a dar la solución. ¿Habéis acertado?

4 EDIFICIOS FAMOSOS

Cultura

>| 1 | Escuchad el diálogo y relacionad el edificio de cada una de las siguientes fotografías con su nombre y la ciudad en la que se encuentra. ¿Qué edificio no tiene foto? ¿Qué afición comparten los interlocutores?

1. ☐ Palacio de Congresos y Auditorio Kursaal. San Sebastián. Arquitecto: Rafael Moneo.
2. ☐ Ciudad de las Artes y de las Ciencias de Valencia. Arquitecto: Santiago Calatrava.
3. ☐ Rascacielos del complejo empresarial CTBA (Cuatro Torres Business Area). Madrid.
4. ☐ Museo Guggenheim. Bilbao. Arquitecto: Frank Gehry.
5. ☐ Centro Niemeyer. Avilés (Asturias). Arquitecto: Oscar Niemeyer.

52

1.1. En parejas, los estudiantes comentan las siguientes preguntas que aluden a las obras de la actividad anterior. Indíqueles que no es necesario que conozcan estos edificios, se trata de que comenten las impresiones y sensaciones que les produce ver las fotografías. A continuación, puede proponer una puesta en común para intercambiar sus sensaciones y conocimientos. Para terminar, puede ampliar la información sobre estas obras en el apartado de la ELEteca y transmitírsela a los alumnos.

| 1.1. | Habla con tu compañero sobre las obras que has visto en el ejercicio anterior e intercambiad impresiones. Pregúntale sobre las siguientes cuestiones.

1. ¿También te gusta la arquitectura? ¿Por qué?
2. ¿Conoces alguno de estos edificios?
3. ¿Sabes si hay alguna obra de estos arquitectos en tu país?
4. ¿Cuál de estos edificios te impresiona más? ¿Por qué?
5. ¿Qué sientes ante una obra de arte?

Grupo cooperativo

>| 2 | Vamos a elaborar un mural sobre vuestra ciudad favorita Patrimonio de la Humanidad. Seguid las pautas.

1. Individualmente, señala cuáles de las siguientes ciudades están en España o en algún país de Hispanoamérica. Haced una puesta en común para contrastar las respuestas.

Ciudad	España	Hispanoamérica	Ciudad	España	Hispanoamérica
Oaxaca	○	○	Alcalá de Henares	○	○
Quito	○	○	Santiago de Compostela	○	○
Baeza	○	○	Salamanca	○	○
Córdoba	○	○	Cáceres	○	○
Toledo	○	○	Santo Domingo	○	○

2. Todas estas ciudades han sido declaradas Patrimonio de la Humanidad por la UNESCO. En parejas, elegid una de ellas y preparad una breve presentación para la clase. Podéis utilizar el siguiente esquema para preparar la información. Os recomendamos visitar la siguiente página: http://cvc.cervantes.es/artes/ciudades_patrimonio/
   - Nombre de la ciudad y situación.
   - Cuándo y por qué fue declarada Patrimonio de la Humanidad.
   - Qué lugares son los más bonitos y su descripción.
   - Por qué la hemos escogido.
   - Qué es recomendable llevar o hacer para visitarla.
3. Después de haber escuchado las presentaciones de vuestros compañeros, llegad juntos a un consenso para elegir la que os parezca más interesante de visitar y elaborad un mural para colgar en el aula con información detallada de esa ciudad y del itinerario que vais a hacer.
4. Distribuid la información que cada uno va a buscar: geografía, clima, historia, lugares de interés, forma de vida de sus gentes, principales personajes de su sociedad y de su cultura, su gastronomía, sus fiestas y su folklore…
5. Redactad la información, intentando usar vuestras propias palabras. Buscad fotos representativas.
6. Diseñad el mural y llevadlo a cabo. Un equipo se encarga de distribuir el contenido, otro de colocar las fotos y los textos, otro de rotular… Una vez terminado, colgadlo en el aula.

Oaxaca, México — Baeza, España — Quito, Ecuador — Toledo, España

53

ELEteca

12. Algunos edificios emblemáticos de la arquitectura española contemporánea.

>2 Para poner casi punto final al epígrafe, se propone esta tarea de trabajo cooperativo en la que los alumnos elaborarán un mural sobre su ciudad favorita Patrimonio de la Humanidad. Antes de proceder a la tarea de trabajo en equipo, deben de señalar dónde se encuentran las ciudades del listado: en España o en Latinoamérica. Realice una puesta en común para su corrección. A continuación, en parejas, van a escoger una de las ciudades anteriores y, siguiendo el esquema propuesto, prepararán una presentación para el resto de la clase. Anímelos a que entren en el enlace http: //cvc.cervantes.es/artes/ciudades_patrimonio/ para documentarse. Una vez escuchadas las presentaciones de todos los compañeros, comienza el trabajo en equipo. Entre todos, deberán escoger la ciudad que les parece más interesante para visitar y elaborar un mural para colgar en el aula con la información más relevante y el itinerario del viaje.

1. Ciudades en España: Baeza; Córdoba; Toledo; Alcalá de Henares; Santiago de Compostela; Salamanca; Cáceres; Ciudades de Hispanoamérica: Oaxaca; Quito; Santo Domingo.

ELEteca

13. Ciudades españolas e hispanoamericanas declaradas Patrimonio de la Humanidad por la Unesco.

>3 El trabajo estratégico que aquí se plantea es una reflexión sobre las herramientas y mecanismos que los alumnos han utilizado para hacer efectivo el trabajo cooperativo. Una vez hayan reflexionado de manera individual, proponga una comparación del resultado en común para poder aprender entre todos de las técnicas utilizadas.

>| 3 | Analiza la tarea que acabas de hacer y señala cuáles de estas estrategias has utilizado para optimizar tu trabajo en el grupo cooperativo. Después compara el resultado con el de tus compañeros. ¿Coincidís en alguna? ¿Por qué?

- ☐ He cooperado con mis compañeros para mantener en el grupo relaciones de colaboración, cordialidad y confianza.
- ☐ He contribuido a crear un clima adecuado de trabajo en grupo.
- ☐ He valorado las aportaciones de cada persona del grupo.
- ☐ He aprovechado los conocimientos de mis compañeros para mejorar mi trabajo.
- ☐ Otros ……

54

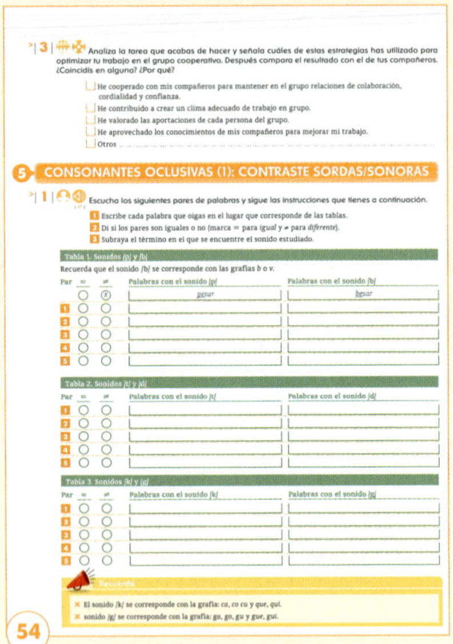

>| 3 | Analiza la tarea que acabas de hacer y señala cuáles de estas estrategias has utilizado para optimizar tu trabajo en el grupo cooperativo. Después compara el resultado con el de tus compañeros. ¿Coincidís en alguna? ¿Por qué?

- He cooperado con mis compañeros para mantener en el grupo relaciones de colaboración, cordialidad y confianza.
- He contribuido a crear un clima adecuado de trabajo en grupo.
- He valorado las aportaciones de cada persona del grupo.
- He aprovechado los conocimientos de mis compañeros para mejorar mi trabajo.
- Otros ...

5 CONSONANTES OCLUSIVAS (1): CONTRASTE SORDAS/SONORAS

>| 1 | Escucha los siguientes pares de palabras y sigue las instrucciones que tienes a continuación.

1. Escribe cada palabra que oigas en el lugar que corresponde de las tablas.
2. Di si los pares son iguales o no (marca = para *igual* y ≠ para *diferente*).
3. Subraya el término en el que se encuentre el sonido estudiado.

Tabla 1. Sonidos /p/ y /b/

Recuerda que el sonido /b/ se corresponde con las grafías *b* o *v*.

Par	=	≠	Palabras con el sonido /p/	Palabras con el sonido /b/
	○	⊗	pesar	besar
1	○	○		
2	○	○		
3	○	○		
4	○	○		
5	○	○		

Tabla 2. Sonidos /t/ y /d/

Par	=	≠	Palabras con el sonido /t/	Palabras con el sonido /d/
1	○	○		
2	○	○		
3	○	○		
4	○	○		
5	○	○		

Tabla 3. Sonidos /k/ y /g/

Par	=	≠	Palabras con el sonido /k/	Palabras con el sonido /g/
1	○	○		
2	○	○		
3	○	○		
4	○	○		
5	○	○		

Recuerda

- El sonido /k/ se corresponde con la grafía: *ca, co cu* y *que, qui*.
- sonido /g/ se corresponde con la grafía: *ga, go, gu* y *gue, gui*.

54

5 CONSONANTES OCLUSIVAS (1): CONTRASTE SORDAS/SONORAS 54

El trabajo sobre fonética de esta unidad está dedicado a la presentación de las consonantes oclusivas, y al contraste entre sordas y sonoras: /p/, /b/; /t/, /d/; /k/, /g/.

> 1 Actividad de reconocimiento ortográfico a través de la escucha de pares mínimos. Indique a los alumnos que, primero, escriban las palabras que oigan en el lugar que les corresponde en las tablas. A continuación, deberán señalar si los pares de palabras escuchadas representan el mismo sonido o sonidos diferentes. Por último, subrayarán la sílaba de la palabra en la que figura el sonido estudiado.

|11|

Sonidos /p/, /b/

1. pastar/bastar; 2. peca/beca; 3. borra/porra; 4. pilla/pilla; 5. bus/pus.

Sonidos /t/, /d/

1. taba/daba; 2. día/tía; 3. deja/teja; 4. tuna/duna; 5. dele/dele.

Sonidos /k/, /g/

1. casa/gasa; 2. quiso/guiso; 3. codo/codo; 4. quita/guita; 5. gala/cala.

Tabla 1 sonidos /p/ y /b/: 1. pastar/bastar; 2. peca/beca; 3. porra/borra/; 4. pilla/Ø (pares iguales); 5. bus/pus; Tabla 2 sonidos /t/ y /d/: 1. taba/daba; 2. tía/día; 3. teja/deja; 4. tuna/duna; 5. Ø/dele (pares iguales); Tabla 3 sonidos /k/ y /g/: 1. casa/gasa; 2. quiso/ guiso; 3. codo/ Ø (pares iguales); 4. quita/ guita; 5. cala/gala.

| 1.1. | Ahora vas a escuchar una serie de palabras que contienen estos sonidos. Escríbelas. ¿A qué palabra de las que has escuchado hace referencia la fotografía?

1 ... 2 ... 3 ... 4 ... 5 ... 6 ... 7 ... 8 ... 9 ... 10 ... 11 ... 12 ... 13 ... 14 ... 15 ...

¿Qué he aprendido?

1. Completa las siguientes frases poniendo el verbo entre paréntesis en la forma correcta.
   1. **Hijo:** Me gusta mucho [1] ... (comer) tus espaguetis. **Madre:** Pero a mí no me gusta que te los [2] ... (comer) tan rápido.
   2. **Enamorado:** Me encanta [3] ... (decir, a ti) cosas bonitas. **Enamorada:** Y a mí me encanta que me las [4] ... (decir).
   3. **Estudiante 1:** Odio que el profesor nos [5] ... (mandar) tantos deberes. **Estudiante 2:** Y yo odio [6] ... (hacer) exámenes.
2. Escribe tres cosas que te fastidien y justifícalo.
3. Marca la opción correcta. En las oraciones de relativo, si el antecedente es (1) conocido/desconocido usamos el verbo en indicativo. Si el antecedente es (2) conocido/desconocido, usamos el verbo en subjuntivo.
4. Escribe una frase con cada uno de los siguientes conectores: *ya que, aunque, en otras palabras.*
5. Explica dónde están los siguientes edificios españoles y alguna de sus características.
   1. Museo Guggenheim
   2. Centro Niemeyer
   3. Kursaal
6. Di el nombre de tres ciudades Patrimonio de la Humanidad y dónde se encuentran.
7. Lee los siguientes puntos y di cuáles te parecen que te ayudan más a aprender las estructuras gramaticales.
   1. Los textos donde se contextualizan.
   2. Los cuadros gramaticales.
   3. Las actividades de producción escrita.
   4. Los ejercicios del libro de ejercicios.
   5. Las actividades de producción oral.

55

1.1. Actividad en la que deberán discriminar entre el sonido de las oclusivas sordas y sonoras a partir de la escucha y escritura de una serie de palabras.

|12|

Té, abogué, gafe, pego, vio, tina, dale, pija, cuadra, guiño, vaca, dile, guía, doce, vudú.

1. Té; 2. abogué; 3. gafe; 4. pego; 5. vio; 6. tina; 7. dale; 8. pija; 9. cuadra; 10. guiño; 11. vaca; 12. dile; 13. guía; 14. doce; 15. vudú. La fotografía hace referencia a la palabra *guiño*.

Puede continuar la práctica de la distinción entre oclusivas sordas y sonoras con el ejercicio 10 de la unidad 4 del *Libro de ejercicios*.

¿QUÉ HE APRENDIDO? 55

> 1 1. comer; 2. comas; 3. decirte; 4. digas; 5. mande; 6. hacer.

> 3 1. conocido; 2. desconocido.

> 5 1. Museo Guggenheim: Está en Bilbao. Alberga arte contemporáneo y fue diseñado por el arquitecto canadiense Frank Gehry. Fue inaugurado en 1997; 2. Centro Niemeyer: Se trata de un centro cultural internacional situado en Avilés, Asturias. Fue proyectado por el arquitecto Oscar Niemeyer e inaugurado en 2001; 3. Kursaal: Está en San Sebastián y es auditorio y palacio de congresos y exposiciones. Fue proyectado por Rafael Moneo e inaugurado en 1999.

ELEteca
LÉXICO. El lenguaje de las adivinanzas.

5 LOS SENTIMIENTOS

Las actitudes y comportamientos de la sociedad ante ciertas situaciones provocan sentimientos y reacciones, tanto positivos como negativos, y las redes sociales y las plataformas digitales son el medio más actual para expresarlos. En la presente unidad se estudiarán los verbos y estructuras que sirven para expresar sentimientos y quejas (*Me molesta/irrita/da vergüenza/Es intolerable...*), y que pueden ir acompañados de infinitivo o subjuntivo. Se estudiarán también los adjetivos que cambian de significado según vayan con *ser* o con *estar* y, como contenido cultural, se conocerán los lugares de interés, las costumbres y la gastronomía de Colombia, así como aquellos productos españoles con Denominación de Origen. Por último, en el apartado de fonética, se trabajará el contraste entre algunas consonantes oclusivas.

1 CAMBIA CON UN CLIC 56

Las plataformas de activismo *online* serán el punto de partida para aprender a expresar los sentimientos negativos y el léxico referido a dichos sentimientos. Se trata, en definitiva, de que los alumnos interactúen en alguna de estas plataformas expresando lo que les molesta o fastidia.

> 1 En la presente actividad se aportan imágenes de algunas de las plataformas de activismo que se pueden encontrar en Internet y se pide a los estudiantes que las comenten. Si lo prefiere, puede realizar esta actividad mostrando imágenes de otras plataformas que crea más convenientes o rentables. El objetivo es averiguar qué información ya conocen los alumnos sobre el tema y, a partir de ahí, proporcionarles la información adicional que necesiten para introducirlos en las actividades sucesivas de este epígrafe. Para ello, puede recurrir a la ELEteca.

i+ ELEteca
14. Plataformas: Change.org, MoveOn.org, Oiga.me y Actuable.

> 2 A partir de la definición de este término, se puede comentar con los alumnos que el clictivismo nos convierte en ciudadanos más activos y conscientes, y nos permite, además, visualizar un cierto termómetro social, con una demostración de apoyo a la opinión ante un tema. El clictivismo se adecua a los tiempos de hoy demostrando que es una manera válida de adaptar los mecanismos de respuesta de la sociedad, donde todos pueden difundir su opinión gracias a estas sencillas herramientas.

el clictivismo.

i+ ELEteca
15. El clictivismo.

2.1. Actividad de comprensión lectora en la que los estudiantes deberán leer un texto para extraer la idea principal de cada párrafo. Advierta a los estudiantes que deben realizar una lectura silenciosa y global para comprender la idea esencial que transmiten los párrafos sin detenerse en comprender todas las palabras, puesto que en la siguiente actividad se trabajará el léxico en profundidad.

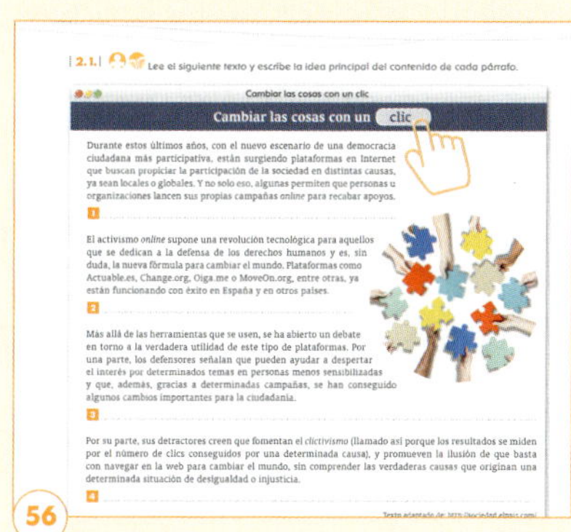

Posible respuesta. 1. Están surgiendo plataformas en Internet que buscan propiciar la participación ciudadana en distintas causas; 2. El activismo *online* supone una revolución tecnológica para los defensores de los derechos humanos y es la nueva fórmula para cambiar el mundo; 3. Se ha abierto un

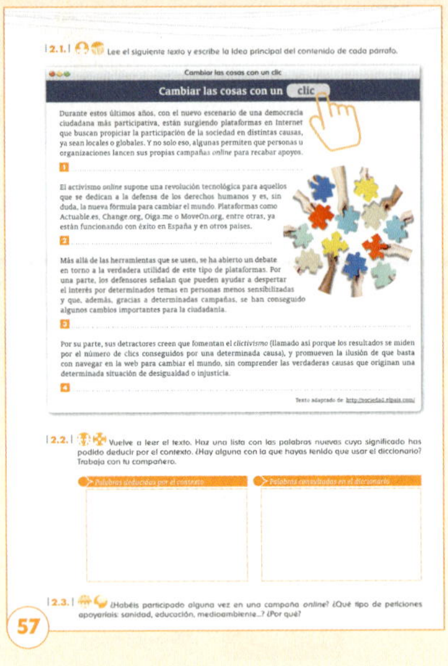

debate sobre la verdadera utilidad de estas plataformas, ya que, por una parte, se han conseguido algunos cambios importantes para los ciudadanos; 4. Por otra parte, sus detractores creen que fomenta el clictivismo, al promover la ilusión de que basta con navegar en la web para cambiar el mundo.

2.2. Actividad de corte estratégico en la que se trabaja el léxico de la actividad 2.1. Es el momento de pedir a los estudiantes que fijen su atención en todas aquellas palabras que no entienden del texto que han leído. En uno de los cuadros de la actividad, deberán anotar las palabras que hayan podido deducir por el contexto, y en el otro cuadro, las que no entiendan ni sean capaces de deducir. Estas últimas deberán buscarlas en el diccionario. En este nivel, se aconseja trabajar con un diccionario monolingüe en español. Sin embargo, si lo cree más conveniente en función de las necesidades de los estudiantes, puede ofrecerles que trabajen con un diccionario bilingüe.

Una vez los alumnos hayan completado los cuadros y buscado en el diccionario el significado de las palabras pertinentes, realice una puesta en común para comprobar los resultados, asegurándose de que, de las palabras buscadas en el diccionario, han elegido la acepción correcta según el contexto. El objetivo es concienciar al estudiante de que puede deducir muchas palabras por el contexto en el que aparecen y que, consecuentemente, aplique esta estrategia en futuras lecturas.

2.3. Para promover la interacción oral, se ofrecen algunos temas relevantes que suelen encontrarse en las plataformas *online*. Se trata de temas aleatorios, por lo que, en función del perfil de los estudiantes, se pueden sugerir por parte del profesor o de los estudiantes otros temas.

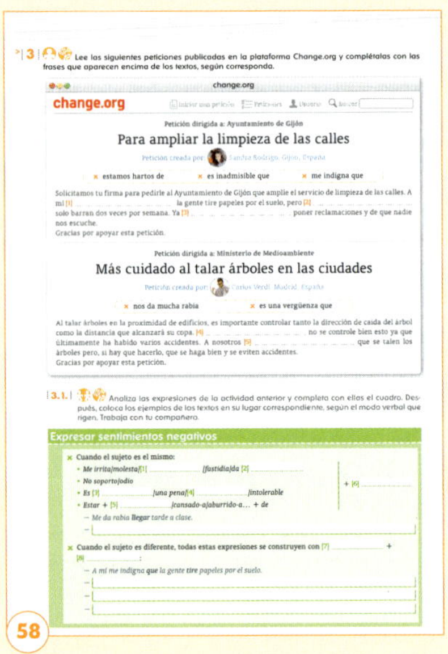

> 3 El objetivo de esta actividad es el de presentar algunas estructuras que sirven para expresar sentimientos negativos. La plataforma Change.org servirá para contextualizarlas. Los estudiantes deberán completar las peticiones que aparecen en la actividad deduciendo cuál de las alternativas propuestas es la más apropiada. Si el profesor lo cree necesario, puede extender esta actividad con la ficha 11.

Ficha 11. Interactuamos en la plataforma.

Dinámica. Se entrega la ficha a los estudiantes y se les indica que completen otras peticiones de la plataforma con las expresiones de sentimientos negativos propuestas y el uso del subjuntivo o infinitivo.

1. Es inadmisible que debamos esperar meses en algunos casos; 2. Ya estamos hartos de poner reclamaciones; 3. Es una vergüenza que en nuestro país cada vez más adolescentes padezcan problemas de obesidad; 4. me da mucha rabia que aquí no se haga; 5. me indigna que puedan plantearse rebajarlas; 6. me fastidia que no se pongan en situación de quien sí lo hace.

1. me indigna que; 2. es inadmisable que; 3. estamos hartos de; 4. Es una vergüenza que; 5. nos da mucha rabia.

3.1. Actividad gramatical en la que se aborda la función comunicativa de expresar sentimientos negativos. Los estudiantes deberán completar de manera deductiva el cuadro funcional con las estructuras gramaticales de la actividad anterior para expresar quejas y sentimientos negativos. Para la corrección, se recomienda utilizar la proyección 9.

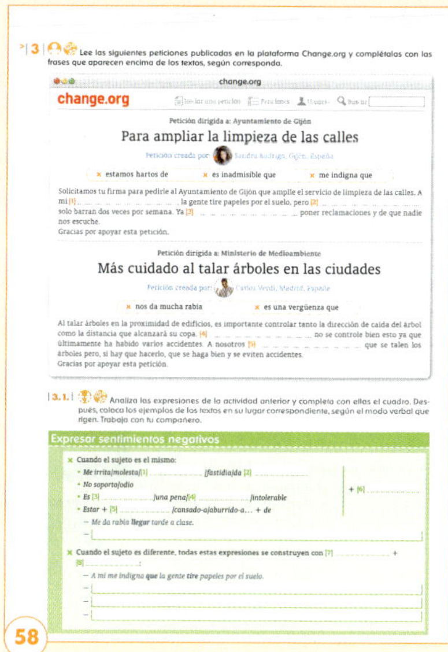

Proyección 9. Expresar sentimientos negativos.

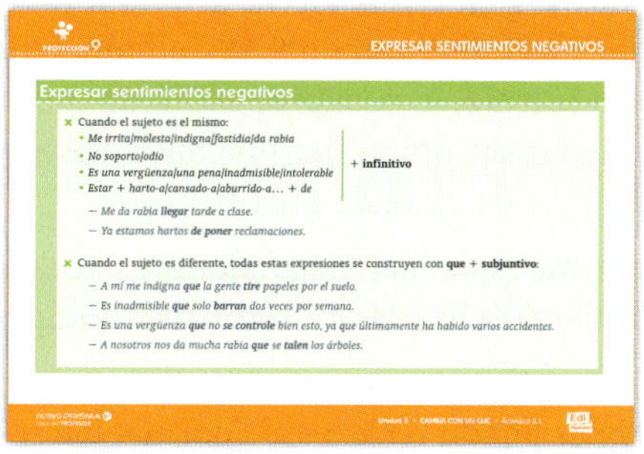

PROYECCIÓN 9 — EXPRESAR SENTIMIENTOS NEGATIVOS

Expresar sentimientos negativos

- Cuando el sujeto es el mismo:
  - *Me irrita/molesta/indigna/fastidia/da rabia*
  - *No soporto/odio*
  - *Es una vergüenza/una pena/inadmisible/intolerable*
  - *Estar + harto-a/cansado-a/aburrido-a... + de*

  + **infinitivo**

  – *Me da rabia* ***llegar*** *tarde a clase.*
  – *Ya estamos hartos* ***de poner*** *reclamaciones.*
- Cuando el sujeto es diferente, todas estas expresiones se construyen con **que** + **subjuntivo**:
  – *A mí me indigna* ***que*** *la gente* ***tire*** *papeles por el suelo.*
  – *Es inadmisible* ***que*** *solo* ***barran*** *dos veces por semana.*
  – *Es una vergüenza* ***que*** *no* ***se controle*** *bien esto, ya que últimamente ha habido varios accidentes.*
  – *A nosotros nos da mucha rabia* ***que*** *se* ***talen*** *los árboles.*

Dinámica. Proyecte el cuadro para expresar sentimientos negativos y proceda a completar el mismo poniendo en común las respuestas de sus alumnos. Se trata de consolidar estas nuevas estructuras, así que asegúrese de que los estudiantes las han entendido y aclare las dudas que puedan plantearse, incidiendo en la diferencia de uso del subjuntivo o del infinitivo en función de si el sujeto de las dos oraciones es diferente o el mismo.

1. indigna; 2. rabia; 3. una vergüenza; 4. inadmisible; 5. harto-a; 6. infinitivo; Ya estamos hartos de poner reclamaciones; 7. que; 8. subjuntivo; Es inadmisible que solo barran dos veces por semana; Es una vergüenza que no se controle bien esto, ya que últimamente ha habido varios accidentes; A nosotros nos da mucha rabia que se talen los árboles.

3.2. Una vez consolidado el aprendizaje de las expresiones de sentimientos negativos, se realiza esta actividad para determinar el grado de formalidad y de intensidad emocional que expresa cada una de ellas. Es importante que el alumno comprenda la carga emocional de cada expresión para poder transmitir, después, aquello que realmente siente. Si lo cree oportuno, proponga realizar una traducción contrastiva de dichas expresiones, lo cual puede ayudar a los alumnos a comprender la diferencia entre las distintas formas.

	Grado alto	Grado neutro/estándar
Formales	es intolerable; es inadmisible	me indigna
Informales	es una vergüenza; odio; me irrita; estoy harto/a de; me da rabia; no soporto	es una pena; estoy cansado/a de; me fastidia; estar aburrido/a de; me molesta

>4 Actividad de escritura colectiva en la que, siguiendo el modelo y a partir de un *hashtag*, se propone que los estudiantes escriban frases utilizando las expresiones de sentimientos negativos aprendidas a modo de tuit. Esta tarea probablemente les resulte familiar a la mayoría de sus estudiantes, ya que ellos están habituados a comunicarse a través de las redes sociales. A pesar de que el lenguaje de los tuits pertenece al ámbito de la oralidad, tenga en cuenta que se propone como una actividad de escritura, por lo que la realización y corrección de la misma será la adecuada a este propósito. También cabe destacar que, en esta actividad, el estudiante está interactuando según las opiniones de los compañeros, por lo que es muy importante que, antes de escribir, lea y comprenda los mensajes que escriben los demás para facilitar que fluya la interacción en la posterior discusión en gran grupo.

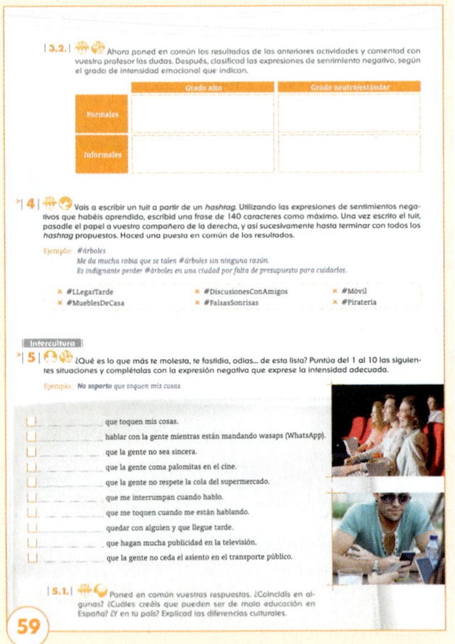

> **5** El objetivo que se persigue en esta actividad no es solo que el alumno exprese sus sentimientos acerca de las situaciones que se presentan, sino que sea capaz de darle la intensidad que quiera expresar según lo aprendido en la actividad 3.2. de este mismo epígrafe. Deles tiempo para que realicen la actividad de forma individual y paséese por la clase para supervisar que están realizando bien el trabajo.

5.1. Una vez los alumnos hayan realizado la actividad 5, proceda a una puesta en común en gran grupo. Seguramente la opinión de los estudiantes estará condicionada por su cultura, lo cual propiciará un intercambio sociocultural, poniendo de manifiesto sus opiniones en contraste a cómo pueden cambiar si se ven desde el punto de vista de otra cultura.

En el caso de la cultura española, si los alumnos no lo comentan durante su puesta en común, puede explicarles los siguientes comportamientos culturales:

Interrumpir al interlocutor en una conversación no se considera de mala educación, si el objetivo es añadir o corregir información sobre lo que está diciendo; tampoco es una falta de respeto solapar con nuestras palabras su posible intervención. Por otro lado, la cultura española forma parte de las denominadas "culturas de contacto"; eso significa que la distancia que se guarda entre los interlocutores es menor que en otras culturas. Asimismo, los españoles tienen costumbre de tocar al interlocutor, dependiendo del grado de familiaridad que mantengan, dando unos golpecitos en el brazo, en el hombro, etc.; también pueden abrazar o pasarle la mano por la espalda a alguien para consolarlo o animarlo. En cuanto al tópico español de la impuntualidad, no está mal vista, teniendo en cuenta que es una convención social dar un margen de tiempo de cortesía a las personas que acuden a una cita.

Para seguir trabajando la expresión de sentimientos negativos y quejas, puede realizar los ejercicios 1 al 4 de la unidad 5 del *Libro de ejercicios*.

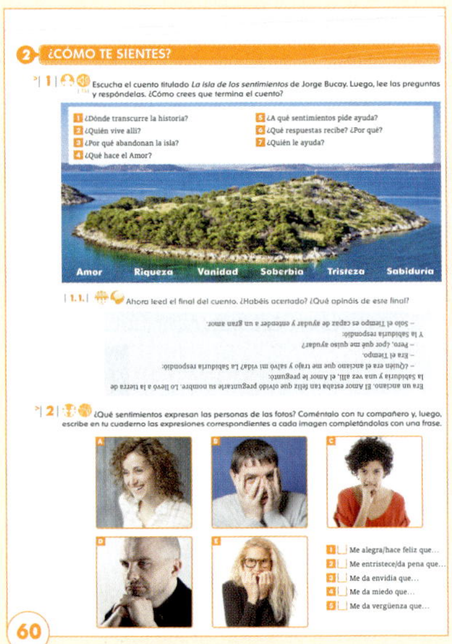

2 ¿CÓMO TE SIENTES? 60

Este epígrafe amplía la expresión de sentimientos a partir de un cuento, *La isla de los sentimientos* de Jorge Bucay, y de un programa de radio en el que varios ciudadanos expresan sus sentimientos a través de un reportaje en la calle. Se consolidan, así, las mismas estructuras gramaticales que se han trabajado en el epígrafe anterior.

> **1** Se propone a los estudiantes escuchar el cuento *La isla de los sentimientos* de Jorge Bucay. Antes de poner la audición, ínsteles a leer las preguntas que se formulan en la actividad para que, al escuchar, centren su atención en la información que responde a las mismas y que les ayudará a comprender el cuento. Una vez realizada la actividad, invite a los alumnos a comparar sus respuestas para que, de este modo, puedan reformular la historia con sus propias palabras. Finalmente, dado que el final del cuento queda abierto, los alumnos deberán inventarse uno. Puede proponer realizar esta última parte de la actividad de modo individual o en parejas, y proceder después a una puesta en común en gran grupo.

La isla de los sentimientos

13 Érase una vez una isla donde vivían todos los sentimientos... la alegría, la tristeza, y muchos más, incluyendo el amor. Un día les dijeron que la isla se iba a hundir y todos los sentimientos se apresuraron a abandonarla. Subieron a sus barcos y se prepararon a partir rápidamente. Solo el Amor se quedó en ella, quería estar un rato más con la isla que tanto amaba, antes que desapareciera. Al fin, con el agua al cuello y casi ahogado, el Amor comenzó a pedir

ayuda. Se acercó a la Riqueza que pasaba en un lujoso yate y el Amor dijo:

- AMOR: Riqueza, llévame contigo.

La Riqueza contestó:

- RIQUEZA: No puedo, hay mucho oro y plata en mi barco, no hay espacio para ti.

Le pidió ayuda a la Vanidad:

- AMOR: Vanidad, por favor, ayúdame.
- VANIDAD: Imposible, Amor, estás mojado y ensuciarás mi barco nuevo.

Pasó la Soberbia, a la que pidió también ayuda.

- SOBERBIA: Quítate de mi camino o te paso por encima.

Como pudo, el Amor se acercó al yate del Orgullo, y una vez más, solicitó ayuda. La respuesta fue una mirada despectiva. Entonces, el Amor pidió ayuda a la Tristeza:

- AMOR: Tristeza, ¿me dejas ir contigo?
- TRISTEZA: ¡Ay, Amor!, tú sabes que siempre ando sola y prefiero seguir así.

Pasó la Alegría, estaba tan ocupada que no oyó al Amor llamarla. Desesperado, el Amor comenzó a llorar. Fue entonces cuando una voz le dijo:

- "Ven, Amor, yo te llevo".

1. En una isla; 2. Todos los sentimientos: la Alegría, la Tristeza, y muchos más, incluyendo el Amor; 3. Porque les dicen que la isla se va a hundir; 4. Se queda en ella, quiere estar un rato más con la isla que tanto ama, antes de que desaparezca; 5. A la Vanidad, la Soberbia, el Orgullo, la Tristeza y la Alegría; 6. Nadie le ayuda. La Vanidad le dice que está mojado y ensuciaría su barco; la Soberbia le dice que si no se quita de su camino, le pasaría por encima; el Orgullo lo mira despectivamente; la Tristeza le dice que prefiere estar sola; la Alegría no oye al Amor llamarla; 7. El Tiempo.

ELEteca

16. Biografía de Jorge Bucay.

1.1. Se ofrece el final real del cuento, de manera que los estudiantes puedan comprobar si sus hipótesis coinciden con el mismo. Aclároles que el hecho de no coincidir no implica que no hayan comprendido el cuento, y que lo importante es que su final hipotético sea consecuente con la historia que han escuchado. A continuación, anime a sus estudiantes a que comenten el final real de la historia, y que den su opinión sobre ella y sobre la moraleja que encierra.

>2 A partir de las imágenes presentadas, los alumnos, en parejas, deberán ponerse de acuerdo sobre los sentimientos que estas transmiten. Esta actividad favorecerá la interacción, ya que un mismo gesto o expresión puede interpretarse de distinta forma. Posteriormente, una vez se hayan puesto de acuerdo y se haya corregido en gran grupo la solución de esta primera parte, proponga a sus alumnos que completen en sus cuadernos las frases con las expresiones correspondientes a cada imagen. Se trata de una actividad preparatoria para la secuencia que se desarrollará en las siguientes actividades.

Posible respuesta. 1. A. Me alegra/hace feliz que vengas conmigo a la fiesta; 2. D. Me entristece/da pena que mi amiga esté tan deprimida; 3. C. Me da envidia que hagas un viaje tan interesante; 4. E. Me da miedo que se duerma conduciendo y que tenga un accidente; 5. B. Me da vergüenza que me hagan halagos.

2.1. En la siguiente actividad, los alumnos escucharán un programa de radio en el que se realizan algunas entrevistas a diferentes ciudadanos que expresan cómo se sienten. Antes de poner la audición, indíqueles que lean las frases que resumen cada una de las cinco entrevistas, de manera que les resulte más fácil enfrentarse a la escucha y focalizar la misma.

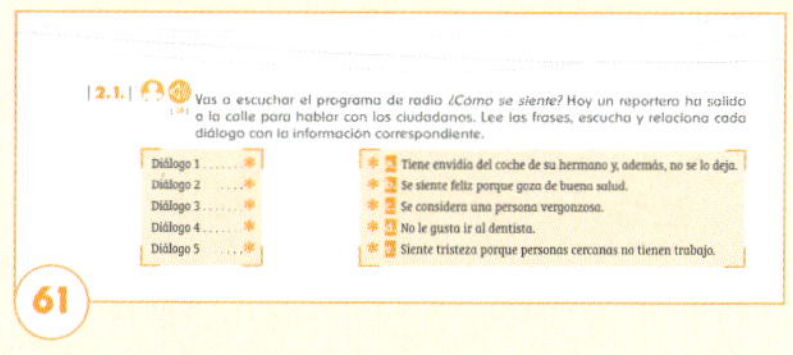

Diálogo 1

14

- **Reportero:** ¿Qué le da miedo?
- **Mónica:** ¿Miedo? Pues no sé, me da miedo ir al dentista.

Diálogo 2

- **Reportero:** Sí, sí. ¿Qué le hace feliz?
- **Roberto:** Uy, eso es fácil. Tener salud. Es lo más importante en la vida. Sin salud no podemos hacer nada.

Diálogo 3

- **Reportero:** ¿Qué le da vergüenza?
- **Isabel:** Me da vergüenza llegar tarde a clase en la universidad y que todos me miren porque, generalmente, soy muy vergonzosa.

Diálogo 4

- **Reportero:** ¿Qué le da pena?
- **María:** Me entristece ver a personas de mi entorno sin trabajo.

Diálogo 5

- **Reportero:** ¿Qué le da envidia?
- **Pedro:** Pues me da envidia que mi hermano tenga un Ferrari y yo no. Ahora, en serio... Me alegra que tenga ese coche, pero me decepciona que no me lo deje.

1. d; 2. b; 3. c; 4. e; 5. a.

2.2. Se ofrece la transcripción de los diálogos de la actividad anterior con vacío de información para que los estudiantes los completen con las estructuras gramaticales estudiadas sobre las expresiones de sentimientos. De este modo, se consolidan las estructuras con infinitivo o subjuntivo dependiendo de si el sujeto de los dos verbos es el mismo o no.

1. me da miedo; 2. le hace feliz; 3. Me da vergüenza; 4. Me entristece; 5. me da envidia; Me alegra que; me decepciona.

2.3. Actividad de adquisición de léxico de corte estratégico. Partiendo de las diferentes expresiones y verbos de sentimiento presentados en las actividades anteriores y ampliadas para esta actividad, el estudiante podrá deducir los adjetivos y sustantivos correspondientes. Es conveniente hacer ver al estudiante la importancia de la adquisición de vocabulario en su proceso de aprendizaje, ya que conocer más palabras aumentará su competencia comunicativa y le dará la posibilidad de comunicarse adecuadamente en las distintas situaciones de habla.

	Adjetivo	Nombre	Expresión verbal
1.	alegre	la alegría	Me alegra (que)
2.	apenado/a	la pena	Me da pena (que)
3.	avergonzado/a	la vergüenza	Me da vergüenza (que)
4.	decepcionado/a	la decepción	Me decepciona (que)
5.	envidioso/a	la envidia	Me da envidia (que)
6.	feliz	la felicidad	Me hace feliz (que)
7.	miedoso/a	el miedo	Me da miedo (que)
8.	preocupado/a	la preocupación	Me preocupa (que)
9.	triste	la tristeza	Me entristece (que)

Para consolidar las estructuras para expresar sentimientos, puede realizar los ejercicios 5 al 8 de la unidad 5 del *Libro de ejercicios*.

>3 y **3.1.** Proponga a los estudiantes que comenten cuál es la situación actual en su país en relación a diversos temas para que muestren sus sentimientos al respecto, tal y como han escuchado y trabajado anteriormente. Es el momento de que produzcan lo aprendido, tanto por escrito como de manera oral. El profesor puede valorar los temas que se proponen y centrar la actividad en uno o varios; también puede aportar otros temas que sean de interés para sus estudiantes o que cubran sus necesidades. Se puede invertir el orden de estas dos actividades de producción, de manera que primero puede organizarse un debate y después pedir una tarea escrita en la que cada estudiante manifieste su opinión.

>4 Las emociones son un factor importante en el aprendizaje de una lengua. Mientras que las emociones negativas generan una conducta de evitación, las positivas tienden a generar un comportamiento de aproximación. Con la siguiente actividad se pretende que el estudiante sea consciente de que para aprender debe tener una actitud positiva y de que sus sentimientos hacia su aprendizaje serán de gran relevancia en el desarrollo del mismo.

3 ESTAMOS ORGULLOSOS 62

"Los españoles estamos orgullosos de nuestra gastronomía". Con esta afirmación y, a través de los productos de Denominación de Origen, se pretende acercar al estudiante al conocimiento de los productos españoles. Por otro lado, en el aspecto gramatical, el cambio de significado de algunos adjetivos utilizados con los verbos *ser* y/o *estar* toma relevancia en el presente epígrafe.

>1 Actividad preparatoria para proceder a una posterior actividad de comprensión lectora sobre los productos de Denominación de Origen. Se ofrece el mapa de España mostrando el lugar de donde provienen cada uno de los diferentes productos. Si lo cree conveniente, puede extenderse en la explicación de alguno de ellos que quizá resulte más novedoso o desconocido para sus alumnos. Se propone trabajar esta actividad con la proyección 10 y que mantenga la imagen proyectada también durante la realización de la actividad 1.1.

Proyección 10. Productos de España.

Dinámica. Proyecte la imagen del mapa de España. Es importante que, en primer lugar, se haga una breve explicación de las diferentes comunidades autónomas que lo componen. A continuación, se anima a los estudiantes a explicar cada uno de los productos que aparecen en el mapa. Muchos de ellos son muy conocidos y podrán comentar si los han probado en alguna ocasión y en qué consisten. También se pueden comparar con productos característicos de su país, y hablar de las diferencias o similitudes que puede existir entre algunos de ellos. Por supuesto, es importante destacar aquellos que son Denominación de Origen para que estén preparados para la posterior lectura.

ELEteca
17. Productos de España. Denominación de Origen.

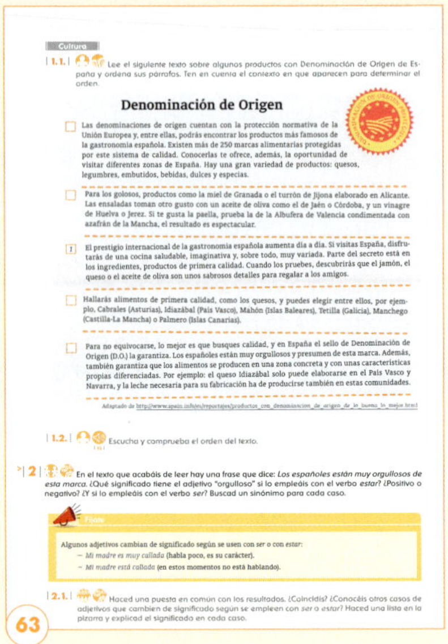
Cultura

1.1. Lee el siguiente texto sobre algunos productos con Denominación de Origen de España y ordena sus párrafos. Ten en cuenta el contexto en que aparecen para determinar el orden.

Denominación de Origen

☐ Las denominaciones de origen cuentan con la protección normativa de la Unión Europea y, entre ellas, podrás encontrar los productos más famosos de la gastronomía española. Existen más de 250 marcas alimentarias protegidas por este sistema de calidad. Conocerlas te ofrece, además, la oportunidad de visitar diferentes zonas de España. Hay una gran variedad de productos: quesos, legumbres, embutidos, bebidas, dulces y especias.

☐ Para los golosos, productos como la miel de Granada o el turrón de Jijona elaborado en Alicante. Las ensaladas toman otro gusto con un aceite de oliva como el de Jaén o Córdoba, y un vinagre de Huelva o Jerez. Si te gusta la paella, prueba la de la Albufera de Valencia condimentada con azafrán de la Mancha, el resultado es espectacular.

1 El prestigio internacional de la gastronomía española aumenta día a día. Si visitas España, disfrutarás de una cocina saludable, imaginativa y, sobre todo, muy variada. Parte del secreto está en los ingredientes, productos de primera calidad. Cuando los pruebes, descubrirás que el jamón, el queso o el aceite de oliva son unos sabrosos detalles para regalar a los amigos.

☐ Hallarás alimentos de primera calidad, como los quesos, y puedes elegir entre ellos, por ejemplo, Cabrales (Asturias), Idiazábal (País Vasco), Mahón (Islas Baleares), Tetilla (Galicia), Manchego (Castilla-La Mancha) o Palmero (Islas Canarias).

☐ Para no equivocarse, lo mejor es que busques calidad, y en España el sello de Denominación de Origen (D.O.) la garantiza. Los españoles están muy orgullosos y presumen de esta marca. Además, también garantiza que los alimentos se producen en una zona concreta y con unas características propias diferenciadas. Por ejemplo: el queso Idiazábal solo puede elaborarse en el País Vasco y Navarra, y la leche necesaria para su fabricación ha de producirse también en estas comunidades.

Adaptado de http://www.spain.info/es/reportajes/productos_con_denominacion_de_origen_de_lo_bueno_lo_mejor.html

1.2. Escucha y comprueba el orden del texto.

> 2 En el texto que acabáis de leer hay una frase que dice: *Los españoles están muy orgullosos de esta marca.* ¿Qué significado tiene el adjetivo "orgulloso" si lo empleáis con el verbo *estar*? ¿Positivo o negativo? ¿Y si lo empleáis con el verbo *ser*? Buscad un sinónimo para cada caso.

Fíjate

Algunos adjetivos cambian de significado según se usen con *ser* o con *estar*:
– *Mi madre es muy callada* (habla poco, es su carácter).
– *Mi madre está callada* (en estos momentos no está hablando).

2.1. Haced una puesta en común con los resultados. ¿Coincidís? ¿Conocéis otros casos de adjetivos que cambien de significado según se empleen con *ser* o *estar*? Haced una lista en la pizarra y explicad el significado en cada caso.

63

1.1. Se presenta una actividad de comprensión lectora que consiste en ordenar los párrafos de un texto. Proponga al estudiante que los ordene previa atenta lectura de cada uno y fijándose en el contexto. Si lo desea, puede mantener proyectado el mapa de España durante esta actividad y la siguiente para facilitar la comprensión.

3, 5, 1, 4, 2.

1.2. Audición del texto a partir de la cual los alumnos podrán corregir la actividad anterior. Si el profesor lo prefiere, puede invertir el orden de las actividades, realizando primero una escucha del texto de manera global para pasar después a la lectura y ordenación de los párrafos. Una vez finalizada la actividad, se resolverán posibles dudas de vocabulario.

15

El prestigio internacional de la gastronomía española aumenta día a día. Si visitas España, disfrutarás de una cocina saludable, imaginativa y, sobre todo, muy variada. Parte del secreto está en los ingredientes, productos de primera calidad. Cuando los pruebes, descubrirás que el jamón, el queso o el aceite de oliva son unos sabrosos detalles para regalar a los amigos. Para no equivocarse, lo mejor es que busques calidad, y en España el sello de Denominación de Origen la garantiza. Los españoles están muy orgullosos y presumen de esta marca. Además, también garantiza que los alimentos se producen en una zona concreta y con unas características propias diferenciadas. Por ejemplo: el queso Idiazábal solo puede elaborarse en el País Vasco y Navarra, y la leche necesaria para su fabricación ha de producirse también en estas comunidades. Las denominaciones de origen cuentan con la protección normativa de la Unión Europea y, entre ellas, podrás encontrar los productos más famosos de la gastronomía española. Existen más de 250 marcas alimentarias protegidas por este sistema de calidad. Conocerlas te ofrece, además, la oportunidad de visitar diferentes zonas de España. Hay una gran variedad de productos: quesos, legumbres, embutidos, bebidas, dulces y especias. Hallarás alimentos de primera calidad, como los quesos, y puedes elegir entre ellos, por ejemplo, Cabrales (Asturias), Idiazábal (País Vasco), Mahón (Islas Baleares), Tetilla (Galicia), Manchego (Castilla-La Mancha) o Palmero (Islas Canarias). Para los golosos, productos como la miel de Granada o el turrón de Jijona elaborado en Alicante. Las ensaladas toman otro gusto con un aceite de oliva, como el de Jaén o Córdoba, y un vinagre de Huelva o Jerez. Si te gusta la paella, prueba la de la Albufera de Valencia condimentada con azafrán de la Mancha, el resultado es espectacular.

Texto adaptado de http://www.spain.info/es/reportajes/productos_con_denominacion_de_origen_de_lo_bueno_lo_mejor.html

> 2 Aproveche la frase del texto que han leído en la actividad 1.1.: "Los españoles estamos muy orgullosos de esta marca" para introducir los adjetivos que cambian de significado según vayan acompañados del verbo *ser* o *estar*. Se presenta una actividad de deducción de significado a partir de un contexto. La búsqueda de sinónimos ayudará a los alumnos a la comprensión, por un lado, y a ampliar su vocabulario, por otro. *Estar orgulloso* es positivo, ya que se refiere a sentir satisfacción por algo o por alguien. Sinónimo: satisfecho; *Ser orgulloso* es negativo, significa que muestra arrogancia. Sinónimo: arrogante.

2.1. Se realiza una puesta en común, tanto para corregir la actividad anterior como para crear una lista de adjetivos que cambian de significado según vayan con *ser* o con *estar* que los alumnos conozcan o puedan conocer ya. El objetivo es facilitar la realización de la actividad posterior, en la que confirmarán sus hipótesis y ampliarán la lista de estos adjetivos. Para ayudarlos en la comprensión del cambio de significado de estos adjetivos según vayan acompañados de *ser* o *estar*, puede sugerirles una traducción contrastiva de los mismos.

2.2. Siguiendo con la secuencia, pida a los estudiantes que, en parejas, completen el cuadro de la actividad con los adjetivos que anotaron en la pizarra y escriban frases para contextualizar su significado concreto en cada caso. En la medida de lo posible, intente formar parejas con la misma lengua materna, ya que ello les permitirá recurrir a la traducción para matizar las diferencias de significado.

	SER	ADJETIVOS	ESTAR
1.	Sociable, extrovertido/a: *El nuevo compañero es muy abierto, habla con todo el mundo.*	abierto/a	No cerrado/a: *La mayoría de tiendas en España están abiertas a las 20:00.*
2.	Color: *¿Prefieres los muebles negros o blancos?*	negro/a	Sucio/a: *Los niños han estado en el parque por el suelo y sus pantalones están negros.* Enfadado/a: *He repetido este ejercicio muchas veces y todavía no me sale bien. Estoy negra.*
3.	De mala calidad: *Este detergente es muy malo. No deja la ropa limpia.*	malo/a	Enfermo/a: *Felipe está malo. Hace tres días que tiene fiebre.*
4.	De buena calidad: *Los productos con Denominación de Origen son buenos.*	bueno/a	De buen sabor: *Este queso de Cabrales está muy bueno.*
5.	Tener mucho dinero: *Mi prima es rica. Le tocó la lotería el año pasado.*	rico/a	Tener muy buen sabor: *Esta paella está muy rica. Me encanta.*
6.	Arrogante: *José es muy orgulloso. Cree que sabe hacerlo todo bien.*	orgulloso/a	Estar satisfecho/a: *Antonia está orgullosa de su hijo porque ha sacado un diez en el examen.*
7.	Amable: *Ricardo es muy atento. Siempre me sube las bolsas de la compra.*	atento/a	Prestar atención: *María escucha atenta al profesor.*
8.	Hacer las cosas solo si te producen beneficios: *Mi hermana es una interesada. Solo me llama cuando tiene un problema.*	interesado/a	Tener deseos de hacer o conocer cosas: *Juan está interesado en el arte egipcio.*
9.	Religión: *Mi padre es muy católico. Va a la iglesia todos los domingos.*	católico/a	No encontrarse bien de salud: *Aunque no tengo fiebre, no estoy muy católico.*
10.	Color: *Los árboles son verdes.*	verde	No estar preparado/a, no tener experiencia: *Estoy muy verde para el examen de mañana. Creo que voy a suspender.*

2.3. Se propone, a continuación, realizar una actividad de traducción contrastiva que posibilite la comprensión de los diferentes significados de los adjetivos que pueden ir con *ser* o *estar*. Si el profesor ya se ha apoyado en la traducción en la actividad 2.1., puede valorar si desea o no realizar este ejercicio.

2.4. Actividad en la que se propone la producción escrita de frases que contengan adjetivos con *ser* o *estar*. El objetivo es consolidar los contenidos estudiados y verificar que los alumnos son capaces de producirlos por sí solos, ya que serán ellos los que decidan qué expresiones usar en diferentes situaciones de interacción. 1. no estoy (muy) católica; 2. estás verde; 3. Somos ricos; 4. es muy atenta; 5. Estoy negro/a.

2.2. Completad la siguiente tabla con los adjetivos que tenéis en la pizarra. Explicad los que no han aparecido todavía. Luego, escribid una frase que contextualice el significado.

	SER	ADJETIVOS	ESTAR
1		abierto/a	
2		negro/a	
3		malo/a	
4	*Los productos con denominación de origen son buenos.* (de calidad)	bueno/a	*Este queso de cabrales está muy bueno.* (de sabor)
5		rico/a	
6		orgulloso/a	
7		atento/a	
8		interesado/a	
9		católico/a	
10		verde	

2.3. Traduce las siguientes frases a tu lengua para comprender la diferencia entre las frases.

1. Los españoles están muy orgullosos de su gastronomía. En tu lengua: ...
2. Ser rico no es sinónimo de felicidad. En tu lengua: ...
3. Estas manzanas están malas. No podremos hacer la tarta. En tu lengua: ...
4. El aceite de oliva es muy bueno para la salud. En tu lengua: ...
5. Estamos listos para hacer la ruta gastronómica. En tu lengua: ...

2.4. Lee la situación y escribe una frase con *ser* o *estar* y uno de los adjetivos del cuadro anterior.

1. Amelia está un poco enferma. Sus amigos la llaman para salir pero les dice: "Lo siento, ...".
2. Juanjo acaba de empezar a trabajar. Duda mucho porque no tiene experiencia. Su jefe le dice: "No te preocupes. Todavía ..., pero verás cómo, en una semana, dominarás el trabajo".
3. Carlos y Cecilia han heredado una mansión de su abuela, así como dinero y varias empresas que van muy bien. Carlos y Cecilia dicen: "¡¡¡ ... !!!".
4. Marta tiene fama de ser una persona que se preocupa por los demás y que es educada y muy amable. Su amiga Susana dice: "Marta ... Todo el mundo la aprecia por eso".
5. Acaban de ponerme una multa por aparcar en zona prohibida, he llegado tarde a trabajar, mi jefa me ha echado una bronca… Digo: "¡¡¡ ... !!!".

64

Para continuar la práctica del contraste en adjetivos que cambian de significado según vayan con *ser* o *estar*, puede realizar el ejercicio 9 de la unidad 5 del *Libro de ejercicios*.

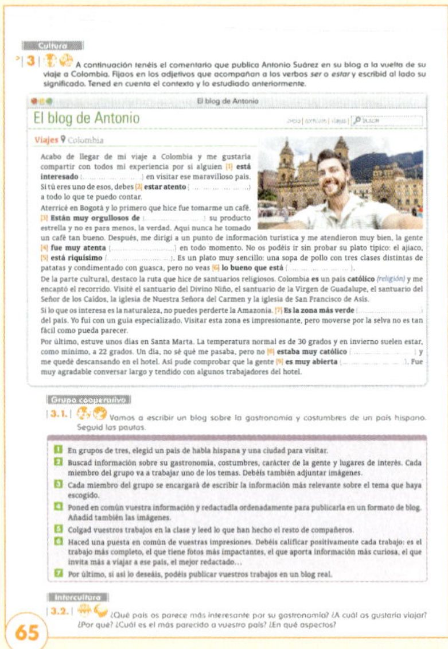

> 3 Actividad en la que se presenta el blog de un chico que ha realizado un viaje a Colombia. Por un lado, se aprovechan todos los elementos culturales para dar a conocer a los estudiantes lugares de interés turístico de este país, así como sus creencias y gastronomía. Por otro, se siguen trabajando los adjetivos acompañados de los verbos *ser* o *estar*, ya que el estudiante deberá escribir el significado de cada uno de los adjetivos en función del contexto en el que aparecen.

1. tener interés; 2. prestar atención; 3. estar satisfechos; 4. ser muy amable; 5. tener muy buen sabor; 6. tener buen sabor; 7. color; 8. no encontrarse bien; 9. ser extrovertida.

i+ ELEteca
18. Colombia.

3.1. Tomando como ejemplo el blog de la actividad 3, se pedirá a los estudiantes que sean ahora ellos los que creen su propio blog sobre alguno de los países hispanos. Se trata de una actividad cooperativa en la que los estudiantes, en pequeños grupos, deberán repartirse el trabajo de búsqueda de la información requerida, una vez hayan decidido sobre qué país van a trabajar, y después trabajar en equipo hasta la realización del blog.

3.2. Para cerrar esta serie de actividades de carácter cultural, se propone una puesta en común en la que los alumnos darán su opinión sobre algunas cuestiones referidas a los países hispanos y los compararán con sus países de origen.

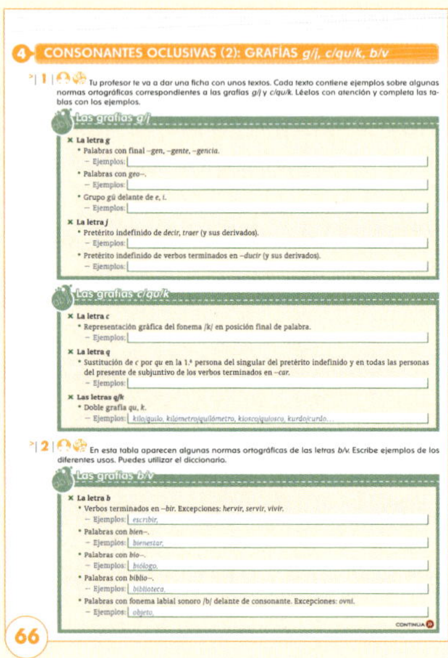

4 CONSONANTES OCLUSIVAS (2). GRAFÍAS *g/j, c/qu/k, b/v* 66

En esta unidad, se continuará trabajando la ortografía, profundizando en el estudio de las consonantes oclusivas *g/j*, *c/qu/k* y *b/v*.

> 1 Se amplía el estudio de las consonantes oclusivas y sus grafías correspondientes. Para ello, utilice la ficha 12.

Ficha 12. Las grafías: *g/j* y *c/qu/k*.

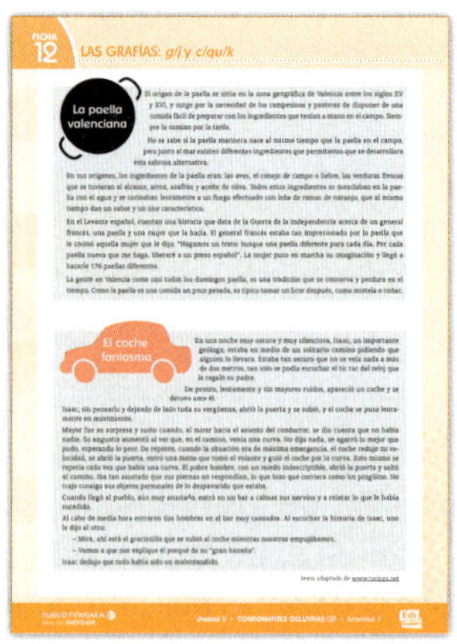

Dinámica. Entregue a los estudiantes la ficha 12 en la que aparecen dos textos. Estos deberán leerlos e ir clasificando en el lugar correspondiente de los cuadros de la actividad las palabras que contienen las grafías estudiadas. El objetivo es que identifiquen, a través de la lectura, aquellas palabras que contienen las grafías indicadas y sepan clasificarlas según su tipología.

Las grafías g/j

- **La letra g**
  - Palabras con *–gen*, *–gente*, *–gencia*: origen, gente, emergencia.
  - Palabras con *geo–* : geográfica, geólogo.
  - Grupo *gü* delante de *e*, *i*: vergüenza, pingüino.
- **La letra j**
  - Pretérito indefinido de *decir*, *traer* (y sus derivados): dijo, trajo.
  - Pretérito indefinido de verbos terminados en *–ducir* (y sus derivados): redujo, dedujo.

Las grafías c/qu/k

- **La letra c**
  - Representación gráfica del fonema /k/ en posición final de palabra: coñac, tic tac, Isaac.
- **La letra q**
  - Sustitución de *c* por *qu* en indefinido y presente de subjuntivo de verbos terminados en *–car*: busque, explique.

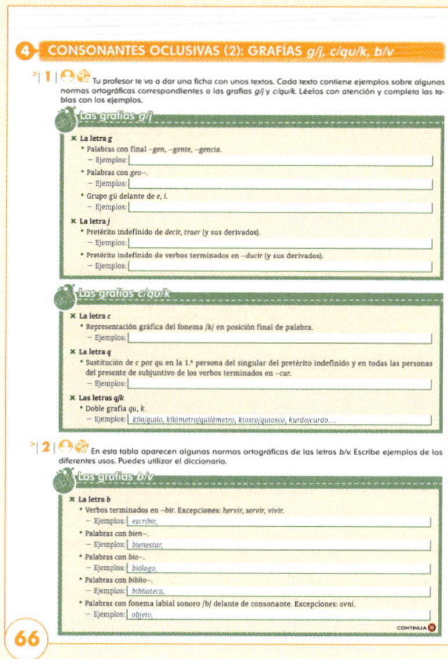
CONSONANTES OCLUSIVAS (2): GRAFÍAS g/j, c/qu/k, b/v
66

>2 En esta última actividad del apartado se ofrecen las normas ortográficas de las letras *b/v* y se pide a los estudiantes que, utilizando el diccionario si lo necesitan, busquen ejemplos de cada una de las normas.

Posible respuesta.

Las grafías b/v

- **La letra b**
  - Verbos terminados en *–bir*: sucumbir, subir, prohibir…
  - Palabras compuestas con *bien–*: bienvenido, bienhablado, bienaventuranza.
  - Palabras con *bio–*: biogás, biodegradable, biografía.
  - Palabras con *biblio–* : bibliografía, bibliotecario, biblioteconomía.
  - Palabras con el fonema bilabial /b/ delante de consonante: observar, obsoleto, obtener.
- **La letra v**
  - Imperativo y presente de subjuntivo de *ir*: vaya, vamos, voy.
  - Verbos con final *–olver*: resolver, envolver, disolver.

Puede seguir practicando las consonantes oclusivas realizando los ejercicios 9 al 11 de la unidad 5 del *Libro de ejercicios*.

¿QUÉ HE APRENDIDO? 67

¿Qué he aprendido?
67

>1 1. alegre, me alegra (que); 2. apenado/a, me da pena (que); 3. avergonzado/a, me da vergüenza (que); 4. decepcionado/a, me decepciona (que); 5. envidioso/a, me da envidia (que); 6. feliz, me hace feliz (que).

>5 Posible respuesta. 1. Hoy la sopa tenía mal sabor; 2. Sé poco de matemáticas; 3. Este arroz es de buena calidad; 4. La paella que hace mi suegro tiene muy buen sabor; 5. Mi hermano tiene interés en estudiar Medicina; 6. Mi sobrino es muy inteligente, siempre aprueba sin estudiar.

ELEteca
Léxico. Los sentimientos.

6 UN POCO DE EDUCACIÓN

Tal y como indica el título, el eje temático de esta unidad gira en torno a la educación, presentando el sistema educativo en España. Los estudiantes aprenderán las estructuras necesarias para expresar una acción simultánea a otra, una acción inmediatamente posterior a otra, el límite de una acción y una acción que sucede siempre que se realiza otra acción. Asimismo, aprenderán a expresar el comienzo de una acción, una acción que es anterior o posterior a otra, o el periodo de tiempo que separa dos sucesos. Se facilitarán para ello los nexos temporales adecuados: *cuando, siempre que, cada vez que, tan pronto como, en cuanto, hasta que, nada más que, antes de* (*que*), *después de* (*que*), etc. En el apartado del componente estratégico se facilitarán las estrategias para comprender un texto a través de su análisis. Finalmente, el apartado de fonética y ortografía centra su atención en las consonantes fricativas y en las palabras homófonas.

1 NOTICIAS SOBRE EDUCACIÓN 68

Este epígrafe, de carácter cultural, presenta una noticia sobre las carreras universitarias de Iberoamérica. Se trabaja, por lo tanto, el léxico relacionado con la educación, y se fomentan los conocimientos interculturales a través de una actividad en la que los estudiantes compartirán información de la educación y del sistema universitario en sus respectivos países. Además, mediante una actividad de estrategias, los alumnos harán un análisis detallado de una noticia.

> 1 En esta actividad los alumnos van a leer una noticia sobre las carreras universitarias con mayor futuro. Indíqueles que la lean con atención con el objetivo de determinar si se trata de un texto informativo o de opinión. A continuación, sugiera que en gran grupo comparen y justifiquen su respuesta con los demás compañeros.

Es un texto informativo.

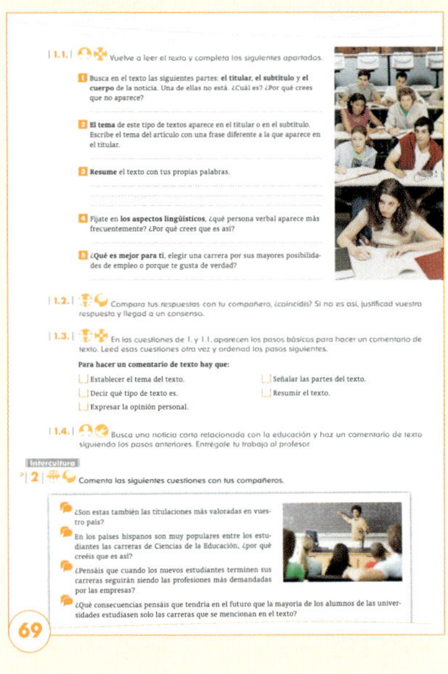

1.1. A continuación, se presenta una actividad para trabajar las estrategias de aprendizaje. Si en la actividad anterior se trataba de que el alumno se familiarizara con el texto a través de una primera lectura y definiera su tipología, ahora deberá realizar un análisis más exhaustivo del mismo mediante unas pautas que le facilitarán la elaboración de un comentario de texto. Proponga a sus estudiantes realizar esta tarea de manera individual y concédales tiempo para que puedan volver a leer el texto con detenimiento y contestar a cada apartado.

1. Titular: Las carreras con mayor futuro; Subtítulo: No hay; Cuerpo de la noticia: El texto desde "Entre…" hasta "Caminos". El subtítulo no aparece, ya que se trata de una noticia muy breve en la que, además, el titular resume el tema; 2. Posible respuesta. Los estudios con más salidas/Los estudios con más posibilidades de trabajo; 3. Posible respuesta. Las carreras que actualmente ofrecen más posibilidades de trabajo son: Administración y Dirección de Empresas, Ciencias Económicas, Ciencias Empresariales, Informática, Ingeniería Industrial, Telecomunicaciones, Medicina, Química, Derecho e Ingeniería de Caminos; 4. La tercera persona del plural. Porque se habla de manera general y de forma impersonal.

1.2. Proponga ahora a los alumnos que, en parejas, comparen las respuestas anteriores. En el caso de que hayan respondido en algún apartado de manera diferente, indíqueles que justifiquen y razonen su respuesta hasta llegar a un consenso.

1.3. Para llevar a cabo esta actividad, pida a los estudiantes que, manteniendo las parejas de la actividad anterior, vuelvan a leer los pasos que han seguido para hacer un comentario de texto. A continuación, deberán leer la lista de pasos que se propone y ordenarla. Si lo considera oportuno, antes de hacer una corrección en común, proponga a los estudiantes que comenten sus respuestas con otras parejas de la clase.

1. Decir qué tipo de texto es; 2. Señalar las partes del texto; 3. Establecer el tema del texto; 4. Resumir el texto; 5. Expresar la opinión personal.

1.4. Como cierre a esta secuencia de actividades en la que se plantean estrategias para realizar un comentario de texto, pida a sus estudiantes que escojan un texto relacionado con el ámbito de la educación y procedan a realizar un comentario de texto siguiendo los pasos aprendidos. Para guiarlos en la elección del artículo, puede recomendarles que entren en las siguientes páginas web donde encontrarán noticias relacionadas con la educación.

http://www.educaweb.com/hemeroteca/articulos-opinion/educacion/
http://elpais.com/tag/educacion/a/

Una vez haya corregido los textos de sus alumnos, entrégueselos con sus comentarios y sugerencias. Con el objetivo de que todos los estudiantes puedan conocer más aspectos relacionados con la educación, puede proponerles que comenten sus artículos con el resto de la clase e intercambien impresiones y opiniones sobre los mismos.

Teniendo en cuenta el tiempo que se necesita tanto para realizar el comentario de texto como para corregirlo, puede proponer realizar la tarea en casa y dejar el intercambio de opiniones para una sesión de clase posterior.

>2 La finalidad de esta actividad intercultural, planteada para debatir en gran grupo, es que los estudiantes comenten cómo es el sistema universitario en sus países, cuáles son las titulaciones más demandadas y cuál es su opinión respecto a que la mayoría de los estudiantes universitarios se decanten por un tipo de carrera, concluyendo si en sus países sucede lo mismo.

2 FRACASOS QUE FUERON ÉXITOS 70

El significado del presente título está estrechamente relacionado con la biografía de varios personajes famosos que se tratan en el epígrafe, los cuales, a pesar de que tuvieron un inicio muy incierto o fracasaron en sus estudios, llegaron a triunfar. El apartado gramatical centra su atención en la presentación de las oraciones temporales con *cuando*, y sus construcciones con indicativo y subjuntivo.

>1 La primera actividad del epígrafe se centra en la imagen de Steven Jobs. En primer lugar, indague en gran grupo qué es lo que saben los alumnos sobre este personaje y, a continuación, indíqueles que formen parejas, lean con detenimiento el texto sobre la experiencia universitaria de Steve Jobs y hagan una hipótesis sobre cómo termina la historia. Durante el proceso de lectura, cerciórese de que los estudiantes entienden el vocabulario del texto, facilitándoles la información que requieran.

1.1. Puesta en común de las hipótesis a las que han llegado los estudiantes. Pídales que expliquen qué indicios le han llevado a dichas conclusiones.

1.2. A través de la lectura que aparece en esta actividad, los estudiantes conocerán la historia completa de Steve Jobs para luego comentar si han acertado en sus suposiciones o, por el contrario, les ha sorprendido el final. Si lo considera oportuno, puede ampliar información sobre la figura de Steve Jobs en el apartado de la ELEteca y transmitírsela a los alumnos.

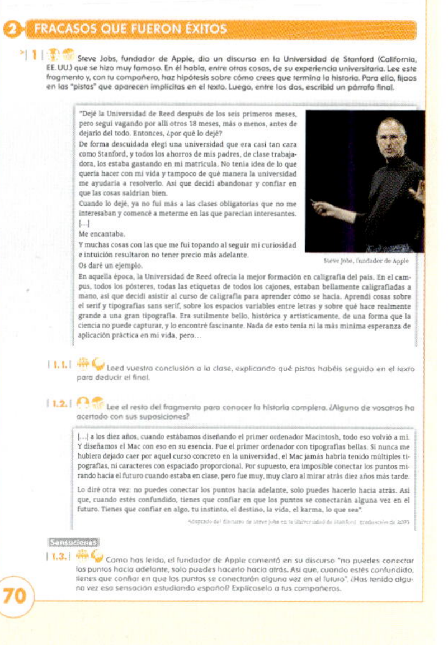

ELEteca
19. Steve Jobs.

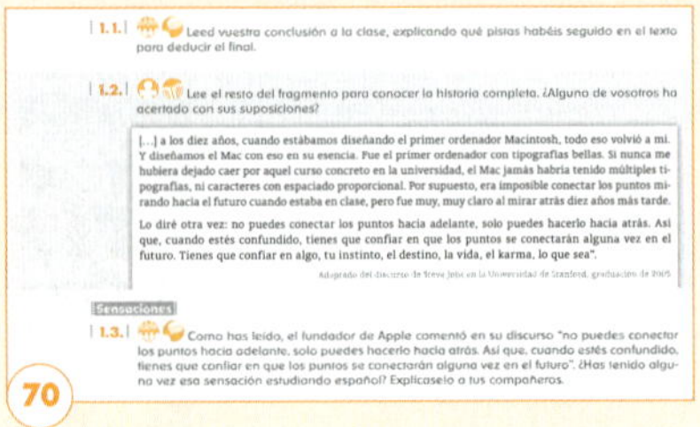

1.3. En esta actividad, etiquetada como tarea de sensaciones, se pretende que los alumnos reflexionen sobre su proceso de aprendizaje del español. Para ello, se presenta como punto de partida la frase de Steve Jobs que transmite la filosofía que le llevó al éxito profesional: "No puedes conectar los puntos hacia adelante, solo puedes hacerlo hacia atrás". Pregúnteles si se sienten identificados con esta frase y si han vivido esta situación estudiando español. En caso negativo, también puede preguntar si la han vivido en otra faceta de su vida, ya sea profesional o personal, y que lo expliquen al resto de la clase.

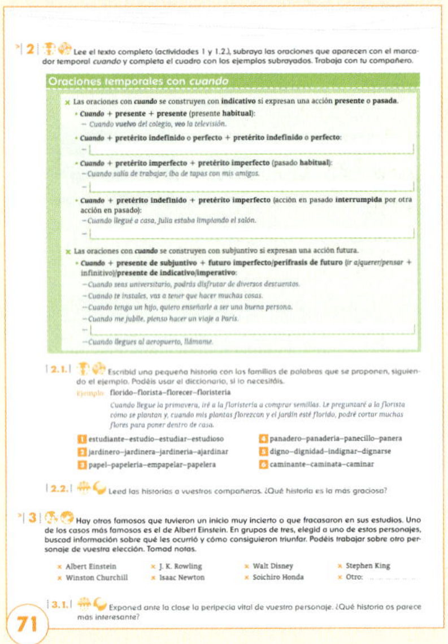

>2 Es en este punto donde se presentan las oraciones temporales con *cuando*. Pida a los alumnos que vuelvan a leer los textos de las actividades 1 y 1.2., subrayen las frases en las que aparece el marcador temporal *cuando* y completen el cuadro con los ejemplos extraídos del texto. Si lo considera oportuno, antes de realizar la corrección en gran grupo, sugiérales que comparen las frases que han completado con otros compañeros de la clase y que lleguen a un consenso en caso de discrepancia. A continuación, proceda a la corrección final usando la proyección 11.

Proyección 11. Oraciones temporales con *cuando*.

Dinámica. Proyecte el cuadro de las oraciones temporales con *cuando* y proceda a la corrección en gran grupo, completando los ejemplos con las respuestas de sus alumnos. Dé las explicaciones oportunas y aporte más ejemplos en caso de que sea necesario.

Cuando + pretérito indefinido o perfecto + pretérito indefinido o perfecto. Cuando lo dejé, ya no fui más a las clases obligatorias que no me interesaban; *Cuando* + pretérito imperfecto + pretérito imperfecto: Era imposible conectar los puntos cuando estaba en clase; *Cuando* + pretérito indefinido + pretérito imperfecto/*Cuando* + pretérito imperfecto + pretérito indefinido: A los diez años, cuando estábamos diseñando el primer ordenador Macintosh, todo eso volvió a mí; *Cuando* + presente de subjuntivo + futuro imperfecto, una expresión de futuro... (...) cuando estés confundido, tienes que confiar en que los puntos se conectarán alguna vez en el futuro.

2.1. y **2.2.** Estas actividades sirven, por un lado, para que los estudiantes utilicen su lado más creativo escribiendo pequeñas historias con las familias de palabras propuestas y, por otro, para que lleven a la práctica el uso de las oraciones temporales. Indíqueles que pueden conjugar los verbos que aparecen en cada familia de palabras en el tiempo y modo que se precise, y que pueden ayudarse del diccionario para la ampliación de vocabulario. Durante la construcción de las historia, mantenga proyectado el cuadro de las oraciones temporales con *cuando*. Una vez terminadas las historias, los estudiantes tendrán que leerlas al resto de compañeros y, entre todos, deberán escoger aquella que les ha gustado más: por ser más interesante, graciosa, ingeniosa...

Posibles respuestas. 1. Cuando el estudiante estudie en la universidad que le gusta, estudiará sus asignaturas favoritas, y cuando esto ocurra, será más estudioso porque dedicará más horas al estudio; 2. Cuando el jardinero tenga llena de plantas su jardinera, todos podrán ver su maravillosa capacidad para la jardinería y le pedirán ajardinar sus terrenos; 3. Cuando compres el papel en la papelería, empapela tu habitación y tira el papel sobrante a la papelera; 4. Cuando el panadero llegue a la panadería, pídele que ponga mi panecillo favorito en la panera; 5. Cuando usted sea digno de alcanzar la dignidad de ser presidente, le indignarán las injusticias y se dignará a luchar contra ellas; 6. Cuando el caminante termine su caminata, no querrá caminar más por hoy.

Para seguir trabajando las oraciones temporales con *cuando*, puede realizar los ejercicios 1 al 5 de la unidad 6 del *Libro de ejercicios*.

> 3 y **3.1.** A modo de conclusión del epígrafe, se proponen un par de actividades integradoras en las que los estudiantes, en pequeños grupos, deberán escoger a uno de los siguientes personajes y buscar información sobre su biografía, centrándose especialmente en cómo fueron sus inicios y cómo consiguieron triunfar. Para su información, puede encontrar en la ELEteca la biografía detallada de estos personajes y enlaces de interés que, si considera oportuno, puede facilitar a los alumnos para que busquen la información. Cabe también la posibilidad de que los estudiantes se decanten por la biografía de otro personaje que conozcan distinto a los que se proponen. Una vez recabada la información pertinente, cada grupo expondrá la peripecia vital de su personaje y, entre todos, decidirán cuál es la biografía más interesante justificando su elección.

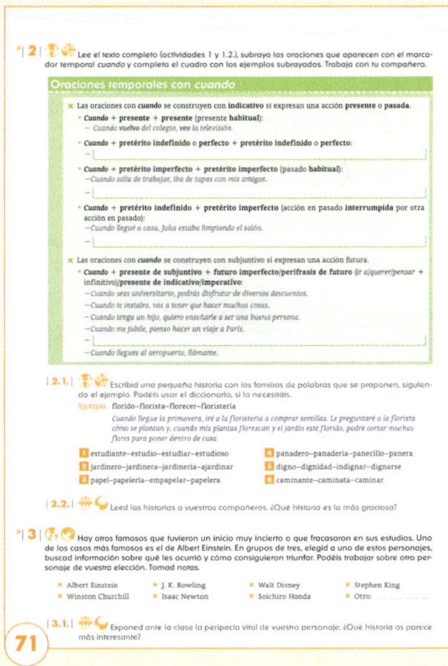

ELEteca

20. Personajes famosos: Albert Einstein, J.K. Rowling, Walt Disney, Stephen King, Winston Churchill, Isaac Newton, Soichiro Honda.

3 DIARIO DE UNA UNIVERSITARIA 72

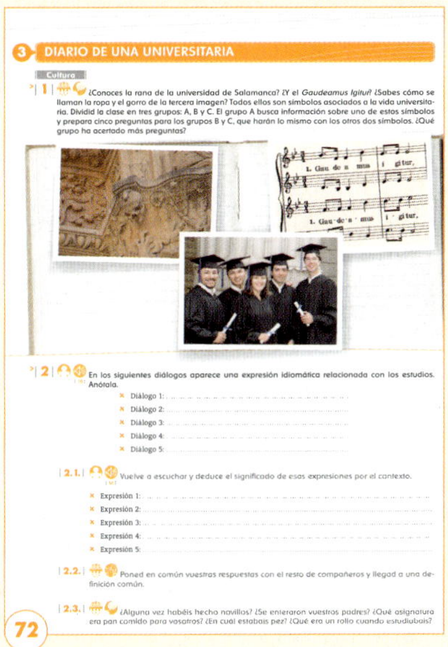

Este epígrafe se centra especialmente en la adquisición de expresiones idiomáticas relacionadas con los estudios y en la presentación de símbolos asociados a la vida universitaria. El apartado gramatical completa la presentación de las oraciones temporales iniciadas en el epígrafe anterior, con la introducción de nuevas funciones y nexos: *siempre que, cada vez que, tan pronto como, en cuanto, hasta que, nada más, antes de* (*que*), *después* (*que*), etc.

> 1 Se inicia el epígrafe con una actividad de corte cultural en la que, a partir de tres fotografías y de una manera colaborativa, los estudiantes intentarán identificar tres símbolos asociados a la vida universitaria: la rana de la Universidad de Salamanca, el *Gaudeamus Igitur*, y La toga y el birrete. Proponga a la clase que se divida en tres grupos (A, B y C) y asigne un símbolo a cada uno de ellos. A continuación, cada equipo deberá buscar información sobre el símbolo que le haya tocado y preparar cinco preguntas sobre este para formular a los otros equipos, los cuales intentarán contestar a las mismas. Ganará el equipo que más preguntas acierte.

Primera imagen. La rana de la universidad de Salamanca. Se trata de la pequeña escultura de una rana sobre una calavera, que hay en la fachada de esta universidad. Se ubica en medio de muchos otros detalles escultóricos de la fachada, joya del arte plateresco español, por lo que es muy difícil distinguirla. Dice la leyenda que el estudiante que pueda verla, tendrá mucha suerte en los exámenes y aprobará. El edificio de la Universidad de Salamanca fue mandado construir por los Reyes Católicos, terminándose su construcción en tiempos del reinado de su nieto, Carlos I. Concretamente, la fachada se realizó entre 1529 y 1533, siendo su autor anónimo, y costó 30 000 ducados. Las numerosas esculturas que la adornan forman parte de un rico programa iconográfico, que todavía hoy sigue siendo un misterio. Tiene tres cuerpos. En el primero se halla un medallón con los bustos de los Reyes Católicos, y un lema en griego: “La Universidad a los Reyes y los Reyes

3 DIARIO DE UNA UNIVERSITARIA

Cultura

>| 1 | ¿Conoces la rana de la universidad de Salamanca? ¿Y el *Gaudeamus Igitur*? ¿Sabes cómo se llaman la ropa y el gorro de la tercera imagen? Todos ellos son símbolos asociados a la vida universitaria. Dividid la clase en tres grupos: A, B y C. El grupo A busca información sobre uno de estos símbolos y prepara cinco preguntas para los grupos B y C, que harán lo mismo con los otros dos símbolos. ¿Qué grupo ha acertado más preguntas?

>| 2 | En los siguientes diálogos aparece una expresión idiomática relacionada con los estudios. Anótala.

- Diálogo 1: ...
- Diálogo 2: ...
- Diálogo 3: ...
- Diálogo 4: ...
- Diálogo 5: ...

| 2.1. | Vuelve a escuchar y deduce el significado de esas expresiones por el contexto.

- Expresión 1: ...
- Expresión 2: ...
- Expresión 3: ...
- Expresión 4: ...
- Expresión 5: ...

| 2.2. | Poned en común vuestras respuestas con el resto de compañeros y llegad a una definición común.

| 2.3. | ¿Alguna vez habéis hecho novillos? ¿Se enteraron vuestros padres? ¿Qué asignatura era pan comido para vosotros? ¿En cuál estabais pez? ¿Qué era un rollo cuando estudiabais?

72

a la Universidad", que hace referencia al poder laico que dirige la Universidad y no al eclesiástico. En el segundo cuerpo aparece también el emblema real en tres grandes escudos. Finalmente, en el cuerpo superior se encuentra el escudo de la Universidad. El plateresco fue el estilo arquitectónico español del primer tercio del siglo XVI. Se caracteriza por una gran expresividad decorativa que se extiende por el exterior de los edificios, poniendo a la escultura como protagonista. Una escultura labrada con tanto detalle que parece el trabajo de un platero. De ahí su nombre. Los motivos decorativos son medallones, escudos, gran variedad de animales y de plantas, las cuales se extienden como la hiedra, monstruos, etc. En medio de toda esa profusión decorativa se encuentra algún elemento de reflexión, como la rana sobre la calavera, que aluden, respectivamente, a la lujuria y a la muerte, siendo una alegoría de a dónde puede llevar el pecado si se sigue por ese camino; Segunda imagen. El himno *Gaudeamus Igitur*. Es el himno universitario internacional en Europa. Data del siglo XVIII. Es de autor anónimo. Se cree que la música la compuso Johann Christian Grüntaus en 1717 y que fue reescrito por el teólogo alemán evangelista Wilhelm Kindleben, en la segunda mitad del siglo XVIII. En la letra se ensalzan la vida y el ambiente universitario. Se canta en ocasiones solemnes del ámbito universitario. Puede consultarse la letra en la siguiente dirección: http:/personal.us.es/alporu/historia/gaudeamus.htm; Tercera imagen. La toga y el birrete. Es la vestimenta formal que llevan profesores, universitarios, magistrados y jueces; vestimenta que los distingue de otras corporaciones. Su uso data de las universidades de la Edad Media, si bien los antecedentes de la toga se remontan a la época de la Roma republicana, a la túnica que llevaban los senadores. En la Edad Media, la toga servía a profesores y a estudiantes para protegerse del frío y de la humedad. En sus amplias mangas se podían guardar libros y papel para escribir. El birrete, en cambio, plano y duro, además de para cubrirse, servía para apoyarse al escribir. Aunque, tradicionalmente, es de color negro, puede variar en color dependiendo de la facultad de que se trate. Actualmente su uso es más protocolario que obligatorio, habiéndose perdido, en general, la costumbre de llevarlos en las ocasiones solemnes.

Posibles preguntas sobre los temas de las imágenes. Imagen 1: ¿Cuándo se construyó la Universidad de Salamanca?; ¿Quién la mandó construir?; ¿Quién esculpió la rana sobre la calavera?; ¿Qué simbolizan?; ¿A qué estilo artístico pertenece la Universidad de Salamanca?; Imagen 2: ¿Quién es su autor?; ¿De dónde es?; ¿Cuándo compuso este himno?; ¿De qué habla la letra?; ¿En qué ocasiones se canta?; Imagen 3: ¿Para qué se usan?; ¿En qué ocasiones se viste?; ¿Cuál es su origen?; ¿Hay de diferentes colores?; ¿Es obligado usarlos actualmente?

i+ ELEteca

21. La universidad de Salamanca.

>2 y **2.1.** Mediante estas dos actividades de comprensión auditiva, los estudiantes conocerán cinco expresiones idiomáticas relacionadas con los estudios. Antes de poner la audición por primera vez, avíselos de que van a escuchar un texto en el que tendrán que identificar cinco expresiones idiomáticas. Después, propóngales que comenten con sus compañeros las cinco expresiones que han identificado antes de proceder a la corrección. Seguidamente, proceda a una segunda escucha con el objetivo de que los alumnos puedan deducir, a través del contexto, el significado de estas expresiones. Si lo considera necesario, puede volver a poner la audición una tercera vez.

Diálogo 1

|16|

Pedro: Hola, Julián, ¿otra vez haciendo novillos?

Julián: Que no, que hoy no tengo clase a primera hora. Ya sabes que no me gusta hacerlo, que luego tengo que estudiar más en casa. Además, es mi último año de universidad y es importante ir a clase cada día.

Diálogo 2

- **María:** ¿Qué tal llevas los exámenes finales, Belén?
- **Belén:** Pues mal. Estoy pez en Geometría y pasado mañana tengo el examen. Seguro que suspendo.

Diálogo 3

- **Tomás:** ¿Vas a contratar a un profesor particular para que te dé clases de Geografía?
- **Antonio:** ¡Qué va! Geografía es pan comido. Pero sí voy a contratar a uno para Matemáticas. Eso sí que es difícil.

Diálogo 4

- **Valeria:** ¡Me encanta la Geometría...!
- **Sandra:** ¿Sí?, pues para a mí es un rollo, la verdad, me quedo dormida en las clases.
- **Valeria:** ¡Pero qué dices! ¡Si es muy divertida!
- **Sandra:** ¿Divertida?

Diálogo 5

- **Pedro:** ¿Cuál fue tu profesor preferido en el instituto?
- **Águeda:** El de Gimnasia, sus clases eran muy divertidas.
- **Pedro:** ¿Y el peor?
- **Águeda:** El de Matemáticas. Era un hueso. Teníamos que hacerlo todo perfectamente. Si no lo hacíamos, nos quedábamos castigados después de clase.

Diálogo 1: hacer novillos; Diálogo 2: estar pez; Diálogo 3: ser pan comido; Diálogo 4: ser un rollo; Diálgo 5: ser un hueso.

Expresión 1: faltar a clase; Expresión 2: no estar preparado/no saber; Expresión 3: ser muy fácil; Expresión 4: ser muy aburrido; Expresión 5: ser muy duro, muy estricto.

2.2. En gran grupo, se realiza una puesta en común para comentar el significado de las expresiones y llegar a una definición común para cada una de ellas.

2.3. Continuando en gran grupo o, si lo prefiere, en grupos más reducidos, proponga a sus alumnos que contesten a las preguntas formuladas con las expresiones idiomáticas anteriores, comentándolas desde su propia experiencia vital. Si desea extender la actividad, puede añadir preguntas como las siguientes: "¿Alguna vez tuviste un profesor que fuera un hueso? ¿Qué asignatura impartía? ¿Cuál fue tu experiencia en relación con él?".

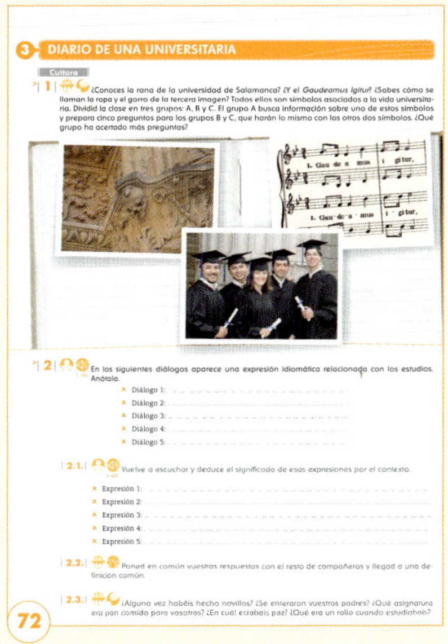

3 DIARIO DE UNA UNIVERSITARIA

Cultura

1 ¿Conoces la rana de la universidad de Salamanca? ¿Y el *Gaudeamus Igitur*? ¿Sabes cómo se llaman la ropa y el gorro de la tercera imagen? Todos ellos son símbolos asociados a la vida universitaria. Dividid la clase en tres grupos: A, B y C. El grupo A busca información sobre uno de estos símbolos y prepara cinco preguntas para los grupos B y C, que harán lo mismo con los otros dos símbolos. ¿Qué grupo ha acertado más preguntas?

2 En los siguientes diálogos aparece una expresión idiomática relacionada con los estudios. Anótala.

- Diálogo 1: ...
- Diálogo 2: ...
- Diálogo 3: ...
- Diálogo 4: ...
- Diálogo 5: ...

2.1. Vuelve a escuchar y deduce el significado de esas expresiones por el contexto.

- Expresión 1: ...
- Expresión 2: ...
- Expresión 3: ...
- Expresión 4: ...
- Expresión 5: ...

2.2. Poned en común vuestras respuestas con el resto de compañeros y llegad a una definición común.

2.3. ¿Alguna vez habéis hecho novillos? ¿Se enteraron vuestros padres? ¿Qué asignatura era pan comido para vosotros? ¿En cuál estabais pez? ¿Qué era un rollo cuando estudiabais?

72

>3 Focalice la atención de los estudiantes en las dos fotografías para preguntarles si creen que tienen relación con el mundo de los estudios. Propóngales que, en gran grupo, comenten y justifiquen sus respuestas.

3.1. Contextualice la actividad presentando a Manuela como una estudiante que escribe en su blog las experiencias vividas en su etapa universitaria. En parejas, pídales que se pongan en la situación de un estudiante que está en su primera semana de su primer año universitario y que elaboren un pequeño listado de experiencias o sucesos que pueden ser positivos o negativos.

3.2. A continuación, a través de la lectura del blog de Manuela, los estudiantes comprobarán si el listado de experiencias positivas y negativas elaboradas en la actividad anterior coincide con las que ha vivido ella.

3.3. Proponga a los alumnos que comenten si han vivido la situación de Manuela y si alguna vez han estado en una fiesta de bienvenida. Pídales su opinión sobre este tipo de fiestas y sobre las novatadas. Para fomentar los conocimientos interculturales, haga que comenten si existen las novatadas en sus países y, si es así, qué tipo de bromas se suelen hacer. Para finalizar, los alumnos deberán comentar qué tipo de eventos de bienvenida a la universidad les gustan y no han sido propuestos en el texto.

3 Observa las imágenes. ¿Crees que tienen relación con el tema de los estudios? ¿Por qué?

3.1. Manuela tiene un blog en el que va anotando sus experiencias en la universidad. En uno de sus comentarios habla de la primera semana que pasó allí. ¿Qué experiencias creéis que tuvo? ¿Fueron positivas o negativas?

3.2. Lee la entrada y comprueba tus respuestas anteriores.

Diario de una universitaria

Diario de una universitaria

Cuando empecé la universidad, tenía mucha ilusión, pero también mucho miedo porque se trataba de una situación nueva, en una ciudad nueva y todavía no conocía a nadie. Sin embargo, todo resultó muy agradable y estimulante, y todos mis miedos desaparecieron pronto. Recuerdo mi primera semana de universidad como una de las mejores de mi vida.

El primer día, **nada más** llegar, los pasillos del edificio y las aulas de primer curso estaban alegremente decoradas con globos y con carteles con la palabra *Bienvenidos*. **A los dos días**, vimos en los tablones de información el anuncio de la fiesta universitaria que el ayuntamiento iba a hacer el sábado por la noche para celebrar la llegada de los nuevos estudiantes. Se trataba de un concierto de los grupos musicales de moda en el mercado de Abastos, donde los estudiantes tendrían oportunidad de conocerse. **Mientras** leía el anuncio, una chica me dijo que la universidad y el ayuntamiento, conjuntamente, habían decidido transformar las antiguas y pesadas bromas que antes se gastaban a los nuevos en una macrofiesta de bienvenida, y que los estudiantes de otros cursos habían estado de acuerdo. Me pareció una idea estupenda.

Después de esto, fui a clase y **en cuanto** me senté, me encontré con otra grata sorpresa: algunos alumnos de segundo curso se pusieron delante de la pizarra y cantaron para todos nosotros una canción de bienvenida. Fue muy divertido.

Por supuesto, el sábado fui a la fiesta. Quedé con una chica que había conocido durante las clases y de la que me había hecho amiga. En la fiesta, **siempre que** podía me presentaba, y así fue como conocí a otros estudiantes de primero y también de otros cursos. Al final del concierto, una voz dijo por megafonía: "**Antes de que** nos vayamos, tiene que estar todo recogido". Nos pusimos manos a la obra, ayudándonos todos y **hasta que** no estuvo todo recogido, no nos fuimos.

Mi amiga y yo quedamos el lunes con otros dos estudiantes en la cafetería, treinta minutos **antes de** entrar en clase, para charlar e intercambiar impresiones. Y desde entonces los cuatro somos grandes amigos.

3.3. ¿Has ido alguna vez a una fiesta de bienvenida? ¿Qué piensas de la idea de cambiar las bromas a los nuevos (*novatadas*) por este tipo de fiestas? ¿Qué otras actividades añadirías tú a los eventos de bienvenida? Coméntalo con tus compañeros.

73

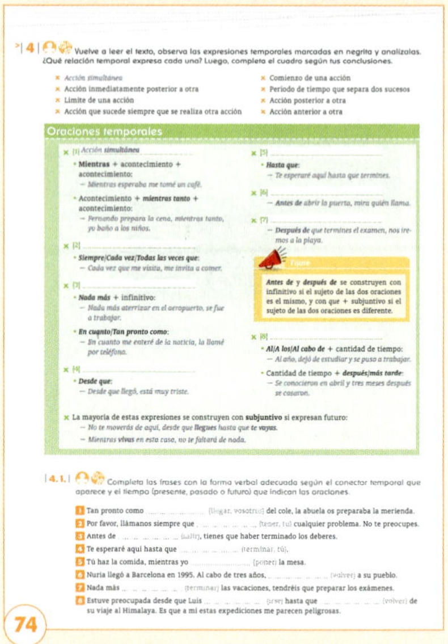

>| 4 | Vuelve a leer el texto, observa las expresiones temporales marcadas en negrita y analízalas. ¿Qué relación temporal expresa cada una? Luego, completa el cuadro según tus conclusiones.

- Acción simultánea
- Acción inmediatamente posterior a otra
- Límite de una acción
- Acción que sucede siempre que se realiza otra acción
- Comienzo de una acción
- Periodo de tiempo que separa dos sucesos
- Acción posterior a otra
- Acción anterior a otra

Oraciones temporales

- [1] Acción **simultánea**
  - **Mientras** + acontecimiento + acontecimiento:
    - *Mientras esperaba me tomé un café.*
  - Acontecimiento + **mientras tanto** + acontecimiento:
    - *Fernando prepara la cena, mientras tanto, yo baño a los niños.*
- [2] ....
  - ***Siempre/Cada vez/Todas las veces que***:
    - *Cada vez que me visita, me invita a comer.*
- [3] ....
  - ***Nada más*** + infinitivo:
    - *Nada más aterrizar en el aeropuerto, se fue a trabajar.*
  - ***En cuanto/Tan pronto como***:
    - *En cuanto me enteré de la noticia, la llamé por teléfono.*
- [4] ....
  - ***Desde que***:
    - *Desde que llegó, está muy triste.*
- [5] ....
  - ***Hasta que***:
    - *Te esperaré aquí hasta que termines.*
- [6] ....
  - ***Antes de*** *abrir la puerta, mira quién llama.*
- [7] ....
  - ***Después de*** *que termines el examen, nos iremos a la playa.*

Fíjate: ***Antes de*** y ***después de*** se construyen con infinitivo si el sujeto de las dos oraciones es el mismo, y con *que* + subjuntivo si el sujeto de las dos oraciones es diferente.

- [8] ....
  - ***Al/A los/Al cabo de*** + cantidad de tiempo:
    - *Al año, dejó de estudiar y se puso a trabajar.*
  - Cantidad de tiempo + ***después/más tarde***:
    - *Se conocieron en abril y tres meses después se casaron.*
- La mayoría de estas expresiones se construyen con **subjuntivo** si expresan futuro:
  - *No te moverás de aquí, desde que **llegues** hasta que **te vayas**.*
  - *Mientras **vivas** en esta casa, no te faltará de nada.*

| 4.1. | Completa las frases con la forma verbal adecuada según el conector temporal que aparece y el tiempo (presente, pasado o futuro) que indican las oraciones.

1. Tan pronto como .... (llegar, vosotros) del cole, la abuela os preparaba la merienda.
2. Por favor, llámanos siempre que .... (tener, tú) cualquier problema. No te preocupes.
3. Antes de .... (salir), tienes que haber terminado los deberes.
4. Te esperaré aquí hasta que .... (terminar, tú).
5. Tú haz la comida, mientras yo .... (poner) la mesa.
6. Nuria llegó a Barcelona en 1995. Al cabo de tres años, ... (volver) a su pueblo.
7. Nada más .... (terminar) las vacaciones, tendréis que preparar los exámenes.
8. Estuve preocupada desde que Luis .... (irse) hasta que .... (volver) de su viaje al Himalaya. Es que a mí estas expediciones me parecen peligrosas.

74

>4 El objetivo de esta actividad de reflexión gramatical es que los estudiantes identifiquen el significado de las acciones que se expresan a través de las oraciones temporales. Pídales que, de manera individual, vuelvan a leer el texto anterior prestando especial atención a las expresiones temporales marcadas en negrita y que reflexionen sobre su uso. A continuación, indíqueles que completen el cuadro según sus conclusiones. Antes de realizar la corrección conjunta, proponga a los alumnos que comenten sus respuestas en parejas llegando a una conclusión común. Por último, puede ayudarse de la proyección 12 para la corrección final.

Proyección 12. Oraciones temporales.

PROYECCIÓN 12 — ORACIONES TEMPORALES

Dinámica. Proyecte el cuadro de las oraciones temporales y proceda a la corrección de la actividad, completando los espacios con las respuestas de sus alumnos. Dé las explicaciones oportunas y aporte más ejemplos en caso necesario.

2. Acción que sucede siempre que se realiza otra acción; 3. Acción inmediatamente posterior a otra; 4. Comienzo de una acción; 5. Límite de una acción; 6. Acción anterior a otra; 7. Acción posterior a otra; 8. Periodo de tiempo que separa dos sucesos.

4.1. La meta de esta actividad es la práctica controlada de las oraciones temporales con sus correspondientes conectores. Si lo estima oportuno, puede mantener la imagen anterior proyectada durante su realización. Antes de proceder a la corrección en gran grupo, proponga a los alumnos que, en parejas, comparen sus respuestas. Si desea seguir practicando la formación de las oraciones temporales, puede realizar la ficha 13.

Ficha 13. Práctica de las oraciones temporales.

FICHA 13 — PRÁCTICA DE LAS ORACIONES TEMPORALES

Dinámica. Para consolidar el correcto uso de los marcadores temporales, entregue la siguiente ficha a los estudiantes para que puedan trabajar de manera individual o en parejas. Una vez que hayan finalizado, corríjala haciendo una puesta en común.

1. 1. h; 2. e; 3: d; 4: g; 5. f; 6. e; 7. a; 8. g; 9. c; 10. b.

2. 1. Siempre que; 2. Antes de; 3. después de; 4. En cuanto; 5. Mientras; 6. en cuanto; 7. Al cabo de; 8. Desde que.

3. 1. Se fue antes de ver el final de la película; 2. No podemos entrar en la biblioteca hasta que no la abran; 3. Empiezo a trabajar en el nuevo colegio después de que hagamos/después de hacer el viaje. 4. Cada vez que/Siempre que llueve, me quedo en casa y veo una película; 5. Pienso comprarme el último cedé de Alejandro Sanz tan pronto como/en cuanto salga; 6. Hasta que no suene el timbre, no podremos salir de clase.

1. llegabais; 2. tengas; 3. salir; 4. termines; 5. pongo; 6. volvió; 7. terminar; 8. se fue, volvió.

4.2. Con esta actividad, propuesta para realizar en parejas, se prosigue la práctica reflexiva del uso y funciones de las oraciones temporales. Se recomienda que mantenga proyectados los cuadros de las oraciones temporales para su realización.

Alumno A: 1. presente habitual; 2. Acción que sucede siempre que se realiza otra acción; 3. Acción simultánea; 4. Límite de una acción; 5. Acción anterior a otra. Alumno B: 1. Acción inmediatamente posterior a otra; 2. Acción que se repite siempre que se realiza otra acción; 3. Acción que se repite siempre que se realiza otra acción; 4. Límite de una acción; 5. Acción inmediatamente posterior a otra.

Obsérvese que algunos nexos temporales adquieren un matiz adicional al temporal cuando aparecen con un verbo en subjuntivo; es el caso de *mientras* o *siempre que*, por ejemplo, que se consideran, además, nexos condicionales. No obstante, dado el nivel de los alumnos, no es necesario que, de momento, lo explique, salvo que lo crea conveniente.

>5 Para llevar a cabo esta actividad, en la que los alumnos van a elaborar una historia de forma conjunta, siga las directrices de la ficha 14.

Ficha 14. Imágenes con historia.

Dinámica. Reparta a cada estudiante dos tarjetas: una con una imagen y otra con un conector temporal. El objetivo es crear una historia aplicando la escritura colectiva. Empieza un estudiante el comienzo de la historia basándose en la imagen y el conector que le ha tocado, después sigue su compañero de la derecha, añadiendo la información que sugieren su imagen y su conector, y así sucesivamente hasta que se terminen las tarjetas y, consecuentemente, la historia.

El alumno podrá realizar los ejercicios 6 al 10 de la unidad 6 del *Libro de ejercicios* para seguir trabajando tanto las oraciones como los diferentes nexos temporales.

4 MONOTONÍA DE LLUVIA TRAS LOS CRISTALES 75

El título de este epígrafe son los versos que aparecen en el poema "Recuerdo Infantil" del poeta español Antonio Machado, en el que se evocan recuerdos de la infancia. Tomando este poema como punto de partida, los estudiantes volverán a la escuela para rescatar un recuerdo y analizarlo a través de sensaciones. Se aportará también, en este apartado, información del sistema educativo en España y, como cierre del mismo, los alumnos realizarán una actividad cooperativa en la que diseñarán un sistema educativo ideal.

> 1 Se empieza el epígrafe con la lectura del poema "Recuerdo Infantil" del escritor Antonio Machado. Indique a sus alumnos que, en una primera lectura, señalen aquellas palabras que no conozcan y que no puedan deducir por el contexto. Propóngales que, antes de recurrir al diccionario, pregunten a otros compañeros el significado de las palabras que no han podido deducir individualmente. Una vez hayan entendido el significado de todas las palabras, pídales que vuelvan a leer el poema para poder entender, en esta ocasión, su significado global.

1.1. Se procede ahora a trabajar el contenido del poema. Para ello, indique a los alumnos que, en parejas, vuelvan a leer el texto y contesten a las preguntas propuestas. Una vez hayan terminado, realice la corrección en gran grupo, comentando todas las respuestas. Si lo considera necesario, puede ampliar información sobre el autor del poema, Antonio Machado, en el apartado de la ELEteca y aportar al alumno todos aquellos datos que crea relevantes.

1. En invierno; 2. Llueve y hace frío; 3. La clase está decorada con carteles, en uno de ellos se representa la historia de Abel asesinado por Caín; 4. El maestro es un hombre mayor, muy delgado y mal vestido ("...un anciano mal vestido, enjuto y seco,..."); explica hablando en voz muy alta, leyendo el libro que lleva en la mano; 5. Los niños aprenden la lección repitiendo todos juntos lo que dice el maestro; 6. En general, ya no se da este tipo de aprendizaje, el cual ha sido sustituido por métodos más deductivos y reflexivos.

i+ ELEteca
22. Antonio Machado.

> 2 Esta actividad tiene como objetivo etiquetar los recuerdos que tenemos sobre la escuela a través de sensaciones. Pida a los alumnos que compartan esos recuerdos con sus compañeros y, para finalizar, propóngales que evoquen sus primeros recuerdos de las clases de español y que transmitan las sensaciones que les provocan.

2.1. y **2.2.** Con estas actividades se pretende explotar la faceta creativa de los alumnos que, en parejas, tienen la tarea de crear un poema. Para ello, se facilita la estructura del poema que acaban de leer. Pídales que lean el poema incompleto fijándose en las partes que lo componen y en las técnicas utilizadas para la descripción. En su trabajo de creación, indíqueles que pueden recurrir a la ayuda del diccionario para la ampliación de léxico. Una vez hayan elaborado sus poemas, propóngales que los cuelguen por la clase, los lean y escojan aquel que les haya gustado más justificando el porqué de su elección.

> 3 A través de esta audición se introduce un nuevo aspecto cultural de la sociedad española: el sistema educativo. Proceda a la escucha de la misma y pida a los alumnos que tomen nota, completando el cuadro con la información del texto. Proceda a una segunda escucha, en el caso de considerarlo necesario. Antes de pasar a la corrección grupal, permita que sus alumnos comparen y comenten sus respuestas.

17 **Locutor:** Buenos días, queridos oyentes. Hoy tenemos en nuestro programa al señor don Félix Gil, asesor de educación del Ministerio, para que conteste a todas las cuestiones sobre el tema de la educación que deseen plantearle. Ya saben que pueden llamar a nuestro teléfono 96 543 18 82 para consultar sus dudas a nuestro invitado. Buenos días, don Félix, ¿cómo está?

Asesor: Muy buenos días. Estoy encantado de estar hoy aquí para poder dar respuesta a todas las dudas de los oyentes.

Locutor: Parece que tenemos una llamada. Adelante. ¿Diga?

Oyente: Hola, buenos días. Me llamo Sandra y soy argentina. Les llamaba porque el año próximo me mudaré a España por motivos laborales y tengo dos hijos, de tres y de cinco años. Me gustaría saber cómo está estructurado el sistema educativo español, ya que mis hijos tendrán que escolarizarse allí.

Asesor: Hola, Sandra. Será un placer para mí contestarle. Además, me alegra mucho que quiera escolarizar a sus hijos aquí… Mire, la primera etapa es la Educación Infantil, que no es obligatoria. La escuela pública imparte esta enseñanza entre los tres y los seis años. A los seis años empieza la Educación Primaria, que sí es obligatoria, y que consta de seis cursos. Es decir, va desde los seis hasta los doce años. Se realiza en los colegios de enseñanza primaria.

Luego, los niños tienen que trasladarse a otro centro, el instituto, para cursar la ESO, o Enseñanza Secundaria Obligatoria, que consta de cuatro cursos y que se extiende hasta los 16 años. Al final de 2.º de la ESO, los estudiantes hacen una prueba de diagnóstico para ver si desean continuar sus estudios y realizar una carrera, o aprender una profesión. Si deciden esto último, cursarán la Formación Profesional Básica durante dos años. De esta forma, tanto los que vayan a ir a la universidad como los que no, obtendrán, si así lo merecen, el título de Graduado en ESO.

Tras la ESO, hay dos opciones, el Bachillerato, que consta de dos cursos y que tiene como objetivo la preparación para la universidad, o la Formación Profesional de Grado Medio, de igual duración, y que está enfocada al mundo profesional. Tanto el Bachillerato como la Formación Profesional se imparten en los institutos.

A los 18 años, los estudiantes pueden acceder a la Formación Profesional de Grado Superior, que dura dos años, y acceder después a la universidad o, solo los que han cursado bachillerato, pueden hacer un examen de aptitud para ingresar en la universidad de su elección directamente.

En cuanto a la universidad, los estudios que se cursan proporcionan un Título de Grado en la especialidad que se haya elegido. Estos estudios se pueden ampliar con un Máster y, posteriormente con un Doctorado.

Y esto, básicamente, es todo en líneas generales. Espero haber respondido a su pregunta.

Oyente: Sí, absolutamente. No es muy diferente del de Argentina. Muchas gracias.

Asesor: Gracias a usted.

Locutor: Bueno. Se nos termina el tiempo por hoy. Muchas gracias, señor don Félix Gil por su presencia en nuestro programa. Le deseamos mucha suerte.

Asesor: Gracias a ustedes por invitarme.

Locutor: Y a nuestros oyentes les esperamos mañana a la misma hora para que puedan llamar y resolver sus dudas sobre otro interesante tema. Hasta mañana. Que pasen un feliz día.

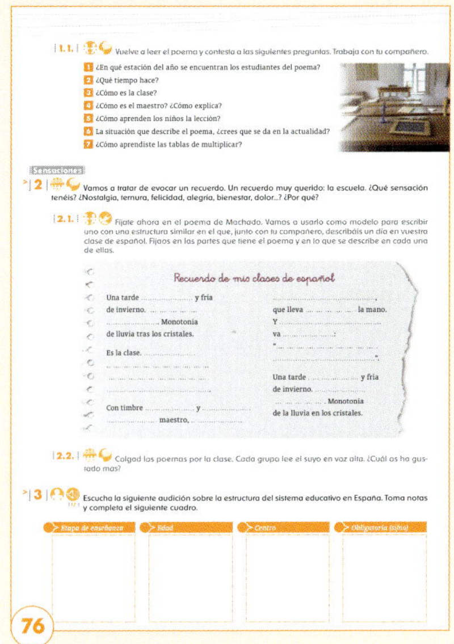

1.1. Vuelve a leer el poema y contesta a las siguientes preguntas. Trabaja con tu compañero.

1. ¿En qué estación del año se encuentran los estudiantes del poema?
2. ¿Qué tiempo hace?
3. ¿Cómo es la clase?
4. ¿Cómo es el maestro? ¿Cómo explica?
5. ¿Cómo aprenden los niños la lección?
6. La situación que describe el poema, ¿crees que se da en la actualidad?
7. ¿Cómo aprendiste las tablas de multiplicar?

Sensaciones

2 Vamos a tratar de evocar un recuerdo. Un recuerdo muy querido: la escuela. ¿Qué sensación tenéis? ¿Nostalgia, ternura, felicidad, alegría, bienestar, dolor…? ¿Por qué?

2.1. Fíjate ahora en el poema de Machado. Vamos a usarlo como modelo para escribir uno con una estructura similar en el que, junto con tu compañero, describáis un día en vuestra clase de español. Fijaos en las partes que tiene el poema y en lo que se describe en cada una de ellas.

Recuerdo de mis clases de español

Una tarde .... y fría
de invierno. ....
.... Monotonía
de lluvia tras los cristales.
Es la clase. ....
....
....
....
Con timbre .... y ....
.... maestro, ...
........,
que lleva .... la mano.
Y ....
va ....:
"........
........".
Una tarde .... y fría
de invierno. ....
.... Monotonía
de la lluvia en los cristales.

2.2. Colgad los poemas por la clase. Cada grupo lee el suyo en voz alta. ¿Cuál os ha gustado más?

3 Escucha la siguiente audición sobre la estructura del sistema educativo en España. Toma notas y completa el siguiente cuadro.

Etapa de enseñanza	Edad	Centro	Obligatoria (sí/no)

76

Etapa de enseñanza	Edad	Centro	Obligatoria (sí/no)
Educación Infantil	3-6 años	Escuela infantil	No
Educación Primaria	6-12 años	Colegio	Sí
Educación Secundaria Obligatoria, ESO Formación Profesional Básica	12-16 años 14-16 años	Instituto	Sí
Bachillerato	16-18 años	Instituto	No
Formación Profesional de Grado Medio	16-18 años	Instituto	No
Formación Profesional de Grado Superior	18-20 años	Instituto Centro específico de Formación Profesional	No
Estudios universitarios	18 años 20 años (para los alumnos que hayan terminado el grado superior de Formación Profesional)	Facultad	No

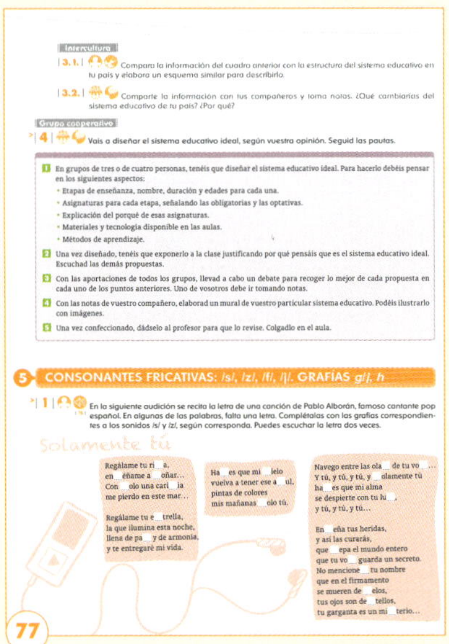

3.1 y **3.2.** Estas actividades de carácter cultural tienen como objetivo, por un lado, la reflexión del estudiante sobre su sistema educativo para explicárselo al resto de la clase y, por otro, el conocimiento por parte de los alumnos de los sistemas educativos de otras culturas que convivan en el aula. Asimismo, se afianzará el léxico aprendido sobre la educación y se concluirá haciendo una valoración de sus sistemas educativos, atendiendo a los aspectos positivos o negativos, y también a sus diferencias.

>4 Se pone fin al epígrafe con esta actividad de carácter cooperativo en la que los alumnos van a diseñar el sistema educativo ideal según su opinión. Para su elaboración, se dividirán en grupos de tres o cuatro personas y diseñarán un esbozo, teniendo en cuenta los aspectos que se proponen, y se comentará al resto de compañeros. Toda la clase debe escuchar las propuestas de cada grupo. A continuación, comienza el proceso de unificación de criterios y propuestas para llevar a cabo el mural final del sistema educativo ideal de los alumnos.

5 CONSONANTES FRICATIVAS: /s/, /z/, /f/, /j/. GRAFÍAS *g/j, h* 77

Este apartado, dedicado a la fonética y ortografía, centra su atención en los sonidos /s/, /z/, /f,/ /j/, y en las grafías *g/j* y *h*, principalmene en las palabras homófonas. Se presentan actividades de reconocimiento y distinción de sonidos, y de utilización de la grafía correspondiente.

> 1 Actividad en la que los alumnos deben completar la canción de Pablo Alborán con las grafías correspondientes a los sonidos /s/ y /z/. Proceda a dos escuchas de la canción.

Otra posible explotación sería dejar que los alumnos completen los espacios antes de escuchar la canción, intentando adivinar las palabras incompletas según sus conocimientos previos, para después comprobar sus hipótesis con la escucha.

Si lo desea, también puede recurrir, a través de Internet, a la canción oficial para realizar la escucha.

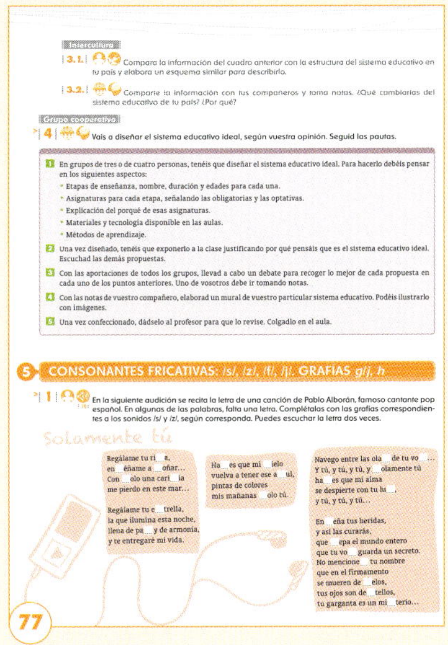

Intercultura

3.1. Compara la información del cuadro anterior con la estructura del sistema educativo en tu país y elabora un esquema similar para describirlo.

3.2. Comparte la información con tus compañeros y toma notas. ¿Qué cambiarías del sistema educativo de tu país? ¿Por qué?

Grupo cooperativo

4 Vais a diseñar el sistema educativo ideal, según vuestra opinión. Seguid las pautas.

1 En grupos de tres o de cuatro personas, tenéis que diseñar el sistema educativo ideal. Para hacerlo debéis pensar en los siguientes aspectos:
- Etapas de enseñanza, nombre, duración y edades para cada una.
- Asignaturas para cada etapa, señalando las obligatorias y las optativas.
- Explicación del porqué de esas asignaturas.
- Materiales y tecnología disponible en las aulas.
- Métodos de aprendizaje.

2 Una vez diseñado, tenéis que exponerlo a la clase justificando por qué pensáis que es el sistema educativo ideal. Escuchad las demás propuestas.

3 Con las aportaciones de todos los grupos, llevad a cabo un debate para recoger lo mejor de cada propuesta en cada uno de los puntos anteriores. Uno de vosotros debe ir tomando notas.

4 Con las notas de vuestro compañero, elaborad un mural de vuestro particular sistema educativo. Podéis ilustrarlo con imágenes.

5 Una vez confeccionado, dádselo al profesor para que lo revise. Colgadlo en el aula.

5 CONSONANTES FRICATIVAS: /s/, /z/, /f/, /j/. GRAFÍAS g/j, h

1 En la siguiente audición se recita la letra de una canción de Pablo Alborán, famoso cantante pop español. En algunas de las palabras, falta una letra. Complétalas con las grafías correspondientes a los sonidos /s/ y /z/, según corresponda. Puedes escuchar la letra dos veces.

77

18

Regálame tu risa,
enséñame a soñar
con solo una caricia
me pierdo en este mar.

Regálame tu estrella,
la que ilumina esta noche,
llena de paz y de armonía,
y te entregaré mi vida.

Haces que mi cielo
vuelva a tener ese azul,
pintas de colores
mis mañanas solo tú.

Navego entre las olas de tu voz…
y tú, y tú, y tú, y solamente tú
haces que mi alma
se despierte con tu luz,
y tú, y tú, y tú…

Enseña tus heridas,
y así las curarás,
que sepa el mundo entero
que tu voz guarda un secreto.
No menciones tu nombre
que en el firmamento
se mueren de celos,
tus ojos son destellos
tu garganta es un misterio…

Letra de la canción *Solamente tú* de Pablo Alborán.

risa, enséñame, soñar, solo, caricia, estrella, paz, Haces, cielo, azul, solo, olas, voz, solamente, haces, luz, enseña, sepa, voz, menciones, celos, destellos, misterio.

ELEteca

23. Pablo Alborán.

Puede practicar los sonidos /s/ y /z/ con el ejercicio 12 de la unidad 6 del *Libro de ejercicios*.

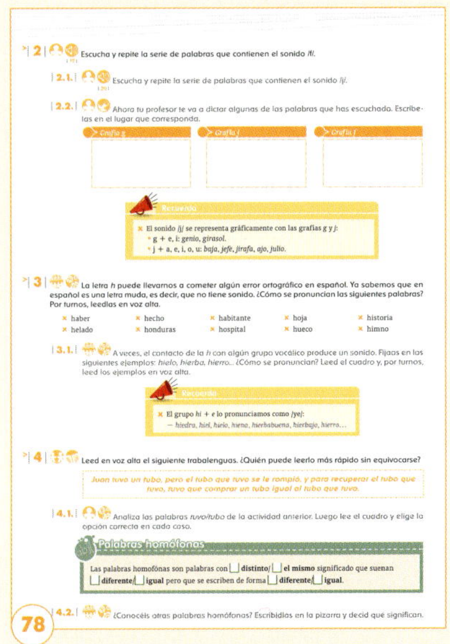

2 Escucha y repite la serie de palabras que contienen el sonido /f/.

2.1. Escucha y repite la serie de palabras que contienen el sonido /j/.

2.2. Ahora tu profesor te va a dictar algunas de las palabras que has escuchado. Escríbelas en el lugar que corresponda.

Grafía g	Grafía j	Grafía j

Recuerda

- El sonido /j/ se representa gráficamente con las grafías g y j:
  - g + e, i: *genio, girasol.*
  - j + a, e, i, o, u: *baja, jefe, jirafa, ajo, julio.*

3 La letra *h* puede llevarnos a cometer algún error ortográfico en español. Ya sabemos que en español es una letra muda, es decir, que no tiene sonido. ¿Cómo se pronuncian las siguientes palabras? Por turnos, leedlas en voz alta.

- haber
- helado
- hecho
- honduras
- habitante
- hospital
- hoja
- hueco
- historia
- himno

3.1. A veces, el contacto de la *h* con algún grupo vocálico produce un sonido. Fijaos en los siguientes ejemplos: *hielo, hierba, hierro...* ¿Cómo se pronuncian? Leed el cuadro y, por turnos, leed los ejemplos en voz alta.

Recuerda

- El grupo *hi + e* lo pronunciamos como /ye/:
  — *hiedra, hiel, hielo, hiena, hierbabuena, hierbajo, hierro…*

4 Leed en voz alta el siguiente trabalenguas. ¿Quién puede leerlo más rápido sin equivocarse?

Juan tuvo un tubo, pero el tubo que tuvo se le rompió, y para recuperar el tubo que tuvo, tuvo que comprar un tubo igual al tubo que tuvo.

4.1. Analiza las palabras *tuvo/tubo* de la actividad anterior. Luego lee el cuadro y elige la opción correcta en cada caso.

Palabras homófonas

Las palabras homófonas son palabras con ☐ **distinto**/☐ **el mismo** significado que suenan ☐ **diferente**/☐ **igual** pero que se escriben de forma ☐ **diferente**/☐ **igual**.

4.2. ¿Conocéis otras palabras homófonas? Escribidlas en la pizarra y decid qué significan.

78

>2 Para practicar la producción del sonido /f/ pida a los alumnos que escuchen y repitan las palabras que contienen dicho sonido.

19

Flan, fe, fruncir, Adolfo, friso, elefante, familia, final, fofo, afinar, gafa, función, tofu, disfrazar, flecha.

2.1. Para practicar la producción del sonido /j/ pida a los alumnos que escuchen y repitan las palabras que contienen dicho sonido.

20

Juego, coger, mortaja, cojo, jirafa, ajedrez, agitar, boj, tejer, perejil, gigante, jaleo, joroba, junco, generoso.

2.2. El profesor puede seleccionar palabras del audio u otras que crea convenientes.

Puede practicar los sonidos /f/ y /j/, y la oposición entre las grafías g/j con el ejercicio 11 de la unidad 6 del *Libro de ejercicios*.

>3 y **3.1.** Actividades propuestas con la finalidad de practicar la pronunciación de aquellas palabras que llevan la grafía /h/. Para que todos los estudiantes puedan participar en la actividad, proponga que pronuncien por turnos.

>4 Actividad de carácter lúdico que sirve para trabajar las palabras homófonas, haciendo conscientes a los estudiantes de que en español, a veces, un mismo sonido puede representarse mediante diferentes grafías. Es recomendable que el profesor lea primero el trabalenguas en voz alta para que los estudiantes puedan escuchar la entonación y reproducirla después.

4.1. y **4.2.** Antes de completar la definición, pregunte a los estudiantes si saben qué son las palabras homófonas y que lo expliquen con sus propias palabras. Una vez corregida la actividad, puede proponer a los alumnos que, de manera individual o en parejas, elaboren una lista con aquellas palabras homófonas que conozcan. Puede plantear esta segunda parte de la actividad a modo de competición, trabajando el significado de las palabras que surjan en una puesta en común.

Las palabras homófonas son palabras con distinto significado que suenan igual pero que se escriben de forma diferente.

| 4.3. | En la siguiente tabla hay palabras homófonas a causa de la *h*. Explicad qué significan y poned un ejemplo contextualizándolas. ¿Alguno de estos pares están en vuestra lista anterior?

1 ola *Onda del mar. Hay unas olas estupendas para hacer surf.*
hola ....

2 abria ....
habria ....

3 haber ....
a ver ....

4 hojear ....
ojear ....

5 ala ....
hala ....

¿Qué he aprendido?

1 Recuerda lo que has aprendido en esta unidad sobre las oraciones temporales y completa el texto con las palabras *indicativo*, *subjuntivo* o *infinitivo* donde corresponda.

- Los conectores temporales *cuando, siempre que, cada vez que, tan pronto como, en cuanto, hasta que* se construyen con [1] .... cuando las acciones transcurren en el presente o en el pasado, y con [2] .... cuando hablamos del futuro.
- *Nada más* se construye con [3] ....
- *Antes de (que)* y *después de (que)*, en oraciones referidas al futuro, llevan [4] .... cuando nos referimos al mismo sujeto y [5] .... cuando el sujeto de ambos verbos es diferente. Recuerda que debemos usar *que* cuando utilizamos el modo [6] ....

2 ¿Podrías nombrar las diferentes etapas de enseñanza del sistema educativo español?

3 Escribe un correo explicando tus experiencias en la escuela estudiando español. Recuerda los conectores que has estudiado en esta unidad.

Experiencias
Cuando llegué a la escuela, hice el test y me pusieron en una clase de nivel...

4 Piensa qué dos cosas nuevas has aprendido haciendo esta unidad.

5 ¿Te gusta más trabajar individualmente, en pareja o en grupo? ¿Por qué?

6 ¿Qué tipo de textos prefieres trabajar en clase: literarios, periodísticos, científicos, informativos...? ¿Por qué?

79

4.3. Para finalizar esta sección, pida a los alumnos que expliquen el significado de los siguientes pares de palabras homófonas a causa de la *h* y que las contextualicen con un ejemplo.

1. ola: onda del mar; hola: forma de saludo; 2. abría: primera y tercera persona del singular del pretérito imperfecto del verbo *abrir*; habría: primera y tercera persona del singular del condicional simple del verbo *haber*. 3. haber: infinitivo del verbo *haber*; a ver: expresión coloquial que expresa expectativa ante lo que va a suceder; 4. hojear: pasar hojas de un libro, periódico, etc.; ojear: mirar por encima cualquier texto. 5. ala: extremidad de las aves; hala: interjección que sirve para expresar sorpresa o animar.

Si desea seguir trabajando las palabras homófonas con *h*, remita a sus alumnos al ejercicio 13 de la unidad 6 del *Libro de ejercicios*.

¿QUÉ HE APRENDIDO? 79

>1 1. indicativo; 2. subjuntivo; 3. infinitivo; 4. infinitivo; 5. subjuntivo; 6. subjuntivo.

>2 Educación Infantil (3-6 años); Educación Primaria (6-12 años); Educación Secundaria Obligatoria (ESO) (12-16 años) y Formación Profesional Básica (14-16 años); Bachillerato (16-18 años) o Formación Profesional de Grado Medio (16-18 años); Formación Profesional de Grado Superior (18-20 años) y/o Universidad (a partir de 18 años, o de 20 para los alumnos que hayan terminado el grado superior de Formación Profesional).

ELEteca
Léxico. Los poemas.

7 ¿SABES POR QUÉ...?

7 ¿SABES POR QUÉ...?

1 EL PORQUÉ DE LAS COSAS

1 ¿Qué hacen las personas de las imágenes? ¿Qué les pasa?

80

A través de algunos artículos como los de la revista *Muy interesante*, en los que se relatan curiosidades, así como de los acertijos y enigmas, los alumnos aprenderán a expresar el motivo y la causa de una acción. Las oraciones causales serán el eje del aprendizaje en esta unidad, en la que también se trabajarán distintas funciones, como negar la causa de un hecho o situación expresando la verdadera causa, o expresar agradecimiento y disculpa. En el aspecto gramatical, se estudiarán los conectores causales *porque, como, debido a (que), ya que, dado que,* etc. Como contenido cultural, se trabajarán los estereotipos, y se descubrirá la fauna y flora más relevante de algunos países hispanos, llevando a cabo la deducción de léxico a través de las imágenes como estrategia. Por último, en el apartado de fonética y ortografía, se verán las consonantes palatales y las abreviaturas, siglas y acrónimos.

1 EL PORQUÉ DE LAS COSAS 80

En el primer epígrafe de la unidad, los estudiantes descubrirán el origen de expresiones como "hacerse una chuleta" o "tener agujetas" entre otras, y aprenderán a expresar el porqué de algunos hechos o acciones. Se presentan las oraciones causales con algunos de los conectores causales más frecuentes, explicando su significado y el modo verbal que rigen.

> 1 Como actividad previa, y con la finalidad de introducir algunas expresiones o frases hechas, se presentan imágenes que representan algunas situaciones concretas. Se pedirá a los alumnos que, a modo de lluvia de ideas, vayan relatando las diferentes situaciones presentadas explicando qué sucede en ellas. Si el profesor lo cree conveniente, puede aportar otras ilustraciones diferentes, siempre y cuando su contenido se refiera a las expresiones que se presentan en la actividad siguiente 1.1.

1. Está haciendo deporte; 2. Le está haciendo cosquillas; 3. Se pone hielo en la frente; 4. Está copiando en un examen con una chuleta.

1.1. Se pretende que el estudiante, por sí solo o con la ayuda de un compañero, pueda deducir el significado de las expresiones que se presentan, eligiendo la opción correcta a la vez que la relaciona con la imagen correspondiente de las que se han presentado en la actividad anterior. Los alumnos encontrarán la explicación a estas expresiones en la actividad 2.

1. c, 4; 2. a, 1; 3. b, 2; 4. b, 3.

1.2. El objetivo de esta actividad es fomentar la interacción entre los estudiantes. Se pretende que comenten sus experiencias en relación a las expresiones estudiadas para que las adquieran y hagan suyas tanto lingüística como culturalmente.

2 Aquí tienes cuatro artículos breves relacionados con las preguntas anteriores. Léelos y ponles un título.

81

> 2 Actividad de comprensión lectora en la que se presentan unos breves artículos relacionados con las expresiones vistas en la actividad 1.1. Se trata de que los estudiantes pongan un título a cada uno de los artículos, en los que o bien se explica el origen de la expresión, o bien el motivo por el que cual se produce o alguna curiosidad relacionada. Es importante que el título sea relevante y que destaque la información que se describe.

Se trabajan estos textos con dos objetivos: uno, para que conozcan la información sociolingüística que se describe y el otro, como pretexto para presen-

tar los conectores causales de forma contextualizada. Estos conectores servirán para reconocer las oraciones causales que se estudiarán en esta unidad.

Posible respuesta. 1. ¿Por qué las chuletas de copiar se llaman así?; 2. ¿Por qué tenemos agujetas?; 3. ¿Por qué no podemos hacernos cosquillas a nosotros mismos?; 4. ¿Por qué después de beber alcohol se tiene resaca?

2.1. Se ponen en común las diferentes propuestas de títulos que los alumnos han escrito en la actividad anterior. Dentro del abanico de posibilidades que se obtenga, se pueden seleccionar aquellas que sean las mejores y más adecuadas antes de dar a conocer el título de la versión original.

>3 Es el momento de trabajar con los conectores causales que aparecen en los textos de la actividad 2. Proponga a los estudiantes que, de manera deductiva, seleccionen los conectores resaltados en negrita en los artículos y los escriban en el cuadro según la información que ofrecen. Con este trabajo reflexivo se pretende que el alumno discrimine cada uno de los usos por sí mismo, atendiendo a la posición, registro y estructura gramatical.

Es el conector más usado: porque; La frase que empieza por este conector siempre va delante de la oración principal: como; Se usan en contextos más formales: debido a, a causa de; Va seguido de un adjetivo o de un nombre: por.

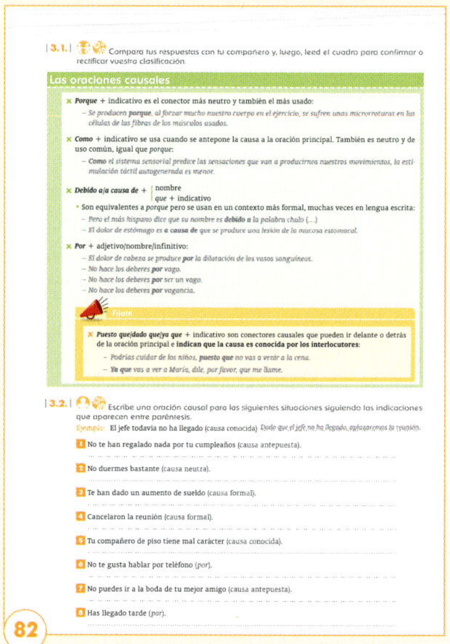

3.1. El objetivo de esta actividad es confirmar si las deducciones de los alumnos en la actividad anterior eran correctas. Para llevar a cabo la corrección, se ofrece el cuadro completo con los conectores que introducen las oraciones causales, de manera que el estudiante pueda comprobar su trabajo anterior. Asimismo, este es el momento de explicar la estructura gramatical de este tipo de oraciones. Se propone que el profesor analice y explique cada conector teniendo en cuenta la estructura, la posición en la frase, su registro y su función, además de la intención del hablante.

3.2. Actividad de producción gramatical pensada para que el alumno consolide el uso de los conectores y las oraciones causales que acaba de aprender. Se proporcionan unas situaciones con unas indicaciones concretas sobre el tipo de oración causal que se pretende que se produzca. Así, el alumno deberá formular frases causales atendiendo a dichas indicaciones. Como hay varias respuestas posibles, se recomienda utilizar la proyección 13.

Proyección 13. Expresamos la causa.

Dinámica. Una vez los alumnos han realizado la actividad, proyéctela con las respuestas posibles. A medida que los estudiantes comenten sus propias respuestas, escriba las distintas posibilidades aportadas en el espacio destinado para ello. Se trata de que los alumnos sean conscientes de las distintas opciones que existen para expresar lo mismo.

Posibles respuestas. 1. Como no te has portado bien, no te han regalado nada por tu cumpleaños; 2. No duermes bastante porque te acuestas muy tarde; 3. Debido a que has sido un buen empleado, te han dado un aumento de sueldo; 4. Cancelaron la reunión a causa de un contratiempo de última hora; 5. Tu compañero de piso tiene mal carácter, ya que no le dejáis dormir por las noches; 6. No te gusta hablar por teléfono por tu timidez; 7. Como tienes ya otro compromiso, no puedes ir a la boda de tu mejor amigo; 8. Has llegado tarde por no saber los horarios de los autobuses.

>4 | Estos son algunos titulares de la revista *Muy interesante*. Elegid el que más curiosidad os produzca y escribid un pequeño artículo de explicación de estos fenómenos. Podéis seguir el modelo de los artículos de la actividad 2.

¿Por qué el tiempo a veces no pasa con la misma velocidad?

¿Por qué las mujeres viven más que los hombres?

¿Por qué bostezamos?

4.1. Juntaos con otra pareja de la clase que haya elegido el mismo fenómeno que vosotros y haced una puesta en común de ambos escritos. Seguid los pasos que aparecen a continuación.

1. Leed el artículo de la otra pareja.
2. Discutid entre todos cuáles son las explicaciones más creíbles de ambos artículos.
3. Escribid de nuevo el artículo con las ideas compartidas anteriormente.
4. Leed el artículo resultante y corregidlo.
5. Escribid el artículo definitivo en una cartulina, ilustrándolo con alguna foto motivadora.
6. Colgad vuestro trabajo en la clase, en el espacio destinado a la pregunta correspondiente.

4.2. Cada pareja va a leer su artículo a modo de conferencia. Los demás tenéis que valorar quién ha escrito el mejor artículo y quién lo ha presentado mejor. Para ello, tened en cuenta los siguientes aspectos:

1. El mejor escrito y con menos errores.
2. El mejor presentado: claro, bien organizado textualmente.
3. Las mejores fotografías y las más adecuadas para facilitar la comprensión.
4. El que ha despertado más curiosidad entre los compañeros.
5. El más original.

4.3. El profesor os va a dar la respuesta a las cuestiones anteriores. ¿Se parecen las explicaciones a las vuestras?

Intercultura

4.4. ¿Existen en tu país revistas de divulgación general? ¿Te gustan? ¿Crees las explicaciones que dan?

>5 | ¿Sabéis qué es un acertijo? Definidlo entre todos. Después, leed el siguiente. ¿Sabéis la respuesta?

¿Qué tiene diciembre que no tiene ningún mes?

83

>4 La siguiente actividad es una propuesta de escritura en parejas. Siguiendo con las oraciones causales, se ofrecen, a continuación, algunos titulares de la revista *Muy interesante* y se pregunta a los alumnos el porqué de algunos fenómenos. De esos titulares, deben elegir el que más curiosidad les produzca para escribir un pequeño artículo dando la explicación adecuada. Antes de empezar a trabajar, remítalos de nuevo a la actividad 2, para que tomen como modelo los artículos que han leído anteriormente, y al cuadro gramatical de la actividad 3.1. para que utilicen correctamente los conectores causales aprendidos. Tenga en cuenta que, para la producción escrita, los alumnos pueden consultar los materiales que deseen y tomarse el tiempo que necesiten.

Posible respuesta. ¿Por qué el tiempo no pasa a veces con la misma velocidad? Tenemos una percepción subjetiva del tiempo debido a muchos factores, tanto externos como internos a nuestro organismo. Así, el tiempo vuela cuando lo estamos pasando bien, cuando nos gusta lo que hacemos, cuando estamos motivados, cuando lo que hacemos es novedoso o cuando estamos ocupados. Las experiencias previas también influyen en nuestra percepción del tiempo. Eso es lo que ocurre cuando, por ejemplo, una película nos parece más corta al verla por segunda vez. Contrariamente, el tiempo pasa más lentamente cuando lo estamos pasando mal, cuando esperamos con impaciencia, cuando tenemos prisa, cuando estamos enfermos, cuando nos duele algo, o cuando estamos cansados o incómodos. Se nos hace eterno cuando llevamos una pesada carga encima y, sobre todo, cuando estamos en peligro. También nos parece más lento cuando nos aburrimos y, especialmente, cuando le prestamos atención, es decir, cuando estamos pendientes de él. Nuestra percepción subjetiva del tiempo depende mucho también de la situación emocional en que nos encontremos. (Adaptado del artículo de Ignacio Morgado Bernal "La percepción del tiempo". www.investigacionyciencia.es/blogs/psicologia-y-neurociencia/37/posts/la-percpcin-del-tiempo-12083). ¿Por qué las mujeres viven más que los hombres? Es debido a las hormonas sexuales, con mayor número de estrógenos en las mujeres, hecho que hace que el envejecimiento sea más lento. ¿Por qué bostezamos? Bostezamos porque el cerebro es muy sensible a los cambios de temperatura y bostezar permite bombear aire al cerebro, hecho que disminuye su temperatura.

i+ ELEteca

24. Revista *Muy interesante*.

4.1. Cada pareja debe compartir con otra el texto que ha escrito en la actividad 4. El objetivo es que fusionen los dos textos aprovechando lo mejor de cada uno. Se les pide a los estudiantes que los pongan en común, seleccionen la información que crean más creíble y, de nuevo, reescriban un artículo ilustrándolo con imágenes para presentarlo al resto de sus compañeros. Para poder llevar a cabo esta tarea y enlazarla con la actividad 4.2., se ofrecen unas pautas que los alumnos deberán seguir.

4.2. Es el momento de la presentación, a modo de conferencia, del texto que han preparado en la actividad anterior. Mientras una pareja expone su trabajo, los otros compañeros deberán ir valorando tanto el contenido como la presentación del mismo. De nuevo, se ofrecen unas pautas para ello, indicando los aspectos que se deben tener en cuenta a la hora de valorar. Una vez presentados todos los trabajos, se puede recompensar a la pareja que mejor haya hecho la presentación.

4.3. Ahora es el momento de facilitar a los estudiantes las explicaciones originales de la revista *Muy interesante*. Para ello, utilice la ficha 15.

Ficha 15. Muy interesante.

Dinámica. Ofrezca a los alumnos el texto de los artículos originales que responden a las preguntas de la actividad 4. Deje que las lean y que comprueben si coinciden con sus explicaciones. Puede ser que los alumnos hayan formulado otras hipótesis según su conocimiento previo, por lo que proponga un debate en gran grupo donde se comparen y comenten las distintas explicaciones.

4.4. Para cerrar esta secuencia de actividades, se presenta esta actividad de corte intercultural con el objetivo de que los estudiantes comenten si en sus países existen revistas de divulgación similares a *Muy interesante*, y digan qué piensan sobre estas y sobre los artículos y contenidos que se publican en ellas.

Para trabajar las oraciones y los conectores causales puede realizar los ejercicios 1 y 2 de la unidad 7 del *Libro de ejercicios*.

>5 Siguiendo con la propuesta intercultural, se presenta una nueva secuencia de actividades en las que se trabajan algunos acertijos de la lengua y cultura española con dos objetivos: aprender nuevo léxico, por un lado, y producir frases que expliquen las causas o razones por las que sucede algo, por otro. En esta primera actividad, se trabaja la definición de la palabra "acertijo" aportando un primer ejemplo.

Un acertijo es un juego de lógica que sirve como pasatiempo.

¿Qué tiene diciembre que no tiene ningún mes? La letra *d*.

5.1. Se propone una tarea previa de léxico para preparar la audición que escucharán en la actividad posterior. Pida a los estudiantes que busquen sinónimos o definiciones de las palabras propuestas. Para ello, pueden hacer uso del diccionario.

Acertijo 1. senderismo: deporte que consiste en caminar por la naturaleza; pradera: tierra de campo cubierta de hierba; roble: árbol de tronco grueso y madera noble; presagiar: vaticinar, predecir, saber con antelación; avecinarse: ocurrir en los momentos siguientes.

Acertijo 2. rascacielos: edificio de gran altura y muchos pisos; ascensor: cabina que sirve para subir pisos de forma automática; portal: patio, entrada al edificio.

Acertijo 3. estafar: engañar en un negocio; funcionaria: mujer que trabaja en una oficina del Estado; atareada: ocupada; agredir: atacar con violencia; bolsazo: golpe dado con un bolso.

Acertijo 4. pinchar: referido a un coche, cuando una rueda pierde el aire a causa de un agujero que se ha hecho en la cubierta; gato: herramienta que sirve para elevar el vehículo cuando se le cambia una rueda; espejismo: ilusión óptica producida por diversas circunstancias; pistola: arma corta de fuego.

5.2. Siguiendo con la actividad de léxico, se pasa ahora a una actividad de comprensión auditiva con el fin de que los estudiantes escuchen las palabras que han trabajado anteriormente en contexto y comprueben que, según este, su explicación o sinónimo es el adecuado. Por esta razón, es importante que los dirija a realizar una escucha selectiva para que centren su atención solo en las palabras que se trabajan en este momento. Si lo cree necesario, puede poner la audición dos veces. Una para una comprensión global y otra para que hagan la escucha selectiva que se les pide en la actividad.

| 21 |

Acertijo 1

Un grupo de jóvenes montañeros hacen senderismo por la sierra madrileña de Navacerrada. A mediodía, cansados de tanto caminar, deciden ponerse a almorzar en una pradera a la sombra de un roble viejo. Hace un día espléndido de sol y nadie puede presagiar la tragedia que se avecina porque, de repente, llega un joven con un paquete al campo en el que están y muere. ¿Por qué?

Acertijo 2

Un hombre vive en el piso 32 de uno de los rascacielos construidos en Madrid y, a diario, se encuentra con el siguiente problema: cuando sube, solo llega hasta el piso 24 y los pisos restantes tiene que subirlos andando, pero, sin embargo, para bajar se monta en el ascensor y llega hasta el portal sin problemas. ¿A causa de qué?

Acertijo 3

Rosa, que es una reconocida actriz española, conduce su coche por el desierto de Almería porque se dirige al rodaje de una película. De repente, se pincha una rueda del coche y, como no lleva gato para cambiarla, empieza a caminar hasta que a lo lejos ve un bar y entra en él. No se trata de un espejismo. Muerta de sed, pide agua al camarero y este, con una sonrisa en los labios, le apunta con una pistola. Nuestra heroína, sorprendida, le responde: "Gra...gra...cias" y se va. ¿Por qué le saca una pistola el camarero?

Acertijo 4

A primeros de diciembre del año pasado, un hombre estafó a su mejor amiga la cantidad de 20 euros, que en apariencia es una suma pequeña. Esta señora, que en realidad era una funcionaria muy atareada, se enfadó muchísimo con él, tanto que le gritó y chilló sin parar. Lo cierto es que este hombre no había utilizado el dinero para lo que su amiga le había pedido. Horas más tarde, todos sus amigos comprendieron la reacción de esta mujer al conocer lo que había sucedido. ¿Por qué?

5.3. Se propone realizar una comprensión global de cada uno de los acertijos para intentar resolverlos. Antes de poner la audición, pida a los estudiantes que lean las preguntas referentes a cada acertijo para que enfoquen la escucha en seleccionar la información adecuada para responderlas. Una vez realizada la escucha, indíqueles que resuelvan los acertijos en parejas utilizando los conectores causales durante sus producciones.

5.4. Es el momento de escuchar las diferentes respuestas de los estudiantes en gran grupo y de darles, a continuación, la verdadera solución de cada acertijo, comentando las soluciones de manera que se entienda el tono en clave de humor que contienen.

Para finalizar, puede extender la actividad proponiendo a los alumnos que cuenten algunos acertijos que conozcan al resto de compañeros y que estos intenten resolverlos.

5.1. En la actividad siguiente vas a escuchar cuatro acertijos. A continuación, tienes algunas palabras que se dicen. Con tu compañero, busca un sinónimo o una definición para cada una de ellas.

Acertijo 1	Sinónimo o definición
1. senderismo	
2. pradera	
3. roble	
4. presagiar	
5. avecinarse	

Acertijo 3	Sinónimo o definición
1. estafar	
2. funcionaria	
3. atareada	
4. agredir	
5. bolsazo	

Acertijo 2	Sinónimo o definición
1. rascacielos	
2. ascensor	
3. portal	

Acertijo 4	Sinónimo o definición
1. pinchar	
2. gato	
3. espejismo	
4. pistola	

5.2. Escucha y comprueba, por el contexto en que aparecen las palabras anteriores, si has encontrado el sinónimo o la definición adecuados.

5.3. Vuelve a escuchar y, con tu compañero, intenta resolver los acertijos respondiendo a las siguientes preguntas:

1. ¿A causa de qué se muere el joven que llega con un paquete?
2. ¿Cómo es que el hombre puede bajar en ascensor sin problemas?
3. ¿Cuál es la razón por la que el camarero le saca una pistola?
4. ¿Por qué se enfadó tanto la mujer?

5.4. El profesor os va a dar la solución. ¿Habéis resuelto alguno de los acertijos? ¿Los conocíais?

2 APRENDER UNA LENGUA

1. Escucha y marca de qué están hablando estos amigos.

1. Están hablando de cuánto les gusta aprender una lengua.
2. Están discutiendo sobre las dificultades de aprender una lengua.
3. Están hablando de lo útil que es aprender una lengua.
4. Están hablando de lo divertido que es aprender una lengua.

1.1. ¿Es difícil aprender español? ¿Qué es lo que más te cuesta: la gramática, la pronunciación, el léxico? ¿Te resulta divertido? ¿Qué utilidad tiene para ti estudiar este idioma? Razona tus repuestas y explícaselo al resto de la clase. Después, haced un listado de los puntos que tenéis en común.

84

|5.1.| En la actividad siguiente vas a escuchar cuatro acertijos. A continuación, tienes algunas palabras que se dicen. Con tu compañero, busca un sinónimo o una definición para cada una de ellas.

Acertijo 1	Sinónimo o definición
1. senderismo	
2. pradera	
3. roble	
4. presagiar	
5. avecinarse	

Acertijo 2	Sinónimo o definición
1. rascacielos	
2. ascensor	
3. portal	

Acertijo 3	Sinónimo o definición
1. estafar	
2. funcionaria	
3. atareada	
4. agredir	
5. bolsazo	

Acertijo 4	Sinónimo o definición
1. pinchar	
2. gato	
3. espejismo	
4. pistola	

|5.2.| Escucha y comprueba, por el contexto en que aparecen las palabras anteriores, si has encontrado el sinónimo o la definición adecuados.

|5.3.| Vuelve a escuchar y, con tu compañero, intenta resolver los acertijos respondiendo a las siguientes preguntas:

1. ¿A causa de qué se muere el joven que llega con un paquete?
2. ¿Cómo es que el hombre puede bajar en ascensor sin problemas?
3. ¿Cuál es la razón por la que el camarero le saca una pistola?
4. ¿Por qué se enfadó tanto la mujer?

|5.4.| El profesor os va a dar la solución. ¿Habéis resuelto alguno de los acertijos? ¿Los conocíais?

2 APRENDER UNA LENGUA

>| 1 | Escucha y marca de qué están hablando estos amigos.

1. ☐ Están hablando de cuánto les gusta aprender una lengua.
2. ☐ Están discutiendo sobre las dificultades de aprender una lengua.
3. ☐ Están hablando de lo útil que es aprender una lengua.
4. ☐ Están hablando de lo divertido que es aprender una lengua.

|1.1.| ¿Es difícil aprender español? ¿Qué es lo que más te cuesta: la gramática, la pronunciación, el léxico? ¿Te resulta divertido? ¿Qué utilidad tiene para ti estudiar este idioma? Razona tus repuestas y explícaselo al resto de la clase. Después, haced un listado de los puntos que tenéis en común.

84

1. Es un joven paracaidista a quien no se le ha abierto el paracaídas; 2. El hombre es tan bajito que no puede alcanzar a pulsar el botón del piso 32, que es en el que vive, porque solo llega hasta el botón del piso 24. Sin embargo, para bajar no tiene ningún problema porque, en el cuadro de botones del ascensor, el de la planta baja está a su alcance; 3. Porque es una pistola de agua; 4. Porque los 20 euros que le dio eran para comprar un décimo de lotería que salió premiado con el "gordo" en la lotería de Navidad. Pero el amigo nunca lo compró, porque al estar en paro, se lo había gastado.

2 APRENDER UNA LENGUA 84

Aprender una lengua es precisamente lo que están haciendo sus estudiantes. Conocer las facilidades y dificultades para aprenderla es algo con lo que se encuentran día a día en las aulas. El aprendizaje de la cultura hispana mediante la confirmación o negación de la realidad de los estereotipos, les ayudará a adquirir un conocimiento más profundo de nuestra sociedad. Lingüísticamente, negar la causa de un hecho o situación, y expresar la verdadera causa completará su aprendizaje y les ayudará a adquirir una mejor competencia comunicativa.

> 1 Se empieza el siguiente epígrafe con una comprensión global de un texto oral. Los estudiantes deberán escucharlo y seleccionar, entre las que se proponen, la frase que resume el tema de la conversación. Esta es una actividad previa a la secuencia que se presenta a continuación en la que se pretende que, a través de la reflexión de los alumnos sobre su propio aprendizaje, aprendan a expresar la verdadera causa.

|22|

Amelia: ¡Madre mía! Acabo de empezar a estudiar alemán y me parece muy difícil.

Antonio: Yo estudié alemán en el colegio y no es que sea difícil, es que la pronunciación, por ejemplo, es muy diferente a la del español.

Eduardo: Sí, es verdad. A veces pensamos que es imposible estudiar un idioma pero, en realidad, no es porque sea imposible, es porque nos estresamos con algunas dificultades.

Amelia: Vos, Antonio, ¿estudiás algún otro idioma aparte del alemán?

Antonio: Pues no, la verdad.

Eduardo: ¿No te apetece?

Antonio: No es porque no me apetezca, es que trabajo muchas horas y no tengo mucho tiempo libre. ¿Y qué pensáis que es lo más difícil de aprender un idioma?

Amelia: La gramática, sin duda.

Eduardo: Bueno, depende. Yo creo que la gramática no es que sea difícil, sino que es lo más aburrido de estudiar.

Amelia: Por eso es lo más difícil para mí, porque no me gusta.

Antonio: Y el vocabulario, ¿qué pensáis?

Eduardo: Para mí es lo más fácil, tengo muy buena memoria.

Antonio: Bueno, pero eso no es suficiente. No porque te sepas las palabras de memoria vas a aprender a usarlas correctamente, también tienes que conocer el contexto en que se usan, por ejemplo.

Amelia: Bueno, lo que está claro es que podríamos pasarnos horas hablando de esto y no nos pondríamos de acuerdo.

Antonio: Normal, cada uno tiene su propia experiencia.

Opción 2. Están discutiendo sobre las dificultades de aprender una lengua.

1.1. Se ofrece una actividad de corte estratégico para que los estudiantes reflexionen sobre su propio aprendizaje de español. La finalidad de este tipo de actividades es que, a partir de la reflexión y de darse cuenta de las facilidades o dificultades que se les presentan, los alumnos tomen conciencia de su propio aprendizaje y puedan, así, mejorar tanto en la forma de aprender como en la adquisición de los contenidos que más les cuesta asimilar.

1.2. Se propone volver a escuchar la audición de la actividad 1 para trabajar la negación de una causa y la expresión de la verdadera causa. Por eso, pida a los estudiantes que completen las frases que se extraen del diálogo con las estructuras adecuadas. Se utiliza la audición como pretexto para trabajar y reflexionar sobre los elementos gramaticales que requiere esta función.

1. sea, es; 2. sea, nos estresamos; 3. me apetezca, trabajo; 4. sea, es; 5. te sepas, vas; Hecho o situación, + *no es que/no porque* + subjuntivo, *sino que/es que/es porque* + indicativo.

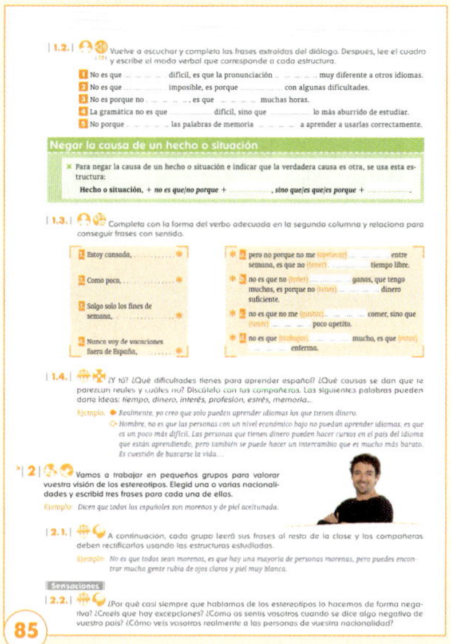

| 1.2. | Vuelve a escuchar y completa las frases extraídas del diálogo. Después, lee el cuadro y escribe el modo verbal que corresponde a cada estructura.

1. No es que .... difícil, es que la pronunciación .... muy diferente a otros idiomas.
2. No es que .... imposible, es porque .... con algunas dificultades.
3. No es porque no ...., es que .... muchas horas.
4. La gramática no es que .... difícil, sino que .... lo más aburrido de estudiar.
5. No porque .... las palabras de memoria .... a aprender a usarlas correctamente.

Negar la causa de un hecho o situación

Para negar la causa de un hecho o situación e indicar que la verdadera causa es otra, se usa esta estructura:

Hecho o situación, + *no es que/no porque* + ..., *sino que/es que/es porque* + ...

| 1.3. | Completa con la forma del verbo adecuada en la segunda columna y relaciona para conseguir frases con sentido.

1. Estoy cansada, ...
2. Como poco, ...
3. Salgo solo los fines de semana, ...
4. Nunca voy de vacaciones fuera de España, ...

a. pero no porque no me (apetecer) .... entre semana, es que no (tener) .... tiempo libre.
b. no es que no (tener) .... ganas, que tengo muchas, es porque no (tener) .... dinero suficiente.
c. no es que no me (gustar) .... comer, sino que (tener) .... poco apetito.
d. no es que (trabajar) .... mucho, es que (estar) .... enferma.

| 1.4. | ¿Y tú? ¿Qué dificultades tienes para aprender español? ¿Qué causas se dan que te parezcan reales y cuáles no? Discútelo con tus compañeros. Las siguientes palabras pueden darte ideas: *tiempo, dinero, interés, profesión, estrés, memoria...*

Ejemplo: *Realmente, yo creo que solo pueden aprender idiomas los que tienen dinero.*
Hombre, no es que las personas con un nivel económico bajo no puedan aprender idiomas, es que es un poco más difícil. Las personas que tienen dinero pueden hacer cursos en el país del idioma que están aprendiendo, pero también se puede hacer un intercambio que es mucho más barato. Es cuestión de buscarse la vida...

| 2 | Vamos a trabajar en pequeños grupos para valorar vuestra visión de los estereotipos. Elegid una o varias nacionalidades y escribid tres frases para cada una de ellas.

Ejemplo: *Dicen que todos los españoles son morenos y de piel aceitunada.*

| 2.1. | A continuación, cada grupo leerá sus frases al resto de la clase y los compañeros deben rectificarlas usando las estructuras estudiadas.

Ejemplo: *No es que todos sean morenos, es que hay una mayoría de personas morenas, pero puedes encontrar mucha gente rubia de ojos claros y piel muy blanca.*

Sensaciones

| 2.2. | ¿Por qué casi siempre que hablamos de los estereotipos lo hacemos de forma negativa? ¿Creéis que hay excepciones? ¿Cómo os sentís vosotros cuando se dice algo negativo de vuestro país? ¿Cómo veis vosotros realmente a las personas de vuestra nacionalidad?

85

1.3. Se continúa trabajando la negación de la causa y, para ello, se propone a los estudiantes que formen frases relacionando los elementos de dos columnas y escribiendo los verbos que aparecen en indicativo o subjuntivo según lo que expresan. El objetivo es consolidar la estructura de las frases para negar causa y expresar la causa verdadera, y las formas verbales que rigen dichas estructuras.

1. d, trabaje, estoy; 2. c, guste, tengo; 3. a, apetezca, tengo; 4. b, tenga, tengo.

1.4. Actividad de corte estratégico. Diga a sus estudiantes que retomen el contenido de lo que han comentado en la actividad 1.1. y sigan reflexionando sobre su aprendizaje, destacando las dificultades que tienen para aprender español expresando las causas reales. Intente que, en la medida de lo posible, usen las estructuras para negar una causa y expresar la verdadera razón de sus dificultades conforme al ejemplo que se ofrece. La puesta en común les ayudará a completar su reflexión, ya que las aportaciones de sus compañeros les resolverán algunas dudas que puedan tener.

Si desea seguir trabajando los conectores causales, así como trabajar las estructuras para negar la causa de un hecho y expresar la verdadera causa, puede realizar los ejercicios 3 al 5 de la unidad 7 del *Libro de ejercicios*.

>2 Se propone una actividad cultural trabajando los estereotipos relacionados no solo con la sociedad española, sino también con otras nacionalidades. ¿Qué saben de los españoles? ¿Cómo los definirían? ¿Qué opiniones preconcebidas tienen sobre otras nacionalidades? Probablemente en la respuesta habrá aciertos y errores que servirán para desarrollar esta actividad.

i+ ELEteca
25. Estereotipos españoles.

2.1. Se continúa la actividad anterior con la puesta en común del listado de estereotipos de diferentes culturas. Esto servirá a sus estudiantes para rectificar la información aportada, utilizando las estructuras estudiadas en este epígrafe y consolidándolas.

2.2. Se termina la secuencia hablando de la negatividad que pueden traducir los estereotipos. Es importante destacar que estos, muchas veces, no son tan reales como se presentan y que seguramente a sus alumnos tampoco les gustará que nadie exprese algo negativo acerca de su país o cultura sin conocerlos. Este tema se puede tratar desde las sensaciones o sentimientos que nos transmiten los propios estereotipos.

En el caso de que sus alumnos tengan diferentes nacionalidades, y con el objetivo de trabajar la tolerancia e interculturalidad entre ellos, puede proponer, como actividad final del epígrafe, profundizar en los tópicos de sus propios países. Deje que primero opinen sobre las distintas nacionalidades de la clase para que después los alumnos aludidos confirmen o desmientan esas opiniones dando las explicaciones oportunas.

3 NATURALEZA EXÓTICA 86

Epígrafe de corte cultural en el que se trata la fauna y flora de España y Latinoamérica. En este, el peligro de extinción de algunas especies será uno de los temas más relevantes a tratar, siendo los alumnos quienes deberán indagar sobre sus causas y motivos. Las imágenes servirán de ayuda para la comprensión léxica, que será otro de los temas trabajados en el apartado.

> 1 Se presentan unas imágenes con el nombre del animal o planta objeto de estudio. Los estudiantes, según sus conocimientos, deberán clasificar cada uno de estos nombres en la casilla que corresponda.

Flor: orquídea, canela, ceibo; Árbol: drago, caoba; Fauna marina: ballena franca austral, delfín pío; No marina: llama, jaguar, águila coronada, cóndor.

1.1. Pida a los estudiantes que pongan en común sus conocimientos y comenten todo lo que sepan sobre el contenido de la actividad anterior. Toda la información que aporten les será de utilidad para realizar las actividades sucesivas.

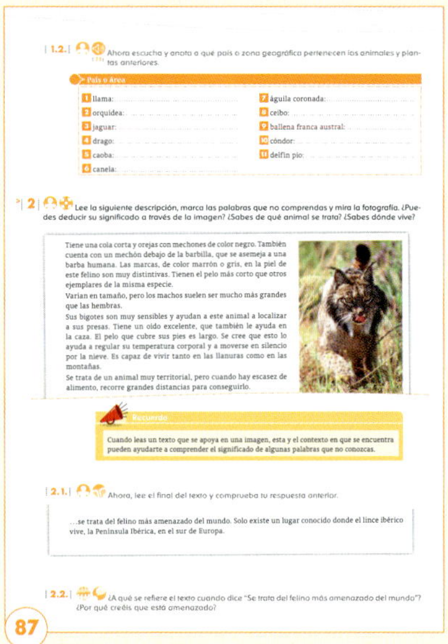

1.2. En esta comprensión auditiva, pida a los estudiantes que hagan una escucha selectiva para poder anotar el país o la zona geográfica al que pertenecen los animales y plantas presentados. Si lo desea, puede realizar una primera escucha, dejar que sus alumnos comparen sus respuestas y, posteriormente, poner la audición de nuevo antes de la corrección en gran grupo.

23

Locutora: Hoy hablamos con Iván Mosalenko, gran fotógrafo y amante de los viajes y de la naturaleza, para preguntarle sobre la exposición que, de sus recientes fotografías, hace el museo Guggenheim de Bilbao, donde nos encontramos en estos momentos.
Buenas tardes, Iván.

Iván: Buenas tardes.

Locutora: ¿Puedes hacernos una breve presentación de esta interesante exposición?

Iván: Por supuesto. Se trata de una serie muy completa de fotografías hechas a distintos ejemplares de la flora y de la fauna de España y de Latinoamérica. Como ya sabes, aunque soy de origen ruso, mi madre es española y desde siempre me he sentido atraído por todo lo relacionado con los países hispanos y, especialmente, con la naturaleza, debido a su gran variedad y riqueza.

Locutora: ¿Podrías describir para nuestros oyentes las fotografías de esta sala en concreto?

Iván: Encantado. Mira, esta primera, a tu derecha, es la flor del ceibo.

Locutora: ¡Qué bonita! ¡Y qué color!

Iván: Sí. Es realmente preciosa, ¿verdad? Es una flor roja, grande y aterciopelada. Nace del árbol del ceibo, un árbol de grandes hojas verdes. Es la flor nacional de Argentina y de Uruguay. Y esta otra es del delfín pío. La hice también en la costa de Argentina, donde abunda. Es un delfín muy activo y de pequeño tamaño, que se puede ver surfeando y dando volteretas en el mar.

Locutora: ¿Y esta?

Iván: Es una llama, un animal del altiplano de los Andes. Los incas la usaban mucho como animal de carga, para sacrificios y para obtener lana. Me encanta la línea de su lomo y su largo pelo.

Locutora: ¿Y cuál es la historia de esta fotografía?

Iván: Bueno. Este impresionante y original árbol es un drago que está en Tenerife; tiene cerca de 600 años. Fíjate en cómo crecen sus ramas hacia arriba y en su colorido. La mayor concentración de este tipo de árboles se encuentra en las Canarias, en España.

Locutora: ¿Y esta preciosa ballena, de dónde es?

Iván: Tomé esta foto en Puerto Pirámides, en la Península de Valdés, en Argentina. Como ves, es un ejemplar excepcional. Tiene la cabeza llena de callosidades. Fue bastante difícil hacer esta foto.

Locutora: Pero lo conseguiste.

Iván: Sí. Es mi profesión e intento no ver nada como imposible. Me propuse hacerla y aquí está el resultado. Mira, poder conseguir esta otra imagen fue también un reto para mí. Como ves, se trata de un jaguar que está cazando un cocodrilo. Los jaguares tienen una de las mordidas más potentes de todos los animales, y sus dientes pueden atravesar pieles tan duras como la de un cocodrilo o como la del caparazón de una tortuga. Aquí podemos observar cómo el jaguar salta sobre la parte posterior de la cabeza del cocodrilo y le clava sus dientes, produciéndole la muerte inmediatamente. Aprendí esto navegando por las costas caribeñas de América Central.

Locutora: Impresionante. No tengo palabras. Y esta es la flor de la canela, ¿verdad? ¿Dónde la tomaste?

Iván: En Lima, Perú. Es la flor de esta ciudad. Siempre tengo en mi cabeza la famosa canción de la flor de la canela, así que decidí incluir esta planta en mi reportaje. Y esta fotografía de al lado es de un águila coronada, otro magnífico ejemplar del mundo animal, en Argentina. La obtuve en la reserva natural Bosques Telteca, en la provincia de Mendoza. En esta reserva tiene lugar un importante proyecto educativo y de investigación sobre ella, ya que se halla en grave peligro de extinción. Me llama especialmente la atención su inconfundible color gris y la forma de su cara.

Locutora: ¿Y de dónde es esta hermosa flor? ¿Es una orquídea, no?

Iván: Sí. Es la flor de Colombia. En este país se encuentran las orquídeas más bonitas del mundo, por su color y por su estructura. La pena es que también se encuentran en peligro de extinción.

Y aquí te presento mis últimas dos fotografías: la de este precioso árbol de la caoba, de la Selva Lacandona, en México, y la de un cóndor sobrevolando las montañas de los Andes. Bueno, ¿qué te ha parecido?

Locutora: Es una exposición bellísima y sumamente interesante. Y estoy segura de que a nuestros oyentes también se lo ha parecido. Muchas gracias, Iván, por habernos concedido esta entrevista.

Iván: Gracias a vosotros.

1. Altiplano de los Andes; 2. Colombia; 3. América Central; 4. Tenerife, islas Canarias, España; 5. Selva Lacandona, México; 6. Lima, Perú; 7. Argentina, Bosques Telteca; 8. Argentina, Uruguay; 9. Argentina, Puerto Pirámides; 10. Los Andes; 11. Argentina.

Proyección 14. Naturaleza exótica.

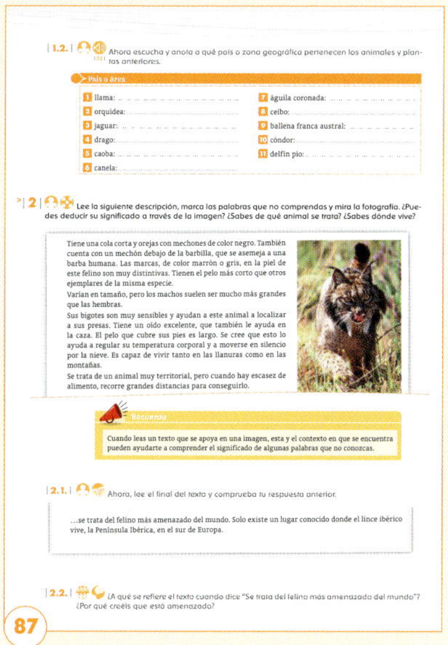

1.2. Ahora escucha y anota a qué país o zona geográfica pertenecen los animales y plantas anteriores.

País o área

1 llama:
2 orquídea:
3 jaguar:
4 drago:
5 caoba:
6 canela:
7 águila coronada:
8 ceibo:
9 ballena franca austral:
10 cóndor:
11 delfín pío:

2 Lee la siguiente descripción, marca las palabras que no comprendas y mira la fotografía. ¿Puedes deducir su significado a través de la imagen? ¿Sabes de qué animal se trata? ¿Sabes dónde vive?

Tiene una cola corta y orejas con mechones de color negro. También cuenta con un mechón debajo de la barbilla, que se asemeja a una barba humana. Las marcas, de color marrón o gris, en la piel de este felino son muy distintivas. Tienen el pelo más corto que otros ejemplares de la misma especie.
Varían en tamaño, pero los machos suelen ser mucho más grandes que las hembras.
Sus bigotes son muy sensibles y ayudan a este animal a localizar a sus presas. Tiene un oído excelente, que también le ayuda en la caza. El pelo que cubre sus pies es largo. Se cree que esto lo ayuda a regular su temperatura corporal y a moverse en silencio por la nieve. Es capaz de vivir tanto en las llanuras como en las montañas.
Se trata de un animal muy territorial, pero cuando hay escasez de alimento, recorre grandes distancias para conseguirlo.

Recuerda

Cuando leas un texto que se apoya en una imagen, esta y el contexto en que se encuentra pueden ayudarte a comprender el significado de algunas palabras que no conozcas.

2.1. Ahora, lee el final del texto y comprueba tu respuesta anterior.

...se trata del felino más amenazado del mundo. Solo existe un lugar conocido donde el lince ibérico vive, la Península Ibérica, en el sur de Europa.

2.2. ¿A qué se refiere el texto cuando dice "Se trata del felino más amenazado del mundo"? ¿Por qué creéis que está amenazado?

87

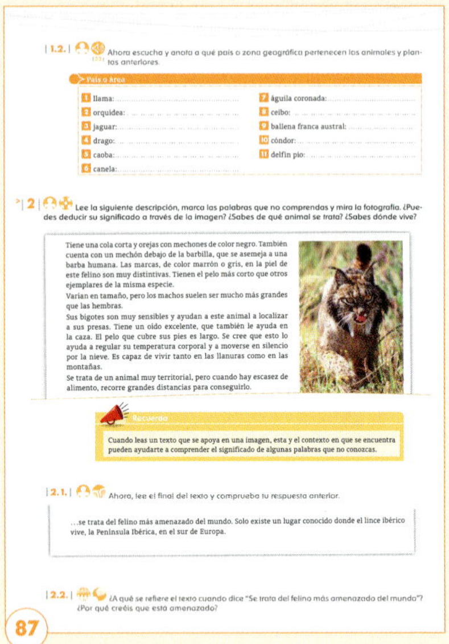

Dinámica. Para facilitar la comprensión del texto auditivo y la posterior tarea de la actividad 1.2., deje proyectada la imagen de la flora y fauna de la actividad 1. Se trata de que los alumnos cuenten con un apoyo visual mientras trabajan.

>2 Pida a los estudiantes que lean el texto que se propone, subrayen las palabras que no comprendan pero que, sobre todo, observen atentamente la fotografía. Se pretende que, una vez realizada la primera parte del trabajo, sean capaces de deducir algunas de las palabras desconocidas a través de la imagen observada. Después, podrán descubrir de qué animal se trata. El objetivo es hacer ver a los alumnos que cuando un texto va acompañado de ilustraciones que aluden directamente a él, es importante fijarse en estas, puesto que frecuentemente son portadoras de valiosa información que ayudará a la comprensión.

2.1. Se ofrece el final del texto en donde se descubre el animal que se está describiendo. Posiblemente los estudiantes ya habrán conseguido saber la respuesta correcta. Este simplemente es un mecanismo de comprobación. Si el profesor lo cree conveniente, los estudiantes pueden realizar solos esta actividad y ser ellos mismos los que se puedan autocorregir.

2.2. Siguiendo con la secuencia y partiendo de la frase del texto anterior "Se trata del felino más amenazado del mundo", se trabajará el peligro de extinción en el que se encuentran algunas especies de animales del planeta. Esta cuestión cultural servirá de excusa para que los alumnos pongan en práctica los conectores causales que introducen las frases que expresan las causas de la posible extinción.

Se refiere a que está en peligro de extinción. Está amenazado por la destrucción del hábitat natural en el que vive, lo que ha hecho disminuir el número de conejos (animales de los que se alimenta), y por los atropellos en las carreteras.

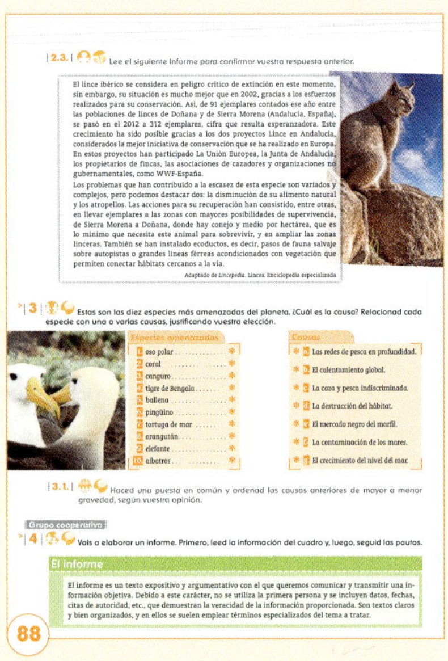

2.3. Actividad de comprensión lectora que da respuesta a la pregunta planteada en la actividad 2.2. Si el profesor lo cree oportuno, se propone la alternativa de cambiar el orden de las actividades de esta secuencia. En este caso, se realizará primero la actividad 2.3. para que después los estudiantes expliquen la razón por la que el felino se encuentra en peligro de extinción.

>3 y **3.1.** Para seguir expresando la causa de algo, se presenta el nombre de ciertos animales y algunas causas de extinción. A través de los propios conocimientos de los estudiantes o formulando hipótesis, se pretende que el alumno relacione el animal con la causa por la que se encuentra en peligro de extinción.

1. b, g; 2. a; 3. d; 4. d; 5. f; 6. b; 7. f; 8. c; 9. e; 10. c.

>4 Se cierra el epígrafe con la producción de un texto expositivo y argumentativo a modo de informe. Antes de empezar, pida a sus alumnos que lean la información que se ofrece en el cuadro y, luego, remítalos a los textos de las actividades 2, 2.1. y 2.3. para que les sirvan de ejemplo en la elaboración de los suyos. Una vez los alumnos hayan escrito sus informes, invítelos a que los lean al resto de la clase y proceda, posteriormente, a una reflexión sobre el tema.

Puede profundizar en el léxico relacionado con la fauna y seguir trabajando la expresión de causa realizando el ejercicio 6 de la unidad 7 del *Libro de ejercicios*.

4 ¡MUCHÍSIMAS GRACIAS! 89

En este epígrafe se trabajan las funciones de agradecer y disculparse. En la cultura española es muy frecuente acompañar las disculpas con una justificación. A partir del apoyo textual de los correos electrónicos, los alumnos aprenderán a utilizar estas funciones en el contexto adecuado.

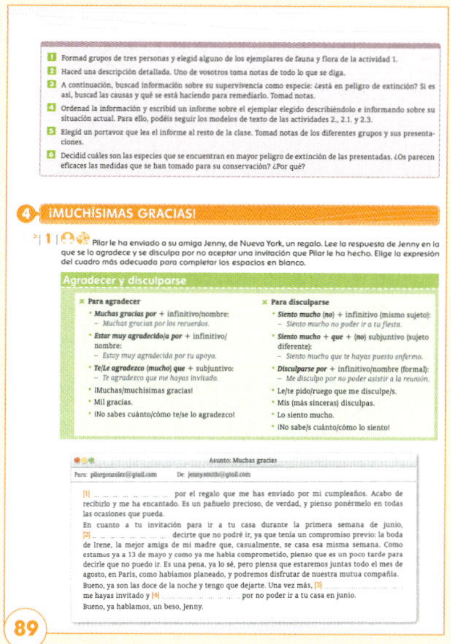

> 1 Se utiliza el correo electrónico para trabajar las funciones de agradecer y disculparse. Antes de realizar la actividad, se recomienda leer detenidamente el cuadro donde se explican las funciones, el uso y las estructuras gramaticales correspondientes a estas. El profesor puede aprovechar la lectura para dar las explicaciones que crea convenientes y aclarar las dudas que puedan surgir. Posteriormente, los alumnos, de manera individual, completarán las expresiones que faltan en el correo.

Posible respuesta. 1. Muchas gracias; 2. siento mucho; 3. te agradezco mucho que; 4. te ruego que me disculpes.

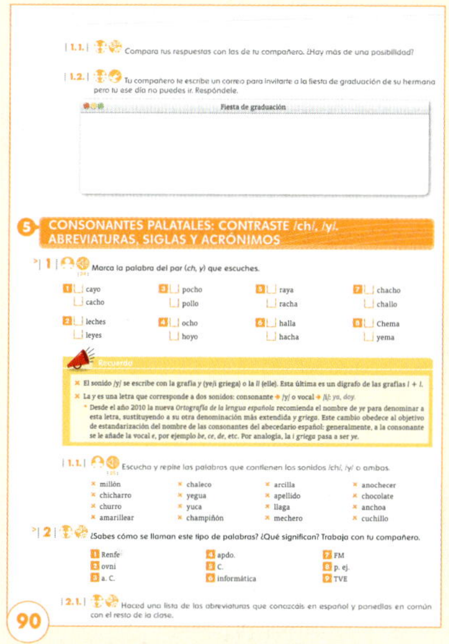

1.1. Indique a sus alumnos que comparen sus respuestas de la actividad 1. La finalidad es que sean conscientes de que existen varias posibilidades de respuesta. Por último, haga una corrección en gran grupo recogiendo todas las respuestas aportadas por sus alumnos y escribiéndolas en la pizarra en caso de que lo crea conveniente.

1.2. Actividad de producción escrita en la que los estudiantes deberán escribir un correo electrónico según la información que se les da en la actividad. El objetivo es practicar las funciones estudiadas en el epígrafe. Se aporta una posible respuesta por si el profesor considera oportuno ofrecer a sus estudiantes un modelo en el que apoyarse.

Modelo de respuesta:

Querido Pedro, te agradezco mucho que me hayas invitado a la fiesta de graduación de tu hermana. Es un evento único, muy importante para tu familia, así que para mí es un verdadero honor esta invitación. Sin embargo, siento decirte que no podré asistir, ya que ese día tengo un examen muy importante. ¡No sabes cuánto lo siento! Me encantaría ir, pero ya ves que me es imposible. Felicita a tu hermana de mi parte y exprésale mis más sinceras disculpas y mis mejores deseos de que todo en la fiesta de su graduación salga maravillosamente.

Un abrazo y un beso para tu hermana,

Ángel.

Se propone la realización del ejercicio 7 de la Unidad 7 del *Libro de ejercicios* para consolidar el uso de las fórmulas de agradecimiento y disculpa.

5 CONSONANTES PALATALES: CONTRASTE /ch/, /y/. ABREVIATURAS, SIGLAS Y ACRÓNIMOS 90

En este epígrafe se practica la discriminación fonológica entre los sonidos palatales /ch/, /y/, así como su correspondiente ortografía, y también las abreviaturas, siglas y acrónimos.

> 1 Actividad en la que se practica la discriminación fonológica entre los sonidos palatales /ch/, /y/ a través de los pares mínimos. Pida a sus estudiantes que escuchen y marquen la palabra que oigan. Se recomienda que, antes de llevar a cabo la actividad, se lea y se explique el contenido del cuadro.

24 Cacho, leyes, pollo, hoyo, raya, hacha, challo, Chema.

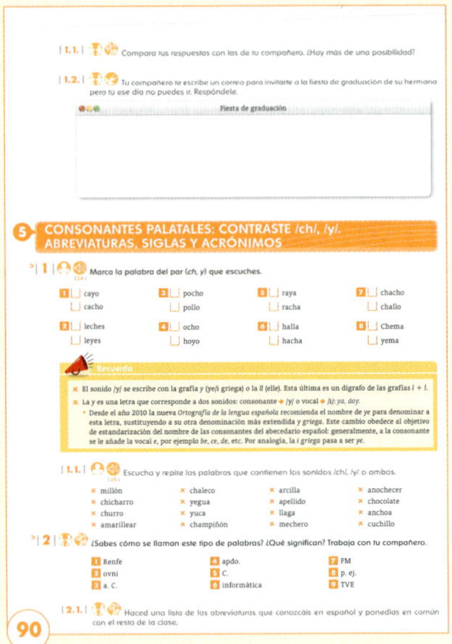

1. cacho, 2. leyes, 3. pollo, 4. hoyo, 5. raya, 6. hacha, 7. challo, 8. Chema.

1.1. Actividad de repetición de las palabras. El objetivo es que el alumno atienda a la pronunciación, sea capaz de percibir los órganos articulatorios que intervienen en la producción de cada sonido y sea consciente de la importancia de mantener ese contraste fonológico en sus producciones orales.

|25| Millón, chicharro, churro, amarillear, chaleco, yegua, yuca, champiñón, arcilla, apellido, llaga, mechero, anochecer, chocolate, anchoa, cuchillo.

>2 Actividad previa en la que se pretende sondear los conocimientos de los alumnos sobre las abreviaturas, siglas y acrónimos. Pídales que lean las palabras que aparecen y que, en parejas, intenten averiguar de qué tipo de palabras se trata y cuál es su significado.

Abreviaturas, siglas y acrónimos. 1. Red Nacional de Ferrocarriles Españoles; 2. Objeto Volador No Identificado; 3. antes de Cristo; 4. apartado; 5. Calle; 6. información automática; 7. Frecuencia Modulada; 8. por ejemplo; 9. Televisión Española.

2.1. Siguiendo con el trabajo de la actividad anterior y, teniendo en cuenta la importancia de las abreviaturas, pida a los estudiantes que hagan una lista de todas las que conozcan y las pongan en común.

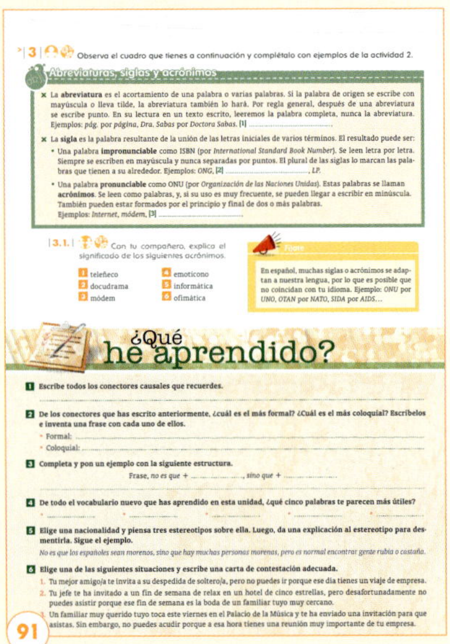

>3 Se ofrece un cuadro explicando en qué consisten las abreviaturas, siglas y acrónimos. Si el profesor lo cree conveniente, puede proponer realizar esta actividad antes de la actividad 2 o utilizar el cuadro para la corrección de dicha actividad.

1. a. C., apdo., C., p. ej.; 2. FM, TVE; 3. Renfe, ovni, informática.

3.1. Pida a sus estudiantes que, en parejas, intenten explicar el significado de los diferentes acrónimos que se ofrecen. Puede proponer que comparen sus respuestas con otras parejas antes de proceder a la corrección en gran grupo.

1. De televisión y muñeco (serie infantil de televisión con marionetas en donde no se veía a los marionetistas, *The Muppets*); 2. Documental dramatizado (género difundido en cine, radio y televisión que con técnicas dramáticas trata hechos reales propios del género documental); 3. De modulación y demodulación (dispositivo que convierte las señales digitales en analógicas –modulación– y viceversa –demodulación–, permitiendo la comunicación entre computadoras a través de la línea telefónica o del cablemódem); 4. Emoción e icono (icono que representa una cara humana y una emoción: alegría, tristeza, enfado…); 5. Información automática; 6. De oficina e informática (herramientas informáticas que se utilizan en funciones de oficina).

Si desea seguir trabajando el contraste entre /ch/, /y/, así como las siglas, acrónimos y abreviaturas, puede realizar los ejercicios 8 al 10 de la unidad 7 del *Libro de ejercicios*.

¿QUÉ HE APRENDIDO? 91

>1 Porque; como; debido a (que); a causa de (que); por; es que; dado que; puesto que; ya que.

>2 Formal: debido a (que)/a causa de (que). Ejemplo: *Las temperaturas bajarán a causa de una bolsa de aire frío que proviene del norte*; Coloquial: es que. Ejemplo: *Siento haber llegado tarde, es que mi despertador no ha sonado.*

>3 Subjuntivo, indicativo. Ejemplo: *No es que estemos aburridos, sino que hemos dormido poco esta noche.*

ELEteca
LÉXICO. Los artículos de divulgación científica.

8 FENÓMENOS INEXPLICABLES

En esta unidad se presentan las funciones para expresar hipótesis y probabilidad en presente y en un pasado relacionado con el presente, así como las expresiones para confirmar o desmentir una realidad. Para ello, se trabajan textos descriptivos y de opinión, e imágenes como las de las caras de Bélmez o las de las líneas de Nazca. A través de estos contenidos culturales se estudiarán los contenidos gramaticales como los marcadores de hipótesis *quizá, puede ser que, a lo mejor,* entre otros, acompañados del modo verbal indicativo o subjuntivo, o el pretérito perfecto de subjuntivo. También se ampliará el léxico relacionado con los fenómenos paranormales y los sueños. En el apartado de fonética, se abordará el ceceo, el seseo y el yeísmo rehilado en España e Hispanoamérica.

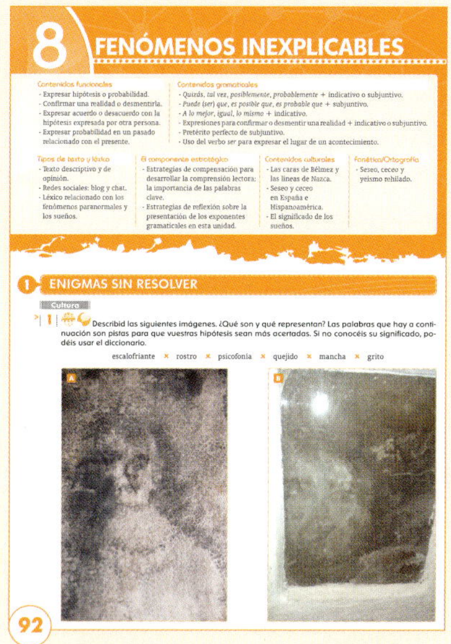

1 ENIGMAS SIN RESOLVER 92

En el siguiente epígrafe se trabajarán enigmas famosos en la cultura española y de Hispanoamérica. Con este pretexto se presenta léxico relacionado con los fenómenos paranormales, las estructuras para expresar hipótesis, los marcadores que las introducen y el modo verbal que rigen. Posteriormente, se trabajan las expresiones para confirmar o desmentir una realidad.

> 1 A partir de unas imágenes de las caras de Bélmez, se pide a los estudiantes que formulen hipótesis acerca de lo que son o representan. Se dan algunas palabras clave como pistas. Si el profesor lo cree conveniente, puede trabajar el significado de estas palabras o, simplemente, indicar a los alumnos que sean ellos los que lo busquen en el diccionario. No hay que olvidar que se trata de una actividad de información previa, por lo que el objetivo es que entren en contacto con estos fenómenos inexplicables para, luego, poder trabajar el contenido de las hipótesis.

Son unas manchas que aparecieron en una casa en la localidad andaluza de Bélmez de la Moraleda y que se identifican como rostros; escalofriante: aterrador, horrible; rostro: cara; psicofonía: fenómeno fónico paranormal; quejido: lamento, exclamación de dolor; mancha: dibujo formado sobre una superficie debido a la suciedad y que cubre parte de ella; grito: sonido o palabras emitidas con fuerza y violencia.

1.1. Aprovechando las diferentes hipótesis que hayan formulado los estudiantes en la actividad 1, se les ofrece una actividad de comprensión lectora de un texto en donde se explica la historia de las caras de Bélmez. Con esta actividad, el alumno conocerá ya la información y habrá formulado previamente hipótesis sobre la misma, por lo que estará preparado para abordar el tema del epígrafe a nivel lingüístico.

1.2. Es aconsejable que, a medida que los estudiantes formulen sus hipótesis, el profesor vaya escribiendo las frases en la pizarra y las mantenga escritas durante toda la secuencia de actividades hasta la actividad 2.1. De este modo, los alumnos podrán, por un lado, ser conscientes de las estructuras que ya están utilizando y, por otro, comprobar posteriormente si sus hipótesis coinciden con las que formulan algunos especialistas en la actividad posterior. Si lo cree conveniente, puede también subrayar los marcadores de hipótesis que vayan surgiendo e introducir el tema lingüístico con alguna explicación previa.

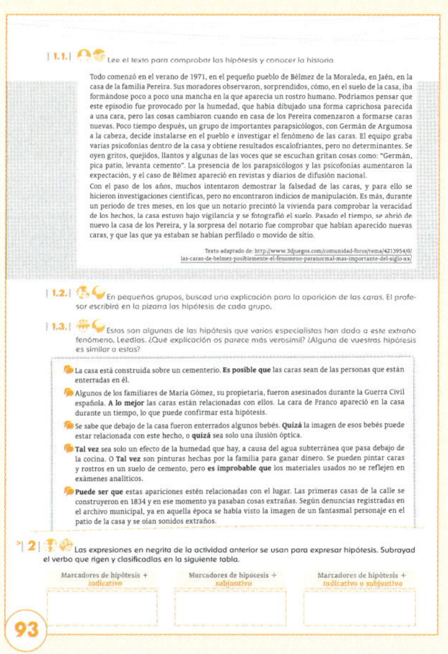

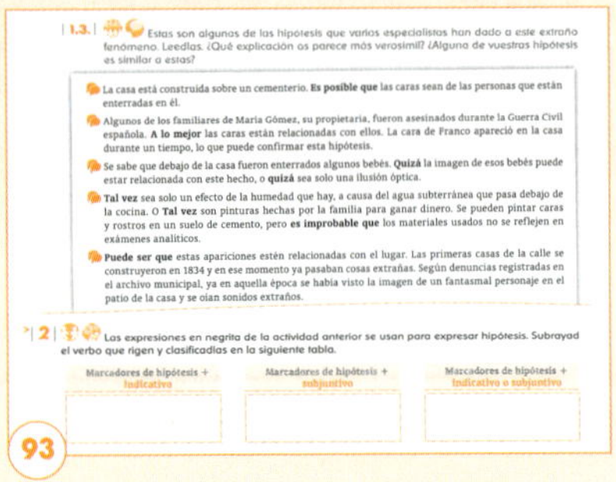

1.3. Ahora, a través de una comprensión lectora, se ofrecen algunas hipótesis formuladas por diferentes especialistas sobre el fenómeno. Una vez leídas las hipótesis, los alumnos podrán compararlas con las que ellos formularon en la actividad anterior y que el profesor escribió en la pizarra. En el texto aparecen las estructuras resaltadas en negrita para que, en la actividad posterior, este sirva como pretexto para introducir todos los elementos gramaticales que se estudiarán.

>2 Comienza la tarea lingüística. Pida a los estudiantes que, en parejas, se fijen en las estructuras destacadas en negrita en el texto y las clasifiquen en los cuadros según el modo verbal que rige cada una de ellas. El objetivo es que distingan entre los marcadores que rigen indicativo, los que rigen subjuntivo y los que pueden regir ambos modos.

Marcadores de hipótesis + indicativo: a lo mejor; Marcadores de hipótesis + subjuntivo: es posible que; es improbable que; puede ser que; Marcadores de hipótesis con indicativo o subjuntivo: quizá(s); tal vez.

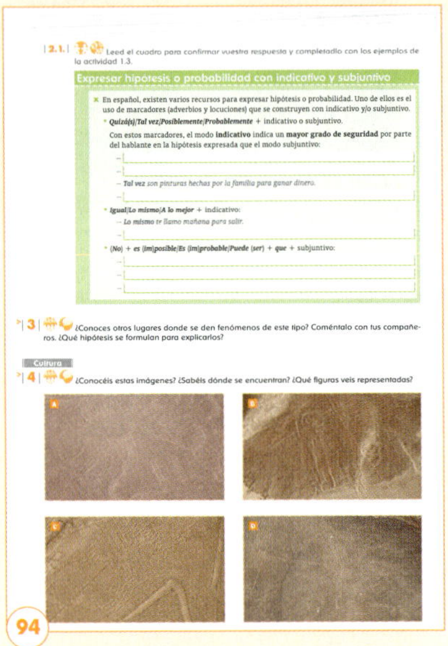

2.1. El cuadro de los recursos para expresar hipótesis ayudará a los estudiantes a confirmar las respuestas de la actividad anterior. Para completar la información, pídales que anoten en el lugar correspondiente del cuadro las frases que se han trabajado en la actividad 1.3. Si el profesor mantiene escritas en la pizarra las hipótesis que han formulado en la actividad 1.2., puede proponer que las incluyan en los apartados del cuadro, según corresponda. Para ello, se aconseja trabajar con la ficha 16.

Ficha 16. Expresar hipótesis.

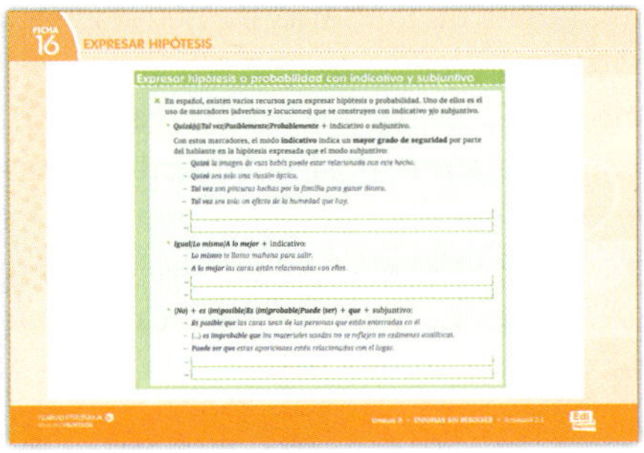

Dinámica. Se entrega la ficha a los estudiantes para que, por un lado, completen los ejemplos de la actividad 1.3. y, por el otro, seleccionen de la pizarra las hipótesis que han producido y las escriban también en el lugar correspondiente del cuadro. De esta manera, los alumnos tendrán todos los ejemplos clasificados según la expresión de hipótesis que se utilice y el modo verbal que requiera.

Quizá(s)/Tal vez/Posiblemente/Probablemente + indicativo o subjuntivo: Quizá la imagen de esos bebés puede estar relacionada con este hecho; quizá sea solo una ilusión óptica; Tal vez sea solo un efecto de la humedad que hay; Tal vez son pinturas hechas por la familia para ganar dinero;

Igual/Lo mismo/A lo mejor + indicativo: A lo mejor las caras están relacionadas con ellos;

(No) + es (im)posible /Es (im)probable/Puede (ser) + que + subjuntivo: Es posible que las caras sean de las personas que están enterradas en él; (...) es improbable que los materiales usados no se reflejen en exámenes analíticos; Puede ser que estas apariciones estén relacionadas con el lugar.

>3 Se propone una actividad de interacción oral entre los estudiantes con el fin de que puedan producir todas las estructuras estudiadas hasta este momento dentro del mismo contexto cultural de los fenómenos paranormales. Posiblemente, los alumnos podrán comentar algunos fenómenos que conozcan o, incluso, que hayan visto o vivido.

Si desea seguir trabajando la expresión de hipótesis y probabilidad, y los marcadores de hipótesis, puede realizar los ejercicios 1 al 7 de la unidad 8 del *Libro de ejercicios*.

>4 Se aprovecha ahora otro fenómeno de corte cultural, las líneas de Nazca, para seguir trabajando con las hipótesis, y con el objetivo de expresar acuerdo o desacuerdo con ellas. Pida a los estudiantes que digan qué figuras ven representadas y qué saben acerca de ellas. Si el profesor está interesado en conocer más información o cree conveniente entregarla a sus estudiantes después de realizar las actividades 4 y 4.1., puede dirigirse a la ELEteca.

Se trata de las líneas de Nazca, que se encuentran en el desierto de Nazca, en Perú. Fueron hechas hace cientos de años por la cultura nazca (siglos I-VI d. C.). En ellas aparecen representadas figuras de seres humanos, animales, plantas y líneas geométricas, que están trazadas sobre la superficie terrestre. A. un mono; B. un astronauta; C. una araña; D. un colibrí.

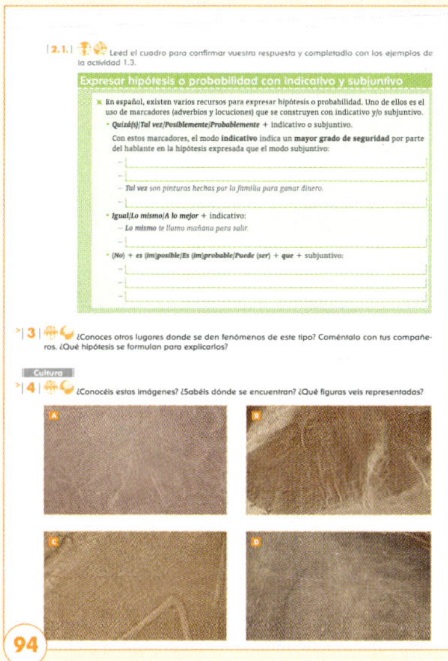
|2.1.| Leed el cuadro para confirmar vuestra respuesta y completadlo con los ejemplos de la actividad 1.3.

Expresar hipótesis o probabilidad con indicativo y subjuntivo

- En español, existen varios recursos para expresar hipótesis o probabilidad. Uno de ellos es el uso de marcadores (adverbios y locuciones) que se construyen con indicativo y/o subjuntivo.
  - ***Quizá(s)/Tal vez/Posiblemente/Probablemente*** + indicativo o subjuntivo.
    Con estos marcadores, el modo **indicativo** indica un **mayor grado de seguridad** por parte del hablante en la hipótesis expresada que el modo subjuntivo:
    –
    –
    – ***Tal vez*** *son pinturas hechas por la familia para ganar dinero.*
    –
  - ***Igual/Lo mismo/A lo mejor*** + indicativo:
    – ***Lo mismo*** *te llamo mañana para salir.*
    –
  - (*No*) + ***es (im)posible/Es (im)probable/Puede (ser)*** + ***que*** + subjuntivo:
    –
    –
    –

>|3| ¿Conoces otros lugares donde se den fenómenos de este tipo? Coméntalo con tus compañeros. ¿Qué hipótesis se formulan para explicarlos?

Cultura

>|4| ¿Conocéis estas imágenes? ¿Sabéis dónde se encuentran? ¿Qué figuras veis representadas?

A B C D

94

ELEteca
26. Las líneas de Nazca.

4.1. El objetivo de la siguiente actividad es que los estudiantes conozcan por ellos mismos el enigma de las líneas de Nazca. Se les pide que, en parejas, hagan una búsqueda en Internet. Para guiar el ejercicio se ofrece una serie de preguntas a cada miembro de la pareja, de modo que cada uno se centre en buscar la información concreta que se le pide. Una vez recopilada la información, la pareja debe ponerla en común y organizarla. La tarea escrita consiste en hacer un resumen explicando el fenómeno. Después de corregir las redacciones, se pueden poner en común todos los escritos para ver qué pareja ha aportado la información más completa o relevante.

Alumno A. 1. En el sur de Perú, en una zona desértica, conocida como "la pampa"; 2. Hay imágenes de animales marinos, terrestres y figuras humanas. Entre ellas, se encuentran cóndores, una garza, una grulla, un pelícano, una gaviota, un loro, colibríes gigantes, un mono, una araña, un caracol, una lagartija, una ballena de 27 metros, un perro con patas y cola larga, hombres, dos llamas…; 3. El arqueólogo Toribio Mejía Xesspre las divisó en 1927 y, más tarde, el investigador e historiador Paul Kosok las estudió y descubrió sus diseños; 4. Fue a Perú con la intención de estudiar los sistemas de regadío de las culturas precolombinas. Trabajando en la zona, observó las líneas, pero no les dio mucha importancia, hasta que un día que voló por esa zona pudo observar que no eran unas simples líneas, sino unas figuras; 5. La UNESCO las declaró Patrimonio de la Humanidad. Alumno B. 1. Las líneas se extienden a lo largo de un perímetro de 50 kilómetros de longitud y 15 kilómetros de ancho; 2. Una relación escrita por el español Cieza de León en 1547. El español se refiere a la existencia de ciertas líneas sobre la pampa desértica al citar "señales en algunas partes del desierto que circunda Nazca… para que las comunidades puedan encontrar el camino que deben seguir"; 3. Dedicó cincuenta años de su vida a su estudio y las interpretó como un gigantesco calendario astronómico; 4. Desde el aire; 5. Algunas tienen más de 200 metros de largo.

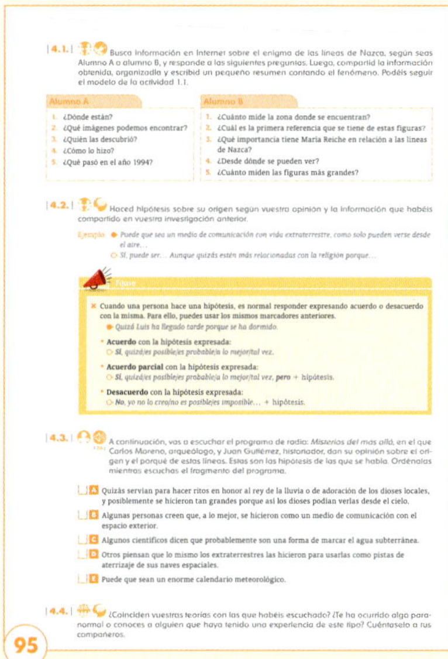
|4.1.| Busca información en Internet sobre el enigma de las líneas de Nazca, según seas Alumno A o alumno B, y responde a las siguientes preguntas. Luego, compartid la información obtenida, organizadla y escribid un pequeño resumen contando el fenómeno. Podéis seguir el modelo de la actividad 1.1.

Alumno A	Alumno B
1. ¿Dónde están?	1. ¿Cuánto mide la zona donde se encuentran?
2. ¿Qué imágenes podemos encontrar?	2. ¿Cuál es la primera referencia que se tiene de estas figuras?
3. ¿Quién las descubrió?	3. ¿Qué importancia tiene María Reiche en relación a las líneas de Nazca?
4. ¿Cómo lo hizo?	4. ¿Desde dónde se pueden ver?
5. ¿Qué pasó en el año 1994?	5. ¿Cuánto miden las figuras más grandes?

|4.2.| Haced hipótesis sobre su origen según vuestra opinión y la información que habéis compartido en vuestra investigación anterior.

Ejemplo: *Puede que sea un medio de comunicación con vida extraterrestre, como solo pueden verse desde el aire…*
Sí, puede ser… Aunque quizás estén más relacionadas con la religión porque…

Fíjate

- Cuando una persona hace una hipótesis, es normal responder expresando acuerdo o desacuerdo con la misma. Para ello, puedes usar los mismos marcadores anteriores.
  Quizá Luis ha llegado tarde porque se ha dormido.
  - **Acuerdo** con la hipótesis expresada:
    Sí, *quizá/es posible/es probable/a lo mejor/tal vez.*
  - **Acuerdo parcial** con la hipótesis expresada:
    Sí, *quizá/es posible/es probable/a lo mejor/tal vez*, ***pero*** + hipótesis.
  - **Desacuerdo** con la hipótesis expresada:
    No, *yo no lo creo/no es posible/es imposible…* + hipótesis.

|4.3.| A continuación, vas a escuchar el programa de radio: *Misterios del más allá*, en el que Carlos Moreno, arqueólogo, y Juan Gutiérrez, historiador, dan su opinión sobre el origen y el porqué de estas líneas. Estas son las hipótesis de las que se habla. Ordénalas mientras escuchas el fragmento del programa.

A Quizás servían para hacer ritos en honor al rey de la lluvia o de adoración de los dioses locales, y posiblemente se hicieron tan grandes porque así los dioses podían verlas desde el cielo.
B Algunas personas creen que, a lo mejor, se hicieron como un medio de comunicación con el espacio exterior.
C Algunos científicos dicen que probablemente son una forma de marcar el agua subterránea.
D Otros piensan que lo mismo los extraterrestres las hicieron para usarlas como pistas de aterrizaje de sus naves espaciales.
E Puede que sean un enorme calendario meteorológico.

|4.4.| ¿Coinciden vuestras teorías con las que habéis escuchado? ¿Te ha ocurrido algo paranormal o conoces a alguien que haya tenido una experiencia de este tipo? Cuéntaselo a tus compañeros.

95

4.2. Pida a los estudiantes que lean el cuadro que ofrece la actividad para expresar acuerdo y desacuerdo con una hipótesis planteada. Comente las estructuras con ellos y aclare las dudas que puedan surgir. Es el momento de realizar una actividad de expresión oral dando su opinión sobre el tema que han trabajado en la actividad 4.1.

Posibles respuestas. Probablemente sea un calendario astrológico, que nosotros no podemos entender, que se refiera a las fechas del año en las que es mejor plantar las cosechas; Muy probablemente son mapas para encontrar

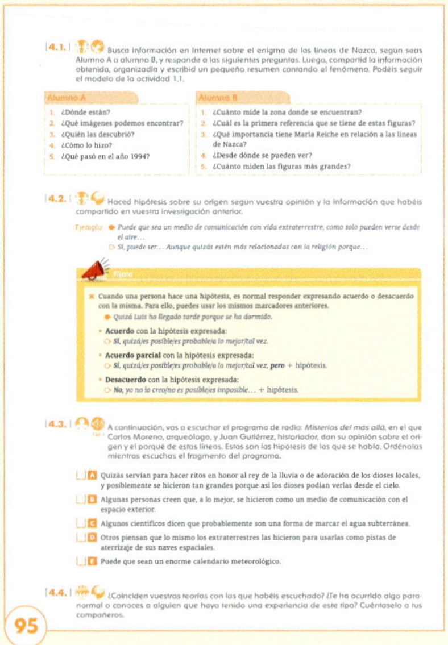

|4.1.| Busca información en Internet sobre el enigma de las líneas de Nazca, según seas Alumno A o alumno B, y responde a las siguientes preguntas. Luego, compartid la información obtenida, organizadla y escribid un pequeño resumen contando el fenómeno. Podéis seguir el modelo de la actividad 1.1.

Alumno A	Alumno B
1. ¿Dónde están?	1. ¿Cuánto mide la zona donde se encuentran?
2. ¿Qué imágenes podemos encontrar?	2. ¿Cuál es la primera referencia que se tiene de estas figuras?
3. ¿Quién las descubrió?	3. ¿Qué importancia tiene María Reiche en relación a las líneas de Nazca?
4. ¿Cómo lo hizo?	4. ¿Desde dónde se pueden ver?
5. ¿Qué pasó en el año 1994?	5. ¿Cuánto miden las figuras más grandes?

|4.2.| Haced hipótesis sobre su origen según vuestra opinión y la información que habéis compartido en vuestra investigación anterior.

Ejemplo: *Puede que sea un medio de comunicación con vida extraterrestre, como solo pueden verse desde el aire…*
Sí, puede ser… Aunque quizás estén más relacionadas con la religión porque…

Fíjate

Cuando una persona hace una hipótesis, es normal responder expresando acuerdo o desacuerdo con la misma. Para ello, puedes usar los mismos marcadores anteriores.
Quizá Luis ha llegado tarde porque se ha dormido.
- **Acuerdo** con la hipótesis expresada:
  Sí, quizá/es posible/es probable/a lo mejor/tal vez.
- **Acuerdo parcial** con la hipótesis expresada:
  Sí, quizá/es posible/es probable/a lo mejor/tal vez, **pero** + hipótesis.
- **Desacuerdo** con la hipótesis expresada:
  No, yo no lo creo/no es posible/es imposible… + hipótesis.

|4.3.| A continuación, vas a escuchar el programa de radio: *Misterios del más allá*, en el que Carlos Moreno, arqueólogo, y Juan Gutiérrez, historiador, dan su opinión sobre el origen y el porqué de estas líneas. Estas son las hipótesis de las que se habla. Ordénalas mientras escuchas el fragmento del programa.

[ ] A Quizás servían para hacer ritos en honor al rey de la lluvia o de adoración de los dioses locales, y posiblemente se hicieron tan grandes porque así los dioses podían verlas desde el cielo.
[ ] B Algunas personas creen que, a lo mejor, se hicieron como un medio de comunicación con el espacio exterior.
[ ] C Algunos científicos dicen que probablemente son una forma de marcar el agua subterránea.
[ ] D Otros piensan que lo mismo los extraterrestres las hicieron para usarlas como pistas de aterrizaje de sus naves espaciales.
[ ] E Puede que sean un enorme calendario meteorológico.

|4.4.| ¿Coinciden vuestras teorías con las que habéis escuchado? ¿Te ha ocurrido algo paranormal o conoces a alguien que haya tenido una experiencia de este tipo? Cuéntaselo a tus compañeros.

95

agua en esos lugares tan secos del desierto; Quizás sean una expresión muy creativa del arte de la cultura nazca…

4.3. Actividad de comprensión auditiva en la que, a través de un programa de radio, dos expertos dan su opinión sobre el origen de las líneas de Nazca. La tarea consiste en ordenar las hipótesis que aparecen escritas según el orden de aparición en la entrevista. Si lo desea, puede hacer una primera escucha global, en la que los alumnos se preocupen solo de entender la información que van a escuchar, y después, una vez que los alumnos hayan leído las hipótesis, poner la audición de nuevo y pedirles que las ordenen.

26

Periodista: Buenas noches, queridos oyentes. Estamos con vosotros una noche más para intentar descubrir otro de los grandes misterios de la humanidad: las líneas de Nazca. Para ello, hemos invitado a Carlos Moreno, arqueólogo, y a Juan Gutiérrez, historiador. Buenas noches a los dos.

Carlos: Buenas noches.

Juan: Buenas noches.

Periodista: Señor Moreno, ¿usted por qué piensa que se hicieron? ¿Cuál de las teorías que existen cree que es la más acertada?

Carlos: Bueno, se han comentado muchas cosas sobre estas enormes figuras, incluso algunas personas creen que, a lo mejor, son una forma de comunicarnos con el espacio exterior, ya que solo pueden verse bien desde el aire. Otros piensan que quizás fueron los extraterrestres los que las hicieron para usarlas como pistas de aterrizaje de sus naves espaciales. Aunque yo no estoy de acuerdo con estas teorías.

Periodista: ¿No? ¿No cree que exista vida fuera de nuestro planeta?

Carlos: ¡Uy! No vamos a entrar en ese tema, solo soy arqueólogo. Algunos científicos creen que quizás sean una forma de marcar el agua subterránea, ya que es una zona desértica y el agua era muy importante. Otros piensan que igual era un antiguo sistema de escritura.

Periodista: Y, usted, ¿con cuál está de acuerdo?

Carlos: Pues, la verdad es que con ninguna. Yo me creo más la hipótesis de que puede que sean un enorme calendario meteorológico.

Periodista: La verdad es que parece más creíble que la de los extraterrestres. ¿Y usted qué piensa, señor Gutiérrez? ¿Fueron los extraterrestres, un calendario, un sistema de escritura…?

Juan: Pues yo más bien pienso que están relacionadas con la religión. Se usaban para hacer rituales, quizás en honor al rey de la lluvia o quizás se hacían con ellas ritos de adoración de los dioses locales. De hecho, posiblemente, se hicieron tan grandes porque así los dioses podían verlas desde el cielo.

Periodista: Bueno, muchas teorías y muy diferentes, y es difícil quedarse solamente con una. Así que, de momento, seguiremos sin poder aclarar este gran misterio de la humanidad. Muchas gracias por acompañarnos esta noche.

Carlos: Ha sido un placer.

Juan: Lo mismo digo.

1. B; 2. D; 3. C; 4. E; 5. A.

4.4. Se concluye el primer epígrafe de la unidad con una actividad de interacción oral en gran grupo. Se propone a los estudiantes que expongan sus opiniones sobre lo escuchado y aprendido contrastándolo con sus propias hipótesis. También puede pedirles que comenten si ellos, personalmente, han vivido alguna experiencia de este tipo o conocen a alguien a quien le haya ocurrido algún fenómeno paranormal, en caso de que esta conversación no haya surgido o no se haya extendido en la actividad 3.

2 FENÓMENOS CURIOSOS 96

En este epígrafe se trabajarán las estructuras para confirmar una realidad o desmentirla. Estructuras como *Es evidente/verdad/obvio*, *Está claro/demostrado* + *que* + indicativo o sus respectivas formas introducidas por una negación + subjuntivo son las que ayudarán a los estudiantes a adquirir la competencia necesaria para formular sus opiniones en este sentido. Temas sobre la existencia de extraterrestres, el triángulo de las Bermudas o los fantasmas, entre otros, serán de gran utilidad para abarcar todos estos contenidos.

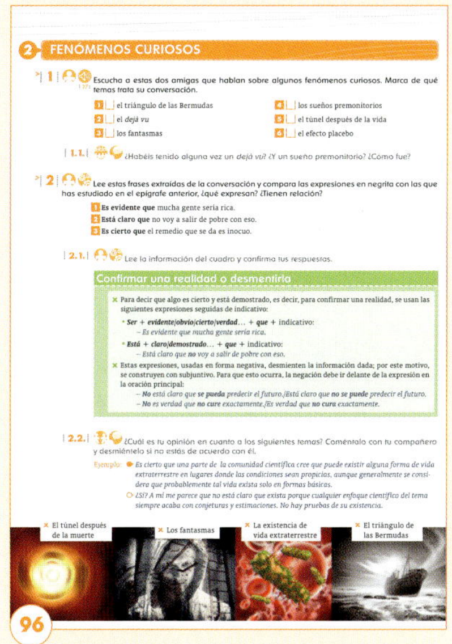

2 FENÓMENOS CURIOSOS

>| 1 | Escucha a estas dos amigas que hablan sobre algunos fenómenos curiosos. Marca de qué temas trata su conversación.

1 ☐ el triángulo de las Bermudas
2 ☐ el *dejà vu*
3 ☐ los fantasmas
4 ☐ los sueños premonitorios
5 ☐ el túnel después de la vida
6 ☐ el efecto placebo

| 1.1. | ¿Habéis tenido alguna vez un *dejà vu*? ¿Y un sueño premonitorio? ¿Cómo fue?

>| 2 | Lee estas frases extraídas de la conversación y compara las expresiones en negrita con las que has estudiado en el epígrafe anterior, ¿qué expresan? ¿Tienen relación?

1 **Es evidente que** mucha gente sería rica.
2 **Está claro que** no voy a salir de pobre con eso.
3 **Es cierto que** el remedio que se da es inocuo.

| 2.1. | Lee la información del cuadro y confirma tus respuestas.

Confirmar una realidad o desmentirla

- Para decir que algo es cierto y está demostrado, es decir, para confirmar una realidad, se usan las siguientes expresiones seguidas de indicativo:
  - ***Ser*** + ***evidente/obvio/cierto/verdad***… + ***que*** + indicativo:
    – *Es evidente que mucha gente sería rica.*
  - ***Está*** + ***claro/demostrado***… + ***que*** + indicativo:
    – *Está claro que **no** voy a salir de pobre con eso.*
- Estas expresiones, usadas en forma negativa, desmienten la información dada; por este motivo, se construyen con subjuntivo. Para que esto ocurra, la negación debe ir delante de la expresión en la oración principal:
  – ***No*** *está claro que* ***se pueda*** *predecir el futuro./Está claro que* ***no se puede*** *predecir el futuro.*
  – ***No*** *es verdad que* ***no cure*** *exactamente./Es verdad que* ***no cura*** *exactamente.*

| 2.2. | ¿Cuál es tu opinión en cuanto a los siguientes temas? Coméntalo con tu compañero y desmiéntelo si no estás de acuerdo con él.

Ejemplo: ● *Es cierto que una parte de la comunidad científica cree que puede existir alguna forma de vida extraterrestre en lugares donde las condiciones sean propicias, aunque generalmente se considera que probablemente tal vida exista solo en formas básicas.*
○ *¿Sí? A mí me parece que no está claro que exista porque cualquier enfoque científico del tema siempre acaba con conjeturas y estimaciones. No hay pruebas de su existencia.*

El túnel después de la muerte
Los fantasmas
La existencia de vida extraterrestre
El triángulo de las Bermudas

96

> 1 Se ofrece una audición en la que dos amigos hablan sobre diferentes fenómenos curiosos. El objetivo es que el estudiante identifique los fenómenos de los que se está hablando según la lista que se presenta. Se trata de una actividad de comprensión global que servirá como pretexto para introducir el tema del epígrafe. Asegúrese, antes de proceder con la escucha, de que los alumnos han leído la lista de fenómenos y de que no existen dudas sobre su significado. Si el profesor desea disponer de más información, puede consultar en la ELEteca.

| 27 |

● **Claudia:** ¿Viste ayer el programa que hacen sobre fenómenos curiosos en Tele 6?

○ **Antonia:** ¡Por supuesto! No me lo pierdo ninguna semana. Además, ayer fue muy interesante porque hablaron de cosas que en algún momento nos han pasado o nos pueden pasar.

● **Claudia:** Sí, sí. Por eso me gustó tanto, te sientes identificada, ¿no?

○ **Antonia:** Pues sí, porque precisamente el otro día tuve un sueño de esos en los que ves lo que te pasará en el futuro y ¡fue verdad! Soñé que mi jefe me daría un aumento de sueldo y una semana más tarde ya lo tenía.

● **Claudia:** ¡Qué suerte! Yo también quiero un sueño de esos. Pero es evidente que mucha gente sería rica si esos sueños fueran reales… ¿O es que tú nunca has soñado con los números de la lotería?

○ **Antonia:** Sí, está claro que no voy a salir de pobre con eso.

● **Claudia:** A mí lo que más me gustó fue cuando hablaron de esa sensación que tenemos algunas veces de haber estado antes en un lugar o de haber vivido antes alguna situación, cuando en realidad es la primera vez.

○ **Antonia:** ¡Ay, sí! A mí me ha pasado muchas veces. Y te quedas con una sensación muy rara, ¿no?

● **Claudia:** Sí, sí, es verdad… Pero ¿no te parece más raro todavía que haya gente que se cure tomando algo que en realidad no sirve para tratar la enfermedad que padece esa persona?

○ **Antonia:** Pues no me parece tan raro. Es cierto que el remedio que se da es inocuo y no tiene efectos físicos, pero no es verdad que no cure exactamente, porque también existen las enfermedades psicosomáticas, las que provoca nuestra mente… El poder de la mente es muy fuerte.

● **Claudia:** Bueno, a ver qué temas tratan la próxima semana. ¡Estoy impaciente!

2; 4; 6.

i+ ELEteca
27. Fenómenos curiosos.

> 2 La audición anterior servirá como pretexto para introducir las estructuras gramaticales que se estudiarán a continuación. Para ello, se han extraído unas frases de la conversación en las que aparecen dichas estructuras. Pida a los alumnos que intenten deducir lo que expresan las frases y que las comparen con las que han estudiado en el epígrafe anterior, asegurándose de que pueden ver la diferencia entre expresar una probabilidad o hipótesis, y expresar una realidad o evidencia.

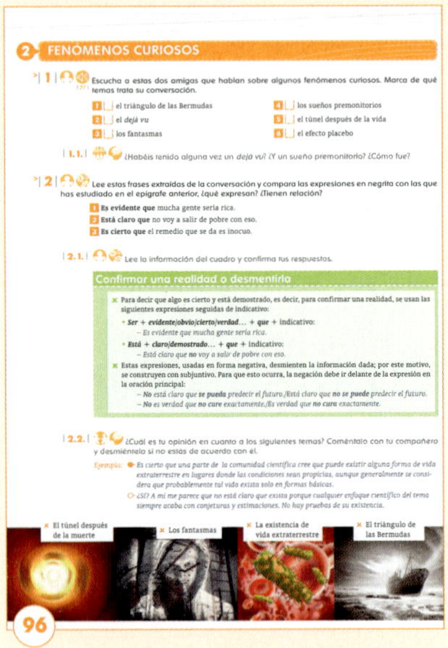

Constatan una realidad.

2.1. Pida ahora a los estudiantes que lean la información del cuadro funcional y la comparen con sus deducciones en la actividad anterior. Para la corrección, puede ayudarse de la proyección 15. Antes de realizar la actividad 2.2., y para consolidar las estructuras trabajadas, puede utilizar la ficha 17.

Proyección 15. Confirmar una realidad o desmentirla.

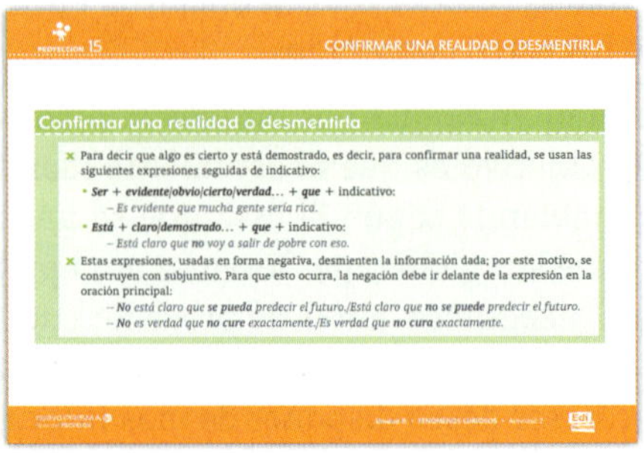
PROYECCIÓN 15 — CONFIRMAR UNA REALIDAD O DESMENTIRLA

Confirmar una realidad o desmentirla

- Para decir que algo es cierto y está demostrado, es decir, para confirmar una realidad, se usan las siguientes expresiones seguidas de indicativo:
  - ***Ser + evidente/obvio/cierto/verdad... + que*** + indicativo:
    – *Es evidente que mucha gente sería rica.*
  - ***Está + claro/demostrado... + que*** + indicativo:
    – *Está claro que **no** voy a salir de pobre con eso.*
- Estas expresiones, usadas en forma negativa, desmienten la información dada; por este motivo, se construyen con subjuntivo. Para que esto ocurra, la negación debe ir delante de la expresión en la oración principal:
  – ***No** está claro que **se pueda** predecir el futuro./Está claro que **no se puede** predecir el futuro.*
  – ***No** es verdad que **no cure** exactamente./Es verdad que **no cura** exactamente.*

Dinámica. Ponga la proyección con el fin de realizar una corrección conjunta. Pida a los estudiantes que comenten todas sus respuestas en la actividad 2. A continuación, confirme los aciertos y errores, aportando al mismo tiempo las explicaciones y ejemplos que considere necesarios. Mantenga la proyección durante la actividad 2.2.

Ficha 17. Es cierto que...

Dinámica. Entregue la ficha a los alumnos e indíqueles que, individualmente o en parejas, realicen las actividades. El objetivo es repasar y consolidar las estructuras para confirmar o desmentir una realidad que se estudian en este epígrafe.

1. 1. Es cierto que; 2. Es evidente que; 3. Es indiscutible que; 4. Es verdad que; 5. Es cierto que; 6. Es indudable que; 7. Está claro.

2. 1. a. Confirman una realidad; 2. a. Indicativo.

3. 1. c. Desmienten una realidad; 2. b. Subjuntivo.

2.2. Ejercicio de producción e interacción oral. La dinámica es en parejas, sin embargo, dependiendo del número de alumnos que haya en clase, se pueden organizar en pequeños grupos o, incluso, dividir la clase en dos grandes grupos, los que creen más en los fenómenos curiosos o paranormales frente a los que se muestran más escépticos frente a estos temas. Los estudiantes deberán dar su opinión y reaccionar sobre los diferentes fenómenos curiosos propuestos. Mantener la proyección en pantalla les ayudará a formular las frases correctamente y con mayor brevedad. No olvide que lo que se propone es una actividad de consolidación de las estructuras estudiadas. Si lo cree conveniente, puede aportar otros temas o imágenes de acuerdo con las necesidades e intereses de los estudiantes.

Para practicar las estructuras para expresar acuerdo o desacuerdo con una hipótesis, así como aquellas para confirmar o desmentir una realidad, se recomiendan los ejercicios 8 al 10 de la unidad 8 del *Libro de ejercicios*.

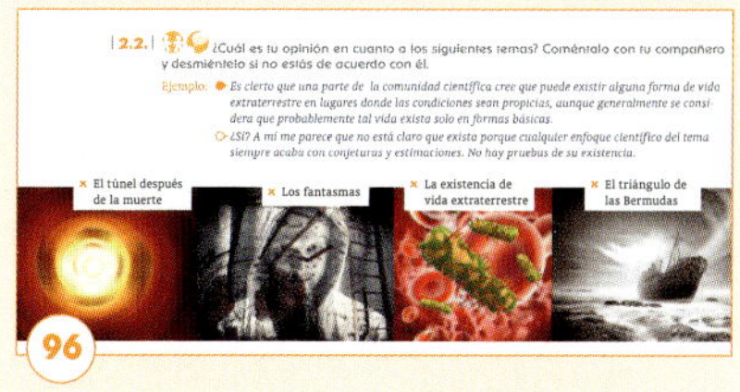

3 INFORTUNIOS 97

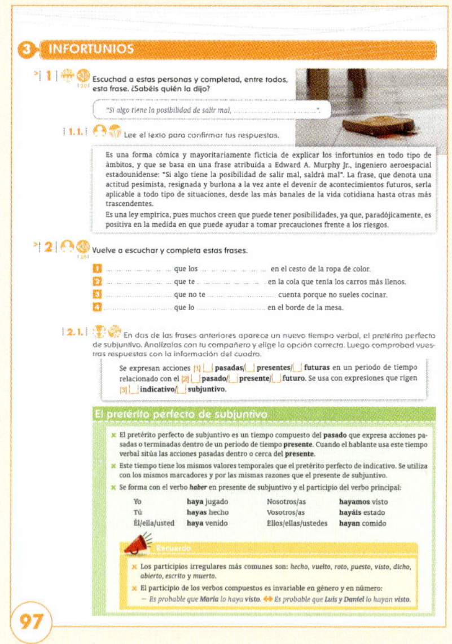

La popular y extendida frase de Edward A. Murphy Jr. servirá como pretexto para abordar el estudio del pretérito perfecto de subjuntivo en el presente epígrafe. De todos es conocida la actitud pesimista y burlona que esta frase transmite, lo cual llevará a conocer opiniones de diferentes hablantes sobre este tema: las cosas que les han pasado, así como las preocupaciones que se les han planteado. Posteriormente, se procederá a una interacción entre los estudiantes, donde se producirá la estructura gramatical que se presenta.

> 1 Se introduce el tema de los infortunios a partir de una comprensión auditiva selectiva. La única finalidad que tendrán los alumnos en esta actividad será la de completar la conocida frase de Murphy y reconocer a su autor. Se trata de una tarea de información previa para dar comienzo a la secuenciación de actividades que desarrollaran el tema.

| 28 |

Diálogo 1

- Ana, ¡me ha desaparecido un calcetín blanco! ¿Por qué siempre me desaparecen los calcetines en la lavadora?
- ¡¿Cómo van a desaparecer los calcetines en la lavadora, mujer?! Es posible que los hayas dejado en el cesto de la ropa de color.

Diálogo 2

- Mira, me he puesto en la cola más corta y, al final, he tardado más que en la otra. ¿Cómo puede ser?
- Seguro que te has puesto en la que cola que tenía los carros más llenos.

Diálogo 3

- Me he puesto a hacer una paella y no me he dado cuenta de que no tenía arroz, ¿por qué nos damos cuenta de que nos falta algún ingrediente cuando ya tenemos la comida a medias?
- A mí no me pasa nunca… Es evidente que no te has dado cuenta porque no sueles cocinar.

Diálogo 4

- ¡El jarrón, el jarrón que se cae…! ¡Ay, madre! Pero si he tenido mucho cuidado cuando lo he colocado…
- Puede que lo hayas dejado en el borde de la mesa. No te preocupes, mujer, no pasa nada, no es tan importante…

saldrá mal; Edward A. Murphy, ingeniero aeroespacial estadounidense.

1.1. El texto que se ofrece a continuación sirve para confirmar las respuestas de la actividad anterior. A través de la comprensión lectora, los estudiantes podrán, también, desvelar algunos detalles relacionados con el significado que transmite la frase.

> 2 El profesor volverá a poner la audición 28, ahora con la finalidad de que los estudiantes identifiquen la estructura gramatical que aparece en los diálogos. Para ello, es conveniente pedirles que, antes de escuchar, lean las frases que se ofrecen y sepan exactamente lo que tienen que completar. De esta manera, la escucha irá dirigida a la identificación.

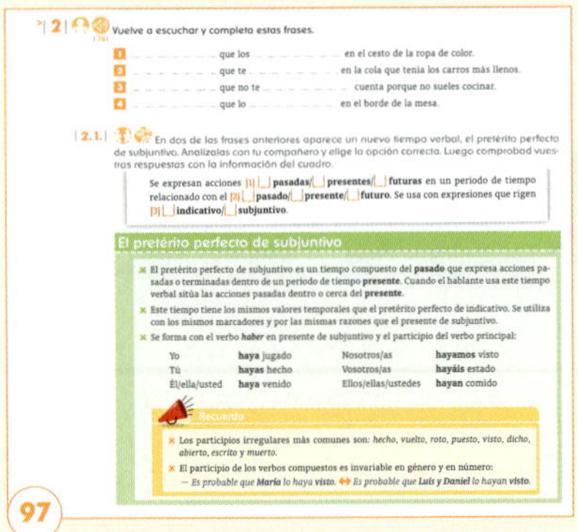

1. Es posible que los hayas dejado en el cesto de la ropa de color; 2. Seguro que te has puesto en la cola que tenía los carros más llenos; 3. Es evidente que no te has dado cuenta porque no sueles cocinar. 4. Puede que lo hayas dejado en el borde de la mesa.

2.1. Tarea reflexiva sobre las estructuras identificadas en los diálogos de la actividad anterior. El objetivo es que los estudiantes detecten que dos de estas frases están construidas con un tiempo que hasta ahora desconocen. Con la reflexión se busca que el propio estudiante pueda, por el contexto, saber cuáles son, a qué momento temporal se refieren y cuál es el uso de las acciones expresadas en pretérito perfecto de subjuntivo. El cuadro con las formas y usos de este tiempo les ayudará en su reflexión, si es necesario, o les servirá para comprobar sus respuestas. Es importante que el profesor, en este momento, dé las las explicaciones pertinentes para la total comprensión.

1. pasadas; 2. presente; 3. subjuntivo.

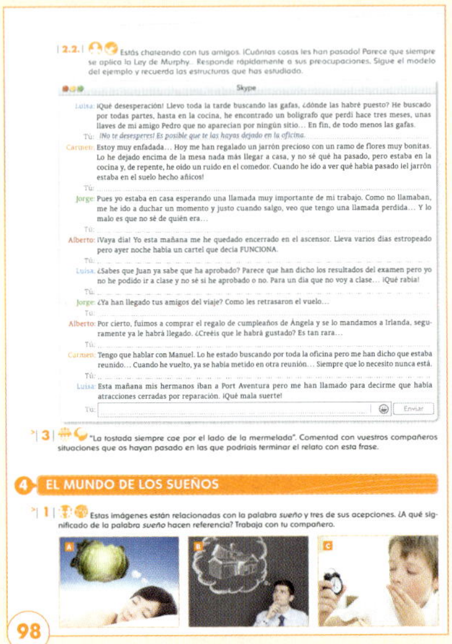

2.2. Se aprovecha el formato de chat de Skype para llevar a cabo una tarea escrita que permitirá consolidar las estructuras estudiadas en las actividades anteriores. El estudiante será el protagonista y deberá responder a las intervenciones de este chat individualmente. Siendo una tarea escrita, el profesor deberá llevar a cabo la corrección. Sin embargo, como es una actividad de respuesta abierta, es interesante proponer una puesta en común de todas las respuestas para que los alumnos puedan ver las diferentes posibilidades y disponer de más modelos de lengua.

Posibles respuestas. Tal vez una corriente de aire lo haya tirado; No te preocupes, seguro que quien haya llamado, volverá a llamar; ¡Vaya! Puede ser que esta mañana se haya estropeado otra vez; Tranquilo, seguro que has aprobado; Probablemente lleguen pronto; ¡Seguro que le habrá encantado!; ¡No te desesperes! No se habrá enterado de que lo buscabas; ¡No te preocupes! Posiblemente haya muchas más que funcionan.

> 3 Para cerrar la secuencia, se propone una actividad en la que todos los estudiantes deben explicar alguna situación por la que hayan pasado, y cuya explicación permita usar el pretérito perfecto de subjuntivo y terminar con la frase propuesta. El objetivo es la consolidación del uso y de las formas de este nuevo tiempo verbal.

Para consolidar la forma y uso del pretérito perfecto de subjuntivo, puede realizar el ejercicio 11 de la unidad 8 del *Libro de ejercicios*.

4 EL MUNDO DE LOS SUEÑOS 98

La palabra "sueño" tiene varias acepciones. Al trabajar la hipótesis o probabilidad, se propone la acepción referida al mundo onírico de "representarse en la mente imágenes o sucesos mientras se duerme". Este tema permite fácilmente poner en práctica todas las estructuras relacionadas con las hipótesis que se han trabajado a lo largo de la unidad. El mundo de los sueños está presente en nuestros días y también para los estudiantes es algo muy conocido, de manera que tendrán mucha información previa y experiencias propias que contar que favorecerán la interacción.

> 1 Para empezar el tema se propone a los estudiantes que comenten las acepciones de la palabra sueño y que, después, las identifiquen con las imágenes. Se les puede pedir que busquen las definiciones en el diccionario.

Acepciones de la palabra sueño. A. soñar, referido al mundo onírico; B. soñar, como deseo; C. tener sueño, necesidad fisiológica.

>2 Se propone una actividad de comprensión lectora global. La finalidad de esta primera lectura es que los estudiantes obtengan una idea general sobre el tema y se den cuenta de cómo está organizado. Por el momento no es aconsejable pedirles que hagan nada más, puesto que en la actividad siguiente tienen una propuesta de diversas actividades para que, de forma estratégica, lleguen a comprender la totalidad del texto.

2.1. Actividad de aplicación de estrategias para la comprensión detallada de un texto. Antes de empezar a trabajar, pida a los estudiantes que lean todas las actividades propuestas. Para una óptima realización de la tarea, es importante realizar una a una y por orden todas las actividades de la misma. También es importante que, a medida que terminen las actividades, se lleve a cabo una puesta en común y/o corrección en gran grupo, puesto que la correcta realización de una actividad facilitará abordar la actividad siguiente. Existen varias respuestas posibles, por lo que la puesta en común aportará, también, más información a los estudiantes.

1. Posible respuesta. Las imágenes me ayudan a entrar más profundamente en el tema del texto, en este caso, el mundo de los sueños. Por ejemplo, la imagen 1 muestra cómo este fenómeno ocurre de noche y se muestra como un viaje al interior de uno mismo. Las imágenes 2 y 3 me hacen pensar en la conexión de los sueños con la realidad, pero una realidad que en ellos aparece cambiada. La imagen 4 me sugiere que hay una puerta hacia el mundo de los sueños. Mientras que la imagen 5 parece relacionar los sueños con un mundo intrincado y solitario.

2. Ideas principales. Párrafo 1: *Los sueños son una sucesión de imágenes que aparecen en nuestra mente mientras dormimos. En los sueños, las leyes que rigen la realidad no existen y todo aparece mezclado de una forma sorprendente*; Párrafo 2: *Hay tres tipos de sueños: los sueños lúcidos, los sueños recurrentes y las pesadillas. Los sueños lúcidos son aquellos en los que nos damos cuenta de que soñamos y que podemos modificar. Este tipo de sueños nos puede ayudar a desarrollar nuestro potencial creativo y nuestras habilidades*; Párrafo 3: *Los sueños recurrentes son los sueños repetidos; se trata de sueños en los que nuestro subconsciente nos quiere decir algo sobre algún problema que no ha sido todavía resuelto. Las pesadillas son sueños en los que sufrimos o en los que nos sentimos asustados*; Párrafo 4: *Todos soñamos, aunque algunas personas piensen que no porque no recuerdan sus sueños. Quizá la mayor razón y la más importante de por qué olvida sus sueños es que no les da importancia*; Párrafo 5: *Para recordar los sueños, es aconsejable dedicar unos momentos de reflexión al despertarse. Si se ha pasado toda la vida ignorando los sueños, es posible que haya que dedicar muchos días a recordarlos*; Párrafo 6: *El recuerdo del sueño puede entrenarse. Los sueños parecen ser una manera por la cual el subconsciente procesa todos los problemas que se encuentran en la vida despierta. Pensar en ellos puede darnos un mayor conocimiento de nosotros mismos.*

3. Palabras clave: sucesión de imágenes; las leyes que rigen la realidad; todo mezclado; tipos de sueños; sueños lúcidos; nos damos cuenta de que soñamos; desarrollar nuestro potencial creativo; mejorar nuestras habilidades; sueños recurrentes; sueños repetidos; pesadillas; sueños en los que nos sentimos asustados; todos soñamos; olvidar los sueños; no dar importancia a los sueños; Es aconsejable recordar los sueños; pasarse toda la vida ignorando los sueños; dedicar muchos días a recordarlos; el recuerdo del sueño puede entrenarse; un lenguaje simbólico; emana de las profundidades de nuestro ser; una manera por la cual el subconsciente procesa los problemas; mayor conocimiento de nosotros mismos.

4. Posibles palabras. Regir: dirigir, ordenar; Darse cuenta de: percibir, notar; Desarrollar: hacer avanzar; Potencial creativo: capacidad para crear cosas o ideas nuevas; Asustado: con miedo; Olvidar: no recordar; Contemplar: tener en cuenta, poner atención en algo; No dar importancia: descartar algo porque no es importante; Ignorar: no prestar atención a algo; Entrenarse: practicarse; Lenguaje simbólico: lenguaje que usa unas imágenes que significan

100

otra cosa distinta; Profundidades: partes más escondidas; Subconsciente: parte de nuestra mente que no conocemos; Procesar: tratar.

5. Resumen. 1. Los sueños son una sucesión de imágenes que aparecen en nuestra mente mientras dormimos. En ellos las leyes que rigen la realidad no existen y todo está mezclado; 2. Hay tres tipos de sueños: los sueños lúcidos, en los que podemos darnos cuenta de que estamos soñando, los sueños recurrentes y las pesadillas; 3. Los sueños recurrentes son los repetidos y nos hablan de algún problema de nuestra vida no resuelto. Las pesadillas son los sueños en los que nos sentimos asustados; 4. Todos soñamos, aunque no todos podamos recordar nuestros sueños, principalmente, porque no les damos importancia; 5. Es aconsejable recordarlos, pero puede costar muchos días si se ha pasado toda una vida ignorándolos; 6. El recuerdo del sueño puede entrenarse y entender su significado nos puede dar un mayor conocimiento de nosotros mismos.

2.2. Pida a los estudiantes que respondan a las preguntas que se plantean y que hablen de sus sueños explicando qué sensaciones les han producido al despertar o al recordarlos. La interacción propuesta servirá para dar paso a la siguiente actividad, en la que expresarán sus sensaciones con referencia a su aprendizaje del español.

2.3. Enlazando con las sensaciones que despiertan los sueños, ya sean agradables o no, se pide a los estudiantes que reflexionen sobre sus sensaciones en relación con el aprendizaje del español. Es importante que, a lo largo de sus exposiciones, aproveche para conferir a esas sensaciones una connotación positiva. La positividad facilita el aprendizaje y es posible que se encuentre con algunos estudiantes que perciban el suyo como una pesadilla, ya sea porque estudian español por obligación o porque tienen algunas dificultades que les impiden avanzar como ellos quisieran. Estas reflexiones pueden exponerse a modo de debate en el que se aconseja que motive a sus alumnos positivamente.

>3 A partir de unas imágenes y unos breves textos descriptivos, se propone al estudiante que trabaje el lenguaje simbólico de los sueños. La imagen aporta una información y el texto la complementa. Seguro que los alumnos tienen conocimientos previos sobre los diferentes significados de los sueños, por lo que puede plantear la actividad proponiendo que, al principio, los alumnos observen solo las imágenes y formulen hipótesis sobre lo que pueden significar sin recurrir a los textos. Posteriormente, la lectura de estos les ayudará a verificar sus hipótesis. Esta actividad facilitará realizar la actividad siguiente.

1. C; 2. D; 3. A; 4. B.

101

3.1. Actividad de producción escrita cuyo objetivo es poder utilizar las expresiones de hipótesis trabajadas a lo largo de la unidad y el uso del pretérito perfecto de subjuntivo. Para ello, pida a los estudiantes que participen en un foro en el que diferentes personas describen algún sueño que han tenido y piden que alguien lo interprete. Se ofrece una primera intervención con pregunta y respuesta a modo de ejemplo para que los alumnos dispongan de una muestra de lengua en la que apoyarse. Esta actividad puede realizarse individualmente o en parejas, tal y como se propone, con el fin de que se ayuden y corrijan mutuamente. Al finalizar, el profesor procederá a la corrección de los textos escritos y, al tratarse de una tarea de respuesta abierta, se propone hacer una puesta en común para conocerlas todas.

Una vez finalizada la actividad, no olvide recordar a sus alumnos que lean el cuadro de atención sobre el uso del verbo *ser* para expresar un evento o acontecimiento.

Posibles respuestas.

Hola, Mary. Para mí es obvio que tienes una relación muy bonita con tu novio, ya que sueñas que estás en un bello campo de flores. Yo creo que eso significa que os dais muchas cosas el uno al otro. Sin embargo, cuando él te da la flor amarilla y se pincha, puede que signifique que tienes miedo de hacer algo que pueda causarle daño.

Hola, Tonito. ¡Qué pesadilla! No quiero asustarte, pero es posible que ese sueño te esté avisando de que muy pronto algo negativo va a ocurrir en tu vida. Quizás que tengas que operarte o que tengas problemas con tu trabajo.

Hola, Nines. Es evidente que tu sueño es del tipo recurrente. Está claro que se refiere a un problema de tu vida que todavía no has solucionado y que proviene de tu infancia. Probablemente olvidaste decirle algo importante a tu hermano en uno de sus cumpleaños y tu subconsciente te dice que necesitas recordarlo.

Si desea que sus alumnos practiquen el contraste entre algunos usos de *ser* y *estar*, puede remitirlos al ejercicio 12 de la unidad 8 del *Libro de ejercicios*.

> **4** Actividad cooperativa cuyo principal objetivo consiste en la elaboración de un diccionario de sueños por parte de los estudiantes. Se dividirá a los alumnos en grupos y se encargará a cada componente del mismo una tarea específica que, luego, pondrá en común con el resto de miembros del equipo para, finalmente, elaborar el diccionario de sueños entre toda la clase. Los estudiantes deben seguir paso a paso las directrices y pautas que se dan en la actividad, mientras que el profesor deberá ayudar, organizar, y supervisar el trabajo de los diferentes grupos. Para finalizar, se propone una puesta en común en la que los alumnos comenten sus propios sueños y si están de acuerdo o no con las posibles interpretaciones de los mismos.

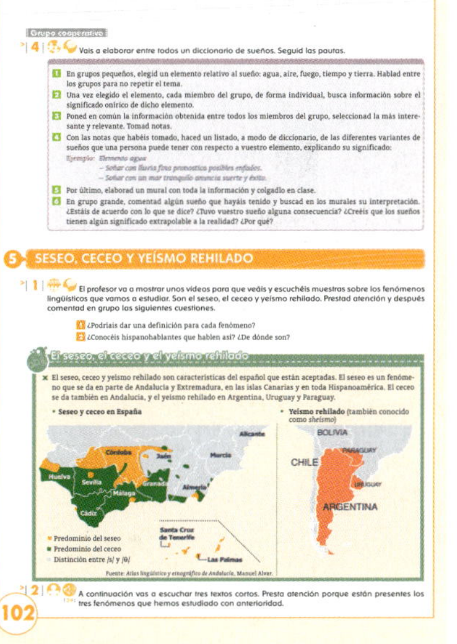

5 SESEO, CECEO Y YEÍSMO REHILADO 102

En este epígrafe se trabaja la diferencia entre el seseo y ceceo, por una parte, y el yeísmo rehilado, por otra. Estos fenómenos se dan en algunas partes de España y en Hispanoamérica. Es importante recordar que están aceptados y que los alumnos deben reconocerlos.

> **1** Se presentan estos fenómenos a través de los vídeos propuestos con el fin de facilitar a los alumnos explicaciones y muestras reales de cada uno de ellos. El objetivo es que se familiaricen con dichos fenómenos y que conozcan en qué zonas de España e Hispanoamérica se dan. Después de ver los vídeos, o antes si lo cree conveniente, se propone comentar las dos preguntas de la actividad dando a los alumnos las explicaciones y aclaraciones oportunas una vez hayan contestado. Para ello, puede utilizar la proyección 16. Si desea obtener información adicional, puede consultar en la ELEteca.

Vídeos:

Yeísmo

https://www.youtube.com/watch?v=kFpimuSe_1c (o por el título *Spanish pronunciation: B & V*, en PRACTIQUEMOS by Catalina Moreno E.).

https://www.youtube.com/watch?v=72PiK16w4Tc (o por el título *El castellano rioplatense y su yeísmo rehilado* de getreallanguage).

https://www.youtube.com/watch?v=HtsLhOevHH0 (o por el título *La LL y la Y* de Adir Ferreira).

Seseo

https://www.youtube.com/watch?v=Xg525KvZxi0 (o por el título *Spanish pronunciation: C & Z*, en PRACTIQUEMOS by Catalina Moreno E.).

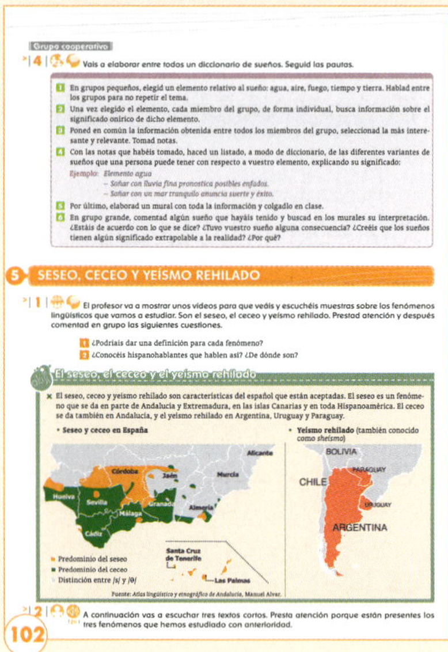

https://www.youtube.com/watch?v=Y6qhvrRsRmk (o por el título *Rafael Álvarez "El Brujo" - La diferencia entre "Yo nací" y "Yo nasí"... (El acento de Lucena)*).

Ceceo

https://www.youtube.com/watch?v=7DGUKv0XnH8 (o por el título *Jesulín de Ubrique, el cine y la broma de la araña*).

Proyección 16. El seseo, el ceceo y el yeísmo rehilado.

Dinámica. Ponga la proyección y explique los tres fenómenos señalando el lugar dónde se producen, de modo que los alumnos puedan ver y comentar con usted lo que les va explicando. Al hacerlo de manera conjunta, se podrá aprovechar de la información que aporten todos los estudiantes del grupo.

i+ ELEteca

28. El seseo, el ceceo y el yeísmo rehilado.

Ceceo: Pronunciar la *s* con articulación igual o semejante a la de la *c* ante *e*, *i*, o a la de la *z*; Seseo: Pronunciar la *z*, o la *c* ante *e*, *i*, como *s*. Es uso general en Andalucía, Canarias y otras regiones españolas, y en América; Definición de yeísmo rehilado: Pronunciación de la *ll* como *y* añadiendo vibración que se produce en el punto de articulación y que suma más sonoridad a la originada por la vibración de las cuerdas vocales.

>2 Comprensión auditiva en la que se presentan tres breves textos donde están presentes los tres fenómenos estudiados. La actividad consiste en una toma de contacto y una comprensión global del texto.

Texto 1

|29| Yo no veo ningún caballo –le dije a ella al llegar a la llanura lluviosa. Yo sé que viajar instruye mucho pero ayer en la calle de Nueva York, con el billete en el bolsillo, nunca me lo habría imaginado así.

Texto 2

El cazador de libros se sentía feliz al encontrar en una casa señorial de Zaragoza una colección de cien publicaciones científicas insólitas.

Texto 3

Todos los tesoros oscuros de las islas estaban en la sala de subastas. En el primer lote había dos cisnes negros, unos sigilosos gatos de dimensiones gigantescas y tres muñecos enmascarados.

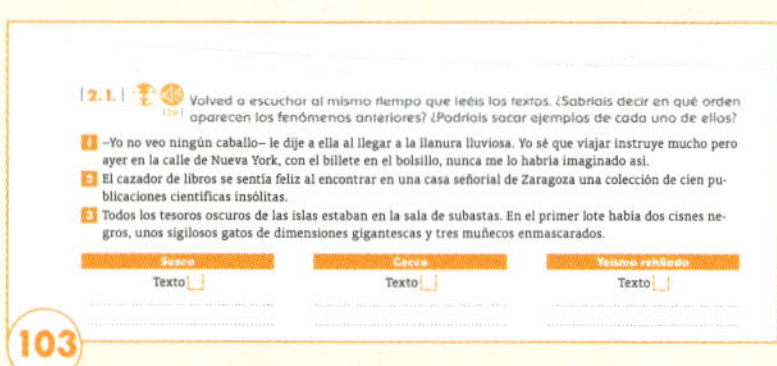

2.1. Se repite la audición 29 con el objetivo de que los estudiantes puedan distinguir cada uno de los fenómenos lingüísticos. Se da la transcripción en la actividad para que, posteriormente, puedan extraer ejemplos de los tres fenómenos en cada una de las audiciones. No olvide que es un ejercicio de reconocimiento para que el alumno tome contacto y distinga los fenómenos pero no con el objetivo de que aprendan a producirlos.

Texto 1: yeísmo rehilado; ejemplos: Yo; caballo; ella; llegar; llanura; lluviosa; Yo; instruye; ayer; calle; billete; bolsillo; Texto 2: seseo; ejemplos: cazador;

feliz; Zaragoza; colección; cien; publicaciones; científicas; Texto 3: ceceo; ejemplos: tesoros; sala; subastas; sigilosos; dimensiones.

> 3 Se trata de trabajar esta actividad de forma lúdica. El hecho de que el ceceo y el seseo pueden llevar a una confusión léxica ayuda a desarrollar esta actividad como un juego de palabras. Producir frases imitando la fonética correspondiente según se aplique uno u otro fenómeno, obligará a los estudiantes a fijarse en el contexto de la frase para diferenciar el significado y ser conscientes de la confusión.

Para profundizar en la identificación del ceceo, seseo y yeísmo rehilado, puede proponer realizar los ejercicios 13 y 14 de la unidad 8 del *Libro de ejercicios*.

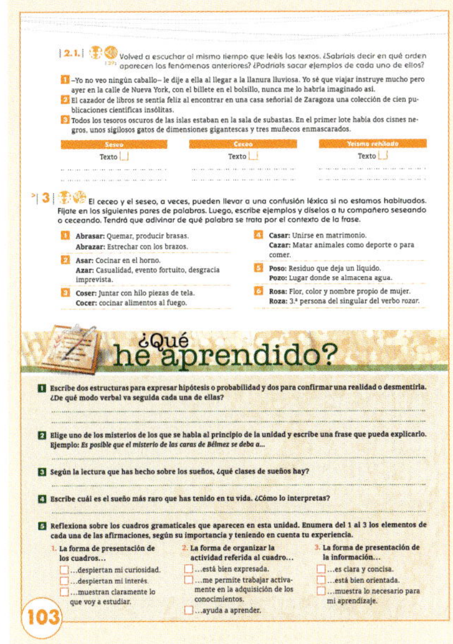
|2.1.| Volved a escuchar al mismo tiempo que leéis los textos. ¿Sabríais decir en qué orden aparecen los fenómenos anteriores? ¿Podríais sacar ejemplos de cada uno de ellos?

1 –Yo no veo ningún caballo– le dije a ella al llegar a la llanura lluviosa. Yo sé que viajar instruye mucho pero ayer en la calle de Nueva York, con el billete en el bolsillo, nunca me lo habría imaginado así.
2 El cazador de libros se sentía feliz al encontrar en una casa señorial de Zaragoza una colección de cien publicaciones científicas insólitas.
3 Todos los tesoros oscuros de las islas estaban en la sala de subastas. En el primer lote había dos cisnes negros, unos sigilosos gatos de dimensiones gigantescas y tres muñecos enmascarados.

Seseo	Ceceo	Yeísmo rehilado
Texto [ ]	Texto [ ]	Texto [ ]

|3| El ceceo y el seseo, a veces, pueden llevar a una confusión léxica si no estamos habituados. Fíjate en los siguientes pares de palabras. Luego, escribe ejemplos y díselos a tu compañero seseando o ceceando. Tendrá que adivinar de qué palabra se trata por el contexto de la frase.

1 **Abrasar:** Quemar, producir brasas. **Abrazar:** Estrechar con los brazos.
2 **Asar:** Cocinar en el horno. **Azar:** Casualidad, evento fortuito, desgracia imprevista.
3 **Coser:** Juntar con hilo piezas de tela. **Cocer:** cocinar alimentos al fuego.
4 **Casar:** Unirse en matrimonio. **Cazar:** Matar animales como deporte o para comer.
5 **Poso:** Residuo que deja un líquido. **Pozo:** Lugar donde se almacena agua.
6 **Rosa:** Flor, color y nombre propio de mujer. **Roza:** 3.ª persona del singular del verbo *rozar*.

¿Qué he aprendido?

1 **Escribe dos estructuras para expresar hipótesis o probabilidad y dos para confirmar una realidad o desmentirla. ¿De qué modo verbal va seguida cada una de ellas?**

2 **Elige uno de los misterios de los que se habla al principio de la unidad y escribe una frase que pueda explicarlo. Ejemplo:** ***Es posible que el misterio de las caras de Bélmez se deba a...***

3 **Según la lectura que has hecho sobre los sueños, ¿qué clases de sueños hay?**

4 **Escribe cuál es el sueño más raro que has tenido en tu vida. ¿Cómo lo interpretas?**

5 **Reflexiona sobre los cuadros gramaticales que aparecen en esta unidad. Enumera del 1 al 3 los elementos de cada una de las afirmaciones, según su importancia y teniendo en cuenta tu experiencia.**

1. **La forma de presentación de los cuadros...**
   - [ ] ...despiertan mi curiosidad.
   - [ ] ...despiertan mi interés.
   - [ ] ...muestran claramente lo que voy a estudiar.
2. **La forma de organizar la actividad referida al cuadro...**
   - [ ] ...está bien expresada.
   - [ ] ...me permite trabajar activamente en la adquisición de los conocimientos.
   - [ ] ...ayuda a aprender.
3. **La forma de presentación de la información...**
   - [ ] ...es clara y concisa.
   - [ ] ...está bien orientada.
   - [ ] ...muestra lo necesario para mi aprendizaje.

103

¿QUÉ HE APRENDIDO? 103

> 1 Posible respuesta. Hipótesis o probabilidad: *es posible que* + subjuntivo; *quizás* + indicativo/subjuntivo; Confirmar una realidad: *está claro que* + indicativo; *es cierto que* + indicativo; Desmentir una realidad: *no está claro que* + subjuntivo; *no es cierto que* + subjuntivo; El modo de las estructuras que expresan hipótesis es, en general, el modo subjuntivo; el modo de las estructuras de confirmación de la realidad es el indicativo y el modo de las estructuras para desmentir es el subjuntivo.

> 3 Hay tres clases de sueños: los lúcidos, de los que nos damos cuenta en el mismo momento en que los soñamos; los recurrentes, que se repiten y con los que nuestro subconsciente nos informa de un problema de nuestra vida no ha resuelto todavía, y las pesadillas, con las que sufrimos porque reflejan nuestros miedos.

ELEteca
Léxico. El lenguaje de los sueños.

9 LEER ENTRE LÍNEAS

El título “Leer entre líneas” contextualiza uno de los ejes temáticos de esta unidad. Se trata de una expresión que hace alusión a la lectura detallada que debe hacerse de algunos textos, especialmente aquellos que encierran mensajes ocultos o solapados, ya que lo que se quiere decir no está expuesto de manera muy evidente y hay que buscarlo entre sus líneas como sucede en las tiras cómicas, en los fragmentos de novelas y en el universo literario que se trabaja en la unidad. Como contenidos gramaticales, se presentarán el fututo perfecto de indicativo, el contraste entre futuro perfecto, futuro imperfecto y condicional simple para la expresión de la probabilidad, y las expresiones para reforzar o negar una hipótesis. En el plano funcional, los alumnos aprenderán a expresar probabilidad en el presente, pasado y futuro, y a hacer predicciones y conjeturas. El apartado estratégico centra su atención en el establecimiento de criterios para ordenar un texto y facilitar su comprensión. Por último, en el apartado de fonética y ortografía, se trabajará el contraste de las consonantes vibrantes; /r/, /rr/, /l/ y las grafías *r*/*rr*.

1 ¿QUIÉN SERÁ? 104

En relación con el contenido funcional, de gran relevancia en este epígrafe, el alumno recordará las estructuras para expresar hipótesis con presente, y aprenderá a expresarlas con futuro y condicional. A partir de un texto del periodista y escritor español Manuel Vicent, deducirá y practicará las citadas estructuras. Mediante la actividad etiquetada como sensaciones, los alumnos exteriorizarán cómo consideran que es su español, y qué aspecto físico y carácter tendría para ellos imaginando que fuera una persona.

> 1 Con esta primera actividad del epígrafe, planteada para realizar en parejas, se pretende que, a partir de la observación de una imagen, los estudiantes activen su imaginación respondiendo a las preguntas sobre esta haciendo suposiciones. Para guiarlos en la expresión de las hipótesis, diríjalos al cuadro de llamada de atención que hace un recordatorio de las expresiones de hipótesis que se estudiaron en la unidad anterior.

Posibles respuestas. Posiblemente sea una abuelita que esté jugando con sus nietos en el parque. Puede que tenga unos setenta años. A lo mejor vive con su hija y con sus nietos en una casa en el campo.

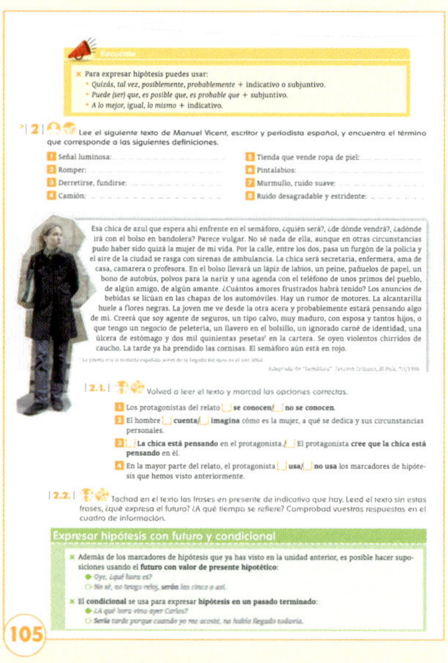

> 2 Los alumnos van a leer un fragmento adaptado de un texto del escritor y periodista español Manuel Vicent. Antes de enfrentarse a la lectura, indíqueles que lean con atención las definiciones que aparecen asegurándose de que entienden su significado. Una vez leído el texto, deben encontrar en él los términos correspondientes a las definiciones anteriores. Antes de proceder a la corrección final en gran grupo, proponga a los estudiantes que, en parejas, comparen y que lleguen a un consenso en caso necesario.

1. semáforo; 2. se rasga (rasgar); 3. se licúan (licuarse); 4. furgón; 5. negocio de peletería; 6. lápiz de labios; 7. rumor; 8. chirrido.

2.1. Pida a los alumnos que procedan a una segunda lectura del texto y, manteniendo las parejas anteriores, que contesten a las preguntas de comprensión lectora señalando la opción correcta.

1. no se conocen; 2. imagina; 3. El protagonista cree que la chica está pensando en él; 4. no usa.

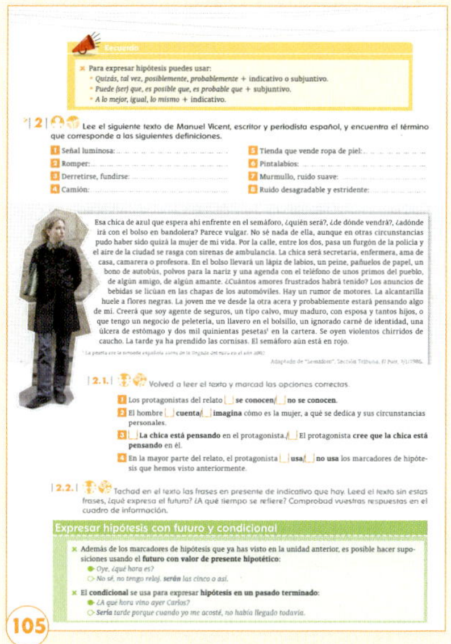

i+ ELEteca

29. Manuel Vicent.

2.2. Mediante esta actividad de reflexión gramatical, los alumnos volverán al texto anterior para tachar todos los verbos que están en presente y lo leerán de nuevo sin ellos. El objetivo es que, en parejas, reflexionen sobre la forma del futuro, explicando cuál es su función y qué expresa. Si lo considera oportuno, puede proponer a los alumnos que comparen sus repuestas con otras parejas de la clase para llegar a un consenso y tener una única respuesta. Finalmente, indíqueles que lean el cuadro funcional para expresar hipótesis con futuro y condicional, y que comprueben su respuesta anterior. Antes de pasar a la siguiente actividad, asegúrese de que los alumnos entienden el contenido del cuadro dando las explicaciones y aportando los ejemplos que crea oportunos.

El futuro expresa una probabilidad que hace referencia a un tiempo presente.

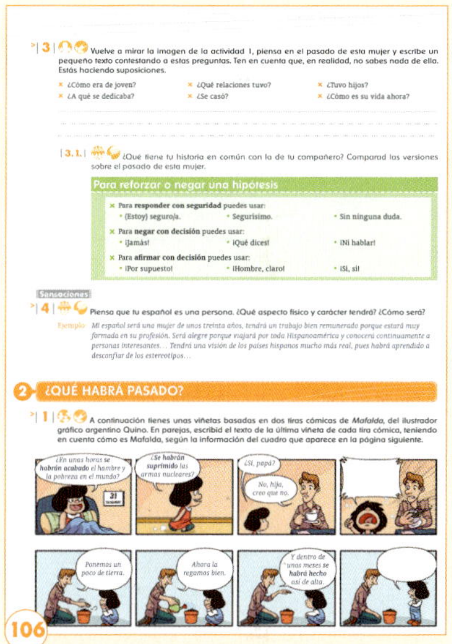

> 3 Con este ejercicio se pretende seguir practicando las suposiciones potenciando la destreza escrita. Pida a los estudiantes que observen con atención la fotografía de la mujer que aparecía en la actividad 1 y que elaboren un texto contestando a las preguntas que se plantean sobre su pasado. Recuérdeles que, al no conocer nada de ella, deben hacer suposiciones. Asegúrese también de que en sus producciones los alumnos usan el condicional para hacer suposiciones en pasado, tal y como se indicaba en el cuadro funcional de la actividad anterior.

Para practicar la expresión de hipótesis con futuro y condicional, proponga la realización de los ejercicios 1 al 3 de la unidad 9 del *Libro de ejercicios*.

3.1. A continuación, anime a sus estudiantes a que comparen sus versiones sobre la historia de esta mujer y que comenten los puntos en común. Para responder, negar o afirmar la información de sus compañeros, indíqueles que tomen como guía el cuadro que tienen a continuación: “Para reforzar o negar una hipótesis”.

Si desea seguir trabajando las expresiones para reforzar o negar una hipótesis, puede realizar el ejercicio 9 de la unidad 9 del *Libro de ejercicios*.

> 4 Actividad de cierre del epígrafe en la que los estudiantes, imaginando que su español es una persona, harán suposiciones sobre cómo será, y qué aspecto físico y carácter tendrá. La exteriorización de la imagen que tienen de su español a través de esta metáfora les ayudará a contemplar los aspectos positivos en el recorrido de su aprendizaje del idioma y a enfrentarse a aquellos aspectos que no son tan positivos para poder mejorarlos.

2 ¿QUÉ HABRÁ PASADO? 106

Se introduce este epígrafe con una actividad de carácter cultural, al presentar unas viñetas basadas en dos tiras cómicas de *Mafalda*, del ilustrador gráfico argentino Quino. Estas viñetas serán el punto de partida para la presentación del uso y la forma del futuro perfecto de indicativo, y para su posterior práctica. Los alumnos realizarán, entre otras, una actividad consistente en la creación en grupo cooperativo de su propia tira cómica.

> 1 Antes de proceder a la explicación de esta actividad, pregunte a sus alumnos qué conocen de Mafalda: ¿Quién es? ¿De dónde es? ¿Cómo es?... En el caso de que no la conozcan, pídales que hagan suposiciones sobre ella.

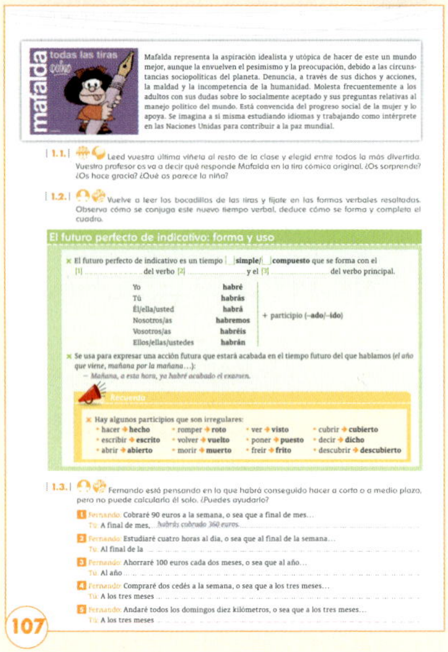

Para poder contextualizar la figura de Mafalda y de su ilustrador Quino, le recomendamos que se dirija al apartado correspondiente de la ELEteca. A continuación, indíqueles que, en parejas o en grupos de tres, lean las tiras cómicas y escriban el texto de la última viñeta. Es importante que, antes de escribir, los alumnos lean con atención el texto informativo sobre Mafalda que aparece en la página siguiente, pues les ayudará a conocer mejor al personaje y a escribir un final que se ajuste a su perfil.

i+ ELEteca
30. ***Mafalda* del ilustrador Quino.**

1.1. Puesta en común de las últimas viñetas escritas en la actividad anterior. Una vez leídas, los alumnos deberán escoger aquellas que les parezcan más divertidas. Luego, el profesor desvelará lo que dice Mafalda en las viñetas originales preguntando a los estudiantes qué les parece y si la consideran divertida. Para terminar esta actividad, proponga a los estudiantes que, teniendo en cuenta los finales originales de las viñetas, describan cómo es Mafalda para ellos.

Primera tira cómica: ¡¿Y entonces para qué cuernos cambiamos de año!?; Segunda tira cómica: ¡¿Tenías que explicarme cómo termina?!

1.2. Se presenta aquí un nuevo tiempo verbal: el futuro perfecto de indicativo, tanto su forma como su uso. Los alumnos leerán de nuevo las viñetas de la actividad 1 para fijarse en las formas verbales que aparecen en ellas. A continuación, leerán el cuadro gramatical de presentación de las formas del futuro perfecto y deberán completarlo mediante la deducción de su formación. Puede utilizar la proyección 17 para la corrección. Antes de proceder a la misma, proponga a los alumnos que comparen las respuestas con otros compañeros de la clase.

compuesto; 1. futuro; 2. haber; 3. participio.

Proyección 17. **El futuro perfecto de indicativo: forma y uso.**

PROYECCIÓN 17 — EL FUTURO PERFECTO DE INDICATIVO: FORMA Y USO

El futuro perfecto de indicativo: forma y uso

- El futuro perfecto de indicativo es un tiempo ☐ simple/ ☑ **compuesto** que se forma con el **futuro** del verbo ***haber*** y el **participio** del verbo principal.

Yo	**habré**	+ participio (**-ado**/**-ido**)
Tú	**habrás**	
Él/ella/usted	**habrá**	
Nosotros/as	**habremos**	
Vosotros/as	**habréis**	
Ellos/ellas/ustedes	**habrán**	

- Se usa para expresar una acción futura que estará acabada en el tiempo futuro del que hablamos (*el año que viene, mañana por la mañana*…):
  – *Mañana, a esta hora, ya habré acabado el examen.*

Recuerda
- Hay algunos participios que son irregulares:
  - hacer → **hecho** · romper → **roto** · ver → **visto** · cubrir → **cubierto**
  - escribir → **escrito** · volver → **vuelto** · poner → **puesto** · decir → **dicho**
  - abrir → **abierto** · morir → **muerto** · freír → **frito** · descubrir → **descubierto**

Dinámica. Proyecte el cuadro gramatical del uso del futuro perfecto de indicativo completado para que sus alumnos comprueben sus respuestas. Resuelva las dudas que puedan surgir, dando las explicaciones y aportando los ejemplos necesarios.

1.3. Actividad controlada de práctica del uso y forma del futuro perfecto de indicativo. Si lo cree oportuno, puede proponer realizarla o compararla en parejas antes de proceder a su corrección.

2. Al final de la semana, habrás estudiado 28 horas; 3. Al año, habrás ahorrado 600 euros; 4. A los tres meses, habrás comprado 24 cedés; 5. A los tres meses, habrás andado 120 kilómetros.

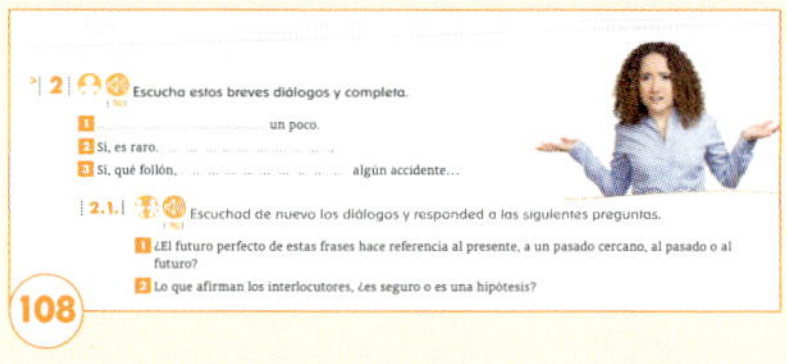

>2 Actividad de comprensión auditiva que tiene la finalidad de seguir practicando la forma del futuro perfecto de indicativo. En esta primera escucha, los alumnos deben centrarse en completar los espacios con la forma adecuada del futuro perfecto. Antes de pasar a la actividad 2.1., corrija la actividad.

1. Habrás engordado; 2. Se habrá dormido; 3. habrá habido.

Diálogo 1

30

- ¡Uf! No puedo abrocharme los pantalones...
- Habrás engordado un poco. Con tantas celebraciones hemos comido muchísimo.

Diálogo 2

- ¡Qué raro! Manuel no ha venido aún...
- Sí, es raro. Se habrá dormido, ayer hablé con él por la noche y me dijo que iba a salir con sus amigos.

Diálogo 3

- Mira allá... Está la policía, los bomberos y una ambulancia.
- Sí, qué follón, habrá habido algún accidente... Vamos a ver.

2.1. Proceda a la segunda escucha. El objetivo es que los estudiantes respondan a las preguntas planteadas para reflexionar sobre el tiempo al que hace referencia el futuro perfecto en las frases de los diálogos.

1. A un pasado cercano; 2. Es una hipótesis.

2.2. Una vez contestadas las preguntas en la actividad anterior, indique a los alumnos que lean el cuadro funcional para expresar probabilidad en un pasado cercano y confirmen sus respuestas. En caso de dudas, dé las explicaciones que crea necesarias.

>3 Primera de una secuencia de actividades que tiene como finalidad la práctica de la expresión de probabilidad en un pasado cercano. Pida a los alumnos que, en clase abierta, hagan hipótesis sobre a quién creen que llamará Estela para saber por qué no ha llegado Esther. En la actividad siguiente, los alumnos conocerán la respuesta.

3.1. Proceda a la escucha de las conversaciones que mantiene Estela con su amiga Amelia y con la madre de Esther, e indique a los alumnos que escriban primero las hipótesis de las tres mujeres y, a continuación, también la suya. Si lo desea, puede proponer a los alumnos que comparen sus respuestas y las hipótesis que ellos han escrito antes de la corrección conjunta.

31

- **María:** ¿Dígame?
- **Estela:** Hola, María, soy Estela.
- **María:** Hola, hija, ¿qué tal? ¿Ha pasado algo? ¿No ibas a recoger a mi hija al aeropuerto?
- **Estela:** Sí, pero hace una hora que la estoy esperando y no se ha presentado.
- **María:** ¿En serio? Pues yo la he acompañado al aeropuerto y la he dejado facturando las maletas. ¿La has llamado?
- **Estela:** Sí, pero me sale que está apagado.
- **María:** No te preocupes. Estará esperando las maletas. Ya sabes que en estos vuelos se suele retrasar bastante la salida del equipaje.
- **Estela:** Sí, pero, ¿una hora?
- **María:** Es posible. A mí me ha pasado... Una vez me perdieron la maleta y estuve en el aeropuerto casi tres horas. Si en un rato no aparece, llámame otra vez.
- **Estela:** Vale, hasta luego, María.

- **Amelia:** ¿Sí?
- **Estela:** Hola, Amelia.
- **Amelia:** Hola, ¿qué pasa? ¿Ya has recogido a Esther en el aeropuerto?
- **Estela:** ¡Qué va! ¡Si no ha aparecido todavía! Pero su avión ha aterrizado hace una hora.

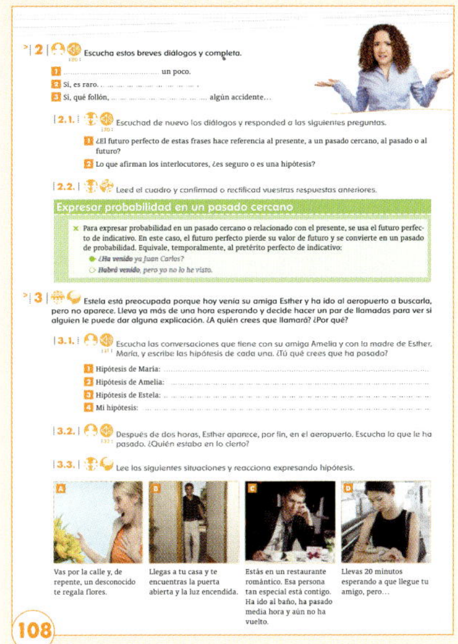

>| 2 | Escucha estos breves diálogos y completa. |30|

1. .... un poco.
2. Sí, es raro. ....
3. Sí, qué follón, ... algún accidente...

| 2.1. | Escuchad de nuevo los diálogos y responded a las siguientes preguntas. |30|

1. ¿El futuro perfecto de estas frases hace referencia al presente, a un pasado cercano, al pasado o al futuro?
2. Lo que afirman los interlocutores, ¿es seguro o es una hipótesis?

| 2.2. | Leed el cuadro y confirmad o rectificad vuestras respuestas anteriores.

Expresar probabilidad en un pasado cercano

- Para expresar probabilidad en un pasado cercano o relacionado con el presente, se usa el futuro perfecto de indicativo. En este caso, el futuro perfecto pierde su valor de futuro y se convierte en un pasado de probabilidad. Equivale, temporalmente, al pretérito perfecto de indicativo:
  - *¿**Ha venido** ya Juan Carlos?*
  - ***Habrá venido**, pero yo no lo he visto.*

>| 3 | Estela está preocupada porque hoy venía su amiga Esther y ha ido al aeropuerto a buscarla, pero no aparece. Lleva ya más de una hora esperando y decide hacer un par de llamadas para ver si alguien le puede dar alguna explicación. ¿A quién crees que llamará? ¿Por qué?

| 3.1. | Escucha las conversaciones que tiene con su amiga Amelia y con la madre de Esther, María, y escribe las hipótesis de cada una. ¿Tú qué crees que ha pasado? |31|

1. Hipótesis de María: ....
2. Hipótesis de Amelia: ....
3. Hipótesis de Estela: ....
4. Mi hipótesis: ....

| 3.2. | Después de dos horas, Esther aparece, por fin, en el aeropuerto. Escucha lo que le ha pasado. ¿Quién estaba en lo cierto? |32|

| 3.3. | Lee las siguientes situaciones y reacciona expresando hipótesis.

A. Vas por la calle y, de repente, un desconocido te regala flores.
B. Llegas a tu casa y te encuentras la puerta abierta y la luz encendida.
C. Estás en un restaurante romántico. Esa persona tan especial está contigo. Ha ido al baño, ha pasado media hora y aún no ha vuelto.
D. Llevas 20 minutos esperando a que llegue tu amigo, pero...

108

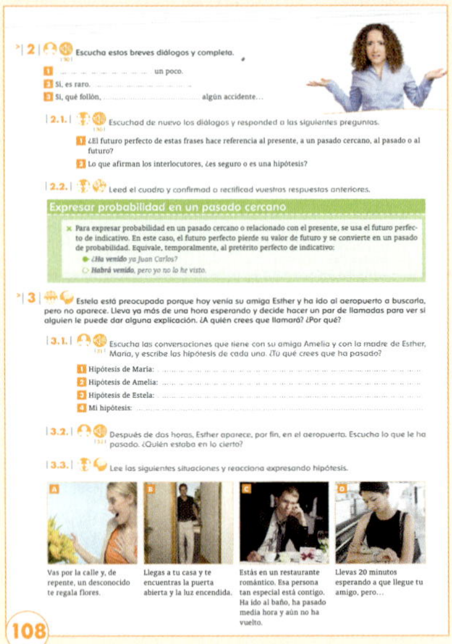

- **Amelia:** ¡Qué raro!
- **Estela:** ¿Qué crees que ha pasado?
- **Amelia:** Oye, ¿no le habrá pasado algo en el control de pasaportes?
- **Estela:** ¡Dios mío! ¿Estará en la comisaría del aeropuerto? ¿Querrá llamarme y no podrá?
- **Amelia:** Tranquila, mujer. Quizás se ha entretenido.
- **Estela:** ¿Una hora?
- **Amelia:** Tú tranquila. Oye, ¿y no habrá perdido el avión?
- **Estela:** No, su madre me ha dicho que la dejó facturando las maletas.
- **Amelia:** Llámala otra vez, a ver si contesta…
- **Estela:** Ahora lo volveré a intentar. Luego te digo algo.
- **Amelia:** Vale, llámame cuando sepas algo.

Hipótesis de María: Estará esperando las maletas; Hipótesis de Amelia: ¿Le habrá pasado algo en el control de pasaportes?; Quizás se ha entretenido; ¿Habrá perdido el avión? Hipótesis de Estela: ¿Estará en la comisaría del aeropuerto?; ¿Querrá llamarme y no podrá?

3.2. Para finalizar, proceda a la última escucha en la que Esther, después de dos horas de retraso, cuenta lo que le ha pasado. De este modo, los alumnos podrán comprobar qué hipótesis se correspondía con la realidad.

32

- **Estela:** ¡Hombre! Por fin, estaba muy preocupada, ¿qué te ha pasado?
- **Esther:** Hola, Estela, ¡qué alegría verte! ¿Que qué me ha pasado? No me hables, que estoy enfadadísima… Pues nada, que mi maleta no salía. Y después de pasar una hora allí y al ver que no estaba, he ido a reclamarla.
- **Estela:** ¡No me digas! ¿Y qué te han dicho?
- **Esther:** Lo han estado comprobando y está ¡en Londres!
- **Estela:** ¡Vaya por Dios! ¿Y qué hay que hacer?
- **Esther:** Pues nada, he rellenado un formulario y he puesto una reclamación. Me han asegurado que mañana estará aquí y que me darán también una indemnización.
- **Estela:** Bueno, mujer, no te preocupes, mañana venimos a recogerla. Yo estaba preocupada porque no contestabas al teléfono.
- **Esther:** Sí, es que encima me he quedado sin batería. Estaba muy nerviosa porque sabía que te preocuparías…
- **Estela:** No pasa nada. Lo importante es que estés aquí. Vámonos, tienes que estar cansada. Yo te dejo todo lo que necesites.
- **Esther:** Muchas gracias…

Su maleta no aparecía. Después de esperar una hora la reclamó y comprobaron que estaba en Londres. Además se quedó sin batería y no podía llamar a Amelia para explicárselo.

3.3. Con esta actividad se continúa con la práctica de hipótesis. En parejas, los alumnos deben reaccionar ante las situaciones que les plantean las imágenes y sus respectivos textos formulando hipótesis.

Posibles respuestas. A. Se habrá vuelto loco; Estará enamorado de mí; Será un admirador secreto; B. Me habré olvidado de apagarla esta mañana; Habrá llegado mi hermano a casa; Habrán entrado a robar; C. Se habrá ido a casa; Se habrá mareado y por eso tarda tanto en volver; Se habrá encontrado con algún conocido y estará hablando con él; D. Se habrá dormido; Estará en un atasco; Se habrá olvidado de que habíais quedado.

Si desea seguir practicando el futuro perfecto de indicativo para expresar hipótesis en un pasado reciente, puede proponer la realización del ejercicio 8 de la unidad 9 del *Libro de ejercicios*.

>4 y **4.1.** Para la realización de la siguiente tarea, pida a los estudiantes que, en parejas, observen la viñeta con atención, piensen qué es lo que ha pasado y completen los bocadillos. A continuación, todas las parejas deberán escenificar delante del resto de la clase la situación que han creado para, finalmente, escoger entre todos el diálogo más imaginativo.

Si desea continuar trabajando con las hipótesis en el contexto de las viñetas, puede utilizar la ficha y la proyección 18. En estas, aparecen tres viñetas basadas en las de los humoristas gráficos Juan Matías Louiseau (más conocido como "Tute"), José María González Castillo (conocido por el pseudónimo de "Chumy Chúmez") y en la página web www.chistes21.com.

Ficha 18. ¿Qué habrá pasado?

FICHA 18 ¿QUÉ HABRÁ PASADO?

>| 1 | En parejas, fijaos en las siguientes viñetas y sus títulos, ¿qué habrá pasado? Imaginad los diálogos y escribidlos.

PROPUESTAS ACERTADAS

DISCURSO POLÍTICO

EXCUSAS DE HOY

>| 2 | Ahora representad los diálogos que habéis creado ante el resto de la clase y decidid cuáles son los más divertidos.

>| 3 | Por último, observad las tiras con los diálogos originales. ¿Qué os parecen? ¿Os han sorprendido? ¿Son muy diferentes a los que vosotros habéis creado?

Dinámica. Continúe con la misma dinámica propuesta en las actividades 4. y 4.1.: Proponga a los estudiantes que, en parejas, observen con atención las viñetas, lean sus títulos y hagan hipótesis sobre lo que creen que ha sucedido. Luego, deberán escribir los diálogos en los bocadillos para escenificarlos delante de sus compañeros. Por último, se decidirá entre toda la clase cuáles son los diálogos más divertidos.

Proyección 18. Historias cómicas.

Dinámica. Proyecte la imagen de las viñetas de la ficha 18 con los diálogos originales para que los estudiantes puedan leerlos. Pregúnteles qué les han parecido, si les han sorprendido o si son muy diferentes los diálogos que ellos han interpretado.

4.2. Actividad de grupo cooperativo que tiene como finalidad la creación de una tira cómica por parte de los alumnos. Además de proponer un trabajo en equipo y colaborativo, esta actividad pretende aunar los dos núcleos temáticos de la unidad: la tira cómica y la práctica de hipótesis. Indique las pautas

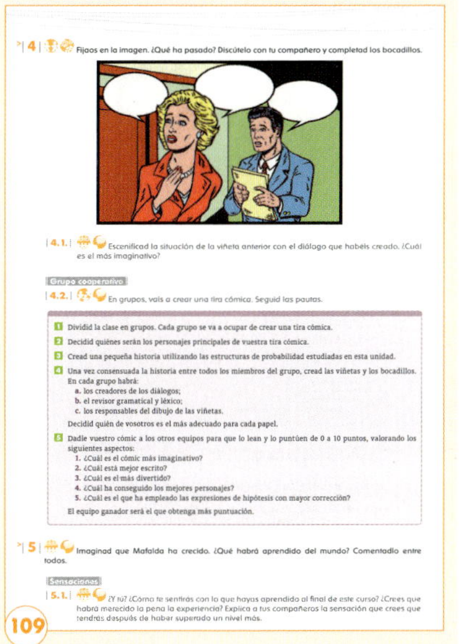
>| 4 | Fijaos en la imagen. ¿Qué ha pasado? Discútelo con tu compañero y completad los bocadillos.

| 4.1. | Escenificad la situación de la viñeta anterior con el diálogo que habéis creado. ¿Cuál es el más imaginativo?

Grupo cooperativo

| 4.2. | En grupos, vais a crear una tira cómica. Seguid las pautas.

1. Dividid la clase en grupos. Cada grupo se va a ocupar de crear una tira cómica.
2. Decidid quiénes serán los personajes principales de vuestra tira cómica.
3. Cread una pequeña historia utilizando las estructuras de probabilidad estudiadas en esta unidad.
4. Una vez consensuada la historia entre todos los miembros del grupo, cread las viñetas y los bocadillos. En cada grupo habrá:
   a. los creadores de los diálogos;
   b. el revisor gramatical y léxico;
   c. los responsables del dibujo de las viñetas.

   Decidid quién de vosotros es el más adecuado para cada papel.
5. Dadle vuestro cómic a los otros equipos para que lo lean y lo puntúen de 0 a 10 puntos, valorando los siguientes aspectos:
   1. ¿Cuál es el cómic más imaginativo?
   2. ¿Cuál está mejor escrito?
   3. ¿Cuál es el más divertido?
   4. ¿Cuál ha conseguido los mejores personajes?
   5. ¿Cuál es el que ha empleado las expresiones de hipótesis con mayor corrección?

   El equipo ganador será el que obtenga más puntuación.

>| 5 | Imaginad que Mafalda ha crecido. ¿Qué habrá aprendido del mundo? Comentadlo entre todos.

Sensaciones

| 5.1. | ¿Y tú? ¿Cómo te sentirás con lo que hayas aprendido al final de este curso? ¿Crees que habrá merecido la pena la experiencia? Explica a tus compañeros la sensación que crees que tendrás después de haber superado un nivel más.

109

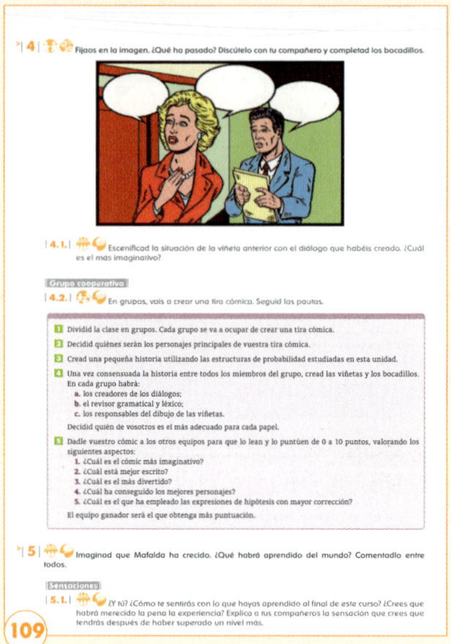

para la realización de la tarea y asegúrese de que todos los estudiantes han entendido los pasos a seguir.

> 5 Actividad individual de práctica de la destreza escrita en la que los estudiantes van a imaginarse a Mafalda de adulta para valorar qué es lo que ha aprendido del mundo. Una vez los estudiantes hayan escrito sus hipótesis, pídales que las comenten y compartan con el resto de compañeros.

5.1. Para finalizar el epígrafe, se propone una actividad que aparece bajo la etiqueta de sensaciones. En esta, los estudiantes harán hipótesis acerca de cómo creen que se sentirán con lo que hayan aprendido después de acabar el curso de español. Como en todas las actividades de este corte, se pretende que el alumno comparta sensaciones y sentimientos relacionados con su proceso de aprendizaje del español.

Puede proponer la realización de los ejercicios 4 al 7 de la unidad 9 del *Libro de ejercicios* para practicar la expresión de hipótesis en presente, pasado cercano y pasado terminado.

3 PREMIOS LITERARIOS EN ESPAÑOL 110

En este epígrafe dedicado exclusivamente a la literatura, se hará un recorrido por la literatura en español a través de sus grandes premios y de algunos de los autores contemporáneos más relevantes: Elena Poniatowska, Gabriel García Márquez, José Hierro y Ana María Matute. El alumno conocerá también obras literarias que han sido llevadas al cine, así como sus respectivos autores: *La colmena* de Camilo José Cela, *El último catón* de Matilde Asensi y *Como agua para chocolate* de Laura Esquivel.

> 1 Antes de comenzar esta actividad, pregunte a los estudiantes qué premios literarios en español y escritores contemporáneos del mundo hispano conocen. Recuerde que trabajar la contextualización y la lluvia de ideas previa en relación a estos temas facilitará al alumno la comprensión del texto y la posterior realización de la actividad. A continuación, indíqueles que lean el texto con detenimiento y que contesten a las preguntas de comprensión por escrito y de manera individual.

Si desea ampliar la información sobre algunos de los autores que se citan en el texto, puede recurrir a la ELEteca.

1. El Premio de Literatura en Lengua Castellana Miguel de Cervantes; 2. Premio Nobel de Literatura: 10 000 000 de coronas suecas (aproximadamente 970 000 euros); Premio de Literatura en lengua Castellana Miguel de Cervantes: 125 000 euros; Premio Príncipe de Asturias de las Letras: 50 000 euros; 3. Premio Nobel.

i+ ELEteca

31. Elena Poniatowska, Gabriel García Márquez, José Hierro, Ana M.ª Matute.

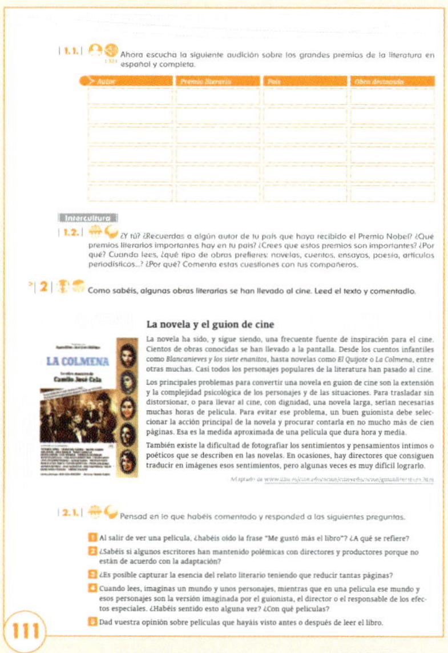

1.1. En esta actividad de práctica de comprensión auditiva, los estudiantes obtendrán más información sobre los grandes premios de la literatura en español. Recuérdeles que se trata de realizar una escucha selectiva, por lo que no es necesario que entiendan todo sino la información que se requiere para completar el cuadro. Si lo considera oportuno, puede proceder a una segunda escucha, dejando que los alumnos comparen sus respuestas después de cada una de ellas.

Si los alumnos muestran interés por el tema, y desea profundizar en la vida y obra de uno de los autores de la actividad, Mario Vargas Llosa, puede trabajar la ficha 19.

33 **Madre:** Hola, hija. ¿Qué tal hoy en clase?

Hija: Muy bien, mamá. Hoy hemos hecho un trabajo sobre los grandes premios de la literatura en español. Ha sido muy interesante…

Madre: ¿Sí? ¿De qué premios?

Hija: Del Nobel de Literatura, del Cervantes y del Príncipe de Asturias.

Madre: ¿Y qué obras habéis tratado?

Hija: Pues… por ejemplo, *La colmena*, una novela con muchos personajes. Transcurre en la época de la posguerra española. Todos ellos están conectados a través de un café al que acuden para tomar café y pasar la tarde. La escribió Camilo José Cela, premio nobel de literatura español.

Madre: Sí, sí, claro, yo lo he leído. Es un libro magnífico. Luego hicieron una adaptación al cine, pero yo no he visto la película.

Hija: Pues yo he leído la novela y he visto la película y las dos son… ¡Uf! Increíbles… Bueno, y otra que también he leído y que me entusiasmó, es *Cien años de soledad*, del colombiano Gabriel García Márquez, que cuenta la historia de una familia que fundó un pueblo llamado Macondo, en el que ocurrieron cosas extraordinarias. También tiene el Nobel.

Madre: ¡Ah, sí!, por Dios, famosísima… Para mí, una de las mejores novelas en lengua española. Lo mágico ocurre como si fuera algo cotidiano… Recuerdo uno de los personajes, Remedios la Bella, que era tan hermosa, que un día se fue de este mundo directamente al cielo.

Hija: Y luego hemos hablado de Ana María Matute, una escritora española que escribió muchos cuentos para niños y adultos. No he leído nada de ella todavía, pero quiero hacerlo. Recibió el Premio Cervantes en 2010… Y también ha salido el mexicano Carlos Fuentes, Premio Príncipe de Asturias de las Letras, que tiene un libro llamado *La muerte de Artemio Cruz*.

Madre: A mí me gusta mucho el escritor español Miguel Delibes, ¿no habéis hablado de él? Mi obra favorita suya se llama *El camino*. Estoy segura de que te gustaría mucho leerla. Delibes ganó también el Príncipe de Asturias.

Hija: Pues sí, a ver si la leo… ¡Ah, bueno! y quien me encanta es el peruano Mario Vargas Llosa, que ha ganado los tres premios. Ha escrito muchísimos ensayos y novelas, *El chivo*, por ejemplo, o *Conversación en la catedral*.

Madre: ¡Vaya! ¡Qué puesta te veo en literatura!

Hija: Sí. Y voy a seguir buscando información porque todavía me quedan muchos autores y obras por conocer, y no pienso perdérmelos.

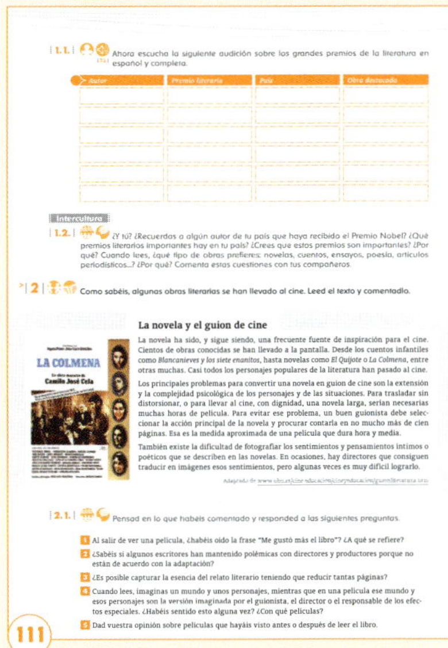

Ficha 19. Mario Vargas Llosa.

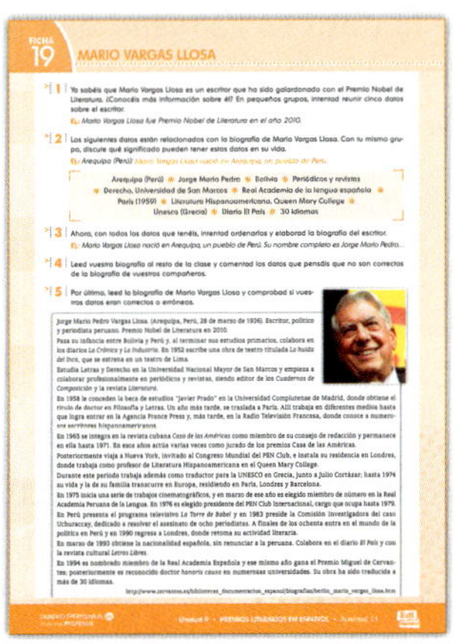

Dinámica. En la siguiente ficha los alumnos se adentrarán en la biografía del escritor, periodista y político peruano Mario Vargas Llosa. Reparta una ficha a cada estudiante e indíqueles que, en pequeños grupos, contesten a las preguntas que aparecen en esta.

2. Jorge Mario Pedro: es su nombre completo; Bolivia: vivió durante su infancia en Bolivia; Periódicos y revistas: colaboró en periódicos y revistas;

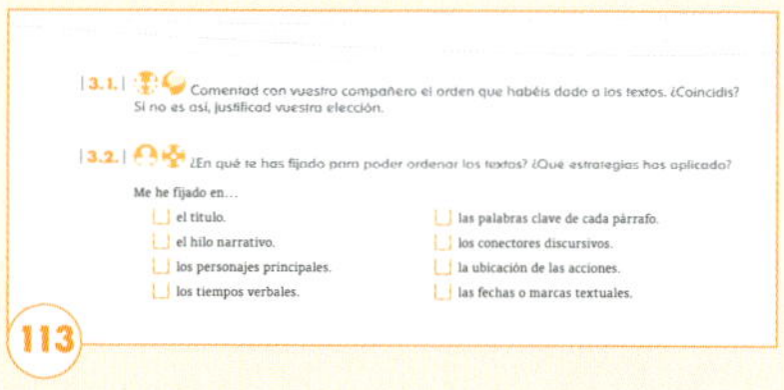

Derecho, Universidad de San Marcos: estudió Derecho en la Universidad de San Marcos; Real Academia de la lengua española: es miembro de la Real Academia de la lengua española; París (1959): en el año 1959 se trasladó a vivir a París; Literatura Hispanoamericana, Queen Mary College: enseñó Literatura Hispanoamericana en el Quenn Mary College; UNESCO (Grecia): trabajó como traductor para esta organización; Diario *El País*: colaboró en el diario *El País*; 30 idiomas: su obra se traduce a más de 30 idiomas.

1.1.

Autor	Premio literario	País	Obra destacada
Camilo José Cela	Premio Nobel de Literatura	España	*La colmena*
Gabriel García Márquez	Premio Nobel de Literatura	Colombia	*Cien años de Soledad*
Ana María Matute	Premio Cervantes	España	*Cuentos para niños y adultos*
Carlos Fuentes	Premio Príncipe de Asturias de las Letras	México	*La muerte de Artemio Cruz*
Miguel Delibes	Premio Príncipe de Asturias de las Letras	España	*El camino*
Mario Vargas Llosa	Todos los anteriores	Perú	*El chivo*, *Conversación en la catedral*

1.2. En la siguiente actividad de corte intercultural los estudiantes compartirán con el resto de la clase información sobre escritores que hayan recibido el Premio Nobel en sus países, sobre otros premios literarios relevantes que conozcan, y opinarán sobre sus gustos y preferencias a la hora de leer. De esta manera, los alumnos no solo descubrirán información sobre el panorama literario de otras culturas de la clase, sino que podrán conocer un poco más a sus compañeros al compartir sus opiniones, gustos y preferencias literarias.

>2 Se inicia una actividad de comprensión lectora que introduce el tema del cine y la literatura, concretamente el de las obras literarias llevadas al cine. Pida a los estudiantes que lean el texto "La novela y el guion de cine" y que, después, lo comenten en parejas. Asegúrese de que los estudiantes entienden el léxico del texto y resuelva todas aquellas dudas que puedan surgir.

2.1. En gran grupo, los alumnos contestan a las preguntan que se les plantean a partir del texto anterior. Mantenga un diálogo con ellos y dirija la conversación guiándola con las preguntas. Si lo considera relevante, puede introducir aquí información sobre la obra *La colmena* de Camilo José Cela que aparece en la foto del texto de la actividad 2 y que encontrará en el apartado correspondiente de la ELEteca.

i+ **ELEteca**

32. *La colmena* **de Camilo José Cela.**

>3 y **3.1.** En las siguientes actividades se presentan fragmentos desordenados de dos novelas: *La sombra del viento* de Carlos Ruiz Zafón y *Como agua para chocolate* de Laura Esquivel. Proponga a los estudiantes que lean con detenimiento los párrafos y que procedan a ordenarlos de manera individual. A continuación, en parejas, pídales que comenten el orden que les han dado a los textos. En el caso de que no coincidan, recuérdeles que deben justificar su elección y llegar a un consenso. Finalmente, proceda a su corrección en gran grupo.

Argumento A: 1. A; 2. D; 3. B; 4. E; 5. C; 6. F; Argumento B. 1. E; 2. F; 3. A; 4. G; 5. C; 6. D; 7. B.

3.2. Una vez ordenados los textos, llega el momento de reflexionar sobre las herramientas y estrategias utilizadas para ordenar los fragmentos. Indique a los estudiantes que numeren la siguiente lista de estrategias por orden de aplicación. Se recomienda que, una vez los alumnos hayan ordenado las estrategias, compartan con el resto de la clase sus respuestas y comenten también si han utilizado alguna estrategia que no se haya planteado en la actividad.

>4 En primer lugar, pida a sus estudiantes que observen las portadas y los títulos de las novelas y pregúnteles si las conocen o si conocen a sus autores, advirtiéndoles que no desvelen el argumento de ninguna de ellas en caso de que también lo conozcan. A continuación, indíqueles que escucharán el fragmento de cuatro novelas y deberán relacionarlos con las novelas de las imágenes, descartando uno de los fragmentos que no pertenece a ninguna. Pídales, después, que intenten responder a qué novela pertenece el fragmento descartado (se trata de la obra *La colmena*, cuyos personajes están conectados a través de un café y de la que oyeron hablar en la audición de la actividad 1.1.). Si lo considera necesario, proceda a una segunda escucha. Si quiere ampliar la información sobre alguna de estas novelas, puede documentarse en el apartado correspondiente de la ELEteca.

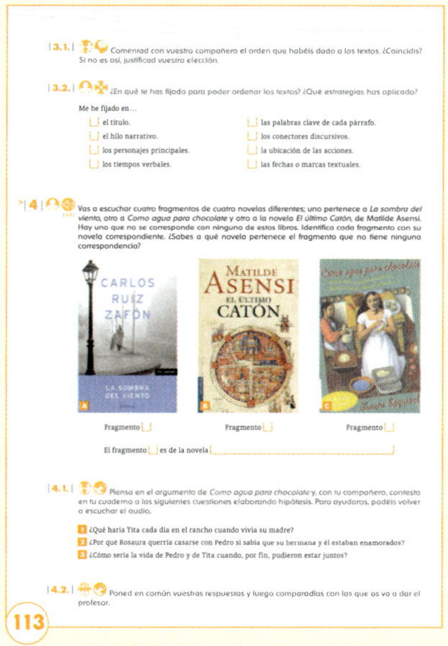

|3.1.| Comentad con vuestro compañero el orden que habéis dado a los textos. ¿Coincidís? Si no es así, justificad vuestra elección.

|3.2.| ¿En qué te has fijado para poder ordenar los textos? ¿Qué estrategias has aplicado?

Me he fijado en…

- el título.
- el hilo narrativo.
- los personajes principales.
- los tiempos verbales.
- las palabras clave de cada párrafo.
- los conectores discursivos.
- la ubicación de las acciones.
- las fechas o marcas textuales.

>|4| Vas a escuchar cuatro fragmentos de cuatro novelas diferentes; uno pertenece a *La sombra del viento*, otro a *Como agua para chocolate* y otro a la novela *El último Catón*, de Matilde Asensi. Hay uno que no se corresponde con ninguno de estos libros. Identifica cada fragmento con su novela correspondiente. ¿Sabes a qué novela pertenece el fragmento que no tiene ninguna correspondencia?

Fragmento ___ Fragmento ___ Fragmento ___

El fragmento ___ es de la novela ___

|4.1.| Piensa en el argumento de *Como agua para chocolate* y, con tu compañero, contesta en tu cuaderno a las siguientes cuestiones elaborando hipótesis. Para ayudaros, podéis volver a escuchar el audio.

1. ¿Qué haría Tita cada día en el rancho cuando vivía su madre?
2. ¿Por qué Rosaura querría casarse con Pedro si sabía que su hermana y él estaban enamorados?
3. ¿Cómo sería la vida de Pedro y de Tita cuando, por fin, pudieron estar juntos?

|4.2.| Poned en común vuestras respuestas y luego comparadlas con las que os va a dar el profesor.

113

Fragmento 1

|34| La cebolla tiene que estar finamente picada. Les sugiero ponerse un pequeño trozo de cebolla en la mollera con el fin de evitar el molesto lagrimeo que se produce cuando uno la está cortando. Lo malo de llorar cuando uno pica cebolla no es el simple hecho de llorar, sino que a veces uno empieza, como quien dice, se pica, y ya no puede parar. No sé si a ustedes les ha pasado pero a mí la mera verdad, sí. Infinidad de veces.

Fragmento de *Como agua para chocolate* de Laura Esquivel

Fragmento 2

Las cosas hermosas, las obras de arte, los objetos sagrados, sufren, como nosotros, los efectos imparables del paso del tiempo. Desde el mismo instante en que su autor humano, consciente o no de su armonía con el infinito, les pone punto final y las entrega al mundo, comienza para ellas una vida que, a lo largo de los siglos, las acerca también a la vejez y a la muerte.

Fragmento de *El último catón* de Matilde Asensi

Fragmento 3

Doña Rosa va y viene por entre las mesas del Café, tropezando a los clientes con su tremendo trasero. Doña Rosa dice con frecuencia "leñe" y "nos ha merengao". Para doña Rosa, el mundo es su Café, y alrededor de su Café, todo lo demás. A doña Rosa lo que le gusta es arrastrar sus arrobas, sin más ni más, por entre las mesas.

Fragmento de *La colmena* de Camilo José Cela

Fragmento 4

Este lugar es un misterio, un santuario. Cada libro, cada tomo que ves tiene alma. El alma de quien lo escribió, y el alma de quienes lo leyeron y vivieron y soñaron con él. Cada vez que un libro cambia de manos, cada vez que alguien desliza la mirada por sus páginas, su espíritu crece y se hace fuerte. Hace ya muchos años, cuando mi padre me trajo por primera vez aquí, este lugar ya era viejo. Quizá tan viejo como la misma ciudad.

Fragmento de *La sombra del viento* de Carlos Ruiz Zafón

ELEteca

33. ***La sombra del viento*** **de Carlos Ruiz Zafón;** ***El último catón*** **de Matilde Asensi;** ***Como agua para chocolate*** **de Laura Esquivel.**

>4 A. Fragmento 4; B. Fragmento 2; C. Fragmento 1; El fragmento 3 pertenece a la novela *La colmena*.

4.1. y **4.2.** Vuelva a poner el audio anterior para que los alumnos puedan escuchar el fragmento de *Como agua para chocolate*. A continuación, pídales que, de manera individual o en parejas si lo cree más conveniente, contesten por

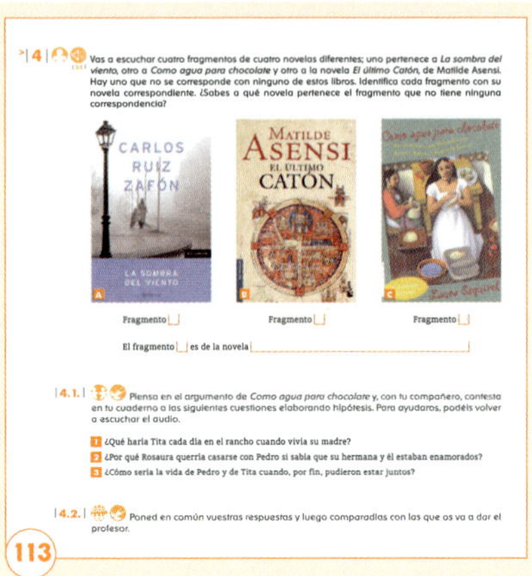

escrito a las siguientes preguntas sobre el libro haciendo hipótesis. Una vez realizada la tarea escrita, indíqueles que pongan en común sus hipótesis y propóngales que elijan la que ellos piensan puede ser la correcta. Para finalizar, infórmeles de su argumento para que puedan comprobar sus repuestas.

1. Argumento de *Como agua para chocolate*. Tita, una apasionada cocinera, está condenada a permanecer soltera, cuidando de su autoritaria madre hasta que esta muera. Pero se enamora de Pedro quien, para estar cerca de ella, se casa con su hermana mayor Rosaura. Esta, aunque conocedora del amor que existe entre los dos jóvenes, decide casarse con Pedro culminando, así, la rivalidad que existe entre ella y su hermana Tita desde que eran niñas.

Las recetas que Tita elabora marcan el paso de las estaciones de su vida, siempre coronados por la ausencia de Pedro, la ausencia del amor, y la comprensión, encontrada únicamente en la cocinera anterior del rancho, Nacha.

Después de idas y vueltas en su amor con Pedro, y de interminables peleas y abusos físicos y emocionales por parte de su madre, Tita se libera espiritualmente y es mandada por Mamá Elena a un asilo mental. En realidad va a parar a la casa de John Brown, un médico que se enamora de ella y le proporciona los cuidados necesarios para lograr esa libertad espiritual tan anhelada.

Después de un violento ataque por unos rebeldes al rancho, Mamá Elena se ve imposibilitada de caminar y Tita regresa al hogar familiar para cuidarla. Se reencuentra con los malos tratos, pero esta vez no la dominan. Al morir su madre, Tita sigue viviendo en el rancho con Pedro, Rosaura y la hija de ambos, Esperanza, a quien cuida y alimenta. Recibe una propuesta de matrimonio del Doctor Brown, pero Tita la rechaza.

Al cabo de muchos años, cuando Esperanza ha crecido, se celebra la boda de ella con Alex, el hijo de John Brown. Al irse lejos del hogar la "niña", Tita y Pedro finalmente se encuentran solos en la casa, pues Rosaura había fallecido un año atrás. Pedro muere de la emoción de reencontrarse por fin con su gran amor, y Tita, al perderlo, decide suicidarse.

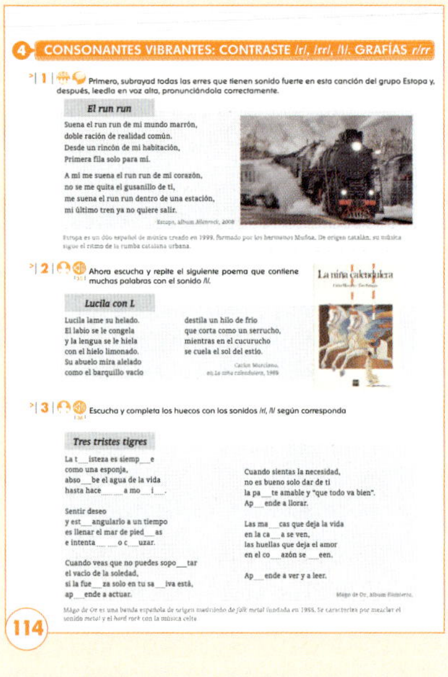

4 CONSONANTES VIBRANTES: CONTRASTE /r/, /rr/, /l/. GRAFÍAS *r*/*rr* 114

Con este epígrafe se pretende profundizar en la pronunciación de los sonidos /r/, /rr/ /l/. Dentro del epígrafe se incluye también la práctica de las grafías *r*/*rr*.

> 1 Pida a los estudiantes que lean las siguientes estrofas de la Canción *El run run* de Estopa y señalen las erres que tienen un sonido fuerte. A continuación, proceda a una lectura en voz alta de las estrofas en la que participen todos los alumnos. Si lo desea, puede buscar la canción en YouTube para proceder a la escucha y posterior producción del sonido trabajado apoyándose en ella.

Run (8), marrón, ración, realidad, rincón.

> 2 Actividad para practicar el reconocimiento y la pronunciación del sonido /l/. Pida a los estudiantes que escuchen un poema en el que aparece de forma reiterada el sonido /l/ y que lo repitan para practicar su pronunciación.

35

Lucila con l

Lucila lame su helado.
El labio se le congela
y la lengua se le hiela
con el hielo limonado.

Su abuelo mira alelado
como el barquillo vacío
destila un hilo de frío
que corta como un serrucho,
mientras en el cucurucho
se cuela el sol del estío.

En *La niña calendulera* de Carlos Murciano.

>3 Actividad para practicar la distinción de los sonidos /r/ y /l/. Los estudiantes deberán escuchar el texto y escribir las grafías *r* o *l* según corresponda. Si lo prefiere, proponga a los alumnos que primero intenten completar el texto según lo que ellos crean, y que después escuchen para confirmar su respuesta y corregirla en caso necesario. Finalmente, resuelva cualquier duda de vocabulario si lo cree oportuno.

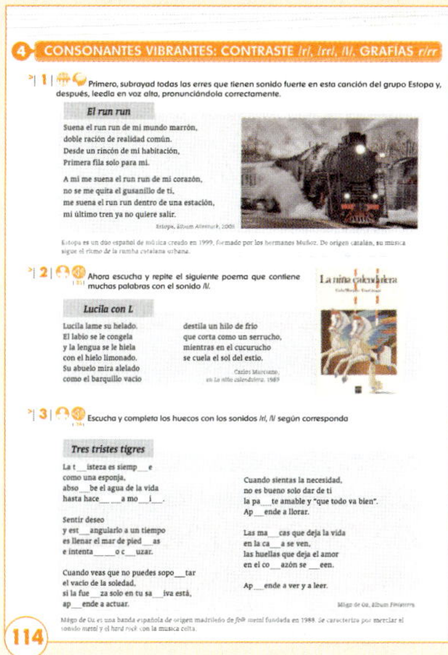
CONSONANTES VIBRANTES: CONTRASTE /r/, /rr/, /l/. GRAFÍAS r/rr

36

Tres tristes tigres

La tristeza es siempre
como una esponja,
absorbe el agua de la vida
hasta hacerla morir.
Sentir deseo
y estrangularlo a un tiempo
es llenar el mar de piedras
e intentarlo cruzar.
Cuando veas que no puedes soportar
el vacío de la soledad,
si la fuerza solo en tu saliva está,
aprende a actuar.
Cuando sientas la necesidad,
no es bueno solo dar de ti
la parte amable y "que todo va bien".
Aprende a llorar.
Las marcas que deja la vida
en la cara se ven,
las huellas que deja el amor
en el corazón se leen.
Aprende a ver y a leer.

Letra de la canción *Tres tristes tigres* de Mägo de Oz.

La tristeza es siempre,
como una esponja,
absorbe el agua de la vida
hasta hacerla morir.

Sentir deseo
y estrangularlo a un tiempo
es llenar el mar de piedras
e intentarlo cruzar.

Cuando veas que no puedes soportar
el vacío de la soledad,
si la fuerza solo en tu saliva está,
aprende a actuar.

Cuando sientas la necesidad,
no es bueno solo dar de ti
la parte amable y "que todo va bien".
Aprende a llorar.

Las marcas que deja la vida
en la cara se ven,
las huellas que deja el amor
en el corazón se leen.

Aprende a ver y a leer.

3.1. Actividad de sistematización de la regla ortográfica de las grafías *r*/*rr*. Pida a los estudiantes que vuelvan a leer los textos anteriores y completen el cuadro con los ejemplos correspondientes. Una vez realizada la actividad, puede proponer a los alumnos que busquen otros ejemplos, ya sea en los mismos textos o recurriendo a palabras que ya conozcan.

Posible respuesta. 1. corazón; 2. hacerla; 3. salir; 4. brazo; 5. cruzar; 6. piedras; 7. frío; 8. tigres; 9. aprende; 10. tristeza.

Grafías r/rr
¿Qué he aprendido?

Puede practicar las grafías *r* y *rr* realizando los ejercicios 10 al 12 de la unidad 9 del *Libro de ejercicios*.

¿QUÉ HE APRENDIDO? 115

>1 Futuro, ejemplo: Pedro llega tarde porque estará buscando un lugar para aparcar. Futuro perfecto, ejemplo: Juan no te ha llamado para felicitarte porque se habrá olvidado. Condicional, ejemplo: Pili no fue a la fiesta porque estaría muy ocupada.

>3 1. futuro perfecto, pasado cercano; 2. futuro, presente; 3. condicional, pasado.

ELEteca
La Literatura española.

10 POR TU FUTURO

Esta unidad servirá de aprendizaje para expresar la causa y la finalidad. Se propone el estudio lingüístico de las preposiciones *por* y *para*, y otros conectores de finalidad como *a* (*que*), *a fin de* (*que*) o *con el fin de* (*que*). Las perspectivas de futuro profesional después de haber finalizado los estudios académicos pertinentes contextualizará el aprendizaje para escribir una carta de motivación acompañando a la presentación de los currículos. Para la escritura de dichas cartas, se estudiarán también otros conectores del discurso, como *referente a, respecto a* o *en relación con*. El contexto de las conferencias servirá para abordar el tema de las salidas profesionales de diferentes carreras universitarias y también para que los estudiantes aprendan a adquirir estrategias para tomar notas al escuchar un texto. Los contenidos culturales abordarán el tema de la música cubana y del origen de la letra eñe. Enlazando con este último tema, el apartado de fonética y ortografía se centrará también en la grafía *ñ* y en el contraste de las consonantes nasales *n*/*ñ*.

1 PERFILES ACADÉMICOS 116

La expresión de la causa y finalidad, y las preposiciones *por* y *para*, así como otros conectores para tal fin se estudian en este epígrafe. El tema de los perfiles académicos y las profesiones servirán para poner en práctica las estructuras lingüísticas necesarias para expresar la función de causa y finalidad.

> 1 Para introducir el tema que se aborda en el epígrafe, se pedirá a los estudiantes que imaginen dónde están las personas que aparecen en la imagen. Se propone llevar a cabo una lluvia de ideas con el fin de que los alumnos expresen todo aquello que les sugiere la imagen.

1.1. Probablemente alguno de sus alumnos ya haya mencionado en la actividad anterior el lugar en el que se encuentran las personas de la imagen. Una vez confirmado, pídales que comenten si han asistido alguna vez a un evento similar y anímelos a contar sus propias experiencias.

Están en una conferencia.

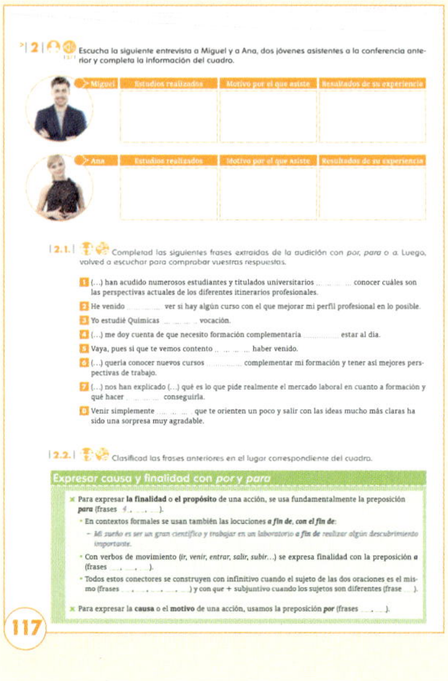

> 2 Actividad de escucha selectiva en la que los alumnos oirán la experiencia de dos asistentes a una conferencia y deberán completar la información solicitada en el cuadro. Antes de proceder a la escucha, asegúrese de que los alumnos han leído la instrucción y de que les queda claro que solo tienen que prestar atención a la información que, por ahora, se les solicita. Deje que comparen sus respuestas antes de proceder a la corrección y, si lo ve necesario, ponga la audición dos veces.

37

Reportera: Buenas tardes, nos encontramos en la salida de una interesante conferencia que ha tenido lugar hoy, en el paraninfo de la Universidad Literaria de Valencia, y a la que han acudido numerosos estudiantes y titulados universitarios a conocer cuáles son las perspectivas actuales de los diferentes itinerarios profesionales.
Aquí tenemos a un joven asistente. Soy Marta Lagos, de canal 13. ¿Podrías hablarnos un poco de ti y de por qué has asistido a esta conferencia?

Miguel: Sí, por supuesto. Me llamo Miguel Carrasco y tengo 25 años. Hace ya tres años que terminé la carrera de Ciencias Químicas y me ha parecido muy interesante el estar hoy aquí porque todavía estoy buscando trabajo. He venido a ver si hay algún curso con el que mejorar mi perfil profesional en lo posible.

- **Reportera:** ¿Y lo hay?
- **Miguel:** Sí. La verdad es que sí, y muchos, ¿sabes? Yo estudié Químicas por vocación, porque a mí siempre me habían atraído las ciencias, especialmente las ciencias puras. Mi sueño es ser un gran científico y trabajar en un laboratorio a fin de realizar algún descubrimiento importante. Sin embargo, después de terminar la carrera y de ver cómo está el mercado laboral, me doy cuenta de que necesito formación complementaria para estar al día. Y en este sentido, la información de esta conferencia me ha sido muy útil, porque me ha convencido de la necesidad de complementar mi formación con cursos especializados y aprender idiomas.
- **Reportera:** Vaya, pues sí que te vemos contento por haber venido. Muchas gracias y buena suerte.
- **Miguel:** Gracias a vosotros.
- **Reportera:** Aquí tenemos a otra joven asistente. Por favor, ¿unas palabras para el canal 13?
- **Ana:** Claro.
- **Reportera:** ¿Podrías hablarnos un poco de ti y de por qué has asistido a esta conferencia?
- **Ana:** Bueno, me llamo Ana Jiménez y tengo 23 años. Este año he terminado mis estudios de Bellas Artes y quería conocer nuevos cursos para complementar mi formación y tener así mejores perspectivas de trabajo.
- **Reportera:** ¿Y qué te ha parecido la conferencia?
- **Ana:** Pues, me ha parecido muy interesante. La verdad es que yo también he salido muy contenta, porque nos han explicado, con datos muy claros, qué es lo que pide realmente el mercado laboral en cuanto a formación y qué hacer para conseguirla. Venir simplemente a que te orienten un poco y salir con las ideas mucho más claras ha sido una sorpresa muy agradable.
- **Reportera:** Muchas gracias, Ana, por darnos tu opinión. Y a ustedes también muchas gracias. Les esperamos mañana a la misma ahora en nuestra cita con la actualidad.

Miguel. Estudios realizados: Ciencias Químicas; Motivo por el que asiste: todavía está buscando trabajo y ha ido a ver si hay algún curso con el que mejorar su perfil profesional; Resultados de su experiencia: la información de la conferencia le ha sido muy útil porque se ha convencido de la necesidad de complementar su formación con cursos especializados, además de la necesidad de aprender idiomas.

Ana. Estudios realizados: Bellas Artes; Motivo por el que asiste: quería conocer nuevos cursos para complementar su formación y tener mejores perspectivas de trabajo. Resultados de su experiencia: le ha parecido muy interesante. Le han explicado qué es lo que pide el mercado laboral en cuanto a formación. Ha salido con las ideas mucho más claras.

2.1. Se aprovecha la audición anterior para empezar a trabajar las preposiciones *por* y *para*. Los estudiantes deben completar las frases extraídas del texto con la preposición adecuada. Al haber escuchado la audición, las frases les resultarán familiares, por lo que podrán hacer un trabajo deductivo más fácilmente. Una vez los alumnos hayan completado los huecos, vuelva a poner la audición con el fin de que sean ellos mismos los que se corrijan la actividad. En algunos casos puede haber más de una respuesta correcta, por lo que, por un lado, se corregirá la actividad según el texto y, por el otro, se comentará con los estudiantes si hay otras alternativas.

1. a; 2. a; 3. por; 4. para; 5. por; 6. para; 7. para; 8. a.

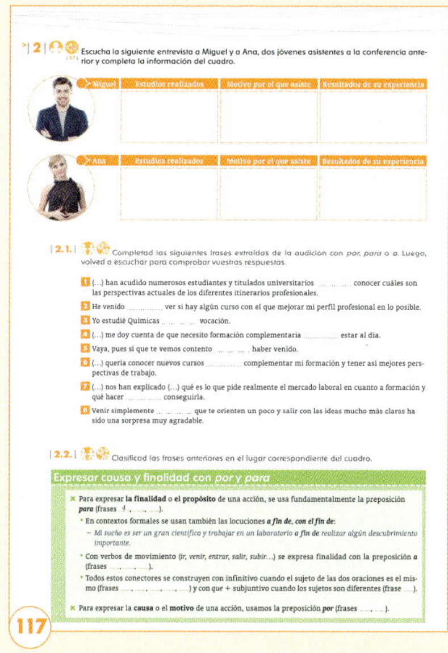
2 Escucha la siguiente entrevista a Miguel y a Ana, dos jóvenes asistentes a la conferencia anterior y completa la información del cuadro.

Miguel	Estudios realizados	Motivo por el que asiste	Resultados de su experiencia

Ana	Estudios realizados	Motivo por el que asiste	Resultados de su experiencia

2.1. Completad las siguientes frases extraídas de la audición con *por, para* o *a*. Luego, volved a escuchar para comprobar vuestras respuestas.

1. (…) han acudido numerosos estudiantes y titulados universitarios .... conocer cuáles son las perspectivas actuales de los diferentes itinerarios profesionales.
2. He venido .... ver si hay algún curso con el que mejorar mi perfil profesional en lo posible.
3. Yo estudié Químicas .... vocación.
4. (…) me doy cuenta de que necesito formación complementaria .... estar al día.
5. Vaya, pues sí que te vemos contento .... haber venido.
6. (…) quería conocer nuevos cursos .... complementar mi formación y tener así mejores perspectivas de trabajo.
7. (…) nos han explicado (…) qué es lo que pide realmente el mercado laboral en cuanto a formación y qué hacer .... conseguirla.
8. Venir simplemente .... que te orienten un poco y salir con las ideas mucho más claras ha sido una sorpresa muy agradable.

2.2. Clasificad las frases anteriores en el lugar correspondiente del cuadro.

Expresar causa y finalidad con *por* y *para*

- Para expresar **la finalidad** o **el propósito** de una acción, se usa fundamentalmente la preposición ***para*** (frases ...., ..., ...).
  - En contextos formales se usan también las locuciones ***a fin de, con el fin de***:
    - *Mi sueño es ser un gran científico y trabajar en un laboratorio **a fin de** realizar algún descubrimiento importante.*
  - Con verbos de movimiento (*ir, venir, entrar, salir, subir…*) se expresa finalidad con la preposición ***a*** (frases ...., ..., ...).
  - Todos estos conectores se construyen con infinitivo cuando el sujeto de las dos oraciones es el mismo (frases ...., ..., ..., ..., ...) y con *que* + subjuntivo cuando los sujetos son diferentes (frase ....).
- Para expresar la **causa** o el **motivo** de una acción, usamos la preposición ***por*** (frases ...., ...).

117

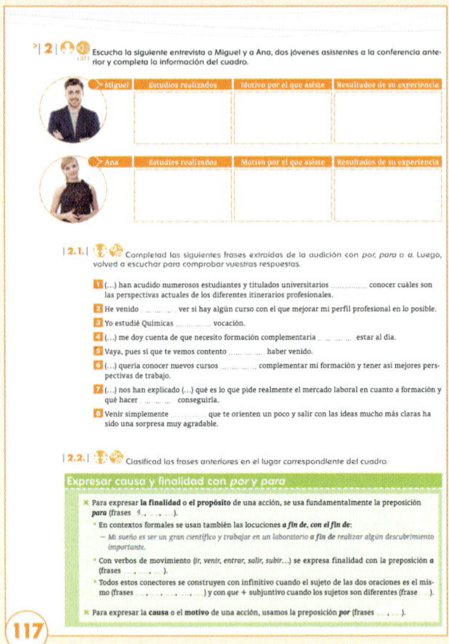

2.2. Siguiendo con el trabajo reflexivo en el aprendizaje de las estructuras lingüísticas para expresar causa y finalidad con *por* y *para*, y para aportar más información presentando otros conectores, se ofrece un cuadro funcional que los alumnos deberán completar con los ejemplos de la actividad anterior. Destaque la importancia de la intención del hablante en estas estructuras, ya que el uso de uno u otro conector dependerá de dicha intención. Proponga a los estudiantes que, en primer lugar, lean el cuadro y haga las aclaraciones pertinentes sobre el mismo. A continuación, indíqueles que lo completen con las frases de la actividad 2.1.

Para expresar la finalidad o el propósito de una acción, se usa fundamentalmente la preposición *para* (frases 4, 6, 7); Con verbos de movimiento se expresa finalidad con la preposición *a* (frases 1, 2, 8); Todos estos conectores se construyen con infinitivo cuando el sujeto de las dos oraciones es el mismo (frases 1, 2, 4, 6, 7) y con *que* + subjuntivo cuando los sujetos son diferentes (frase 8); Para expresar la causa o el motivo de una acción, usamos la preposición *por* (frases 3, 5).

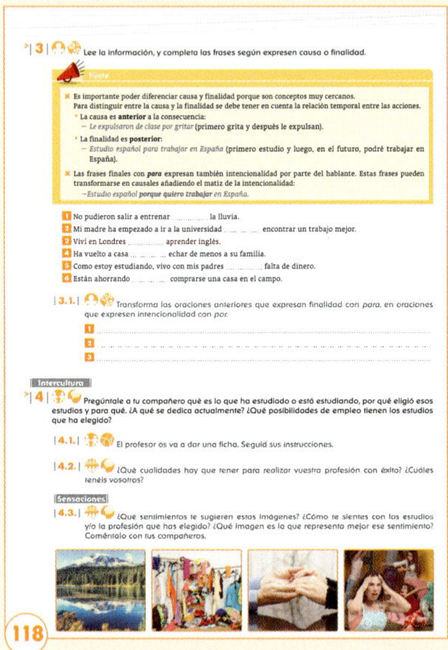

>3 Se presenta un cuadro explicativo para diferenciar la causa de la finalidad. Aunque los estudiantes ya lo hayan aprendido anteriormente, es importante hacer hincapié en esta idea, ya que se trata de dos conceptos muy cercanos y pueden crear confusión. Una vez leído el cuadro y dadas las explicaciones pertinentes, indique a los alumnos que completen las frases de la actividad con la preposición adecuada. Si el profesor lo considera oportuno, puede plantear la actividad de forma inversa, pidiendo a los alumnos que completen primero las frases para después confirmar sus respuestas recurriendo a la lectura del cuadro.

Para consolidar la diferencia entre causa y finalidad, puede trabajar con la ficha 20.

Ficha 20. Expresar causa o finalidad.

Dinámica. En esta ficha se refuerzan, a través de la lectura de la biografía de dos actores hispanos, los contenidos para expresar la causa o finalidad. Reparta una ficha a cada estudiante e indíqueles que, individualmente, completen los espacios de la primera actividad con los conectores adecuados. Posteriormente, en la actividad 2, deberán completar la sistematización del cuadro para expresar causa y finalidad, y escribir ejemplos extraídos de las biografías. Si lo prefiere, proponga la realización o comparación de las actividades en parejas antes de proceder a la corrección en gran grupo.

1. 1. para que; 2. para; 3. por; 4. porque; 5. por; 6. porque; 7. por; 8. para; 9. por.

2. 1. indicativo; Ejemplo: Se dedica a la interpretación porque le encanta y disfruta mucho con este oficio; Pudo debutar en el teatro porque sus padres actuaban allí; 2. *por*; 3. infinitivo; 4. grupo nominal; Ejemplo: Ha estado nominada a los Premios Goya por sus actuaciones; Ha ganado el Premio

Ariel a la mejor actriz por *El Laberinto del fauno*; Es conocido por su interpretación en películas como *Nueve reinas* o *El hijo de la novia*; En 2006 obtuvo la nacionalidad española por sus particulares méritos; 5. *para*; 6. infinitivo; Ejemplo: A los 15 años dejó los estudios para dedicarse a la interpretación; En 2004 actuó en *Luna de Avellaneda* para intentar rescatar el club social y deportivo de sus padres; 7. subjuntivo; Ejemplo: Empieza los estudios para que sus padres puedan estar orgullosos de ella.

1. por (causa); 2. para (finalidad); 3. para (finalidad); 4. por (causa); 5. por (causa); 6. para (finalidad).

3.1. Esta actividad tiene como objetivo que los alumnos transformen las tres frases de la actividad anterior que expresan finalidad a través de la preposición *para* en oraciones con matiz de intencionalidad por parte del hablante. En este caso, el estudiante deberá utilizar la conjunción *porque* y hacer los cambios verbales pertinentes, de infinitivo a verbo conjugado. Las frases seleccionadas de la actividad anterior son la 2, la 3 y la 6.

1. Mi madre ha empezado a ir a la universidad porque quiere encontrar un trabajo mejor; 2. Viví en Londres porque quería aprender inglés; 3. Están ahorrando porque quieren comprarse una casa en el campo.

Si desea que sus alumnos sigan practicando el uso de los conectores de causa y finalidad, se recomienda realizar los ejercicios 1 al 3 de la unidad 10 del *Libro de ejercicios*.

>4 Para realizar la siguiente actividad de corte intercultural, retome el tema de los estudios trabajado anteriormente en este mismo epígrafe. Proponga a los alumnos que, en parejas o pequeños grupos, hablen sobre sus estudios presentes o futuros, y expliquen qué están haciendo y qué salidas profesionales creen que tienen las carreras que han elegido. Se trata de iniciar un pequeño debate para introducir las actividades siguientes, en las que se trabajan diferentes disciplinas en el campo de los estudios y las profesiones.

4.1. Actividad en parejas donde se trabaja la ampliación del léxico referente a las disciplinas y personas relacionadas con los estudios y las profesiones, así como las cualidades que se deben tener para realizar una determinada profesión. Para su realización, entregue a sus estudiantes la ficha 21.

Ficha 21. Disciplinas y personas.

FICHA 21 DISCIPLINAS Y PERSONAS

Dinámica. Se propone trabajar esta ficha de léxico como ejercicio previo y de preparación para realizar la actividad 4.2. Si el profesor lo cree oportuno, también puede trabajarla antes de la actividad 4. Indique a los alumnos que realicen, individualmente o bien en parejas, las actividades 1 y 2 de la ficha, comparándolas entre ellos antes de proceder a una corrección en gran grupo. Posteriormente realizarán, en parejas, la actividad 3. Puede proponer una puesta en común final para que los alumnos comparen sus respuestas en esta última actividad y se pongan de acuerdo en relación a los requisitos necesa-

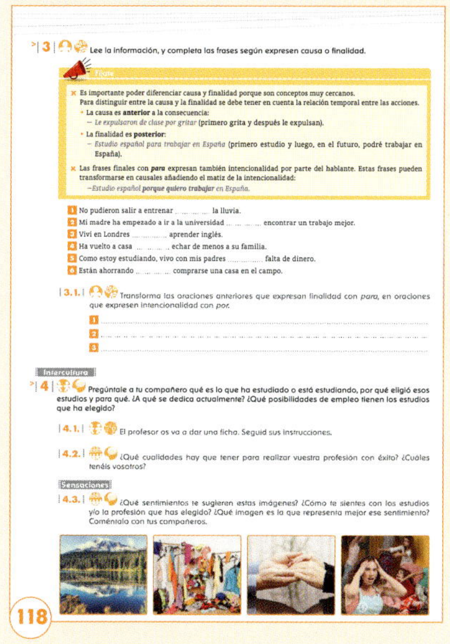
>3 Lee la información, y completa las frases según expresen causa o finalidad.

Fíjate

- Es importante poder diferenciar causa y finalidad porque son conceptos muy cercanos.
  Para distinguir entre la causa y la finalidad se debe tener en cuenta la relación temporal entre las acciones.
  - La causa es **anterior** a la consecuencia:
    – *Le expulsaron de clase por gritar* (primero grita y después le expulsan).
  - La finalidad es **posterior**:
    – *Estudio español para trabajar en España* (primero estudio y luego, en el futuro, podré trabajar en España).
- Las frases finales con ***para*** expresan también intencionalidad por parte del hablante. Estas frases pueden transformarse en causales añadiendo el matiz de la intencionalidad:
  –*Estudio español **porque quiero trabajar** en España.*

1. No pudieron salir a entrenar .... la lluvia.
2. Mi madre ha empezado a ir a la universidad .... encontrar un trabajo mejor.
3. Viví en Londres .... aprender inglés.
4. Ha vuelto a casa .... echar de menos a su familia.
5. Como estoy estudiando, vivo con mis padres .... falta de dinero.
6. Están ahorrando .... comprarse una casa en el campo.

3.1. Transforma las oraciones anteriores que expresan finalidad con *para*, en oraciones que expresen intencionalidad con *por*.

1. ....
2. ....
3. ....

Intercultura

>4 Pregúntale a tu compañero qué es lo que ha estudiado o está estudiando, por qué eligió esos estudios y para qué. ¿A qué se dedica actualmente? ¿Qué posibilidades de empleo tienen los estudios que ha elegido?

4.1. El profesor os va a dar una ficha. Seguid sus instrucciones.

4.2. ¿Qué cualidades hay que tener para realizar vuestra profesión con éxito? ¿Cuáles tenéis vosotros?

Sensaciones

4.3. ¿Qué sentimientos te sugieren estas imágenes? ¿Cómo te sientes con los estudios y/o la profesión que has elegido? ¿Qué imagen es la que representa mejor ese sentimiento? Coméntalo con tus compañeros.

118

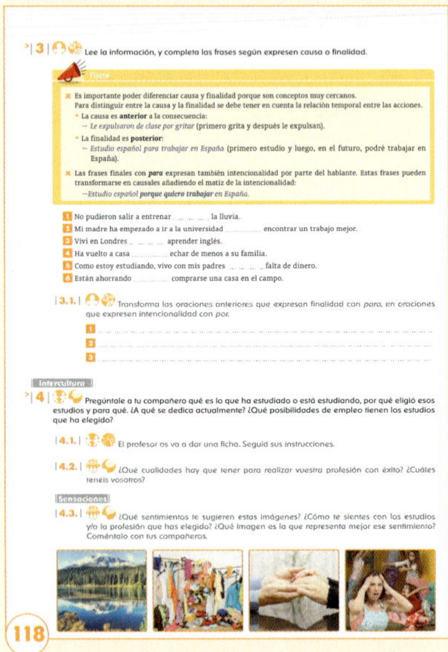

rios para desempeñar con éxito las distintas profesiones. Por último, y si lo cree conveniente, puede ampliar la lista del léxico trabajado en la ficha.

1. Letras: geografía, novela, literatura, filósofo, historiador.
   Música: guitarrista, músico, auditorio, canción, concierto.
   Cine: cartelera, rodaje, actor, película, director de cine.
   Ciencias ambientales: contaminación, medioambiente, flora, guarda forestal, naturaleza.
   Ciencias: experimento, química, físico, matemáticas, laboratorio.
2. Disciplinas: geografía, química, medioambiente, literatura, matemáticas.
   Personas: guitarrista, músico, físico, filósofo, historiador, actor, guarda forestal, director de cine.

4.2. Esta actividad propone transferir lo aprendido en las actividades anteriores a la propia realidad de cada uno de los estudiantes. Pídales que, en grupo abierto, expongan las cualidades que creen que debe tener una persona para realizar su profesión presente o futura, y si ellos creen que las reúnen.

4.3. El desarrollo de competencias emocionales a través de la educación emocional puede representar una mejora de vida que afecta positivamente a múltiples aspectos de la trayectoria escolar y profesional. Con el objetivo de desarrollar dichas competencias, esta actividad pretende que los alumnos identifiquen una o dos fotografías con el sentimiento que les provocan los estudios o la profesión elegida, y puedan, de este modo, tomar conciencia de en qué forma estos les afectan, ya sea positiva o negativamente. Para la realización de la actividad, se propone trabajar con la proyección 19.

Proyección 19. Sensaciones profesionales.

Dinámica. Proyecte las imágenes y pida a los estudiantes que las observen y comenten, primero, qué sentimientos les despiertan. A continuación, dígales que reflexionen también sobre qué sentimientos les provoca pensar en los estudios o profesiones que han escogido, y que seleccionen aquellas imágenes que mejor reflejan dichos sentimientos. Si lo desea, puede proponer realizar la actividad en grupos pequeños, para propiciar la exteriorización de sentimientos personales y facilitar que todos los alumnos tengan la posibilidad de hablar. Se trata de que estos reflexionen acerca de sus sentimientos y los expresen por lo que, si no encuentran asociación entre las imágenes propuestas y lo que ellos sienten, pueden recurrir a otras imágenes y explicar el porqué de su elección.

2 BUSCANDO UNA OPORTUNIDAD 119

El acompañamiento de las cartas de presentación y de motivación, a la hora de enviar un currículum, es de suma importancia. Al estar trabajando en el ámbito académico y profesional, se presenta la estructura y los elementos propios de dichas cartas, y se proponen los pasos a seguir a la hora de escribirlas con el objetivo de que el alumno pueda hacerlo por sí mismo cuando lo necesite.

> 1 Se presenta una comprensión lectora de una carta de motivación para que el alumno, según su contenido, pueda deducir qué tipo de carta es. Para ello, se le proponen una serie de posibilidades entre las que tendrá que escoger. Se recomienda al profesor que, de momento, deje trabajar libremente a los estudiantes para que cada uno marque la respuesta que crea conveniente. Las palabras resaltadas en negrita que aparecen en la carta se trabajarán en actividades posteriores por lo que, si fuera necesario, diga a los alumnos que, de momento, no reparen en ellas. Para conocer la respuesta correcta, pídales que pasen a la actividad siguiente.

Es una carta de motivación.

1.1. En el siguiente cuadro se describen los dos tipos de carta que se suelen adjuntar al currículum vítae: la de presentación y la de motivación. De este modo, a través de su lectura, los estudiantes podrán confirmar la respuesta correcta de la actividad anterior. En primer lugar, pídales que comenten qué carta han elegido y que justifiquen por qué. Después, procederán a la lectura del cuadro y confirmarán si sus respuestas eran las correctas. Para finalizar, y si lo cree conveniente, puede comentar los diferentes tipos de cartas que se proponen a modo de elección en la actividad 1 y aportar algunos ejemplos de estas.

1.2. El objetivo de esta actividad es que los estudiantes reconozcan, a partir de las diferentes situaciones que se presentan, el tipo de carta que requeriría cada una de ellas en el caso de que decidieran enviarla.

1. De presentación; 2. De motivación; 3. De motivación; 4. De presentación.

> 2 Se presentan los conectores que han aparecido resaltados en negrita en la carta de motivación de la actividad 1 para que los alumnos los relacionen con otros con el mismo significado. Para asegurar la comprensión del significado de dichos conectores por parte de estos, remítalos al texto e indíqueles que tengan en cuenta el contexto en el que aparecen.

1. d; 2. a; 3. c; 4. b.

2.1. A partir de una nueva lectura de la carta de motivación de la actividad 1, se pide a los alumnos que, por un lado, subrayen las palabras clave de sus párrafos con el fin de que comprendan su significado principal y, por otro, que escriban, a partir de esas palabras clave, un resumen de cada párrafo con sus propias palabras. Se trata de una actividad de producción escrita a partir de una comprensión lectora, en la que deberá asegurarse de que los resúmenes de sus alumnos transmiten el verdadero contenido de la carta.

2. Ha obtenido una calificación de notable en su carrera y el premio al Mejor Corto Documental en su facultad; 3. Con este máster quiere conocer mejor todas las tareas relacionadas con la dirección y elaboración de obras audiovisuales; 4. Piensa que este máster le va a aportar los conocimientos y la experiencia necesaria para iniciar su carrera profesional; 5. Tiene el nivel C1 de español, así que podrá seguir las clases del máster con total aprovechamiento; 6. Está disponible para una posible entrevista personal.

2.2. Actividad de léxico. Se han seleccionado algunas frases que normalmente se repiten en las cartas de motivación, por lo que su aprendizaje será de gran rentabilidad para el alumno. Es conveniente pedir a los estudiantes que, una vez leídas las frases, vuelvan a leer la carta de la actividad 1 y localicen las frases con significado equivalente. Este lo podrán deducir por el contexto, pero siempre pueden ayudarse del diccionario si tuvieran alguna dificultad.

Posibles respuestas. 1. Entre mis logros. Entre las cosas que he conseguido; 2. Deseo ampliar mi formación: Quiero desarrollar mis estudios; 3. Usted es todo un referente en este campo: Usted es una persona muy importante y reconocida en este sector; 4. Aportarme: Ofrecerme; 5. Iniciar mi carrera profesional: Empezar mi vida/trayectoria laboral; 6. El idioma no será ningún obstáculo: Conozco el idioma; 7. El aprovechamiento: La obtención de re-

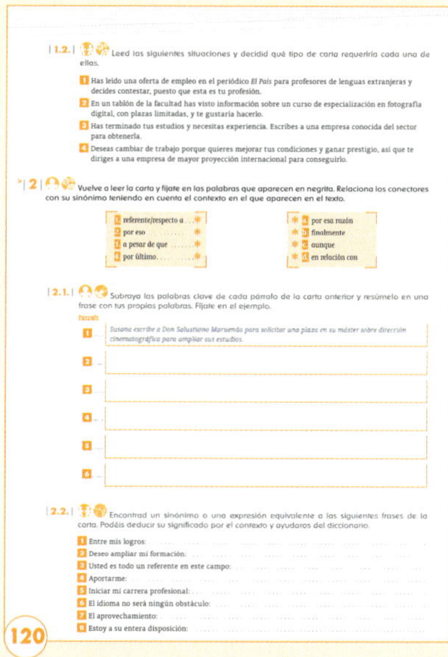

sultados positivos; Estoy a su entera disposición: Puede contactar conmigo cuando lo desee.

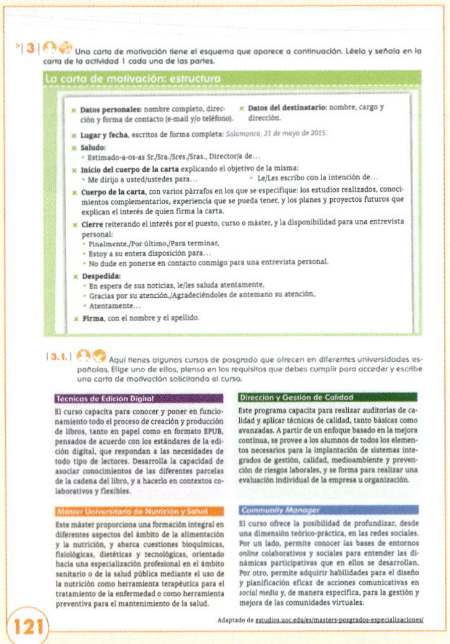

>3 Esta actividad tiene el objetivo de dar a conocer a los estudiantes la estructura de una carta de motivación para que estos, junto con el profesor, la analicen, y vean todos los pasos y la secuencia aconsejados para su elaboración. Para la realización de la actividad, se aconseja trabajar con la proyección 20.

Proyección 20. La carta de motivación.

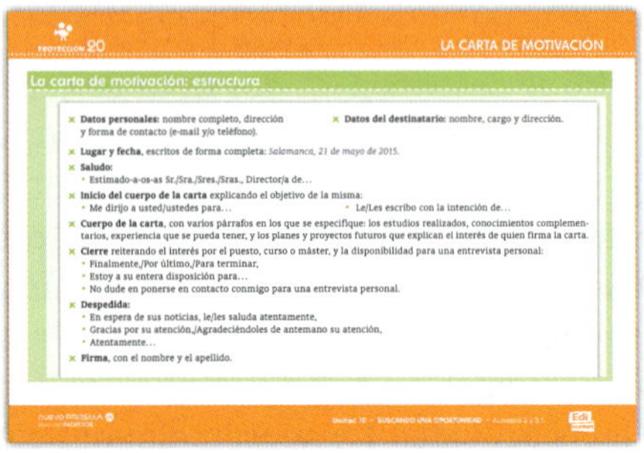

Dinámica. Proyecte el cuadro de la estructura de una carta de motivación y pida a los alumnos que, a partir de este, vuelvan de nuevo a la carta de la actividad 1 y señalen cada una de sus partes. Guíe la tarea y aclare las dudas que puedan surgir. Es conveniente dejar la proyección en pantalla durante la realización de esta actividad y la siguiente.

Datos personales: Susanna Riolocci. Paseo Luis Cortés, 12. 37008 Salamanca. Correo electrónico: susan@lmail.es; Datos del destinatario: Doctor Don Salustiano Maruenda. Universidad Pontificia. Calle de la Compañía, 5. 37002 Salamanca; Lugar y fecha: Salamanca, 21 de mayo de 2015; Saludo: Estimado Sr. Don Salustiano Maruenda; Inicio del cuerpo de la carta. "Me dirijo a usted con objeto de (…)"; Cuerpo de la carta: desde "(…) solicitar una plaza en el Máster Profesional de Dirección Cinematográfica (…)" hasta el final del párrafo número 5, donde dice: "(…) el total aprovechamiento del máster"; Cierre: Párrafo número 6; Despedida: "Agradeciendo de antemano su atención, y en espera de su respuesta, atentamente,"; Firma: Susanna Riolocci.

3.1. Se propone una actividad para que los estudiantes produzcan lo que han aprendido en este epígrafe escribiendo una carta de motivación. Para ello, se presentan tres tipos de cursos de posgrado que ofrecen diferentes universidades. Los alumnos, según su perfil, deberán elegir a cuál de ellos quieren enviar una solicitud de acceso. Si el profesor lo cree conveniente, puede llevar al aula otro tipo de cursos más adecuados al perfil de sus estudiantes o puede pedirles a ellos que busquen en Internet algún curso que deseen realizar. En cualquiera de los casos, el objetivo de la actividad se verá cumplido. Se aconseja que, mientras los estudiantes redactan la carta, mantenga la proyección 20 en pantalla para que puedan seguir los pasos más fácilmente.

Para trabajar los conectores del discurso, así como la estructura y partes de una carta de motivación, proponga realizar los ejercicios 8 y 9 de la unidad 10 del *Libro de ejercicios*.

3 PERSPECTIVAS PROFESIONALES 122

A partir de los foros, donde numerosos estudiantes comentan sus experiencias, y aprovechando el tema de la conferencia que se ha trabajado en el primer epígrafe, se aborda ahora el estudio de algunas expresiones y frases hechas del español así como los diferentes usos de las preposiciones *por* y *para*.

> 1 Se presenta un foro en el que algunos estudiantes opinan sobre la conferencia que escucharon en el epígrafe 1 y animan a otras personas a asistir. El foro es un medio de comunicación que transcribe la lengua oral, por lo que se usan palabras y expresiones propias de dicho registro. En este foro aparecen destacadas en color naranja algunas expresiones y frases hechas. Pida a los estudiantes que, una vez que hayan leído todas las intervenciones, se fijen en dichas frases y seleccionen el significado de cada una de ellas. Si el profesor lo cree conveniente, puede invertir el orden de la actividad, pidiéndoles que primero, y por lo que ellos conocen o imaginan, intenten seleccionar el significado de las frases hechas y que, después, lean las intervenciones del foro y confirmen si sus respuestas eran correctas.

1. a; 2. b; 3. c; 4. a; 5. b.

Proponga la realización de los ejercicios 6 y 7 de la unidad 10 del *Libro de ejercicios* para que sus alumnos amplíen sus conocimientos de expresiones idiomáticas en español.

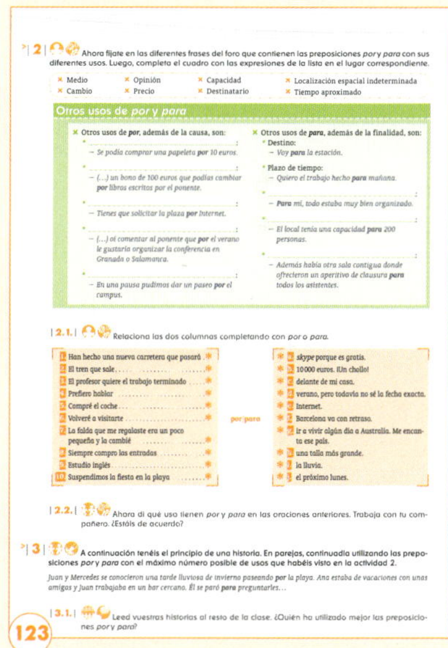

> 2 La finalidad de la siguiente actividad es que, a partir de frases extraídas del foro de la actividad 1, en las cuales aparecen las preposiciones *por* y *para*, los estudiantes repasen los usos que ya conocen de estas preposiciones y completen un listado recopilatorio de estos. En primer lugar, pídales que lean el cuadro explicativo y, a continuación, que lo completen con los usos de *por* y *para* propuestos arriba. Durante la corrección de la actividad, resuelva las dudas que puedan surgir aportando las explicaciones pertinentes.

Otros usos de *por*: Precio; Cambio; Medio; Tiempo aproximado; Localización espacial indeterminada; Otros usos de *para*: Opinión; Capacidad; Destinatario.

2.1. Siguiendo con la consolidación de los usos de *por* y *para*, los estudiantes deberán formar frases relacionando los elementos de las dos columnas a través de la preposición adecuada.

1. c (por); 2. f (para); 3. j (para); 4. a (por); 5. b (por); 6. d (por); 7. h (por); 8. e (por); 9. g (para); 10. i (por).

2.2. Una vez los alumnos hayan realizado el ejercicio anterior, pídales que, según el cuadro de la actividad 2, expliquen el uso de *por* y *para* en cada una de las frases. Es recomendable que realicen esta actividad en parejas para que puedan compartir y contrastar sus opiniones.

1. localización espacial indeterminada; 2. destino; 3. plazo de tiempo; 4. medio; 5. precio; 6. tiempo aproximado; 7. cambio; 8. medio; 9. finalidad; 10. causa.

Si desea que sus estudiantes sigan practicando los distintos usos de *por* y *para*, remítalos a los ejercicios 4 y 5 de la unidad 10 del *Libro de ejercicios*.

> 3 Trabajo de escritura en parejas cuyo objetivo es la creación de una historia usando el mayor número de preposiciones *por* y *para* según los usos que han visto anteriormente. Se trata de una actividad en la que se trabajan no solo los contenidos lingüísticos sugeridos, sino también la creatividad y la coherencia a la hora de escribir un texto.

3.1. Puesta en común de los escritos de la actividad anterior. Pida a los alumnos que lean sus historias al resto de compañeros, los cuales deberán reflexionar sobre el correcto uso que se ha hecho de las preposiciones que aparecen, así como quién ha conseguido hacer el mayor uso de ellas. Adelantar a los alumnos que deberán evaluar las historias de sus compañeros permitirá dotar a la actividad de un carácter lúdico, a la vez que los motivará a esmerarse más en sus escritos.

4 TOMA NOTA

1 | Fijaos en la siguiente imagen. ¿Qué hace la chica que está de pie? ¿Dónde creéis que están estas personas? Una pista: son estudiantes de lenguas extranjeras.

2 | Lee la columna de la izquierda y marca las frases con las que estés de acuerdo. Después, señala las diferencias con la lengua extranjera que estás estudiando. Al final, todos juntos poned en común vuestros resultados.

En mi lengua...	En la lengua que estudio...
☐ No presto atención todo el tiempo cuando la gente habla.	
☐ A veces no comprendo/oigo lo que dicen.	
☐ Proceso la información a partir de algunas palabras clave del discurso.	
☐ Hago suposiciones si sé de qué se habla.	
☐ La velocidad del mensaje no me afecta.	
☐ El acento de las personas no interrumpe mi comprensión.	
☐ Los ruidos no me molestan.	
☐ Entiendo igual un discurso formal que coloquial.	

Cultura

3 | Escucha la siguiente conferencia sobre la música cubana. Toma notas en tu cuaderno. Sigue las pautas del cuadro. Luego, compara tus notas con las de tu compañero. ¿Cuáles son más completas?

Estrategias para una escucha extensiva

- Anota las ideas principales.
- Utiliza símbolos que te ayuden a interpretar las notas sin necesidad de escribir palabras.
- Escribe frases abreviadas.
- Debes estar atento al aumento del volumen de voz del profesor, ponente... Los cambios de voz pueden indicar que se está hablando de algo importante.

124

4 TOMA NOTA 124

Tomar notas en el ámbito académico y profesional es algo que se realiza con frecuencia, por lo que sus estudiantes estarán habituados a hacerlo en su lengua materna. La reflexión sobre qué elementos tienen en cuenta, o qué tipo de factores les ayudan o representan una dificultad a la hora de entender el mensaje sobre el que tienen que tomar notas en su propia lengua, hará que, cuando se enfrenten a la misma situación en una lengua extranjera, sepan qué estrategias tienen que aplicar para obtener la información que necesitan. El tema de los orígenes de la música y ritmos cubanos servirá para trabajar dichas estrategias y alcanzar el objetivo de este epígrafe.

> 1 Actividad en gran grupo que servirá para contextualizar, a través de la imagen, el resto de actividades del epígrafe. Pida a sus estudiantes que observen la fotografía y comenten dónde están las personas que aparecen en ella y qué hace concretamente la chica que está de pie.

Está hablando a sus compañeros. En una escuela de idiomas.

> 2 Actividad de corte estratégico para que los estudiantes comparen cómo se comportan ante una situación de interacción en su lengua materna o en la lengua que estudian. Partiendo de su propia lengua, el objetivo es que el alumno tome conciencia de las dificultades ante las que se encuentra en estas situaciones de interacción y que, a su vez, pueda compararlas con las que encuentra cuando estas situaciones se dan en una lengua extranjera. Reflexionar y ser consciente de sus habilidades o limitaciones, le ayudará a poner en marcha estrategias para mejorar y facilitar la comprensión e interpretación de los mensajes cuando se trata de tomar notas.

> 3 Se propone una actividad de comprensión auditiva sobre la música cubana. Se pide al estudiante que, primero, lea el cuadro de estrategias que debe aplicar para tomar notas de la mejor forma posible. Es recomendable que, antes de proceder a la escucha, el profesor comente el cuadro dando las explicaciones necesarias. Una vez los alumnos hayan escuchado la conferencia, pídales que, en parejas, comparen sus notas para corregir o ampliar su información.

38

La música cubana nace de una fusión de la música europea y el folclore musical español, por un lado, y de los ritmos africanos, por otro. Aunque desde el punto de vista de la armonía y de la forma, la música cubana no ha inventado nada original, melódica y rítmicamente ha traspasado los límites geográficos de la isla y ha alcanzado fama mundial, influenciando a otros ritmos tan importantes como el *jazz* americano o la samba brasileña.

A finales de 1700, después de la revolución haitiana, muchos haitianos y colonos franceses huyeron a Cuba, y con ellos llegó la contradanza, su música bailable popular de origen europeo. En el transcurso de muchas cálidas noches cubanas, la contradanza se convirtió en danza, a partir de la cual se originó el danzón. Desde finales del siglo XIX, el danzón ha evolucionado y cambiado en muchos aspectos; sin embargo, gran parte de la estructura original permanece, siendo esta continuidad lo que hace que el danzón siga siendo definido como una forma artística vital realmente excepcional. En Cuba se interpreta con mayoría de instrumentos de viento, con flauta, violines, timbales y percusión.

La forma original del danzón comienza con la llamada *introducción* (4 compases) y *paseo* (4 compases), los cuales se repiten, y luego son seguidos por una melodía de 16 compases. La introducción y paseo se repiten de nuevo antes de tocar una segunda melodía. Los bailarines no bailan durante esta parte: ellos escogen pareja, pasean por la pista y empiezan a bailar en el preciso momento en que suena el cuarto golpe del compás 4 del paseo. Cuando se repite la introducción, los bailarines se detienen, conversan, coquetean, saludan a los amigos y comienzan de nuevo justo cuando el paseo concluye. En cuanto al son cubano, su estructura formal en origen es verdaderamente muy simple: consta de la repetición continuada de un estribillo que canta un coro mientras una voz solista improvisa el texto. El canto finaliza cuando el solista concluye su mensaje, añadiéndole así un ingrediente de cierto individualismo a la interpretación, a diferencia de los cantos de origen africano que no concluyen cuando el primer cantante termina su exposición, pues otro cantante continúa el canto, y así sucesivamente, finalizando el tema cuando todos los cantantes presentes han terminado. Esto hace, por supuesto, los temas más largos y además les genera un sentido de creación más colectivo.

En la actualidad, el son cubano es uno de los complejos musicales más desarrollados y aceptados a nivel mundial. Su estructura es similar a la del *jazz*, nacido en los Estados Unidos de Norteamérica, y a la de la samba en el Brasil. Al igual que estos, el son ha ido nutriéndose de muy diferentes influencias musicales, convirtiéndose, así, en uno de los vehículos de expresión que mejor representa la confluencia de culturas del continente americano.

4 TOMA NOTA

1 | Fijaos en la siguiente imagen. ¿Qué hace la chica que está de pie? ¿Dónde creéis que están estas personas? Una pista: son estudiantes de lenguas extranjeras.

2 | Lee la columna de la izquierda y marca las frases con las que estés de acuerdo. Después, señala las diferencias con la lengua extranjera que estás estudiando. Al final, todos juntos poned en común vuestros resultados.

En mi lengua...	En la lengua que estudio...
No presto atención todo el tiempo cuando la gente habla.	
A veces no comprendo/oigo lo que dicen.	
Proceso la información a partir de algunas palabras clave del discurso.	
Hago suposiciones si sé de qué se habla.	
La velocidad del mensaje no me afecta.	
El acento de las personas no interrumpe mi comprensión.	
Los ruidos no me molestan.	
Entiendo igual un discurso formal que coloquial.	

Cultura

3 | Escucha la siguiente conferencia sobre la música cubana. Toma notas en tu cuaderno. Sigue las pautas del cuadro. Luego, compara tus notas con las de tu compañero. ¿Cuáles son más completas?

Estrategias para una escucha extensiva

- Anota las ideas principales.
- Utiliza símbolos que te ayuden a interpretar las notas sin necesidad de escribir palabras.
- Escribe frases abreviadas.
- Debes estar atento al aumento del volumen de voz del profesor, ponente... Los cambios de voz pueden indicar que se está hablando de algo importante.

124

3.1. Se aconseja volver a escuchar la audición antes de que los alumnos pongan en orden las notas que han tomado según las pautas que se les ofrecen. Es importante que, antes de llevar a cabo la actividad, el profesor comente con los alumnos dichas pautas y aclare las dudas que puedan surgir.

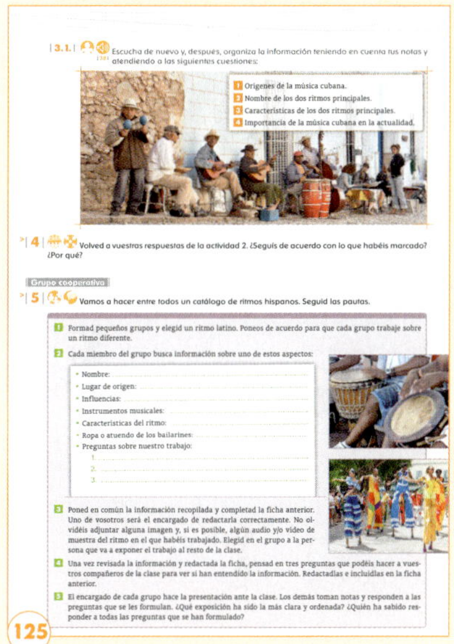
3.1. Escucha de nuevo y, después, organiza la información teniendo en cuenta tus notas y atendiendo a las siguientes cuestiones:

1. Orígenes de la música cubana.
2. Nombre de los dos ritmos principales.
3. Características de los dos ritmos principales.
4. Importancia de la música cubana en la actualidad.

4 | Volved a vuestras respuestas de la actividad 2. ¿Seguís de acuerdo con lo que habéis marcado? ¿Por qué?

Grupo cooperativo

5 | Vamos a hacer entre todos un catálogo de ritmos hispanos. Seguid las pautas.

1. Formad pequeños grupos y elegid un ritmo latino. Poneos de acuerdo para que cada grupo trabaje sobre un ritmo diferente.
2. Cada miembro del grupo busca información sobre uno de estos aspectos:
   - Nombre:
   - Lugar de origen:
   - Influencias:
   - Instrumentos musicales:
   - Características del ritmo:
   - Ropa o atuendo de los bailarines:
   - Preguntas sobre nuestro trabajo:
     1.
     2.
     3.
3. Poned en común la información recopilada y completad la ficha anterior. Uno de vosotros será el encargado de redactarla correctamente. No olvidéis adjuntar alguna imagen y, si es posible, algún audio y/o vídeo de muestra del ritmo en el que habéis trabajado. Elegid en el grupo a la persona que va a exponer el trabajo al resto de la clase.
4. Una vez revisada la información y redactada la ficha, pensad en tres preguntas que podéis hacer a vuestros compañeros de la clase para ver si han entendido la información. Redactadlas e incluidlas en la ficha anterior.
5. El encargado de cada grupo hace la presentación ante la clase. Los demás toman notas y responden a las preguntas que se les formulan. ¿Qué exposición ha sido la más clara y ordenada? ¿Quién ha sabido responder a todas las preguntas que se han formulado?

125

1. La música cubana nace de una fusión de la música europea y el folclore musical español, por un lado, y de los ritmos africanos, por otro; 2. El son y el danzón; 3. El danzón ha evolucionado y cambiado en muchos aspectos; sin embargo, gran parte de la estructura original permanece, siendo esta continuidad lo que hace que el danzón siga siendo definido como una forma artística vital realmente excepcional. En Cuba se interpreta con mayoría de instrumentos de viento, con flauta, violines, timbales y percusión cubana. La forma original del danzón comienza con la llamada introducción (4 compases) y paseo (4 compases), los cuales se repiten, para luego ser seguidos por una melodía de 16 compases. La introducción y paseo se repiten de nuevo antes de tocar una segunda melodía. Los bailarines no bailan durante esta parte, escogen pareja, pasean por la pista y empiezan a bailar en el momento en que suena el cuarto golpe del compás 4 del paseo. Cuando se repite la introducción, los bailarines se detienen, conversan, coquetean, saludan a los amigos y comienzan de nuevo, justo cuando el paseo concluye. El son cubano tiene una estructura muy simple: consta de la repetición continuada de un estribillo que canta un coro, mientras una voz solista improvisa el texto. El canto finaliza cuando el solista concluye su mensaje, añadiéndole cierto individualismo a la interpretación. Su estructura es similar a la del *jazz*, nacido en los Estados Unidos de Norteamérica, y a la de la samba en Brasil. Al igual que estos, el son ha ido nutriéndose de diferentes influencias musicales, convirtiéndose en uno de los vehículos de expresión que mejor representa la confluencia de culturas del continente americano; 4. Aunque desde el punto de vista de la armonía y de la forma la música cubana no ha inventado nada original, melódica y rítmicamente ha traspasado los límites geográficos de la isla, y ha alcanzado fama mundial. En la actualidad, el son cubano es uno de los complejos musicales más desarrollados y aceptados a nivel mundial.

>4 Se pide a les estudiantes que retomen la actividad 2 para que repasen las respuestas que anotaron. Quizá, después de haber elaborado las actividades 3 y 3.1., puedan corregir alguna de las respuestas o marcar alguna otra cuestión relevante para ellos.

>5 Por casi todos son conocidos muchos o algunos ritmos latinos, por lo que, aprovechando esta información previa que seguro que poseen también sus

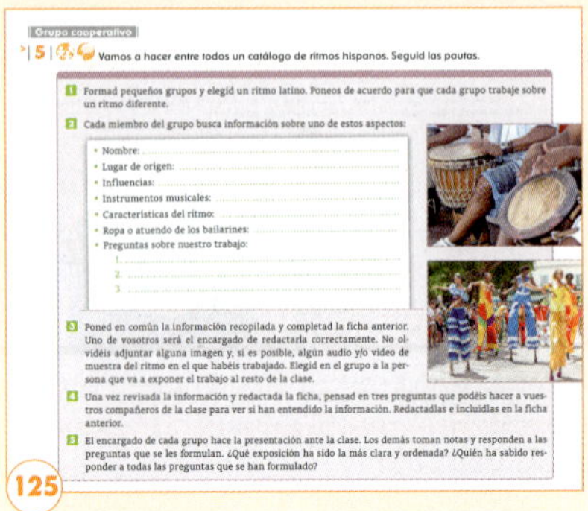

alumnos, se propone una actividad cooperativa. Se forman grupos donde cada miembro deberá realizar la tarea que se le asigne siguiendo las pautas e indicaciones. A continuación, se ponen en común los datos recopilados y se completa la ficha, redactando la información y acompañándola de los elementos que se crean oportunos. Al finalizar la tarea, un encargado de cada grupo presentará, a modo de conferencia, lo que han preparado, mientras que los otros estudiantes de la clase deberán tomar notas (objetivo de este epígrafe) y responder a las preguntas que se les formulen, verificando, así, si han entendido la información. Se finalizará la actividad decidiendo qué exposición ha sido la mejor.

i+ ELEteca
34. Ritmos latinos.

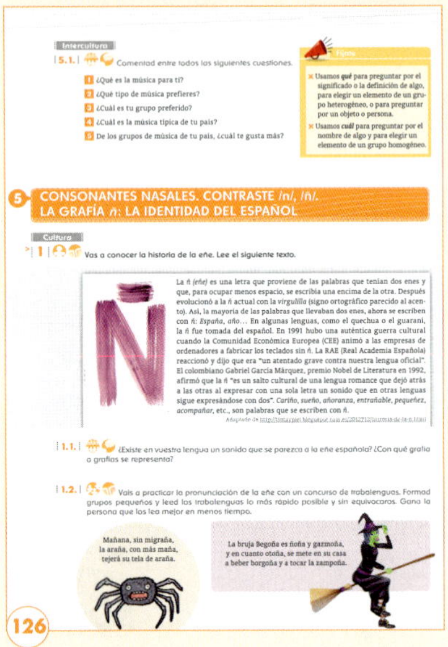

5.1. Actividad de producción oral para concluir el epígrafe en donde los estudiantes comentarán cuestiones relacionadas con la música, como qué significa esta para ellos, qué tipo de música prefieren o cuál es su grupo preferido.

No olvide recordar a los alumnos que se detengan a leer el cuadro de atención para distinguir entre *qué* y *cuál* a la hora de formular preguntas.

Proponga la realización del ejercicio 10 de la unidad 10 del *Libro de ejercicios* para practicar la diferencia entre *qué* y *cuál*.

5 CONSONANTES NASALES: CONTRASTE /n/, /ñ/. LA GRAFÍA *ñ*: LA IDENTIDAD DEL ESPAÑOL 126

En este epígrafe se va a trabajar el sonido /ñ/ y la diferencia entre los sonidos /ñ/, /n/. El sonido /ñ/ es nasal, palatal, sonoro y se articula apoyando el dorso de la lengua en el paladar duro; el aire sale por las fosas nasales. El sonido /n/ es nasal, alveolar, sonoro y se pronuncia colocando la punta de la lengua en los alvéolos; el aire sale por las fosas nasales.

> 1 Se propone una reflexión de índole cultural sobre el valor único de la *ñ* (eñe) en el español y su legado a través de nuestra historia. La *ñ* procede de una abreviatura del latín. Se empezó a usar cuando para escribir dos enes, como en las palabras *anno* e *Hispanna*, se montó la segunda ene sobre la primera con el fin de economizar espacio. Esto llegó a derivar con el tiempo en una simple *virgulilla* (signo ortográfico a modo de acento). Así, las palabras que llevan dos enes, han heredado con el tiempo este sistema y se escriben con eñe, como *año* y *España*. En tiempos antiguos, era primordial ahorrar tiempo, espacio, tinta y papel, y se adquirió el hábito de desarrollar abreviaturas, como disponer de un signo "9" al final de las palabras, que expresaba la desinencia "orum" o "eorum". En otras lenguas románicas de la península, para representar su mismo sonido, en lugar de la letra *ñ* se utilizan otros dígrafos (dos grafías): en catalán se emplean las letras *ny*, en portugués *nh*, y en gallego se utiliza la grafía del español *ñ*, aunque en la última década halla habido una vacilación entre la escritura de la española *ñ* y de la portuguesa *nh*.

1.1. Se pedirá a los estudiantes que comparen el sonido y la grafía *ñ* con alguno similar en su lengua. En caso de que se trate de una clase multilingüe, podrá dar más juego la actividad.

1.2. Se presentan dos trabalenguas para introducir el componente lúdico en el aula a la hora de practicar la fonética. Este tipo de actividades son muy eficaces como refuerzo en las clases de pronunciación y, además, representan un estímulo añadido para los estudiantes. Lo idóneo sería formar grupos reducidos, para que todos los alumnos tengan oportunidad de leer los trabalenguas varias veces. La lectura de estos se puede hacer, dependiendo del grupo, coral, dual o individual.

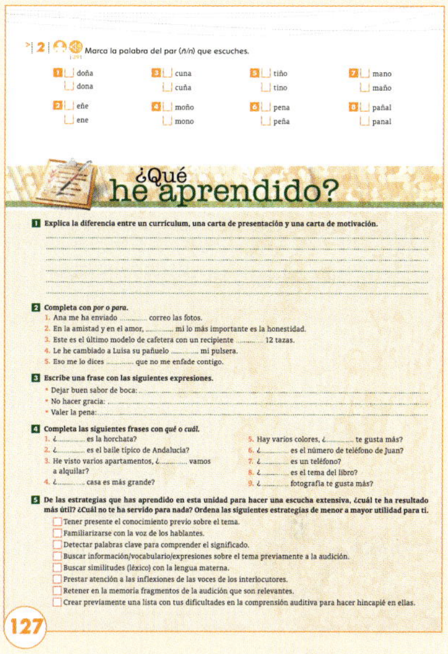

>2| Marca la palabra del par (ñ/n) que escuches.

1 doña / dona; 2 eñe / ene; 3 cuna / cuña; 4 moño / mono; 5 tiño / tino; 6 pena / peña; 7 mano / maño; 8 pañal / panal

¿Qué he aprendido?

1 Explica la diferencia entre un currículum, una carta de presentación y una carta de motivación.

2 Completa con *por* o *para*.
1. Ana me ha enviado .... correo las fotos.
2. En la amistad y en el amor, ... mí lo más importante es la honestidad.
3. Este es el último modelo de cafetera con un recipiente .... 12 tazas.
4. Le he cambiado a Luisa su pañuelo .... mi pulsera.
5. Eso me lo dices .... que no me enfade contigo.

3 Escribe una frase con las siguientes expresiones.
- Dejar buen sabor de boca: ....
- No hacer gracia: ....
- Valer la pena: ....

4 Completa las siguientes frases con *qué* o *cuál*.
1. ¿........... es la horchata?
2. ¿........... es el baile típico de Andalucía?
3. He visto varios apartamentos, ¿........... vamos a alquilar?
4. ¿........... casa es más grande?
5. Hay varios colores, ¿........... te gusta más?
6. ¿........... es el número de teléfono de Juan?
7. ¿........... es un teléfono?
8. ¿........... es el tema del libro?
9. ¿........... fotografía te gusta más?

5 De las estrategias que has aprendido en esta unidad para hacer una escucha extensiva, ¿cuál te ha resultado más útil? ¿Cuál no te ha servido para nada? Ordena las siguientes estrategias de menor a mayor utilidad para ti.
- Tener presente el conocimiento previo sobre el tema.
- Familiarizarse con la voz de los hablantes.
- Detectar palabras clave para comprender el significado.
- Buscar información/vocabulario/expresiones sobre el tema previamente a la audición.
- Buscar similitudes (léxico) con la lengua materna.
- Prestar atención a las inflexiones de las voces de los interlocutores.
- Retener en la memoria fragmentos de la audición que son relevantes.
- Crear previamente una lista con tus dificultades en la comprensión auditiva para hacer hincapié en ellas.

127

>2 Actividad de comprensión auditiva en la que, a partir de pares mínimos, se trabaja la discriminación fónica entre los sonidos /ñ/ y /n/.

|39| Dona, ene, cuña, moño, tino, peña, maño, panal.

Dona, ene, cuña, moño, tino, peña, maño, panal.

Puede proponer a sus alumnos que realicen los ejercicios 11 y 12 de la unidad 10 del *Libro de ejercicios* para seguir practicando la diferencia entre *n* y *ñ*.

¿QUÉ HE APRENDIDO? 127

>1 El currículum vítae es un documento en el que aparecen los datos personales de una persona, así como la relación completa de sus estudios y de su experiencia laboral, mientras que la carta de presentación acompaña al currículum vítae enviado para solicitar un puesto de trabajo. Es una carta que tiene por objetivo referirse a los puntos más destacados del currículum, con el fin de que la persona a quien va dirigida se sienta interesada y concierte una entrevista de trabajo. La carta de motivación, que suele acompañar también al currículum, se escribe cuando la persona desea realizar una práctica profesional en una empresa, o un curso en una escuela. Pone su énfasis en el interés que muestra quien la escribe por esa experiencia (razón por la cual recibe también el nombre de carta de interés), la cual le dará una mejor formación para futuros proyectos. Su objetivo es ser llamado para poder hacer prácticas en esa empresa, o ser admitido en el curso en cuestión.

>2 1. por; 2. para; 3. para; 4. por; 5. para.

>4 1. Qué; 2. Cuál; 3. cuál; 4. Qué; 5. cuál; 6. Cuál; 7. Qué; 8. Cuál; 9. Qué.

ELEteca
Léxico. La música hispana.

11 A PUNTO DE TERMINAR

11 A PUNTO DE TERMINAR
1 LA PEQUEÑA PANTALLA
128

En esta unidad se presentan contenidos culturales relacionados con el mundo de la televisión y del cine. Concursos televisivos de gran audiencia y películas hispanas servirán de contexto para aprender a expresar acciones inminentes, obligatorias o de suposición, así como el comienzo y fin de una acción, la repetición, la continuación y el desarrollo. En el aspecto gramatical, se estudiarán las perífrasis necesarias para expresar este tipo de acciones, y adquirirá relevancia el estudio de léxico referido a *singularia* y *pluralia tantum* junto con algunos usos de los artículos determinados e indeterminados. Biografías de personajes famosos de la televisión o del cine completarán los contenidos culturales de la unidad. Por último, en el apartado de fonética y ortografía se trabajarán los esquemas entonativos enunciativos, interrogativos y exclamativos.

1 LA PEQUEÑA PANTALLA 128

La televisión será el tema central de este primer epígrafe de la unidad. Una reflexión inicial acerca de este medio de comunicación y un recorrido a través de sus diferentes programas servirán para abordar el léxico relacionado, así como algunas expresiones idiomáticas del español entre otros contenidos.

> 1 La televisión y su uso es motivo recurrente de debate, tanto por parte de padres como de profesionales. Se presenta una actividad previa acerca de la televisión a partir de diferentes citas de algunos personajes relevantes. Se pretende que, después de leer las distintas opiniones, los estudiantes las comenten y expresen las suyas propias en relación a este medio.

Telebasura: El término *telebasura* se emplea para referirse a los programas de televisión vulgares o de muy baja calidad. En ocasiones, este tipo de programas recurre a acontecimientos impactantes y apela a la sensibilidad del telespectador como táctica de atracción de la audiencia.

La caja tonta: es una forma coloquial y despectiva de llamar a la televisión, por el poder que ejerce para atraer la atención de los telespectadores que, en ocasiones, pueden permanecer durante horas enfrente de esta.

i+ ELEteca
35. La telebasura.

1.1. Actividad léxica relacionada con el mundo de la televisión. El estudiante deberá discriminar entre el listado de palabras aquellas que están relacionadas con la televisión. Después de hacerlo, pídales que lo justifiquen.

1, 3, 4, 11, 13.

1.2. En esta actividad se pasa a estudiar el léxico de los programas más representativos y frecuentes de la televisión. En esta ocasión la estrategia es que los estudiantes aprendan el vocabulario relacionando la palabra con la imagen. Esta última les ayudará a entender la palabra si desconocen el significado.

1. D; 2. A; 3. B; 4. C; 5. E; 6. F.

1.3. Pida a los estudiantes que debatan sobre los programas de televisión que más les gustan y el tiempo que dedican al día a ver la televisión. Haga estas preguntas extensivas a su vida diaria en su país de origen, en caso de que se encuentren en otro distinto, y aproveche para pedirles que comparen sus hábitos y la programación en ambos países.

129

Para seguir trabajando el léxico referente a la televisión, puede proponer a los alumnos realizar los ejercicios 1 al 3 de la unidad 11 del *Libro de ejercicios*.

> 2 Se propone conocer un concurso muy famoso de la TVE: *Pasapalabra*. Antes de realizar la lectura, en la actividad posterior, sobre la historia de este concurso, se presenta antes una actividad para formular hipótesis sobre lo que van a leer. Es una manera de activar los conocimientos previos del estudiante, introducirlo en el tema y despertarle la curiosidad. Después de haber anotado las respuestas, los estudiantes están preparados para realizar la lectura de manera individual. Indíqueles que tengan en cuenta las preguntas que se les han formulado en la actividad para, por un lado, focalizar la atención en lo relevante del texto y, por el otro, adquirir la información que necesitan. Después de la lectura, los alumnos volverán a responder a las preguntas y compararán sus respuestas con las que dieron antes de leer.

1. falso; 2. falso; 3. verdadero; 4. verdadero; 5. falso; 6. verdadero.

2.1. El rosco de *Pasapalabra* es un reto individual. Por esa razón pida a los estudiantes que, individualmente, lean las definiciones de las palabras del rosco que faltan y las completen. Son las que en la imagen aparecen en azul. Si el profesor lo cree necesario, puede permitirles el uso del diccionario para buscar las palabras que no hayan sido capaces de adivinar, pues se trata, principalmente, de una actividad de aprendizaje de léxico y no es absolutamente necesario respetar fielmente las reglas del concurso original. Una vez hayan completado el rosco, puede pedirles que, en parejas, comparen sus respuestas antes de confirmarlas en la actividad siguiente.

A. Audiencia; B. Bermudas; C. Concurso; D. Debate; E. Este; G. Gravedad; L. Locutor; M. Micrófono; N. Natillas; O. Oyente; S. Serie; V. Víveres.

2.2. Se presenta el concurso en una audición. Póngala para que los estudiantes, a través de la escucha, comprueben sus resultados. También se puede realizar la corrección a modo de concurso. Se pone la audición y se detiene antes de que el concursante del programa dé la respuesta, dejando que los estudiantes sean los propios concursantes y, por turnos, respondan a cada pregunta. Después, se escucha la respuesta correcta.

40

Presentador: Bueno, Carlos. Vamos a hacer la última vuelta del Rosco. Te quedan doce palabras y tiempo para poder decirlas todas. ¿Cómo lo ves?

Carlos: Bueno, algunas las sé, otras, no lo tengo claro.

Presentador: Bueno, tranquilo, empezamos. ¿Preparado?

Carlos: Sí.

Presentador: Tiempo. A. Público que atiende los programas de radio y televisión.

Carlos: *Audiencia*.

Presentador: Sí. B. Pantalón amplio que llega a la altura de la rodilla.

Carlos: *Bermudas*.

Presentador: Sí. C. Programa de televisión en el que varios candidatos compiten para conseguir un premio.

Carlos: *Concurso*.

Presentador: Sí. D. Discusión de opiniones contrapuestas entre dos o más personas.

Carlos: *Debate*.

Presentador: Sí. E. Punto cardinal del horizonte por donde sale el sol.

Carlos: *Este*.

Presentador: Sí. G. Fuerza que ejerce la Tierra sobre todos los cuerpos hacia su centro.

| 1.2. | Relaciona cada palabra o expresión con las siguientes imágenes según el tipo de programa de televisión al que se refieren.

1 documental; 2 telenovela; 3 concurso; 4 debate; 5 programa de información deportiva; 6 película en versión original

| 1.3. | ¿Qué programas de televisión os gustan más? ¿Cuánto tiempo veis cada día la televisión?

Cultura

| 2 | Vas a conocer un famoso concurso de la televisión en España: *Pasapalabra*. Antes de leer, contesta las preguntas sobre el programa. Luego, lee el texto y comprueba si tus respuestas son correctas. Corrígelas en caso necesario.

1 El programa *Pasapalabra* está basado en una idea originaria española.
2 Siempre se ha emitido en la misma cadena de televisión.
3 Ha sido el concurso que más dinero ha repartido en la televisión española.
4 Lleva más de diez años de éxito en España.
5 El programa consiste en hacer definiciones de palabras en el menor tiempo posible.
6 En el rosco final, el concursante deberá intentar acertar el máximo número de palabras.

129

Pasapalabra es un concurso de televisión español basado en el formato original británico *The Alphabet Game*. Se ha emitido desde el año 2000 en dos cadenas privadas. Se estrenó en Antena 3, y se emitió en esta cadena hasta el año 2007; después, pasó a Telecinco.

Hasta el momento, es el concurso de la televisión en España que ha entregado el premio de mayor importe (2 190 000 euros). A lo largo de su emisión ha tenido diferentes presentadores: Silvia Jato, Jaime Cantizano y Constantino Romero en Antena 3; y, actualmente, lo presenta Christian Gálvez en Telecinco. En 2010, fue galardonado con el premio especial del jurado de los Premios Ondas 2010 por sus 10 años de éxito en televisión.

En cada programa participan dos concursantes, y a cada uno le ayudan dos famosos. La dinámica consiste en resolver varias pruebas con palabras en el menor tiempo posible. De esta manera, acumularán segundos con el fin de ganar tiempo para acertar el máximo número de palabras (de un total de 25) de la prueba final, llamada "el rosco". El concursante que más palabras acierte de este rosco se llevará 1200 euros y volverá a concursar en el siguiente programa. Acertar las 25 palabras tiene un premio de 6000 euros. Este premio se irá acumulando de programa en programa si ningún concursante acierta el rosco completo. El concursante que lo logre, se llevará el "bote", es decir, toda la cantidad de dinero acumulada hasta ese momento.

| 2.1. | Vas a escuchar una audición de la última parte del programa: "el rosco final". Antes, intenta completarlo tú leyendo la definición. Presta atención porque te pueden dar la definición de cualquier palabra.

A ___ Público que atiende los programas de radio y televisión.
B ___ Pantalón amplio que llega a la altura de la rodilla.
C ___ Programa de televisión en el que varios candidatos compiten para conseguir un premio.
D ___ Discusión de opiniones contrapuestas entre dos o más personas.
E ___ Punto cardinal del horizonte por donde sale el sol.
G ___ Fuerza que ejerce la Tierra sobre todos los cuerpos hacia su centro.
L ___ Persona que habla ante el micrófono para dar avisos, noticias, programas, etc.
M ___ Aparato que transforma las ondas sonoras en corrientes eléctricas para su amplificación.
N ___ Dulce cremoso que se hace con leche, huevos y azúcar, cocido a fuego lento.
O ___ Persona que oye un programa de radio.
S ___ Obra televisiva que se difunde en capítulos sucesivos.
V ___ Comestibles necesarios para el alimento de las personas.

| 2.2. | Ahora, escucha y comprueba los resultados.

Intercultura

| 2.3. | ¿Conocíais este concurso? ¿Cuál es el programa de televisión de más éxito en vuestro país? ¿Por qué crees que gusta tanto a los telespectadores? ¿Cuál es el secreto de su éxito?

130

hacia su centro.

- **Carlos:** Pasapalabra.
- **Presentador:** Muy bien, Carlos. Cinco palabras de un tirón. Bueno, ahora vamos contigo, Sandra…
  (…)
- **Presentador:** Pasamos palabra. Carlos, volvemos contigo.
- **Carlos:** Vale.
- **Presentador:** Tiempo. L. Persona que habla ante el micrófono para dar avisos, noticias, programas, etc.
- **Carlos:** *Locutor*.
- **Presentador:** Sí. M. Aparato que transforma las ondas sonoras en corrientes eléctricas para su amplificación.
- **Carlos:** Pasapalabra.
- **Presentador:** Pasamos palabra. Sandra, te quedan seis palabras.
  (…)
- **Presentador:** Pasamos palabra. Carlos, vuelvo contigo. ¿Preparado?
- **Carlos:** Vamos allá.
- **Presentador:** N. Dulce cremoso que se hace con leche, huevos y azúcar, cocido a fuego lento.
- **Carlos:** *Natillas*.
- **Presentador:** Sí. O. Persona que oye un programa de radio.
- **Carlos:** *Oyente*.
- **Presentador:** Sí. S. Obra televisiva que se difunde en capítulos sucesivos.
- **Carlos:** *Serie*.
- **Presentador:** Sí. V. Comestibles necesarios para el alimento de las personas.
- **Carlos:** *Víveres*.
- **Presentador:** Sí. G. Fuerza que ejerce la Tierra sobre todos los cuerpos hacia su centro.
- **Carlos:** *Gravedad*.
- **Presentador:** Sí. M. Aparato que transforma las ondas sonoras en corrientes eléctricas para su amplificación.
- **Carlos:** Hummm…
- **Presentador:** ¡¡¡Tiempo!!! ¡Qué pena! Es *micrófono*… Bueno, nos tenemos que despedir. Muchas gracias, Carlos, por venir a concursar.
- **Carlos:** Gracias a vosotros. Me lo he pasado genial…

2.3. Actividad de interacción intercultural donde los estudiantes deben debatir sobre el concurso que acaban de conocer, y compararlo con otros concursos que conozcan o con programas de gran audiencia en sus países.

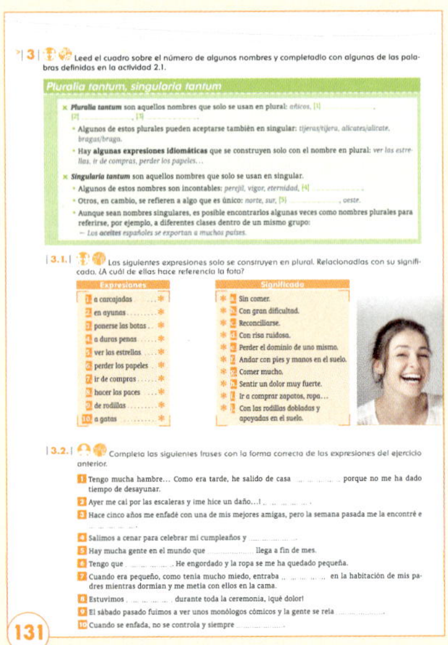

> 3 Se presenta una actividad lingüística para aprender el *pluralia* y el *singularia tantum*. El objetivo es que los estudiantes aprendan léxico, y les puede ser muy útil saber que algunos nombres y expresiones solo se usan en singular o plural. Proponga a los alumnos que lean el cuadro que contiene la explicación y que, a continuación, extraigan los ejemplos de la actividad 2.1. Mientras realizan la actividad, así como en su posterior corrección, dé las explicaciones que crea oportunas.

1. bermudas; 2. natillas; 3. víveres. 4. gravedad; 5. este.

3.1. Se van a trabajar algunas expresiones frecuentes propias del lenguaje coloquial y que solo se usan en plural. Pida a los estudiantes que relacionen las expresiones con su significado correspondiente. El estudio de estas expresiones o frases hechas puede resultar de gran rentabilidad para el estudiante, ya que son grupos de palabras invariables y saber cómo se comportan les ayudará a recordarlas y a utilizarlas correctamente con mayor facilidad. Si el profesor lo cree conveniente, puede ampliar la lista de estas expresiones utilizando la ficha 22.

Ficha 22. *Uña y carne.*

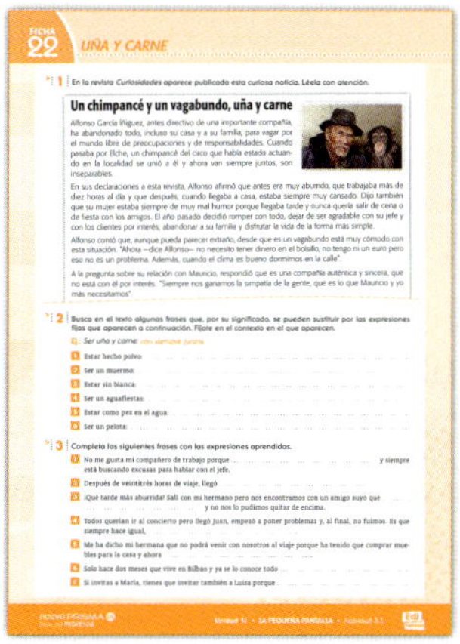
FICHA 22 UÑA Y CARNE

Un chimpancé y un vagabundo, uña y carne

Dinámica. Un breve artículo de una revista permitirá ampliar el aprendizaje de las expresiones fijas. Se trata de un trabajo de léxico contextualizado para deducir el significado de las expresiones a partir del contexto en el que aparecen. Reparta la ficha entre sus estudiantes e indíqueles que realicen las actividades de la misma.

2. 1. estaba siempre muy cansado; 2. antes era muy aburrido; 3. no tengo ni un euro; 4. nunca quería salir de cena o de fiesta con los amigos; 5. está muy cómodo con esta situación; 6. ser agradable por interés.

3. 1. es un pelota; 2. hecho polvo; 3. es un muermo; 4. es una aguafiestas; 5. está sin blanca; 6. Está como pez en el agua; 7. son uña y carne.

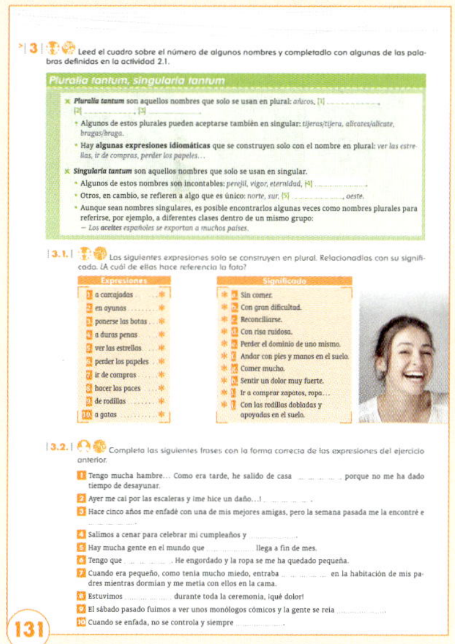
>| 3 | Leed el cuadro sobre el número de algunos nombres y completadlo con algunas de las palabras definidas en la actividad 2.1.

Pluralia tantum, singularia tantum

- ***Pluralia tantum*** son aquellos nombres que solo se usan en plural: *añicos*, [1] ...., [2] ...., [3] ....
  - Algunos de estos plurales pueden aceptarse también en singular: *tijeras/tijera, alicates/alicate, bragas/braga.*
  - Hay **algunas expresiones idiomáticas** que se construyen solo con el nombre en plural: *ver las estrellas, ir de compras, perder los papeles...*
- ***Singularia tantum*** son aquellos nombres que solo se usan en singular.
  - Algunos de estos nombres son incontables: *perejil, vigor, eternidad,* [4] ....
  - Otros, en cambio, se refieren a algo que es único: *norte, sur,* [5] ...., *oeste.*
  - Aunque sean nombres singulares, es posible encontrarlos algunas veces como nombres plurales para referirse, por ejemplo, a diferentes clases dentro de un mismo grupo:
    - *Los **aceites** españoles se exportan a muchos países.*

| 3.1. | Las siguientes expresiones solo se construyen en plural. Relacionadlas con su significado. ¿A cuál de ellas hace referencia la foto?

Expresiones	Significado
1 a carcajadas	a Sin comer.
2 en ayunas	b Con gran dificultad.
3 ponerse las botas	c Reconciliarse.
4 a duras penas	d Con risa ruidosa.
5 ver las estrellas	e Perder el dominio de uno mismo.
6 perder los papeles	f Andar con pies y manos en el suelo.
7 ir de compras	g Comer mucho.
8 hacer las paces	h Sentir un dolor muy fuerte.
9 de rodillas	i Ir a comprar zapatos, ropa...
10 a gatas	j Con las rodillas dobladas y apoyadas en el suelo.

| 3.2. | Completa las siguientes frases con la forma correcta de las expresiones del ejercicio anterior.

1. Tengo mucha hambre... Como era tarde, he salido de casa .... porque no me ha dado tiempo de desayunar.
2. Ayer me caí por las escaleras y ¡me hice un daño...! ....
3. Hace cinco años me enfadé con una de mis mejores amigas, pero la semana pasada me la encontré e ....
4. Salimos a cenar para celebrar mi cumpleaños y ....
5. Hay mucha gente en el mundo que .... llega a fin de mes.
6. Tengo que .... He engordado y la ropa se me ha quedado pequeña.
7. Cuando era pequeño, como tenía mucho miedo, entraba .... en la habitación de mis padres mientras dormían y me metía con ellos en la cama.
8. Estuvimos .... durante toda la ceremonia, ¡qué dolor!
9. El sábado pasado fuimos a ver unos monólogos cómicos y la gente se reía ....
10. Cuando se enfada, no se controla y siempre ....

131

1. d; 2. a; 3. g; 4. b; 5. h; 6. e; 7. i; 8. c; 9. j; 10. f.

3.2. Tarea de consolidación de las expresiones trabajadas en la actividad anterior. El objetivo es que el estudiante, a partir del contexto, pueda seleccionar la expresión adecuada según su significado y la escriba realizando los cambios pertinentes.

1. en ayunas; 2. Vi las estrellas; 3. hicimos las paces; 4. nos pusimos las botas; 5. a duras penas; 6. ir de compras; 7. a gatas; 8. de rodillas; 9. a carcajadas; 10. pierde los papeles.

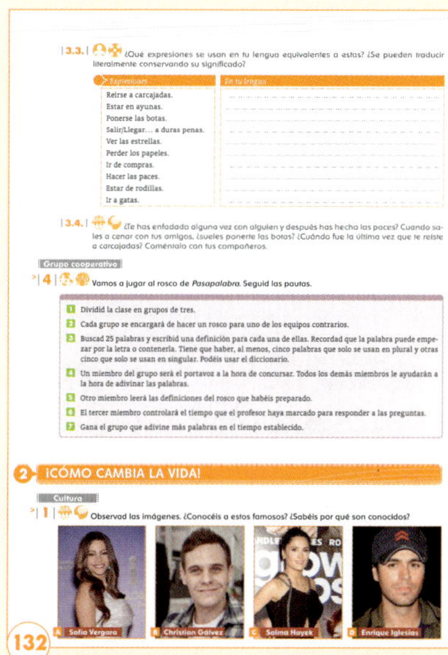
| 3.3. | ¿Qué expresiones se usan en tu lengua equivalentes a estas? ¿Se pueden traducir literalmente conservando su significado?

Expresiones	En tu lengua
Reírse a carcajadas.	....
Estar en ayunas.	....
Ponerse las botas.	....
Salir/Llegar... a duras penas.	....
Ver las estrellas.	....
Perder los papeles.	....
Ir de compras.	....
Hacer las paces.	....
Estar de rodillas.	....
Ir a gatas.	....

| 3.4. | ¿Te has enfadado alguna vez con alguien y después has hecho las paces? Cuando sales a cenar con tus amigos, ¿sueles ponerte las botas? ¿Cuándo fue la última vez que te reíste a carcajadas? Coméntalo con tus compañeros.

Grupo cooperativo

>| 4 | Vamos a jugar al rosco de *Pasapalabra*. Seguid las pautas.

1. Dividid la clase en grupos de tres.
2. Cada grupo se encargará de hacer un rosco para uno de los equipos contrarios.
3. Buscad 25 palabras y escribid una definición para cada una de ellas. Recordad que la palabra puede empezar por la letra o contenerla. Tiene que haber, al menos, cinco palabras que solo se usan en plural y otras cinco que solo se usan en singular. Podéis usar el diccionario.
4. Un miembro del grupo será el portavoz a la hora de concursar. Todos los demás miembros le ayudarán a la hora de adivinar las palabras.
5. Otro miembro leerá las definiciones del rosco que habéis preparado.
6. El tercer miembro controlará el tiempo que el profesor haya marcado para responder a las preguntas.
7. Gana el grupo que adivine más palabras en el tiempo establecido.

2 ¡CÓMO CAMBIA LA VIDA!

Cultura

>| 1 | Observad las imágenes. ¿Conocéis a estos famosos? ¿Sabéis por qué son conocidos?

A Sofía Vergara · B Christian Gálvez · C Salma Hayek · D Enrique Iglesias

132

3.3. Se aplica el recurso de la traducción a la lengua materna como estrategia para consolidar el aprendizaje de las expresiones trabajadas. En español, estas expresiones tienen un significado concreto independiente del significado de sus términos considerados de forma independiente. Por ello, el estudiante deberá tener en cuenta el significado de estas expresiones fijas y buscar en su lengua las palabras o expresiones adecuadas para que transmitan ese mismo significado. Si su clase es un grupo multilingüe, probablemente encontrará ejemplos de expresiones que pueden traducirse literalmente a otras lenguas con el mismo significado y de otras cuyo significado se expresa con palabras totalmente distintas.

3.4. Actividad de interacción oral con la finalidad de que los alumnos produzcan oralmente las expresiones aprendidas en este epígrafe de forma fluida y contextualizada. Si desea extender la actividad, puede ampliar usted mismo la lista de preguntas con otras expresiones trabajadas (*ver las estrellas*, *perder los papeles*, etc.) o indicar a sus alumnos que sean ellos quienes lo hagan.

>4 Para finalizar este epígrafe se propone una actividad cooperativa. Los estudiantes deben formar grupos de tres y seguir las pautas y directrices que se anotan en el libro. El objetivo es que preparen y realicen un concurso como *Pasapalabra*, lo cual servirá para repasar contenidos del epígrafe como el *pluralia* y el *singularia tantum*.

Para seguir trabajando y ampliar el léxico de *pluralia* y *singularia tantum*, se recomienda realizar los ejercicios 8 y 9 de la unidad 11 del *Libro de ejercicios*.

2 ¡CÓMO CAMBIA LA VIDA! 132

Tal y como transmite su título, en este epígrafe se hablará de cambios, en concreto de los cambios que se producen en la vida de las personas. La biografía de algunos personajes famosos conocidos casi mundialmente servirá para introducir el componente gramatical que ayudará a cumplir con dicho objetivo: las perífrasis verbales.

> 1 Se presenta una actividad previa antes de abordar la biografía de cuatro personas famosas. Pida a sus alumnos que observen las fotografías y que digan todo lo que sepan sobre las personas que aparecen en ellas y por qué son conocidas.

A. Sofía Vergara: actriz colombiana; B. Christian Gálvez: presentador español de televisión; C. Salma Hayek: actriz mexicana; D. Enrique Iglesias: cantante español.

i+ ELEteca
36. Biografías de artistas hispanos famosos.

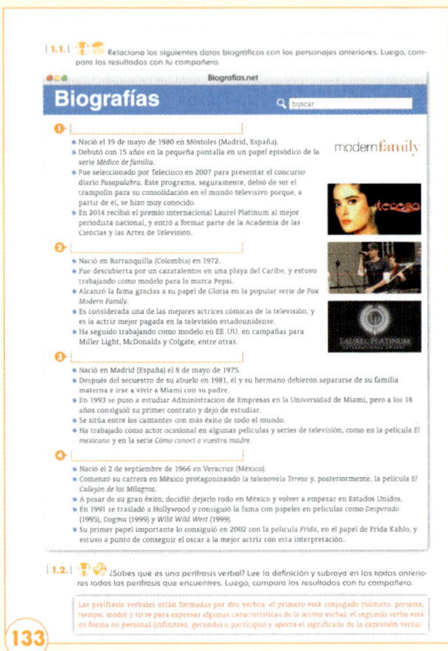

1.1. Esta actividad tiene por objetivo conocer las biografías de los personajes famosos que se han presentado en la actividad anterior. Se trata de una actividad de comprensión lectora identificativa en la que, por el contenido de las biografías, los estudiantes deben reconocer a quién corresponde cada una.

1. Christian Gálvez; 2. Sofía Vergara; 3.Enrique Iglesias; 4. Salma Hayek.

1.2. Las anteriores biografías servirán como pretexto para introducir el concepto de perífrasis verbal y sus diferentes estructuras lingüísticas. Para ello, pida a los alumnos que lean el cuadro explicativo en donde se describe qué es una perífrasis y cómo está formada. Una vez se haya asegurado de que los alumnos han entendido la información del cuadro, estos deberán subrayar en los textos biográficos anteriores todas las perífrasis que encuentren.

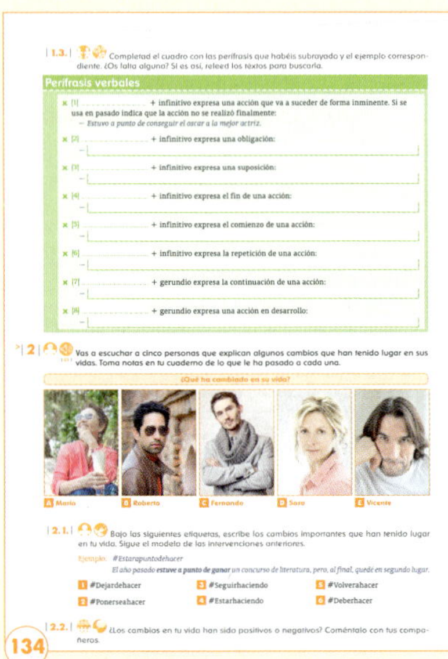

1.3. Se ofrece un cuadro con la estructura de las diferentes perífrasis de infinitivo y gerundio. Los alumnos, ayudándose en parejas, deberán completar la información del cuadro y escribir, a modo de ejemplo, las frases perifrásticas que han subrayado anteriormente. El profesor puede comentar o ampliar esta información si lo cree oportuno. Para la corrección y reflexión correspondientes se propone usar la proyección 21, que se recomienda mantener proyectada en las actividades posteriores 2, 2.1. y 2.2.

Proyección 21. Perífrasis verbales.

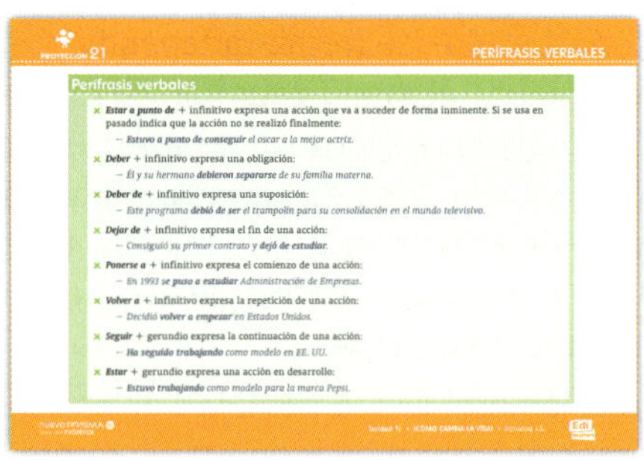

Dinámica. La proyección tiene el objetivo de corregir la actividad y consolidar los contenidos vistos. Proyecte el cuadro y confirme que las respuestas de sus alumnos coinciden con la información que aparece en el mismo. En caso necesario, aporte ejemplos adicionales. Se sugiere mantener proyectado el cuadro en las actividades siguientes de la misma secuencia para facilitar el trabajo de los alumnos.

1. Estar a punto de; 2. Deber; él y su hermano debieron separarse…; 3. Deber de; Este programa debió de ser el trampolín…; 4. Dejar de; …dejó de estudiar; 5. Ponerse a; En 1993 se puso a estudiar; 6. Volver a; …volver a em-

pezar en Estados Unidos; 7. Seguir; Ha seguido trabajando como modelo…; 8. Estar; estuvo trabajando como modelo…

>2 Actividad de comprensión auditiva que tiene como objetivo consolidar el estudio de las perífrasis y su significado en relación al concepto de cambio. Pida a los estudiantes que tomen notas de lo que escuchen atendiendo a los cambios que han sufrido las personas que hablan. Después, con los apuntes que han tomado, ínstelos a comparar sus respuestas y a comentar dichos cambios con sus compañeros, usando para ello las perífrasis estudiadas.

|41|

Periodista: Buenos días, perdone. Es para Tele 6. Estamos haciendo un programa para hablar sobre cambios importantes en la vida de una persona, ¿tiene un minuto?

María: Sí, claro.

Periodista: ¿Cómo se llama?

María: Me llamo María.

Periodista: ¿Ha habido algún cambio importante en su vida, María?

María: Hombre, muchos, claro, como le pasará a todas las personas de mi edad pero bueno, el último es que dejé de comer carne hace dos años y, aunque al principio me costó un poco, ahora me siento mucho mejor. Se lo recomiendo a todo el mundo.

Periodista: Buenos días, ¿os puedo hacer una pregunta para Tele 6?

Roberto: Sí, por supuesto.

Periodista: ¿Cómo os llamáis?

Fernando: Yo soy Fernando y este es Roberto.

Periodista: ¿Ha pasado algo en vuestra vida? ¿Algún cambio importante?

Fernando: Pues yo estuve trabajando como voluntario en África y esa experiencia me abrió los ojos. Me di cuenta de que hay muchísima gente que necesita ayuda. Todavía sigo participando en proyectos humanitarios siempre que puedo.

Periodista: ¿Y tú, Roberto?

Roberto: Pues yo estuve a punto de tener un grave accidente de coche porque iba hablando por el móvil. Por suerte el otro conductor evitó el golpe. No he vuelto a hablar por teléfono mientras conduzco.

Periodista: Buenos días, ¿podría hacerte una pregunta, por favor? Es para Tele 6.

Sara: Claro, claro.

Periodista: ¿Cuál consideras el cambio más importante de tu vida?

Sara: Soy Sara y, bueno, el cambio más importante de mi vida sucedió a los 18 años. Cuando tenía 16 años, dejé de estudiar y me puse a trabajar en una pastelería. Pero a los 18 volví a matricularme. Me di cuenta de que los estudios son muy importantes. Y ahora, mírame, tengo mi propia empresa.

Periodista: Buenos días, ¿una pregunta para la televisión?

Vicente: Vale.

Periodista: ¿Cómo se llama?

Vicente: Vicente.

Periodista: ¿Cuál ha sido el cambio más importante de su vida, Vicente?

Vicente: Pues… Me enamoré de una colombiana y me fui a vivir a Santa Marta. Al principio me puse a trabajar en la empresa de mi suegro, pero ahora estoy llevando mi propia empresa. Eso sí, sigo viniendo a España cada verano.

María: dejó de comer carne hace dos años y ahora se siente mucho mejor; Roberto: estuvo a punto de tener un grave accidente de coche porque iba hablando por el móvil. Por suerte el otro conductor evitó el golpe. No ha vuelto a hablar por teléfono mientras conduce; Fernando: estuvo trabajando como vo-

|1.3.| Completad el cuadro con las perífrasis que habéis subrayado y el ejemplo correspondiente. ¿Os falta alguna? Si es así, releed los textos para buscarla.

Perífrasis verbales

- [1] .... + infinitivo expresa una acción que va a suceder de forma inminente. Si se usa en pasado indica que la acción no se realizó finalmente.
- [2] .... + infinitivo expresa una obligación:
- [3] .... + infinitivo expresa una suposición:
- [4] .... + infinitivo expresa el fin de una acción:
- [5] .... + infinitivo expresa el comienzo de una acción:
- [6] .... + infinitivo expresa la repetición de una acción:
- [7] .... + gerundio expresa la continuación de una acción:
- [8] .... + gerundio expresa una acción en desarrollo:

|2| Vas a escuchar a cinco personas que explican algunos cambios que han tenido lugar en sus vidas. Toma notas en tu cuaderno de lo que le ha pasado a cada una.

|2.1.| Bajo las siguientes etiquetas, escribe los cambios importantes que han tenido lugar en tu vida. Sigue el modelo de las intervenciones anteriores.

1 #Dejardehacer 3 #Seguirhaciendo 5 #Volverahacer
2 #Ponerseahacer 4 #Estarhaciendo 6 #Deberhacer

|2.2.| ¿Los cambios en tu vida han sido positivos o negativos? Coméntalo con tus compañeros.

134

| 1.3. | Completad el cuadro con las perífrasis que habéis subrayado y el ejemplo correspondiente. ¿Os falta alguna? Si es así, releed los textos para buscarla.

Perífrasis verbales

- [1] .... + infinitivo expresa una acción que va a suceder de forma inminente. Si se usa en pasado indica que la acción no se realizó finalmente:
  – *Estuvo a punto de conseguir el oscar a la mejor actriz.*
- [2] .... + infinitivo expresa una obligación:
- [3] .... + infinitivo expresa una suposición:
- [4] .... + infinitivo expresa el fin de una acción:
- [5] .... + infinitivo expresa el comienzo de una acción:
- [6] .... + infinitivo expresa la repetición de una acción:
- [7] .... + gerundio expresa la continuación de una acción:
- [8] .... + gerundio expresa una acción en desarrollo:

| 2 | Vas a escuchar a cinco personas que explican algunos cambios que han tenido lugar en sus vidas. Toma notas en tu cuaderno de lo que le ha pasado a cada una.

¿Qué ha cambiado en su vida?

A Marta · B Roberto · C Fernando · D Sara · E Vicente

| 2.1. | Bajo las siguientes etiquetas, escribe los cambios importantes que han tenido lugar en tu vida. Sigue el modelo de las intervenciones anteriores.

Ejemplo: #Estarapuntodehacer
El año pasado ***estuve a punto de ganar*** *un concurso de literatura, pero, al final, quedé en segundo lugar.*

1 #Dejardehacer · 2 #Ponerseahacer · 3 #Seguirhaciendo · 4 #Estarhaciendo · 5 #Volverahacer · 6 #Deberhacer

| 2.2. | ¿Los cambios en tu vida han sido positivos o negativos? Coméntalo con tus compañeros.

134

luntario en África y esa experiencia le abrió los ojos. Se dio cuenta de que hay muchísima gente que necesita ayuda. Todavía sigue participando en proyectos humanitarios siempre que puede; Sara: cuando tenía 16 años dejó de estudiar y se puso a trabajar en una pastelería. Pero a los 18 volvió a matricularse porque se dio cuenta de que los estudios son muy importantes. Ahora tiene su propia empresa; Vicente: se enamoró de una colombiana y se fue a vivir a Santa Marta. Al principio se puso a trabajar en la empresa de su suegro, pero ahora está llevando su propia empresa. Sigue viniendo a España cada verano.

2.1. Se pasa a una actividad de producción escrita siguiendo los parámetros anteriores. Aprovechando la red social de Twitter, se proponen algunos *hashtags* para que los estudiantes escriban los cambios personales que han tenido lugar en sus vidas siguiendo el modelo de la audición. Para la corrección de sus producciones escritas, puede optar por ir supervisando el trabajo a medida que van escribiendo o proponer a los alumnos que sean ellos los que corrijan los textos de sus compañeros una vez finalizada la tarea.

2.2. "Dicen que todos los cambios son positivos". A partir de esta afirmación se puede introducir el debate propuesto en esta actividad oral. Los estudiantes deberán compartir con sus compañeros los cambios que han sufrido en su propia vida y explicar cuáles han sentido como positivos o negativos, y por qué.

Para consolidar la forma y uso de las perífrasis verbales de gerundio e infinitivo, puede realizar los ejercicios 4 al 7 de la unidad 11 del *Libro de ejercicios*.

2.3. Se propone transferir los cambios de la vida tratados hasta ahora a los cambios que se producen en el aprendizaje del español de cada uno de los estudiantes. Para ello, se ofrece un texto introductorio sobre los cambios escrito por la psicóloga Laura Rojas Marcos. Después de llevar a cabo la lectura y de realizar una ronda de preguntas al respecto, pida a los alumnos que expliquen qué cambios detectan ellos en su aprendizaje de la lengua, cómo se sienten, y si creen que es algo positivo, negativo, un reto... Es importante recordar que las emociones y sensaciones son respuestas a la forma en que se satisfacen o no necesidades y expectativas personales.

Sensaciones

| 3 | Lee el texto y explica a tus compañeros qué cambios se han producido en tu aprendizaje del español. ¿Cómo te sientes?

"Los cambios a veces nos asustan porque despiertan en nosotros sensaciones de incertidumbre y un temor a perder o a fracasar. No obstante, también somos seres atrevidos, valientes y aventureros. Nuestro deseo por crecer y mejorar nuestra condición vital nos lleva a correr riesgos y a buscar un cambio determinado. Algunos cambios duelen y otros no. Los que duelen suelen estar asociados a alguna pérdida, un fracaso, una expectativa no cumplida o una desilusión. Pero no hay que olvidar que también hay cambios positivos que mejoran nuestra vida, nos producen alegría, mejoran nuestra autoestima y nuestra visión del mundo".
Laura Rojas Marcos, psicóloga

3 VA DE CINE

Cultura

| 1 | A continuación os presentamos tres películas de habla hispana. Relacionad los carteles con su ficha técnica. ¿Las habéis visto?

1 Thriller. Intriga, Drama. Años 70. Crimen. Dictadura argentina. Policiaco. 2009 (Argentina-España).

2 Comedia. Drama social. Lucha contra la corrupción. 1993. (Colombia).

3 Thriller. Fantástico. Drama. Vida rural. Años 40. Posguerra española. Monstruos. Cuentos. 2006 (México-España).

| 1.1. | Ahora lee las entradas en el siguiente foro de cine: "La mejor película hispana de la historia". Comprueba si vuestras respuestas anteriores son correctas y corrígelas en caso necesario.

La mejor película hispana de la historia
Foro: La mejor película hispana de la historia

Antonio22: Para mí, la mejor película de la historia del cine hispano es, sin lugar a dudas, *El laberinto del fauno*. Esta producción española-mexicana del año 1996, que mezcla el género dramático y fantástico, está producida y dirigida por el genial realizador mexicano Guillermo del Toro. Me imagino que sabéis de qué trata, pero para aquellos que todavía no la han visto, os hago una breve sinopsis.

La película transcurre en el año 1944 y nos cuenta el apasionante viaje de Ofelia, **una niña** de 13 años, que junto a su madre, Carmen, se traslada a un pequeño pueblo de la España rural donde se encuentra Vidal, **un capitán** del ejército franquista. Vidal es el nuevo marido de Carmen, y Ofelia no siente ningún afecto por él. La misión de Vidal es acabar con los últimos republicanos, escondidos en los montes de la zona. En medio de este ambiente tan inhóspito y cruel, Ofelia descubre una noche las ruinas de un laberinto donde se encuentra con **un fauno** que le hace una increíble revelación.

¿Quién más cree que es la mejor película de habla hispana? ¡Ah!, si no la habéis visto, os recomiendo que la veáis por **la noche**, en casa, con las luces apagadas, como en el cine...

CONTINÚA

135

3 VA DE CINE 135

A partir de la presentación de tres películas de habla hispana como componente cultural para este epígrafe, se participará en un foro en donde los participantes relatan su argumento y dan su opinión sobre ellas. Aprovechando los textos de los foros, se aborda el estudio de los artículos determinados e indeterminados, atendiendo tanto a su forma como a su uso, y teniendo en cuenta cuál es la intención del hablante al optar por uno u otro artículo.

> 1 Para introducir el tema de este apartado, se muestran los carteles de tres películas hispanas que los estudiantes deberán relacionar con su ficha técnica correspondiente.

El hecho de que los alumnos no conozcan las películas no debe representar ningún inconveniente, puesto que se trata de una actividad introductoria cuyo objetivo es que estos respondan a partir de su intuición y conocimiento del mundo, y podrán confirmar sus respuestas en la actividad siguiente.

1. B; 2. C; 3. A.

1.1. Se presentan tres entradas de un foro de cine sobre las tres películas presentadas en la actividad anterior. Los participantes de este foro dan su opinión sobre estas y resumen su argumento para que los lectores puedan decidir si les interesan o no. Después de proceder a la lectura de los comentarios del foro, los alumnos podrán corregir las respuestas de la actividad 1, ya que ahora sí dispondrán de toda la información necesaria.

1.2. El objetivo de esta actividad de interacción oral es que, a partir de los comentarios del foro anterior y de la información de la que ya disponen sobre las películas referidas, se origine un debate en el que los estudiantes decidan cuál de ellas preferirían ver explicando por qué.

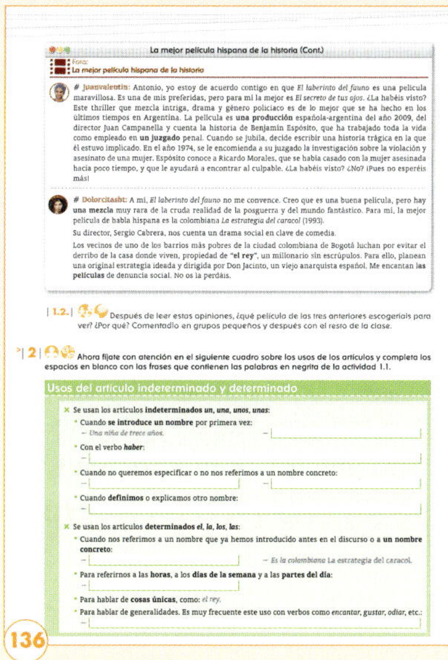

>2 Se propone pasar a la presentación de los artículos determinados e indeterminados, y a la explicación de sus usos desde el punto de vista de la intención del hablante. Para ello, se pedirá a los estudiantes que lean y estudien el cuadro. El profesor puede aportar la información que crea conveniente para cubrir las expectativas de sus alumnos. Después, los textos del foro les servirán de pretexto para que puedan ver contextualizado el contenido lingüístico que acaban de estudiar. Pídales, por tanto, que busquen en los foros de la actividad 1.1. la información necesaria para completar el cuadro. Para facilitar la tarea, las palabras a utilizar aparecen destacadas en negrita.

Artículos indeterminados *un*, *una*, *unos*, *unas*. Cuando se introduce un nombre por primera vez: "(...) **un capitán** del ejército franquista (...)"; Con el verbo *haber*: "(...) hay **una mezcla** muy rara (...)"; Cuando no queremos especificar o no nos referimos a un nombre concreto: "(...) donde se encuentra con **un fauno** (...)" / "(...) en **un juzgado** penal."; Cuando definimos o explicamos otro nombre: "(...) es **una producción** española-argentina del año 2009."; Artículos determinados *el*, *la*, *los*, *las*. Cuando nos referimos a un nombre que ya hemos introducido antes o a un nombre en concreto: "**La película** transcurre en el año 1944 (...)"; Para referirnos a las horas, a los días de la semana y a las partes del día: "(...) os recomiendo que la veáis por **la noche** (...)"; Para hablar de generalidades: "Me encantan **las películas** de denuncia social".

2.1. Actividad de comprensión auditiva global cuya finalidad es que el estudiante pueda identificar qué película deciden ir a ver los interlocutores del audio. Dependiendo de las necesidades de los estudiantes, puede realizar dos escuchas.

| 42 |

Juan: ¿Sí? ¿Dígame?

Pedro: Hola, Juan, soy Pedro. ¿Qué tal? Te llamo para ir a la filmoteca este fin de semana, tal y como quedamos, ¿te acuerdas?

Juan: Claro que sí. Estupendo. ¿Qué películas ponen?

Pedro: Este fin de semana hay un ciclo sobre la literatura y sus personajes. Proyectan: *La Regenta*, *Don Quijote de La Mancha* y *Pedro Páramo*.

Juan: El ciclo me parece interesante, pero no he leído todavía ninguna de estas novelas. Solo conozco el argumento de Don Quijote. ¿De qué tratan las otras?

Pedro: *La Regenta* trata de una mujer que vivía en la segunda mitad del siglo XIX en la ciudad de Vetusta, nombre que se le da a Oviedo en la novela. Tiene una personalidad inocente, sensible y soñadora, que contrasta con la realidad de la época. Describe muy bien cómo era Oviedo en aquellos tiempos de La Restauración: la sociedad, los partidos políticos, la falta de cultura, la situación de la mujer, la iglesia...

Juan: ¿Y la otra?

Pedro: La otra, *Pedro Páramo*, basada en la novela del mexicano Juan Rulfo, habla de un pueblo muy especial, Comala. El protagonista de la novela, Juan Preciado, va allí para reclamar a su padre, Pedro Páramo, lo que es suyo. Cuando llega allí, comienza a oír voces extrañas y hay apariciones que le van contando la historia de su padre: un hombre despiadado y autoritario que tiene sometidos a todos los habitantes del pueblo. Al final, Juan Preciado, se da cuenta de que todos están muertos, incluido él mismo. Está ambientada en los tiempos de la revolución mexicana.

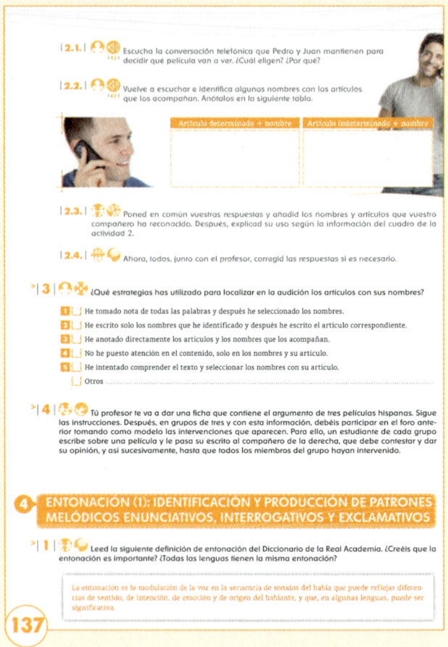

- **Juan:** Pues no sé... Parecen las tres muy interesantes... ¿Tú qué opinas?
- **Pedro:** ¿Por qué no vamos a ver *Pedro Páramo*? Dicen que la película es tan buena como la novela... A mí es la que más me apetece.
- **Juan:** Pues perfecto. ¿Cuándo la ponen?
- **Pedro:** El viernes a las siete y media. ¿Quedamos a las siete en la entrada de la filmoteca?
- **Juan:** ¡Vale! Nos vemos allí. Venga, hasta el viernes.
- **Pedro:** Hasta el viernes...

La película *Pedro Páramo,* porque dicen que la película es tan buena como la novela y es la que más le apetece ver a Pedro.

2.2. Actividad que sirve para el reconocimiento de estructuras gramaticales a través de una nueva comprensión auditiva. Ahora, el objetivo es que los estudiantes, a través de la escucha, identifiquen algunos nombres con su artículo correspondiente y los anoten en las tablas de la actividad para, en la actividad posterior, reflexionar sobre ello.

Artículo determinado + nombre: la filmoteca, la literatura, *La Regenta*, *la Mancha*, el ciclo, el argumento, la segunda mitad del siglo XIX, la ciudad de Vetusta, la novela, la realidad de la época, La Restauración, la sociedad, los partidos políticos, la falta de cultura, la situación de la mujer, la iglesia, el protagonista de la novela, la historia de su padre, los habitantes del pueblo, los tiempos de la revolución mexicana, la película es tan buena como la novela, el viernes a las siete y media, la entrada de la filmoteca.

Artículo indeterminado + nombre: un ciclo, una mujer, una personalidad, un pueblo, un hombre despiadado.

2.3. Se propone realizar un trabajo en parejas para completar la información que han obtenido en la actividad anterior. En la escucha se les pedía a los estudiantes que anotaran los nombres que oyeran con sus artículos correspondientes. Ahora, al contrastar sus respuestas con las de un compañero, ampliarán su reconocimiento y podrán terminar de completar la lista. Posteriormente, se pide que, con las mismas parejas, reflexionen, expliquen y anoten los usos de los artículos según el cuadro de la actividad 2.

Determinados. Referirse a un nombre concreto o ya introducido antes: la filmoteca, el ciclo, el argumento de Don Quijote, la ciudad de Vetusta, la novela, la novela del mexicano Juan Rulfo; el protagonista de la novela, la historia de su padre, los habitantes del pueblo, la película es tan buena como la novela, la entrada de la filmoteca; Horas, días de la semana y partes del día: el viernes a las siete y media; Cosas únicas: *La Regenta*, *la Mancha*, la Restauración, la segunda mitad del siglo XIX, los tiempos de la Revolución mexicana, la iglesia; Generalidades: la literatura, la realidad de la época, la sociedad, los partidos políticos, la falta de cultura, la situación de la mujer; **Indeterminados.** Introducir un nombre por primera vez: trata de una mujer que vivía (...), habla de un pueblo; Con el verbo *haber*: hay un ciclo; Definir o explicar otro nombre: tiene una personalidad inocente, un hombre despiadado y autoritario.

2.4. Para la corrección de la actividad 2.3., se propone hacer una puesta en común de los resultados con el fin de afianzar lo aprendido y corregir los errores o aclarar las dudas que todavía pueda haber.

>3 El objetivo de esta actividad es que los estudiantes reflexionen sobre las estrategias que han aplicado para el reconocimiento de estructuras gramaticales a través de la comprensión auditiva. Para ello, se propone un listado de posibles estrategias para que el estudiante pueda tomar conciencia de cómo lo ha hecho, qué estrategias son las que le han dado mejor resultado o cuáles ha olvidado aplicar. El uso de estrategias y saberlas emplear en el momento adecuado ayudará a los estudiantes a adquirir una mayor competencia.

>4 Actividad de escritura colectiva. Para llevarla a cabo el profesor debe entregar a los alumnos la ficha 23. Estos deberán, primero, elaborar las actividades de la ficha. Los textos describen los argumentos de tres películas hispanas. Una vez hayan concluido la actividad, pida a los estudiantes que abran un foro al igual que en la actividad 1.1. de este epígrafe. Cada uno debe escribir sobre una de las películas y pasar su escrito a otro compañero del grupo. Así sucesivamente hasta que todos hayan intervenido.

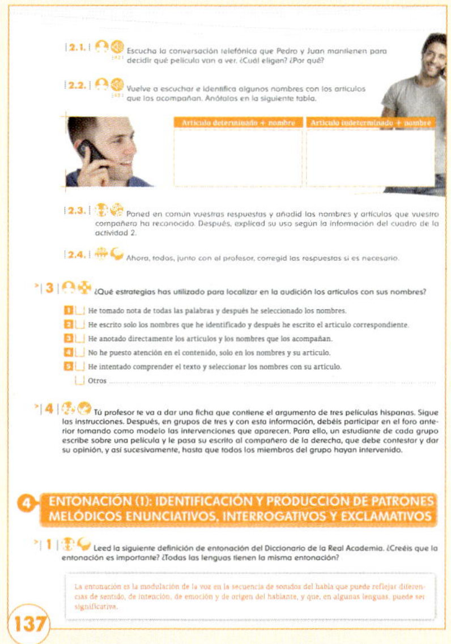
2.1. Escucha la conversación telefónica que Pedro y Juan mantienen para decidir qué película van a ver. ¿Cuál eligen? ¿Por qué?

2.2. Vuelve a escuchar e identifica algunos nombres con los artículos que los acompañan. Anótalos en la siguiente tabla.

Artículo determinado + nombre	Artículo indeterminado + nombre

2.3. Poned en común vuestras respuestas y añadid los nombres y artículos que vuestro compañero ha reconocido. Después, explicad su uso según la información del cuadro de la actividad 2.

2.4. Ahora, todos, junto con el profesor, corregid las respuestas si es necesario.

>3 ¿Qué estrategias has utilizado para localizar en la audición los artículos con sus nombres?

1. He tomado nota de todas las palabras y después he seleccionado los nombres.
2. He escrito solo los nombres que he identificado y después he escrito el artículo correspondiente.
3. He anotado directamente los artículos y los nombres que los acompañan.
4. No he puesto atención en el contenido, solo en los nombres y su artículo.
5. He intentado comprender el texto y seleccionar los nombres con su artículo.

Otros ....

>4 Tú profesor te va a dar una ficha que contiene el argumento de tres películas hispanas. Sigue las instrucciones. Después, en grupos de tres y con esta información, debéis participar en el foro anterior tomando como modelo las intervenciones que aparecen. Para ello, un estudiante de cada grupo escribe sobre una película y le pasa su escrito al compañero de la derecha, que debe contestar y dar su opinión, y así sucesivamente, hasta que todos los miembros del grupo hayan intervenido.

4 ENTONACIÓN (I): IDENTIFICACIÓN Y PRODUCCIÓN DE PATRONES MELÓDICOS ENUNCIATIVOS, INTERROGATIVOS Y EXCLAMATIVOS

>1 Leed la siguiente definición de entonación del Diccionario de la Real Academia. ¿Creéis que la entonación es importante? ¿Todas las lenguas tienen la misma entonación?

La entonación es la modulación de la voz en la secuencia de sonidos del habla que puede reflejar diferencias de sentido, de intención, de emoción y de origen del hablante, y que, en algunas lenguas, puede ser significativa.

137

Ficha 23. ¿De qué trata esta película?

FICHA 23 ¿DE QUÉ TRATA ESTA PELÍCULA?

Dinámica. Se dan tres argumentos de películas hispanas. El objetivo es consolidar el aprendizaje de los artículos determinados e indeterminados. En los textos faltan artículos que los estudiantes deberán completar. Una vez hayan finalizado, proceda a la corrección en gran grupo y continúe con la realización de la actividad 4.

¿DE QUÉ TRATA ESTA PELÍCULA?

- ***Diarios de motocicleta*** de Walter Salles, Argentina-Chile-Perú, 2004
  Diarios de motocicleta narra las aventuras que tuvieron Ernesto Guevara (Gael García Bernal) y Alberto Granado (Rodrigo de la Serna) durante sus viajes por Sudamérica a principios de la década de los cincuenta. Ambos jóvenes universitarios interrumpieron sus estudios de medicina y bioquímica, respectivamente, para conocer el continente, ampliar sus horizontes, y festejar su juventud. Pero el viaje tiene consecuencias inesperadas... El contacto de primera mano con la opresión gubernamental y las injusticias sociales en todos los países que visitan siembran una nueva ideología que cambiará para siempre a los viajeros, en particular a Ernesto, quien años después será conocido como el famoso guerrillero e icono "Che" Guevara.

- ***Voces inocentes*** de Luis Mandoki, México-El Salvador, 2004
  Voces inocentes es un film mexicano dirigido por Luis Mandoki que transcurre durante la guerra civil salvadoreña en 1980. Estrenada el 16 de septiembre de 2004, se basa en la infancia del escritor salvadoreño Óscar Torres.
  El argumento cuenta la historia de Chava, un niño de once años que atrapado por las circunstancias tiene que convertirse en "el hombre de la casa", después de que su padre los abandonara en plena guerra civil. El ejército reclutaba niños de doce años sacándolos de sus escuelas. Si Chava tiene suerte, aun le resta un año de inocencia, un año antes de que él también sea enrolado y luche la batalla del gobierno contra los rebeldes del ejército FMLN.
  Como contraste a la violencia que se vive por la guerrilla, Chava también experimenta el primer amor por una hermosa compañera de clase. De esta manera, el pequeño pueblo del niño se transforma en campo de juego y campo de guerra.

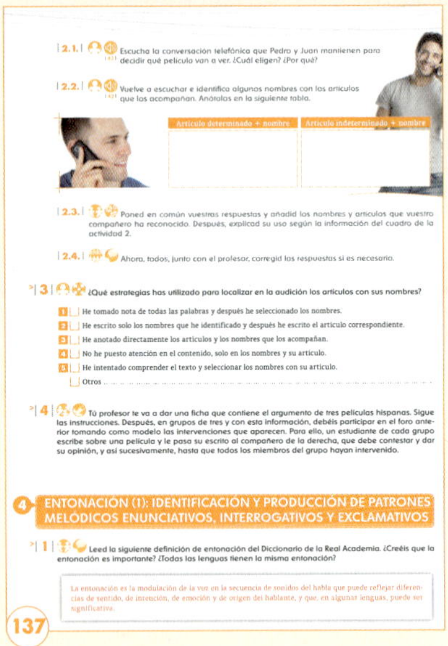

- ***Relatos salvajes*** de Damián Szifrón, Argentina-España, 2014

  Se trata de una antología de seis cortos de comedia negra y drama. Seis historias independientes entre sí que van desde dos conductores que se desafían en un duelo a muerte por la autopista, hasta una boda que acaba en un estallido de violencia. Hay espacio para la venganza de un ingeniero contra la administración pública que se obstina en llevarse su coche, y para la de un hombre que decide hacérsela pagar a todos los que le han tratado mal en su vida, desde el colegio hasta su edad adulta. La desigualdad, la injusticia y la exigencia del mundo en que vivimos producen que muchas personas se estresen o se depriman. Algunas explotan. Esta es una película sobre ellos.

Si desea seguir trabajando el uso de los artículos determinados e indeterminados, remita a sus estudiantes al ejercicio 10 de la unidad 11 del *Libro de ejercicios*.

4 ENTONACIÓN (1): IDENTIFICACIÓN Y PRODUCCIÓN DE PATRONES MELÓDICOS ENUNCIATIVOS, INTERROGATIVOS Y EXCLAMATIVOS 137

Una mala entonación por parte del emisor puede llevar al receptor a una errónea interpretación del mensaje. El interlocutor suele decantarse, en su comprensión, por el valor de la entonación, puesto esta parece poseer un origen más espontáneo y natural que el componente léxico-gramatical, que es más elaborado y pensado. En este epígrafe se estudiarán los patrones entonativos con el fin de que el alumno adquiera una mayor competencia oral.

> 1 Se propone al estudiante conocer la definición de la RAE de la palabra "entonación" para que reflexione sobre su importancia y pueda compararla con la de su lengua o la de otras.

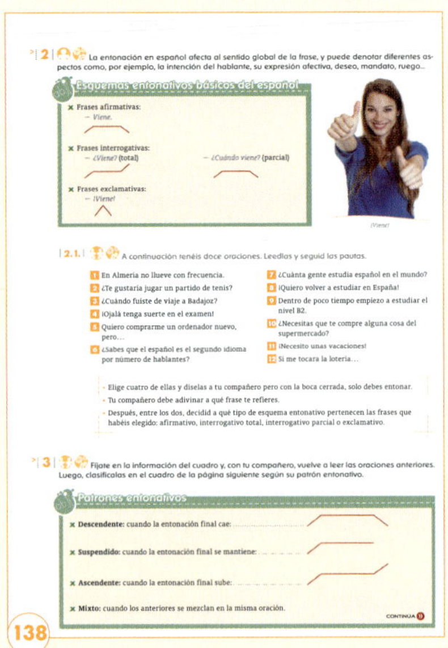

> 2 En esta actividad se sigue planteando al estudiante la importancia de la entonación en el sentido global de la frase a través de los esquemas entonativos. Se recomienda, para ello, utilizar la proyección 22.

Proyección 22. Patrones entonativos del español (1).

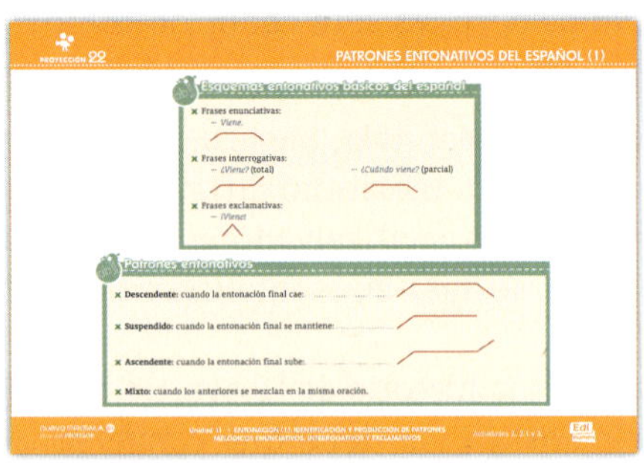

Dinámica. Proyecte el cuadro de los esquemas entonativos básicos del español y acompañe sus explicaciones leyendo los diferentes tipos de frases en voz alta. Pida a sus alumnos que repitan la entonación, asegurándose de que lo hacen correctamente. Repita las producciones tantas veces como sea necesario.

Se propone dejar puesta la proyección para abordar toda la secuencia de las actividades de este apartado ya que, al trabajar la entonación por partes, es importante que los alumnos puedan visualizar todas las curvas entonativas mientras trabajan.

2.1. Se propone empezar a practicar la entonación de forma autónoma por parte de los estudiantes. Para ello, pídales que sigan las pautas que se dan en la actividad. El objetivo final es poder identificar a qué esquema entonativo pertenecen las frases que se trabajan y saber producir dichos esquemas.

1. enunciativa; 2. interrogativa total; 3. interrogativa parcial; 4. exclamativa; 5. enunciativa; 6. interrogativa total; 7. interrogativa parcial; 8. exclamativa; 9. enunciativa; 10. interrogativa total; 11. exclamativa; 12. enunciativa.

>3 Se pasa a practicar la entonación según los patrones entonativos que se presentan en el cuadro. La práctica consiste en leer las oraciones de la actividad 2.1. y después clasificarlas según el cuadro correspondiente.

1. descendente; 2. ascendente; 3. descendente; 4. descendente; 5. mixto (descendente-suspendido); 6. ascendente; 7. descendente; 8. descendente; 9. descendente; 10. ascendente; 11. descendente; 12. suspendido.

Si desea seguir trabajando la entonación, remita a sus estudiantes al ejercicio 11 de la unidad 11 del *Libro de ejercicios*.

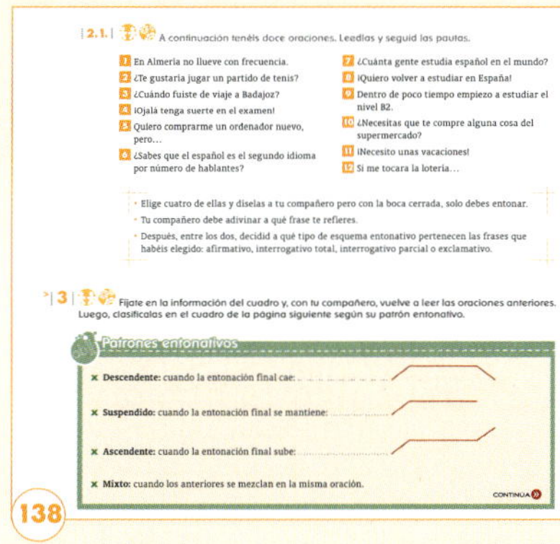

¿QUÉ HE APRENDIDO? 139

>1 Posible respuesta. canal; episodio; serie; documental; concurso…

ELEteca
Léxico. El cine.

12 VIAJA CON NOSOTROS

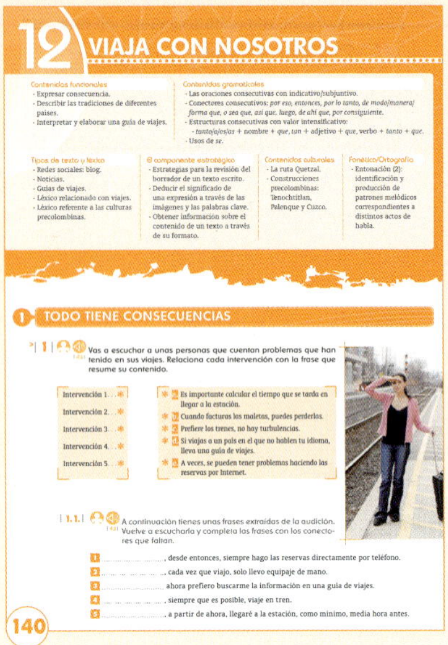

La ruta Quetzal y las construcciones precolombinas como Tenochtitlan, Palenque y Cuzco ofrecerán la posibilidad de tratar el tema de los viajes y las diferentes formas de viajar. Las guías de viaje y los blogs de las redes sociales servirán de contexto para expresar consecuencias utilizando las oraciones consecutivas con indicativo o subjuntivo, y las estructuras consecutivas con valor intensificativo. Los estudiantes aprenderán a describir las tradiciones de diferentes países, y a interpretar y elaborar una guía de viajes. Se cerrarán los contenidos de gramática con el estudio de los diferentes usos de *se*. Por último, en el apartado de fonética y ortografía, se seguirán trabajando los patrones entonativos introducidos en la unidad anterior. El título de la unidad *Viaje con nosotros* es el de una canción del álbum *Bon Voyage* (1980) del grupo musical español la Orquesta Mondragón.

1 TODO TIENE CONSECUENCIAS 140

Se plantea, a partir de un blog que describe el diario de un viajero, el estudio de las estructuras consecutivas. Esta red social servirá de contexto para descubrir una forma diferente de viajar y conocer las consecuencias positivas y negativas de optar por ella. Ante esto, los estudiantes intercambiarán información, aplicarán las estructuras estudiadas y reflexionarán sobre "el viaje" de su aprendizaje. Se sugiere empezar esta unidad de manera lúdica presentando una actividad con la canción *Viaje con nosotros*, que encontrarán en la ficha 24.

Ficha 24. *Viaje con nosotros.*

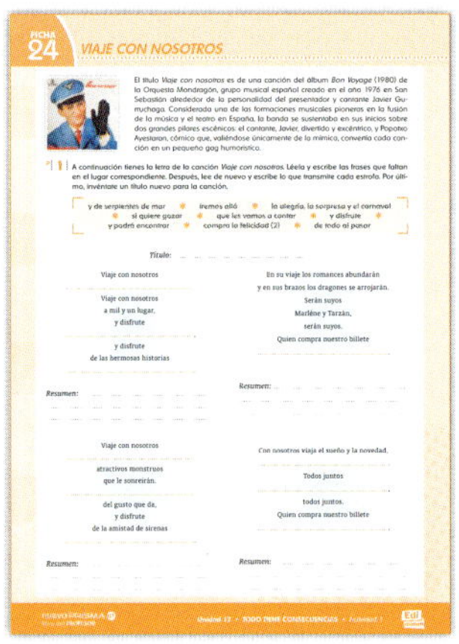

Dinámica. Se entrega a los estudiantes la ficha con la letra de la canción con el objetivo de introducir el tema de la unidad mediante la realización de una actividad de léxico y de interpretación. Puede acceder al vídeo de la canción en https://www.youtube.com/watch?v=vMT6NoU-9tw

Viaje con nosotros
si quiere gozar.
Viaje con nosotros
a mil y un lugar,
y disfrute
de todo al pasar,
y disfrute
de las hermosas historias
que les vamos a contar.

Resumen: Propone un viaje en el que irá a muchos lugares y se disfrutará de muchas historias.

Viaje con nosotros
y podrá encontrar
atractivos monstruos
que le sonreirán.
Y disfrute
del gusto que da,
y disfrute
de la amistad de sirenas
y de serpientes de mar.

Resumen: En el viaje van a disfrutar de las sonrisas de los monstruos y de la amistad de sirenas y otros animales del mar.

En su viaje los romances abundarán
y en sus brazos los dragones se arrojarán.
Serán suyos
Marlène y Tarzán,
serán suyos.
Quien compra nuestro billete
compra la felicidad.

Resumen: El viaje ofrece momentos de amor y es seguro que quien va a este viaje será muy feliz.

Con nosotros viaja el sueño y la novedad,
la alegría, la sorpresa y el carnaval.
Todos juntos
iremos allá,
todos juntos.
Quien compra nuestro billete
compra la felicidad.

Resumen: Alegrías, sorpresas, fiestas... Toda la felicidad incluida con la compra de este billete.

12 VIAJA CON NOSOTROS

Contenidos funcionales
- Expresar consecuencia.
- Describir las tradiciones de diferentes países.
- Interpretar y elaborar una guía de viajes.

Contenidos gramaticales
- Las oraciones consecutivas con indicativo/subjuntivo.
- Conectores consecutivos: *por eso, entonces, por lo tanto, de modo/manera/forma que, o sea que, así que, luego, de ahí que, por consiguiente.*
- Estructuras consecutivas con valor intensificativo:
  - *tanto/a/os/as* + nombre + *que*, *tan* + adjetivo + *que*, verbo + *tanto* + *que*.
- Usos de *se*.

Tipos de texto y léxico
- Redes sociales: blog.
- Noticias.
- Guías de viajes.
- Léxico relacionado con viajes.
- Léxico referente a las culturas precolombinas.

El componente estratégico
- Estrategias para la revisión del borrador de un texto escrito.
- Deducir el significado de una expresión a través de las imágenes y las palabras clave.
- Obtener información sobre el contenido de un texto a través de su formato.

Contenidos culturales
- La ruta Quetzal.
- Construcciones precolombinas: Tenochtitlan, Palenque y Cuzco.

Fonética/Ortografía
- Entonación (2): identificación y producción de patrones melódicos correspondientes a distintos actos de habla.

1 TODO TIENE CONSECUENCIAS

> 1 | [43] Vas a escuchar a unas personas que cuentan problemas que han tenido en sus viajes. Relaciona cada intervención con la frase que resume su contenido.

Intervención 1
Intervención 2
Intervención 3
Intervención 4
Intervención 5

a. Es importante calcular el tiempo que se tarda en llegar a la estación.
b. Cuando facturas las maletas, puedes perderlas.
c. Prefiere los trenes, no hay turbulencias.
d. Si viajas a un país en el que no hablen tu idioma, lleva una guía de viajes.
e. A veces, se pueden tener problemas haciendo las reservas por Internet.

1.1. [43] A continuación tienes unas frases extraídas de la audición. Vuelve a escucharla y completa las frases con los conectores que faltan.

1 ...., desde entonces, siempre hago las reservas directamente por teléfono.
2 ...., cada vez que viajo, solo llevo equipaje de mano.
3 .... ahora prefiero buscarme la información en una guía de viajes.
4 ...., siempre que es posible, viaje en tren.
5 ...., a partir de ahora, llegaré a la estación, como mínimo, media hora antes.

140

> 1 Se presenta una actividad de comprensión auditiva para introducir este epígrafe, referido a los viajes y sus consecuencias, y para empezar la secuencia de actividades. Antes de proceder a la escucha, pida a los estudiantes que lean los resúmenes de cada una de las intervenciones para que, después, les sea más fácil relacionarlos entre sí. Es aconsejable que se fijen también en la imagen que aparece en la actividad, ya que esta les dará información del tema que se va a tratar.

[43]

Intervención 1

Hace dos años hice una reserva por Internet de un hostal que era muy barato. El problema es que, cuando llegué a la recepción, me dijeron que estaba todo completo. ¡Dios mío! ¡No había habitaciones libres! Y, encima, iba de viaje sola. Les enseñé la reserva que había hecho a través de una web, pero me dijeron que no sabían nada. Al final tuve que pagar 100 euros por dormir en un hotel de cuatro estrellas porque no encontré nada más. Así que, desde entonces, siempre hago las reservas directamente por teléfono.

Intervención 2

Hace cinco años, una compañía aérea, de la que prefiero no recordar el nombre, me envió la maleta a Bélgica, cuando resulta que yo iba de vacaciones a Roma. ¿Cómo se pudieron equivocar? Pero lo peor es que la reclamé y ¡me la enviaron a casa un mes después! Por eso, cada vez que viajo, solo llevo equipaje de mano.

Intervención 3

Nos fuimos de vacaciones a Israel y reservamos una visita guiada para conocer algunos lugares y poder conocer su historia. No salió barato, pero pensamos que era lo mejor. El problema es que ¡no me dijeron que sería en árabe! No entendimos nada, intenté explicárselo al guía, pero él tampoco me entendía a mí. De modo que ahora prefiero buscarme la información en una guía de viajes.

Intervención 4

La última vez que viajé en avión lo pasé fatal. Tuvimos turbulencias todo el viaje y ahora me da mucho miedo volar.

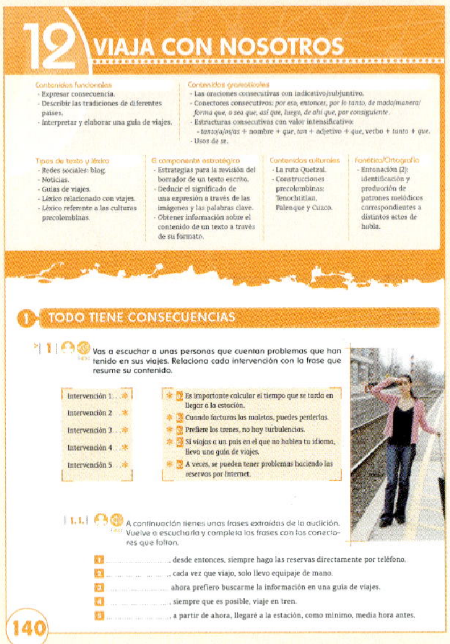

12 VIAJA CON NOSOTROS

1 TODO TIENE CONSECUENCIAS

140

De ahí que, siempre que es posible, viaje en tren.

Intervención 5

Hace un mes perdí el tren de París a Madrid porque no calculé bien el tiempo que tardaba en ir del hotel a la estación. O sea que, a partir de ahora, llegaré a la estación, como mínimo, media hora antes.

Intervención 1: e; Intervención 2: b; Intervención 3: d; Intervención 4: c; Intervención 5: a.

1.1. Se aprovecha la misma audición para trabajar los conectores consecutivos que se usan en algunas de las intervenciones. Para ello, pida a los estudiantes que lean las frases de la actividad y hagan una escucha de reconocimiento de las palabras que faltan. Una vez se haya completado el ejercicio, el profesor comprobará que los conectores anotados son correctos y se pasará a la actividad siguiente.

1. Así que; 2. Por eso; 3. De modo que; 4. De ahí que; 5. O sea que.

Expresar consecuencia

141

1.2. Se presenta una actividad de reflexión gramatical con el objetivo de que los alumnos deduzcan qué expresan los conectores de la actividad anterior según el contexto en el que aparecían y en contraposición con otros conectores que han estudiado anteriormente.

Consecuencia.

1.3. Se propone seguir la reflexión gramatical de las oraciones consecutivas a través de la presentación de un cuadro funcional. Se pide a los estudiantes que lean el cuadro, vuelvan a los ejemplos de la actividad 1.1. y los anoten en el lugar correspondiente de este. El profesor, si lo cree oportuno, podrá dar las explicaciones pertinentes y aclarar las dudas que se presenten.

1. modo; 2. así que; 3. por eso; 4. o sea que; 5. de ahí que; De ahí que, siempre que es posible, viaje en tren.

>2 Se plantea una actividad escrita para consolidar el uso de los conectores consecutivos. Pida a los estudiantes que observen las imágenes, piensen en lo que sucede en ellas y deduzcan una consecuencia de lo que está pasando, escribiéndolo como en el ejemplo. Se trata de un ejercicio de respuesta abierta por lo que, una vez completada la información, se recomienda realizar una puesta en común en gran grupo de manera que puedan conocerse las diferentes hipótesis. Si el profesor lo cree necesario, puede anotar las respuestas en la pizarra para que los alumnos dispongan de más alternativas y vean más usos de los diferentes conectores.

Posible respuesta. 2. Comió demasiado, así que una hora más tarde le dolía la barriga; 3. Está enferma, de modo que ha tenido que cancelar la reunión; 4. Se pisó el cordón de la zapatilla, por eso se cayó y se rompió un brazo.

>3 A partir de un texto de un blog de viajes se propone una actividad de comprensión lectora global. Antes, pida a los estudiantes, a modo de actividad previa a la lectura, que lean el título del blog y formulen hipótesis sobre el contenido del texto.

DIARIO DEL VIAJERO

142

3.1. Se pasa ahora a la actividad propia de comprensión lectora. Se pide a los estudiantes que hagan una lectura rápida (*Skimming*) identificando ideas o frases clave. Coménteles que no es necesario leer cada palabra del texto. En su lugar, aconséjeles que lean la primera oración de cada párrafo, y que traten de identificar las frases o palabras clave de cada uno de ellos. En definitiva, se trata de que extraigan la información relevante del texto con el fin de descubrir su idea general y comprobar si las hipótesis que han formulado en la actividad anterior se confirman o no.

No ha sido una experiencia agradable, por lo tanto, viajar en coche compartido puede ser negativo.

3.2. Se trabajan ahora las expresiones de consecuencia y el modo verbal que las acompañan. Se pide a los alumnos que lean de nuevo el texto de la actividad 3.1. y las frases que se han extraído de este. Después, deberán completar las frases con el verbo entre paréntesis en la forma adecuada e insertarlas en el lugar del texto que corresponda. Esta tarea tiene como objetivo, además de continuar con la tarea de comprensión lectora, que los alumnos se familiaricen con los conectores consecutivos y el modo verbal que rigen dependiendo de la intención del hablante.

1. y, por consiguiente, **tenemos** que buscar medios de transporte baratos; 2. de manera que **compartan** los gastos del viaje; 3. de ahí que o bien **des** con un buen conductor que además es amable y simpático; 4. Por lo tanto, que los otros viajeros sean simpáticos, que haya una charla amena o que tengáis temas en común, **es** cuestión de suerte; 5. así que él **debía** adelantar por donde podía, por la derecha.

Se recomienda seguir trabajando las oraciones y conectores consecutivos, así como el modo verbal que rigen realizando los ejercicios 1 al 3 de la unidad 12 del *Libro de ejercicios*.

|3.1.| Lee rápidamente el texto para comprobar vuestra respuesta anterior.

Diario del viajero

DIARIO DEL VIAJERO

Una de las cuestiones a resolver cuando planeamos un viaje es el medio de transporte que usaremos. La decisión la basamos en una balanza entre la calidad del servicio y el precio. Porque sí, a todos nos gusta ir en AVE o volar en primera clase, pero no siempre podemos permitírnoslo [1] .... Y en esta época de viajes baratos, se está popularizando otra opción para reducir el coste de los viajes en carretera: los coches compartidos.

En nuestro país hay varias plataformas *online* que ponen de acuerdo a conductores de coches privados con viajeros que quieren hacer una misma ruta [2] ....

El problema que le veo a esta forma de viajar es que es una cuestión de suerte, [3] ...., o que te encuentres a un psicópata al volante. Y el único método de valoración que ofrecen las webs son las opiniones de los usuarios y sus comentarios.

Para que os hagáis una idea, el conductor con el que viajé yo tenía **tantos comentarios positivos que me decidí por él** inmediatamente, y, sin embargo, la experiencia no fue nada positiva.

Existen dos "esferas" de satisfacción por las que uno puede valorar si viajar con este método ha sido positivo o negativo. Una de ellas sería la social, relativa a la interacción con los otros usuarios, y la otra sobre el propio servicio de transporte, es decir, la conducción y el viaje.

Lo social es una tómbola. [4] .... Pero en todo caso, si la persona con la que viajas no quiere hablar o es antipática, **no me parece un inconveniente tan grave que no puedas optar por esta forma de viajar**. Miras por la ventanilla o aprovechas para echar una cabezadita, y ya está.

Para mí, la seguridad en la carretera es muy importante. El conductor que elegí era temerario. Por ejemplo, condujo durante todo el camino a 150 km/h, que si bien no es mucho, a mí en la autoescuela me enseñaron que eso está por encima de los límites. Adelantaba por la derecha en la autovía, y cuando le pregunté por qué lo hacía, me contestó que la culpa era de los conductores del carril izquierdo, que iban más lentos de lo que debían, [5] ....

Que tú quieres conducir así, tú sabrás, pero a mí no me apetece arriesgar mi vida en la carretera porque quieras pisar más el acelerador para llegar antes. ¿Tienen de esto culpa las webs de coches compartidos? No, pero tampoco me ofrecen garantías reales sobre la calidad de la conducción de sus usuarios.

|3.2.| Estas frases que expresan consecuencia han sido extraídas del texto. Léelo de nuevo detenidamente y colócalas en su lugar correspondiente según el sentido, poniendo el verbo en indicativo o subjuntivo según corresponda. Luego, compara tus resultados con un compañero.

1. de ahí que o bien (dar) .... con un buen conductor que además es amable y simpático,
2. Por lo tanto, que los otros viajeros sean simpáticos, que haya una charla amena o que tengáis temas en común, (ser) .... cuestión de suerte.
3. y, por consiguiente, (tener, nosotros) .... que buscar medios de transporte baratos
4. así que él (deber) .... adelantar por donde podía, por la derecha.
5. de manera que (compartir) .... los gastos del viaje.

142

3.3. Se plantea una actividad reflexiva sobre las oraciones consecutivas con matiz intensificativo. Para ello, se pide a los estudiantes que vuelvan al texto 3.1. del diario del viajero y se fijen en las frases resaltadas en negrita que contienen la estructura que se va a estudiar. A continuación, pídales que discutan en parejas la respuesta a las preguntas planteadas en el enunciado. Después, se les pedirá que lean la información del cuadro y que verifiquen sus respuestas al tiempo que lo completan. Amplíe en este punto la información necesaria o resuelva las dudas que puedan plantearse. Finalmente, si lo desea, puede pedir a los alumnos que, con su misma pareja, clasifiquen oralmente las frases en negrita de la actividad anterior en el lugar correspondiente del cuadro.

Hay una diferencia de forma que consiste en la presencia de las palabras *tan* y *tanto/a/os/as*, que aportan un matiz intensificativo. Las estructuras consecutivas con matiz intensificativo.

Tanto para consolidar las estructuras consecutivas con matiz intensificativo, como para trabajar el contraste con el resto de consecutivas y hacer una revisión de ambas formas, se recomienda realizar los ejercicios 4 al 7 de la unidad 12 del *Libro de ejercicios*.

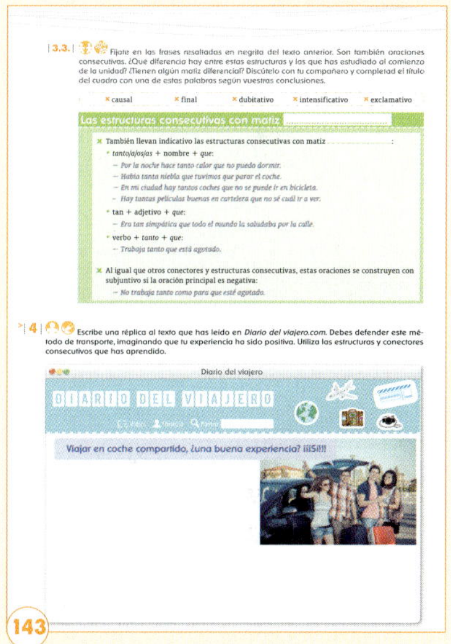
|3.3.| Fíjate en las frases resaltadas en negrita del texto anterior. Son también oraciones consecutivas. ¿Qué diferencia hay entre estas estructuras y las que has estudiado al comienzo de la unidad? ¿Tienen algún matiz diferencial? Discútelo con tu compañero y completad el título del cuadro con una de estas palabras según vuestras conclusiones.

× causal × final × dubitativo × intensificativo × exclamativo

Las estructuras consecutivas con matiz ....

- También llevan indicativo las estructuras consecutivas con matiz ....:
  - *tanto/a/os/as* + nombre + *que*:
    - *Por la noche hace tanto calor que no puedo dormir.*
    - *Había tanta niebla que tuvimos que parar el coche.*
    - *En mi ciudad hay tantos coches que no se puede ir en bicicleta.*
    - *Hay tantas películas buenas en cartelera que no sé cuál ir a ver.*
  - tan + adjetivo + *que*:
    - *Era tan simpática que todo el mundo la saludaba por la calle.*
  - verbo + *tanto* + *que*:
    - *Trabaja tanto que está agotado.*
- Al igual que otros conectores y estructuras consecutivas, estas oraciones se construyen con subjuntivo si la oración principal es negativa:
  - *No trabaja tanto como para que esté agotado.*

|4| Escribe una réplica al texto que has leído en *Diario del viajero.com*. Debes defender este método de transporte, imaginando que tu experiencia ha sido positiva. Utiliza las estructuras y conectores consecutivos que has aprendido.

Diario del viajero

DIARIO DEL VIAJERO

Viajar en coche compartido, ¿una buena experiencia? ¡¡¡Sí!!!

143

>4 Tarea individual de expresión escrita. Pida a los estudiantes que respondan a la intervención del diario del viajero de la actividad 3.1. escribiendo un texto de unas 100 o 120 palabras aproximadamente. Para llevar a cabo esta actividad en clase, se sugiere utilizar la proyección 23 y mantenerla en pantalla también durante la realización de la actividad 4.1.

Proyección 23. Expresar consecuencia y las estructuras consecutivas con matiz intensificativo.

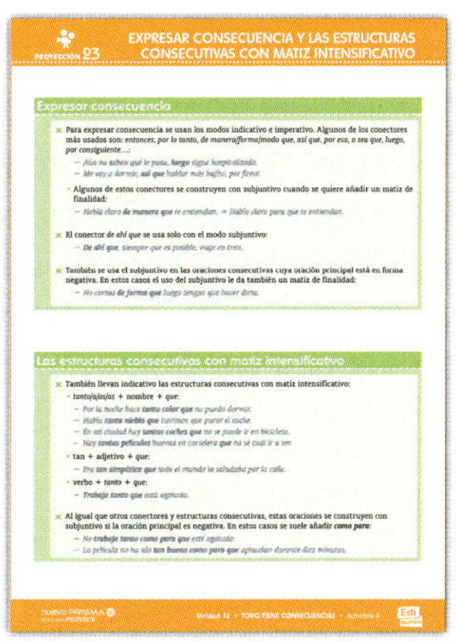
PROYECCIÓN 23 — EXPRESAR CONSECUENCIA Y LAS ESTRUCTURAS CONSECUTIVAS CON MATIZ INTENSIFICATIVO

Expresar consecuencia

- Para expresar consecuencia se usan los modos indicativo e imperativo. Algunos de los conectores más usados son: *entonces, por lo tanto, de manera/forma/modo que, así que, por eso, o sea que, luego, por consiguiente*...:
  - *Aún no saben qué le pasa, luego sigue hospitalizado.*
  - *Me voy a dormir, así que hablar más bajito, por favor.*
  - Algunos de estos conectores se construyen con subjuntivo cuando se quiere añadir un matiz de finalidad:
    - *Habla claro de manera que te entiendan. → Habla claro para que te entiendan.*
- El conector *de ahí que* se usa solo con el modo subjuntivo:
  - *De ahí que, siempre que es posible, viaje en tren.*
- También se usa el subjuntivo en las oraciones consecutivas cuya oración principal está en forma negativa. En estos casos el uso del subjuntivo le da también un matiz de finalidad:
  - *No comas de forma que luego tengas que hacer dieta.*

Las estructuras consecutivas con matiz intensificativo

- También llevan indicativo las estructuras consecutivas con matiz intensificativo:
  - *tanto/a/os/as* + nombre + *que*:
    - *Por la noche hace tanto calor que no puedo dormir.*
    - *Había tanta niebla que tuvimos que parar el coche.*
    - *En mi ciudad hay tantos coches que no se puede ir en bicicleta.*
    - *Hay tantas películas buenas en cartelera que no sé cuál ir a ver.*
  - tan + adjetivo + que:
    - *Era tan simpática que todo el mundo la saludaba por la calle.*
  - verbo + *tanto* + que:
    - *Trabaja tanto que está agotado.*
- Al igual que otros conectores y estructuras consecutivas, estas oraciones se construyen con subjuntivo si la oración principal es negativa. En estos casos se suele añadir *como para*:
  - *No trabaja tanto como para que esté agotado.*
  - *La película no ha sido tan buena como para que aplaudan durante diez minutos.*

Dinámica. Se proyectan los dos cuadros de estructuras consecutivas estudiados con el fin de que los alumnos tengan toda la información estructural presente mientras trabajan en sus producciones escritas y puedan utilizar el mayor número posible de conectores consecutivos aprendidos.

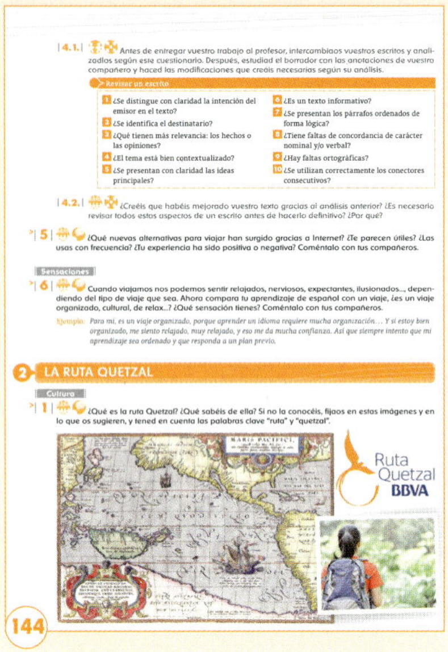
|4.1.| Antes de entregar vuestro trabajo al profesor, intercambiaos vuestros escritos y analizadlos según este cuestionario. Después, estudiad el borrador con las anotaciones de vuestro compañero y haced las modificaciones que creáis necesarias según su análisis.

> Revisar un escrito

1. ¿Se distingue con claridad la intención del emisor en el texto?
2. ¿Se identifica el destinatario?
3. ¿Qué tienen más relevancia: los hechos o las opiniones?
4. ¿El tema está bien contextualizado?
5. ¿Se presentan con claridad las ideas principales?
6. ¿Es un texto informativo?
7. ¿Se presentan los párrafos ordenados de forma lógica?
8. ¿Tiene faltas de concordancia de carácter nominal y/o verbal?
9. ¿Hay faltas ortográficas?
10. ¿Se utilizan correctamente los conectores consecutivos?

|4.2.| ¿Creéis que habéis mejorado vuestro texto gracias al análisis anterior? ¿Es necesario revisar todos estos aspectos de un escrito antes de hacerlo definitivo? ¿Por qué?

>|5| ¿Qué nuevas alternativas para viajar han surgido gracias a Internet? ¿Te parecen útiles? ¿Las usas con frecuencia? ¿Tu experiencia ha sido positiva o negativa? Coméntalo con tus compañeros.

Sensaciones

>|6| Cuando viajamos nos podemos sentir relajados, nerviosos, expectantes, ilusionados..., dependiendo del tipo de viaje que sea. Ahora compara tu aprendizaje de español con un viaje, ¿es un viaje organizado, cultural, de relax...? ¿Qué sensación tienes? Coméntalo con tus compañeros.

Ejemplo: *Para mí, es un viaje organizado, porque aprender un idioma requiere mucha organización... Y si estoy bien organizado, me siento relajado, muy relajado, y eso me da mucha confianza. Así que siempre intento que mi aprendizaje sea ordenado y que responda a un plan previo.*

2 LA RUTA QUETZAL

Cultura

>|1| ¿Qué es la ruta Quetzal? ¿Qué sabéis de ella? Si no la conocéis, fijaos en estas imágenes y en lo que os sugieren, y tened en cuenta las palabras clave "ruta" y "quetzal".

144

4.1. Se pide a los estudiantes que intercambien sus trabajos. En esta actividad se ofrecen unas premisas de corte estratégico para que los alumnos puedan analizar el texto escrito por sus compañeros. Estas premisas les ayudarán a hacer una revisión del mismo y a detectar errores que se puedan haber cometido al escribirlo. Después de la revisión y anotadas las modificaciones que se crea pertinente hacer, cada alumno retomará su texto y lo reescribirá haciendo las correcciones indicadas en la revisión. Otra opción, si lo prefiere, es proponer que sean los mismos alumnos que revisan los textos los que realicen también los cambios.

Se recomienda, una vez terminada la actividad, llevar a cabo una corrección final de los textos por parte del profesor.

4.2. Se propone una reflexión sobre las estrategias a aplicar a la hora de realizar la revisión de un texto escrito con el fin de que los estudiantes tomen conciencia de cuáles deben aplicar, cuáles han aplicado ya y cuál es el resultado de haberlo hecho.

>5 Actividad de producción oral en gran grupo cuya finalidad es que los estudiantes opinen sobre las nuevas alternativas para viajar y expliquen sus propias experiencias. Se recomienda llevar a cabo esta actividad con todos los estudiantes de la clase. Sin embargo, si el profesor lo cree conveniente, puede pedirles que hablen en parejas o grupos pequeños y realizar, después, una puesta en común.

>6 ¿Cómo se sienten los estudiantes ante un viaje? A través de estas sensaciones, sentimientos o emociones, se propone a los estudiantes la comparación de su aprendizaje del español con un viaje. Esta actividad tiene por objetivo seguir concienciando al estudiante de la importancia que tienen las emociones en el proceso de aprendizaje, y que sentirse expectante, ilusionado y relajado le ayudará, sin duda, a aprender más y conseguir mejores resultados. El conocimiento del estado emocional de los estudiantes por parte del profesor le servirá a este para conocer en qué estadio de su aprendizaje se encuentran y poder ayudarlos a mejorar.

2 LA RUTA QUETZAL 144

A través de la presentación del contenido cultural de la ruta Quetzal, se plantea el estudio del pronombre *se*. Los textos y las audiciones describiendo y explicando en qué consiste esta ruta, y la especificación de cuáles son sus objetivos servirán de plataforma para el aprendizaje. Se concluirá el epígrafe con una interacción intercultural en la que se comentarán las diferentes costumbres de los países de origen de los estudiantes o de otros países que conozcan.

>1 Pida a los alumnos que lean el título del epígrafe y que observen el mapa y el logo de la actividad. Si algunos de ellos conocen la ruta, pueden dar la información que sepan. Si ninguno la conoce, ínsteles a formular hipótesis según las imágenes que están viendo. Se recomienda anotar en la pizarra aquellas palabras que propongan los alumnos y el profesor considere claves o relevantes.

La ruta Quetzal es un viaje que pretende dar a conocer a la juventud la historia, la cultura y las peculiaridades de los diferentes pueblos que conforman Iberoamérica viajando por esos mismos lugares.

i+ ELEteca
37. La ruta Quetzal.

1.1. Después de que los estudiantes hayan aportado toda la información que sabían o les hayan sugerido las imágenes de la actividad 1, están preparados para escuchar una audición de un programa de radio donde se explica en qué consiste la ruta Quetzal, sus inicios y las expectativas de alguno de los jóvenes participantes en este programa. El objetivo es que comprueben su información o la obtengan según el caso.

44

Locutor: Buenas tardes, queridos oyentes. Un día más estamos con ustedes para contarles todos los detalles sobre la actualidad cultural. Y el tema de hoy es un tema apasionante. Les hablaremos de la ruta Quetzal, de su historia, de sus protagonistas y de su increíble promotor, el gran viajero y explorador Miguel de La Cuadra Salcedo.

Tengo a mi lado a una de las participantes de la ruta Quetzal de este año, Rosa de la Torre. Rosa, ¿por qué vas a participar en este viaje?

Rosa: Hola, buenas tardes. Bueno, como sabéis, el BBVA es el patrocinador de la ruta Quetzal y ofrece unas becas a los mejores estudiantes de los diferentes países hispanos que deseen participar en esta expedición. Mi profesor me habló de esto, me propuso solicitar la beca y así lo hice. Así que trabajé mucho y la conseguí.

Locutor: ¿Qué es exactamente la ruta Quetzal?

Rosa: Bueno, es un poco difícil para mí explicarlo en pocas palabras, pero lo intentaré. La ruta Quetzal es un proyecto que se inició a finales de los años setenta por iniciativa del entonces Rey de España, Juan Carlos I, con el objetivo de hacer más fuertes los lazos de unión entre Iberoamérica, España y otros países. Pretende dar a conocer a la juventud la historia, la cultura y las peculiaridades de los diferentes pueblos que forman Iberoamérica, viajando por esos lugares, porque, como dice Miguel de La Cuadra Salcedo, solo viajando y estando en contacto con otras culturas podemos comprenderlas y conocerlas.

Locutor: Rosa, tú tienes tan solo 17 años. ¿Piensas que estás preparada para la experiencia?

Rosa: ¡Espero que sí! Es verdad que soy muy joven. Pero esta es, en general, la edad de los participantes. De hecho, es un viaje con fines educativos. Un viaje de conocimiento, pero también, como los participantes de otras ediciones más antiguas dicen, para motivarte a elegir una carrera con la que puedas ayudar a la sociedad en el futuro.

Locutor: Es verdad. Curiosamente, muchos de los jóvenes que han participado en esta ruta luego han dedicado su vida profesional a realizar trabajos en pro de la sociedad. Precisamente, nos acompaña hoy una de estas personas, Javier Hernández, presidente de una empresa dedicada a la promoción del desarrollo en áreas pobres. Vamos un momento a publicidad y enseguida volvemos.

1.2. Esta actividad estratégica sirve para concienciar al estudiante de que las imágenes ayudan a obtener o deducir la información de un texto y comprenderlo mejor. También es importante que comprueben si las palabras anotadas en la pizarra en la actividad 1 les han ayudado en la comprensión.

1.3. Se sigue trabajando con la comprensión auditiva. En este caso, escucharán la continuación del programa de radio de la actividad 1.1. Antes de proceder a la escucha, indique a los estudiantes que lean y contesten a las preguntas que puedan, ya que algunas corresponden al texto que han escuchado ya. Una vez hayan contestado a todas las preguntas posibles, es el momento de pasar a esta siguiente parte de la escucha.

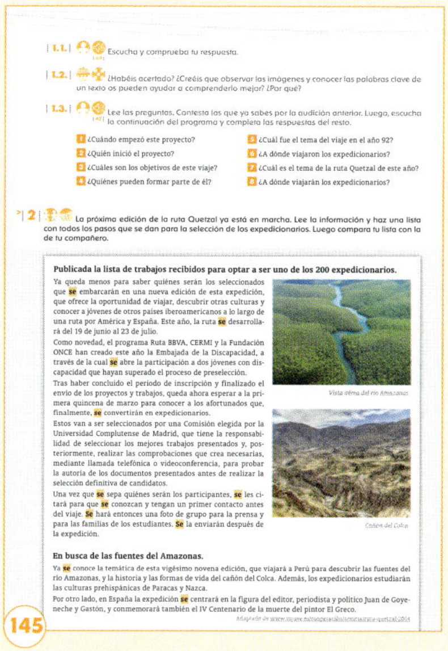
1.1. Escucha y comprueba tu respuesta.

1.2. ¿Habéis acertado? ¿Creéis que observar las imágenes y conocer las palabras clave de un texto os pueden ayudar a comprenderlo mejor? ¿Por qué?

1.3. Lee las preguntas. Contesta las que ya sabes por la audición anterior. Luego, escucha la continuación del programa y completa las respuestas del resto.

1. ¿Cuándo empezó este proyecto?
2. ¿Quién inició el proyecto?
3. ¿Cuáles son los objetivos de este viaje?
4. ¿Quiénes pueden formar parte de él?
5. ¿Cuál fue el tema del viaje en el año 92?
6. ¿A dónde viajaron los expedicionarios?
7. ¿Cuál es el tema de la ruta Quetzal de este año?
8. ¿A dónde viajarán los expedicionarios?

2. La próxima edición de la ruta Quetzal ya está en marcha. Lee la información y haz una lista con todos los pasos que se dan para la selección de los expedicionarios. Luego compara tu lista con la de tu compañero.

Publicada la lista de trabajos recibidos para optar a ser uno de los 200 expedicionarios.

Ya queda menos para saber quiénes serán los seleccionados que se embarcarán en una nueva edición de esta expedición, que ofrece la oportunidad de viajar, descubrir otras culturas y conocer a jóvenes de otros países iberoamericanos a lo largo de una ruta por América y España. Este año, la ruta se desarrollará del 19 de junio al 23 de julio.

Como novedad, el programa Ruta BBVA, CERMI y la Fundación ONCE han creado este año la Embajada de la Discapacidad, a través de la cual se abre la participación a dos jóvenes con discapacidad que hayan superado el proceso de preselección.

Tras haber concluido el periodo de inscripción y finalizado el envío de los proyectos y trabajos, queda ahora esperar a la primera quincena de marzo para conocer a los afortunados que, finalmente, se convertirán en expedicionarios.

Estos van a ser seleccionados por una Comisión elegida por la Universidad Complutense de Madrid, que tiene la responsabilidad de seleccionar los mejores trabajos presentados y, posteriormente, realizar las comprobaciones que crea necesarias, mediante llamada telefónica o videoconferencia, para probar la autoría de los documentos presentados antes de realizar la selección definitiva de candidatos.

Una vez que se sepa quiénes serán los participantes, se les citará para que se conozcan y tengan un primer contacto antes del viaje. Se hará entonces una foto de grupo para la prensa y para las familias de los estudiantes. Se la enviarán después de la expedición.

Vista aérea del río Amazonas

Cañón del Colca

En busca de las fuentes del Amazonas.

Ya se conoce la temática de esta vigésimo novena edición, que viajará a Perú para descubrir las fuentes del río Amazonas, y la historia y las formas de vida del cañón del Colca. Además, los expedicionarios estudiarán las culturas prehispánicas de Paracas y Nazca.

Por otro lado, en España la expedición se centrará en la figura del editor, periodista y político Juan de Goyeneche y Gastón, y conmemorará también el IV Centenario de la muerte del pintor El Greco.

145

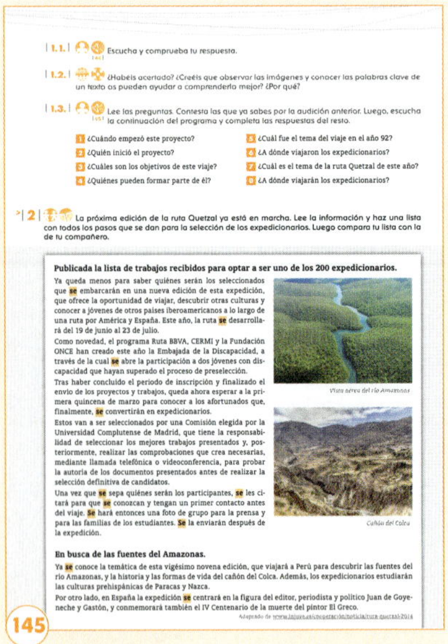
| 1.1. | Escucha y comprueba tu respuesta.

| 1.2. | ¿Habéis acertado? ¿Creéis que observar las imágenes y conocer las palabras clave de un texto os pueden ayudar a comprenderlo mejor? ¿Por qué?

| 1.3. | Lee las preguntas. Contesta las que ya sabes por la audición anterior. Luego, escucha la continuación del programa y completa las respuestas del resto.

1. ¿Cuándo empezó este proyecto?
2. ¿Quién inició el proyecto?
3. ¿Cuáles son los objetivos de este viaje?
4. ¿Quiénes pueden formar parte de él?
5. ¿Cuál fue el tema del viaje en el año 92?
6. ¿A dónde viajaron los expedicionarios?
7. ¿Cuál es el tema de la ruta Quetzal de este año?
8. ¿A dónde viajarán los expedicionarios?

>| 2 | La próxima edición de la ruta Quetzal ya está en marcha. Lee la información y haz una lista con todos los pasos que se dan para la selección de los expedicionarios. Luego compara tu lista con la de tu compañero.

Publicada la lista de trabajos recibidos para optar a ser uno de los 200 expedicionarios.

Ya queda menos para saber quiénes serán los seleccionados que **se** embarcarán en una nueva edición de esta expedición, que ofrece la oportunidad de viajar, descubrir otras culturas y conocer a jóvenes de otros países iberoamericanos a lo largo de una ruta por América y España. Este año, la ruta **se** desarrollará del 19 de junio al 23 de julio.

Como novedad, el programa Ruta BBVA, CERMI y la Fundación ONCE han creado este año la Embajada de la Discapacidad, a través de la cual **se** abre la participación a dos jóvenes con discapacidad que hayan superado el proceso de preselección.

Tras haber concluido el periodo de inscripción y finalizado el envío de los proyectos y trabajos, queda ahora esperar a la primera quincena de marzo para conocer a los afortunados que, finalmente, **se** convertirán en expedicionarios.

Estos van a ser seleccionados por una Comisión elegida por la Universidad Complutense de Madrid, que tiene la responsabilidad de seleccionar los mejores trabajos presentados y, posteriormente, realizar las comprobaciones que crea necesarias, mediante llamada telefónica o videoconferencia, para probar la autoría de los documentos presentados antes de realizar la selección definitiva de candidatos.

Una vez que **se** sepa quiénes serán los participantes, **se** les citará para que **se** conozcan y tengan un primer contacto antes del viaje. **Se** hará entonces una foto de grupo para la prensa y para las familias de los estudiantes. **Se** la enviarán después de la expedición.

Vista aérea del río Amazonas

Cañón del Colca

En busca de las fuentes del Amazonas.

Ya **se** conoce la temática de esta vigésimo novena edición, que viajará a Perú para descubrir las fuentes del río Amazonas, y la historia y las formas de vida del cañón del Colca. Además, los expedicionarios estudiarán las culturas prehispánicas de Paracas y Nazca.

Por otro lado, en España la expedición **se** centrará en la figura del editor, periodista y político Juan de Goyeneche y Gastón, y conmemorará también el IV Centenario de la muerte del pintor El Greco.

Adaptado de www.injuve.es/cooperación/noticia/ruta-quetzal-2014

145

| 45 |

Locutor: Javier, buenas tardes, ¿qué aprendiste de tu participación en este viaje?

Javier: Hola, buenas tardes. Bueno, esa experiencia ha sido la mejor y la más decisiva que he tenido en vida. Me abrió los ojos a otras realidades, a otras culturas y a otros modos de vida porque me puso en contacto con gentes muy diversas. Los días de campamento, las visitas a ciudades tan importantes para la historia, el conocimiento directo de las personas y, sobre todo, las charlas de Miguel de La Cuadra cambiaron mi modo de ver el mundo. Entendí que todos estamos unidos aunque seamos tan diferentes, y comprendí que mi futuro estaba en la ayuda al desarrollo, en la cooperación internacional.

Locutor: Creo que tú fuiste miembro de una de las primeras expediciones.

Javier: Bueno, no de las primeras, pero fue ya hace bastantes años. Formé parte de la ruta Quetzal 1992. ¿Podéis imaginar la suerte que tuve? Era la que conmemoraba el quinientos aniversario de la llegada de Colón a América y el año de los juegos olímpicos de Barcelona.

Locutor: ¿En qué consistió la ruta Quetzal de 1992?

Javier: Ese año la expedición se llamaba *Aventura 92. Rumbo al mundo del futuro.* Del 5 de septiembre al 14 de octubre viajamos a muchos lugares. Empezamos el viaje en Madrid y de allí viajamos a Valladolid y a Asturias. Hicimos un recorrido por distintas ciudades históricas del norte de España. De allí fuimos a Extremadura, donde visitamos ciudades como Cáceres, Mérida, Guadalupe y Trujillo. Después fuimos a Sevilla, para visitar la EXPO 92, que era el objetivo primordial, pues allí se reunían los máximos avances tecnológicos del planeta. Después viajamos de nuevo a Madrid y de allí a La República Dominicana, donde el Papa Juan Pablo II, que estaba de visita allí, nos recibió en audiencia.

Locutor: Podemos imaginar ahora cómo este viaje ha marcado tu vida.

Javier: Sí. Ya lo creo.

Locutor: Rosa, ¿qué itinerario seguirá la ruta Quetzal de este año?

Rosa: Este año la ruta se llama *De la selva de Darién a la Europa de Carlos V. La gran aventura del descubrimiento del Mar del Sur*. Somos 225 estudiantes, de 53 países. En 1513, hace más de 500 años, el extremeño Vasco Núñez de Balboa descubrió el océano Pacífico. Viajaremos desde Madrid a Panamá y cruzaremos la selva del Darién hasta llegar al Mar del Sur, siguiendo los pasos de su descubridor.

Locutor: Toda una aventura, desde luego. Aventura de la que informaremos a nuestros oyentes en cada etapa. Te deseamos un feliz viaje, Rosa, y os damos las gracias a los dos por vuestra presencia hoy en nuestro programa.

Javier: Muchas gracias a vosotros por invitarme.

Rosa: Sí, ha sido un placer.

Locutor: Y a ustedes, queridos oyentes, también muchas gracias. Que tengan un buen día. Hasta mañana.

1. A finales de los años 70; 2. El rey de España Juan Carlos I; 3. Hacer más fuertes los lazos de unión entre Iberoamérica, España y otros países. Pretende dar a conocer a la juventud la historia, la cultura y las peculiaridades de los diferentes pueblos que forman Iberoamérica; 4. Los mejores estudiantes del país y de otros países hispanos que lo deseen; 5. El mundo del futuro; 6. Primero, a las distintas ciudades históricas del norte de España y de Extremadura, como Valladolid, Cáceres o Trujillo; después, a la EXPO 92, en Sevilla, que era el objetivo primordial, pues allí se reunían los máximos avances del planeta; luego, a Madrid, y de allí, a la República Dominicana; 7. El descubrimiento del océano Pacífico; 8. Irán de Madrid a Panamá y cruzarán la selva del Darién hasta llegar al mar del Sur u océano Pacífico, siguiendo los pasos de su descubridor, Vasco Núñez de Balboa.

>2 Actividad que propone la comprensión selectiva de un texto donde se explican los pasos que se dan para seleccionar a los participantes a la ruta Quetzal. Se pide a los alumnos que lean la información, hagan una lista de dichos pasos y, después, la comparen con un compañero para completarla si procede.

Inscripción; Envío de proyectos y trabajos; Selección de los mejores trabajos presentados; Llamada telefónica o videoconferencia para probar la autoría de los trabajos; Selección definitiva de los candidatos.

>3 Actividad de reflexión gramatical sobre los usos de *se*. Proponga a los estudiantes que lean de nuevo el texto de la actividad 2 y que se fijen en las frases resaltadas en negrita. Después, pídales que lean el cuadro de la actividad y comente con ellos cada uno de los usos del pronombre *se*. Es el momento de que el profesor resuelva las dudas que puedan surgir o amplíe la información si lo cree conveniente. Para terminar, los estudiantes deberán completar el cuadro escribiendo las frases del texto resaltadas en negrita en el lugar adecuado según el uso. Se recomienda hacer un repaso final de todos los contenidos del cuadro antes de pasar a la actividad siguiente.

Uso reflexivo: los seleccionados que se embarcarán en una nueva edición de esta expedición; Este año, la ruta se desarrollará del 19 de junio al 23 de julio; para conocer a los afortunados que, finalmente, se convertirán en expedicionarios. Diferente significado con el verbo en forma reflexiva: la expedición se centrará en la figura del editor, periodista y político Juan de Goyeneche y Gastón; Uso pasivo: la Embajada de la Discapacidad, a través de la cual se abre la participación a dos jóvenes con discapacidad; Una vez que se sepa quiénes serán los participantes; se les citará; Se hará entonces una foto de grupo para la prensa; Ya se conoce la temática de esta vigésimo novena edición; Como pronombre recíproco: para que se conozcan y tengan un primer contacto antes del viaje; Como objeto indirecto: Se la enviarán después de la expedición.

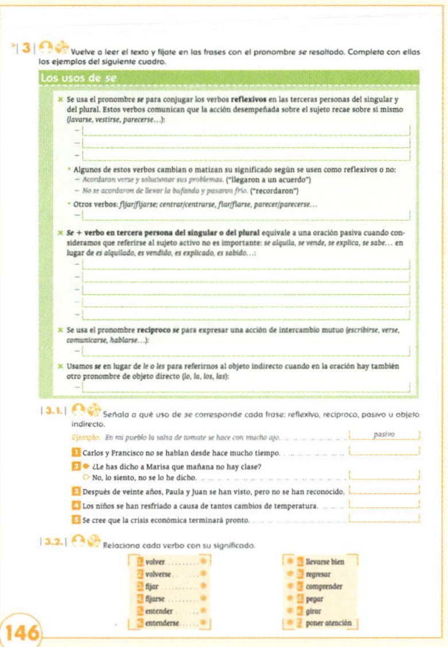
>| 3 | Vuelve a leer el texto y fíjate en las frases con el pronombre *se* resaltado. Completa con ellos los ejemplos del siguiente cuadro.

Los usos de *se*

- Se usa el pronombre **se** para conjugar los verbos **reflexivos** en las terceras personas del singular y del plural. Estos verbos comunican que la acción desempeñada sobre el sujeto recae sobre sí mismo (*lavarse, vestirse, parecerse*…):
  - [ ]
  - [ ]
  - [ ]
  - Algunos de estos verbos cambian o matizan su significado según se usen como reflexivos o no:
    - *Acordaron verse y solucionar sus problemas.* ("llegaron a un acuerdo")
    - *No se acordaron de llevar la bufanda y pasaron frío.* ("recordaron")
  - Otros verbos: *fijar/fijarse; centrar/centrarse, fiar/fiarse, parecer/parecerse*…
    - [ ]
- ***Se* + verbo en tercera persona del singular o del plural** equivale a una oración pasiva cuando consideramos que referirse al sujeto activo no es importante: *se alquila, se vende, se explica, se sabe*… en lugar de *es alquilado, es vendido, es explicado, es sabido*…:
  - [ ]
  - [ ]
  - [ ]
  - [ ]
  - [ ]
- Se usa el pronombre **recíproco se** para expresar una acción de intercambio mutuo (*escribirse, verse, comunicarse, hablarse*…):
  - [ ]
- Usamos **se** en lugar de *le* o *les* para referirnos al objeto indirecto cuando en la oración hay también otro pronombre de objeto directo (*lo, la, los, las*):
  - [ ]

| 3.1. | Señala a qué uso de *se* corresponde cada frase: reflexivo, recíproco, pasivo u objeto indirecto.

Ejemplo: *En mi pueblo la salsa de tomate se hace con mucho ajo.* … *pasivo*

1. Carlos y Francisco no se hablan desde hace mucho tiempo. … [ ]
2. ¿Le has dicho a Marisa que mañana no hay clase?
   No, lo siento, no se lo he dicho. … [ ]
3. Después de veinte años, Paula y Juan se han visto, pero no se han reconocido. [ ]
4. Los niños se han resfriado a causa de tantos cambios de temperatura. … [ ]
5. Se cree que la crisis económica terminará pronto. … [ ]

| 3.2. | Relaciona cada verbo con su significado.

1 volver	a llevarse bien
2 volverse	b regresar
3 fijar	c comprender
4 fijarse	d pegar
5 entender	e girar
6 entenderse	f poner atención

146

3.1. El objetivo de esta actividad es el de consolidar los usos del pronombre *se* que han estudiado en la actividad anterior. Se trata de una actividad de reflexión, ya que se pedirá a los alumnos que justifiquen su respuesta y busquen razonamientos para ello.

1. recíproco; 2. objeto indirecto; 3. recíproco; 4. reflexivo; 5. pasivo.

3.2. Para completar el estudio sobre el pronombre *se*, se ofrece a los estudiantes una corta incursión sobre verbos que cambian de significado dependiendo de si llevan o no dicho pronombre. Para ello, se pide que relacionen una serie de verbos con su significado correspondiente. Puede ampliar el aprendizaje proponiendo a los alumnos que produzcan frases contextualizadas que incluyan estos verbos u otros que se comporten del mismo modo.

1. b; 2. e; 3. d; 4. f; 5. c; 6. a.

Puede realizar los ejercicios 8 y 9 de la unidad 12 del *Libro de ejercicios* para consolidar los usos de *se* y el cambio de significado o matiz en algunos verbos.

3.3. Se plantea una actividad de interacción oral para obtener información de contenido intercultural sobre las costumbres de los diferentes países de los alumnos. En el caso de que todos los estudiantes sean de la misma nacionalidad, puede proponerles que hablen de diferentes regiones del país o de otros países que conozcan. Si fuera necesario, también podría dejarles preparar previamente la información.

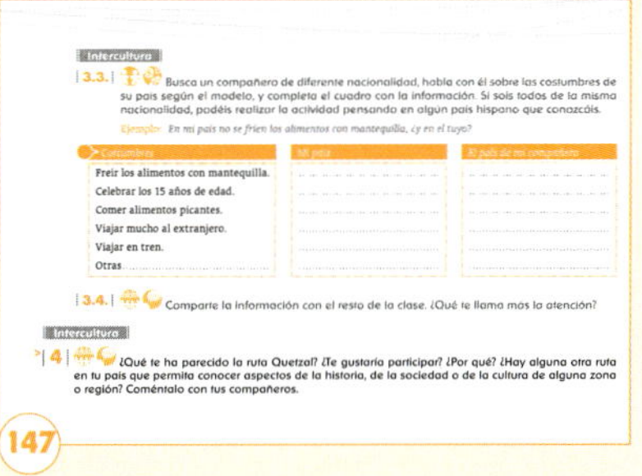
Intercultura

| 3.3. | Busca un compañero de diferente nacionalidad, habla con él sobre las costumbres de su país según el modelo, y completa el cuadro con la información. Si sois todos de la misma nacionalidad, podéis realizar la actividad pensando en algún país hispano que conozcáis.

Ejemplo: *En mi país no se fríen los alimentos con mantequilla, ¿y en el tuyo?*

Costumbres	Mi país	El país de mi compañero
Freír los alimentos con mantequilla.		
Celebrar los 15 años de edad.		
Comer alimentos picantes.		
Viajar mucho al extranjero.		
Viajar en tren.		
Otras …		

| 3.4. | Comparte la información con el resto de la clase. ¿Qué te llama más la atención?

Intercultura

>| 4 | ¿Qué te ha parecido la ruta Quetzal? ¿Te gustaría participar? ¿Por qué? ¿Hay alguna otra ruta en tu país que permita conocer aspectos de la historia, de la sociedad o de la cultura de alguna zona o región? Coméntalo con tus compañeros.

147

3.4. Una vez los estudiantes hayan completado el cuadro de la actividad 3.3., puede pedirles que compartan la información de forma oral con el resto de la clase y que comenten cuál les resulta más sorprendente o curiosa.

>4 Para cerrar el epígrafe, se propone una última actividad de interacción oral en gran grupo de manera que cada uno de los estudiantes pueda comentar su opinión sobre la ruta Quetzal, si le hubiera gustado o le gustaría participar en ella, y si en su país hay alguna actividad o programa similar.

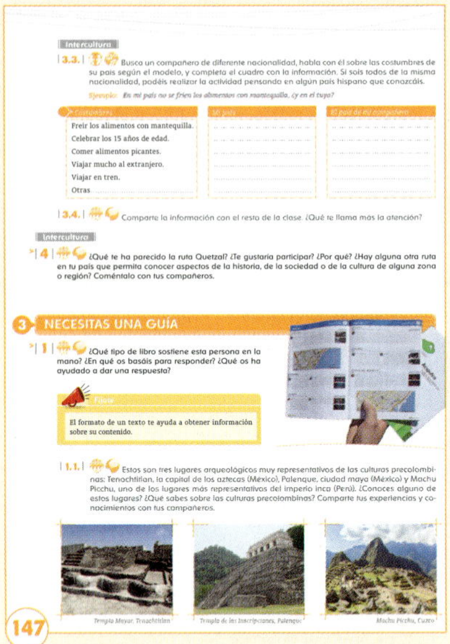

3 NECESITAS UNA GUÍA 147

El objetivo de este epígrafe es la elaboración, por parte de los alumnos, de una guía de viajes. Se presentan textos con el formato y contenidos de una guía de viajes con el fin de que el estudiante obtenga muestras y modelos que le aporten información. Las construcciones precolombinas, como Tenochtitlan, Palenque y Cuzco, y sus respectivas culturas ofrecerán estos contenidos, además de una información cultural de gran interés.

> 1 Actividad de corte estratégico que servirá para introducir el tema de la guía de viajes y cuya finalidad es que los estudiantes se conciencien de que el formato de un texto nos da mucha información previa sobre el contenido del mismo. Pregunte a sus alumnos si saben qué tipo de libro aparece en la imagen y en qué se han basado para suponerlo. Si lo considera oportuno, puede preguntarles si utilizan este tipo de libros, teniendo en cuenta que hoy en día en Internet se puede encontrar toda la información que se necesita a modo de guía.

Es una guía de viajes. El formato, el mapa y las fotos dan las pistas necesarias para saber qué tipo de texto es.

1.1. Se plantea una actividad de interacción oral para que los estudiantes tomen contacto, a través de las construcciones precolombinas, con las culturas azteca, maya e inca. Pídales que, a modo de lluvia de ideas, comenten con sus compañeros si conocen estos lugares y estas culturas, y expliquen lo que saben de ellas. Se trata de una actividad de iniciación para la preparación de la tarea final.

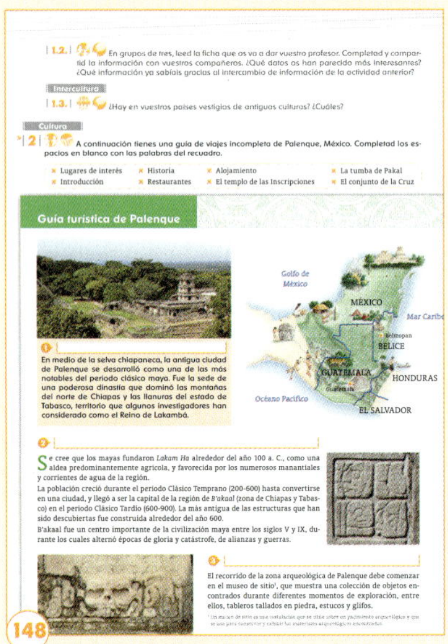

1.2. Se propone seguir conociendo las culturas precolombinas retomando la información compartida de la actividad anterior y ampliándola con la que encontrarán en la ficha 25. Para realizar la actividad, siga las instrucciones de la ficha.

Ficha 25. Guía de culturas.

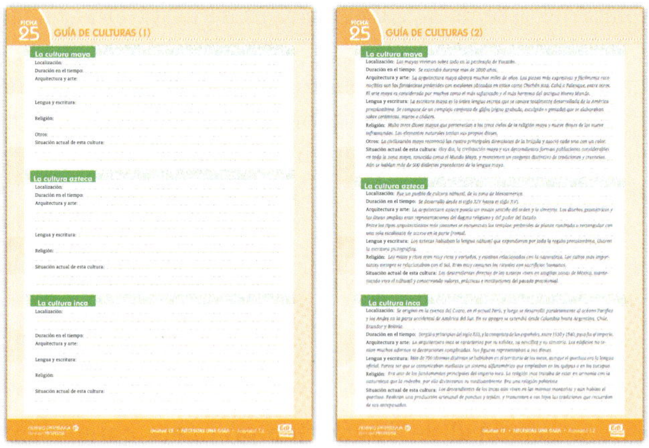

Dinámica. Divida la clase en grupos de tres y reparta a cada grupo una copia de la primera parte de la ficha, 25 (1). Pídales que completen, entre los tres, los datos que conozcan según la información compartida en la actividad anterior y sus conocimientos previos. Después, reparta la segunda ficha, 25 (2), con la información sobre cada cultura para que completen los datos que les faltan en la primera ficha. Si lo desea, puede entregar a cada alumno del grupo uno de los tres textos de esta última ficha, de modo que cada uno tenga que explicar al resto la información del texto que le haya tocado. Finalmente, en grupo clase, pídales que hablen sobre estas culturas precolombinas y que reflexionen sobre las ventajas de compartir conocimientos con sus compañeros.

1.3. Actividad de producción oral y de corte intercultural cuyo fin es que los estudiantes produzcan lo que han aprendido y comenten si en sus países existen vestigios de antiguas culturas.

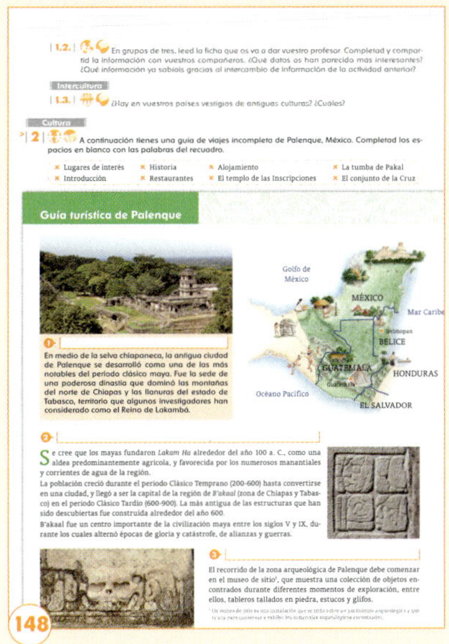

> 2 Actividad a modo de muestra de una guía de viajes. Se ofrece un texto que trata sobre Palenque, México, y se pide a los estudiantes que lo completen con las palabras propuestas. El objetivo es que los alumnos, mediante la comprensión lectora, conozcan los apartados que debe tener una guía turística, así como las características de los textos descriptivos que ofrecen información sobre el lugar, arquitectura, restaurantes, etc. El léxico que se ofrece para completar los espacios son las palabras que corresponden, precisamente, a los apartados del texto. Una vez finalizada la actividad, indique a sus alumnos que lean el cuadro informativo que aparece a continuación y que explica en qué consiste una guía turística, qué información contiene y cómo está escrita. Si lo prefiere, antes de pasar a la lectura del cuadro, puede hacer preguntas a los alumnos sobre su contenido para que sean ellos mismos los que reflexionen al respecto (*¿Qué tipo de información contiene una guía de viajes?, ¿qué tipo de lenguaje utiliza?, ¿qué partes o elementos tiene?*, etc.). Una vez leído el cuadro, es el momento de que el profesor explique y ayude a los alumnos a corregir los errores que puedan haber cometido.

1. Introducción; 2. Historia; 3. Lugares de interés; 4. El templo de las Inscripciones; 5. La tumba de Pakal; 6. El conjunto de la Cruz; 7. Restaurantes; 8. Alojamiento.

> 3 Tarea cooperativa que cierra el epígrafe en la que se pedirá a los estudiantes que elaboren una guía turística. Para ello, se valdrán de toda la información que ya conocen y de los modelos que han visto a lo largo del apartado. Pídales que, conjuntamente, decidan los países y lugares de los que van a elaborar la guía. Si es necesario, escriba los nombres de los lugares escogidos en la pizarra y asigne uno a cada grupo para evitar la repetición. A continuación, cada grupo deberá elaborar su propia guía siguiendo las pautas que se indican en la actividad. Finalmente, deberán presentar sus guías al resto de compañeros de clase.

4 ENTONACIÓN (2): IDENTIFICACIÓN Y PRODUCCIÓN DE PATRONES MELÓDICOS 150

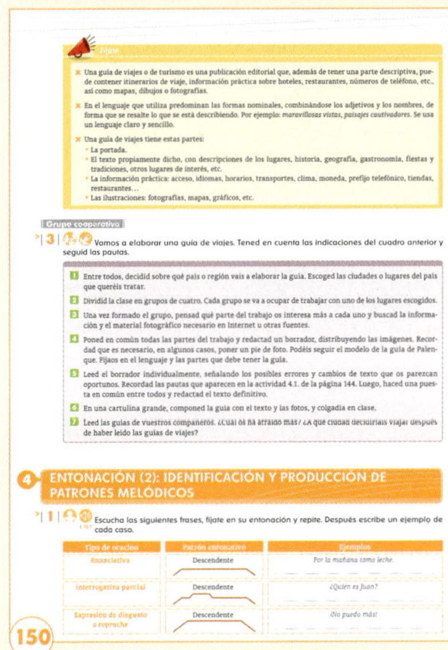

En este último epígrafe se trabaja la segunda parte de la entonación que se empezó a ver en la unidad anterior. Dependiendo del tipo de oración, su patrón entonativo puede ser uno u otro, aunque no se debe olvidar que este, en algunos casos, depende de la intención que tenga el hablante.

> 1 Con esta actividad se pretende que los alumnos asimilen la relación entre las distintas entonaciones con los diferentes actos de habla. En primer lugar, escucharán distintas frases y deberán repetirlas, practicando así su patrón entonativo. En segundo lugar, basándose en las frases que han escuchado, tendrán que escribir un nuevo ejemplo de cada patrón entonativo. Se recomienda utilizar la proyección 24. Si el profesor lo cree oportuno, puede realizar esta actividad trabajando con el programa Praat. Se trata de un programa informático que ayuda, entre otras muchas cosas, al análisis de la entonación. Puede obtener más información de este programa en la ELEteca.

46 Por la mañana tomo leche; ¿Quién es Juan?; ¡No puedo más!; ¡Oye!; ¿Tienes ganas de verme?; ¿Puedes pasarme la sal?; ¡Eo!; Si quieres, vamos juntos; Bueno, no sé...; Si tuviera dinero...; ¡Es grandísimo!

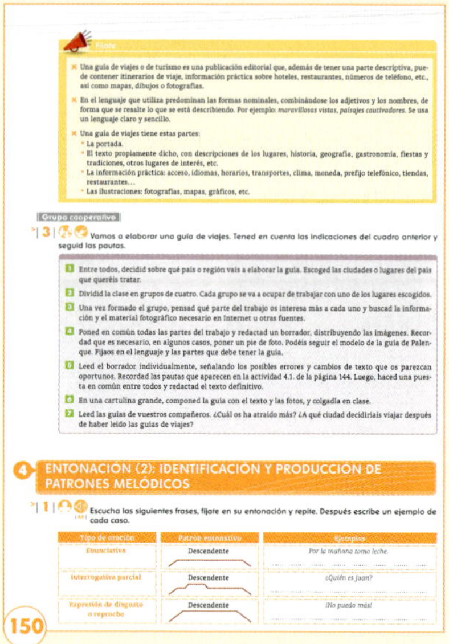

Proyección 24. Patrones entonativos del español (2).

Dinámica. Se proyecta el cuadro de los patrones entonativos para focalizar la atención de los estudiantes mientras escuchan y repiten. La repetición por parte de los alumnos se puede llevar a cabo al unísono o uno por uno, dependiendo del número de estudiantes que sean y de las necesidades de estos.

ELEteca
38. Manual básico Praat.

1.1. Esta última actividad servirá para reforzar la entonación. Pida a los estudiantes que lean en voz alta cada una de las frases que han escrito según los patrones entonativos aprendidos y siguiendo el modelo de la audición anterior. Si lo considera oportuno, también se les puede pedir que, después de leer la frase uno de ellos, todos la repitan. Otra posible explotación es que, a modo de competición, en gran grupo o en grupos más reducidos, los alumnos lean sus frases y el resto de compañeros adivinen el patrón entonativo al que pertenecen. Se recomienda mantener proyectado el cuadro de los patrones entonativos mientras se realiza la actividad.

Si desea seguir practicando los patrones entonativos del español, puede realizar el ejercicio 10 de la unidad 12 del *Libro de ejercicios*.

¿QUÉ HE APRENDIDO? 151

>4 1. pasivo; 2. Complemento indirecto; 3. pasivo; 4. recíproco; 5. recíproco; 6. pasivo.

ELEteca
Léxico. El arte en los viajes.

B1 PRUEBA DE EXAMEN DEL NIVEL B1

En este apartado se ofrece una prueba del nivel B1 que el alumno puede realizar como test final de curso y ver si está preparado para abordar el nivel B2. El examen, además, sigue el modelo del examen DELE B1 para el caso de aquellos alumnos que deseen presentarse a esta prueba. En este sentido, a continuación podrá encontrar:

- información sobre el contenido y funcionamiento de los exámenes;
- una descripción e información relevante sobre cada una de las tareas que lo integran;
- sugerencias sobre cómo usar el material que se dispone (en el *Libro del profesor* y en el *Libro del alumno*);
- indicaciones o sugerencias para la resolución de las tareas del examen.

Para que el estudiante afronte con mayores garantías de éxito el examen, es importante que esté familiarizado con su formato y contenido. Asimismo, es importante que los alumnos sepan qué se evalúa en cada prueba. El hecho de conocer qué aspectos de su actuación se valorarán, y con qué criterios, le proporcionará más opciones de cumplir con los requisitos de la tarea.

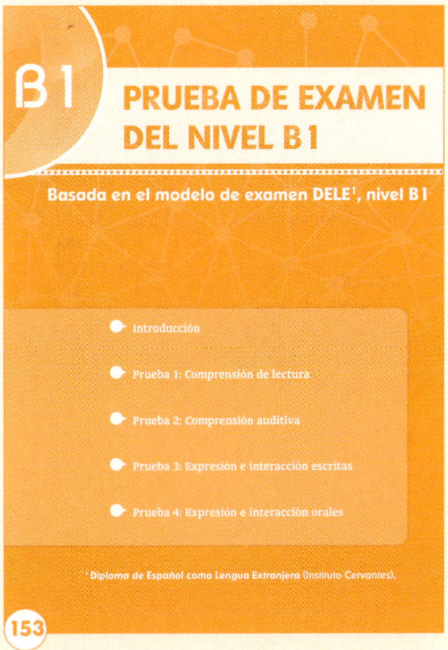

B1

PRUEBA DE EXAMEN DEL NIVEL B1

Basada en el modelo de examen DELE[1], nivel B1

- Introducción
- Prueba 1: Comprensión de lectura
- Prueba 2: Comprensión auditiva
- Prueba 3: Expresión e interacción escritas
- Prueba 4: Expresión e interacción orales

[1] Diploma de Español como Lengua Extranjera (Instituto Cervantes).

153

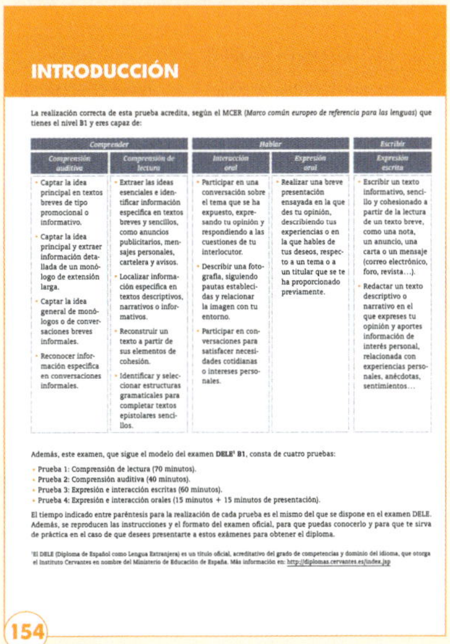

INTRODUCCIÓN

La realización correcta de esta prueba acredita, según el MCER (*Marco común europeo de referencia para las lenguas*) que tienes el nivel B1 y eres capaz de:

Comprender		*Hablar*		*Escribir*
Comprensión auditiva	*Comprensión de lectura*	*Interacción oral*	*Expresión oral*	*Expresión escrita*
• Captar la idea principal en textos breves de tipo promocional o informativo. • Captar la idea principal y extraer información detallada de un monólogo de extensión larga. • Captar la idea general de monólogos o de conversaciones breves informales. • Reconocer información específica en conversaciones informales.	• Extraer las ideas esenciales e identificar información específica en textos breves y sencillos, como anuncios publicitarios, mensajes personales, cartelera y avisos. • Localizar información específica en textos descriptivos, narrativos o informativos. • Reconstruir un texto a partir de sus elementos de cohesión. • Identificar y seleccionar estructuras gramaticales para completar textos epistolares sencillos.	• Participar en una conversación sobre el tema que se ha expuesto, expresando tu opinión y respondiendo a las cuestiones de tu interlocutor. • Describir una fotografía, siguiendo pautas establecidas y relacionar la imagen con tu entorno. • Participar en conversaciones para satisfacer necesidades cotidianas o intereses personales.	• Realizar una breve presentación ensayada en la que des tu opinión, describiendo tus experiencias o en la que hables de tus deseos, respecto a un tema o a un titular que se te ha proporcionado previamente.	• Escribir un texto informativo, sencillo y cohesionado a partir de la lectura de un texto breve, como una nota, un anuncio, una carta o un mensaje (correo electrónico, foro, revista…). • Redactar un texto descriptivo o narrativo en el que expreses tu opinión y aportes información de interés personal, relacionada con experiencias personales, anécdotas, sentimientos…

Además, este examen, que sigue el modelo del examen **DELE[1] B1**, consta de cuatro pruebas:

- Prueba 1: Comprensión de lectura (70 minutos).
- Prueba 2: Comprensión auditiva (40 minutos).
- Prueba 3: Expresión e interacción escritas (60 minutos).
- Prueba 4: Expresión e interacción orales (15 minutos + 15 minutos de presentación).

El tiempo indicado entre paréntesis para la realización de cada prueba es el mismo del que se dispone en el examen DELE. Además, se reproducen las instrucciones y el formato del examen oficial, para que puedas conocerlo y para que te sirva de práctica en el caso de que desees presentarte a estos exámenes para obtener el diploma.

[1] El DELE (Diploma de Español como Lengua Extranjera) es un título oficial, acreditativo del grado de competencias y dominio del idioma, que otorga el Instituto Cervantes en nombre del Ministerio de Educación de España. Más información en: http://diplomas.cervantes.es/index.jsp

154

Pruebas

El examen del nivel B1 consta de cuatro partes, clasificadas en dos grupos.

Grupo 1: Pruebas 1 y 3

Grupo 2: Pruebas 2 y 4

- **Prueba 1: Comprensión de lectura.** La prueba consta de cinco tareas y dura 70 minutos.
- **Prueba 2: Comprensión auditiva.** La prueba consta de cinco tareas y dura 40 minutos.
- **Prueba 3: Expresión e interacción escritas.** La prueba consta de dos tareas y dura 60 minutos.
- **Prueba 4: Expresión e interacción orales.** La prueba consta de cuatro tareas y dura 15 minutos (más 15 minutos de preparación).

Puntuación

Las cuatro pruebas del examen están distribuidas en dos grupos: grupo 1 y grupo 2. Para obtener el diploma, el candidato tiene que superar ambos grupos de tareas, obteniendo una calificación mínima de 60 puntos sobre 100 en el total del examen, siempre y cuando se obtenga al menos 30 puntos sobre 50 en cada grupo de pruebas. La calificación final será "apto" o "no apto".

En la prueba de expresión escrita, se han de seguir rigurosamente las instrucciones facilitadas en el enunciado de la prueba sobre el número de palabras y formato del texto.

Se recomienda que los estudiantes lleven a cabo la prueba del examen respetando los tiempos indicados en cada apartado y en condiciones similares a aquellas en las que realizarán el examen real. Esto les ayudará a darse cuenta de cuáles son aquellos aspectos que pueden trabajar para obtener un mejor resultado.

Por otro lado, se sugiere que ponga en práctica las distintas tareas del examen a lo largo del curso, para que el alumno se habitúe al formato del ejercicio y al modo de resolverlo. Puede acceder a modelos de examen en versión facsímil electrónico (formato PDF) pulsando en el siguiente enlace: http://diplomas.cervantes.es/informacion-general/nivel-b1.html, y dispone también de ejemplos en el apartado *Actividades por destrezas* en cada unidad del *Libro de ejercicios*.

A continuación, se ofrecen las claves de las actividades correspondientes a cada prueba junto a sugerencias y comentarios relevantes al respecto. Se incluyen también referencias a las actividades del *Libro de ejercicios* que se corresponden con cada tarea.

PRUEBA 1. COMPRENSIÓN DE LECTURA 155

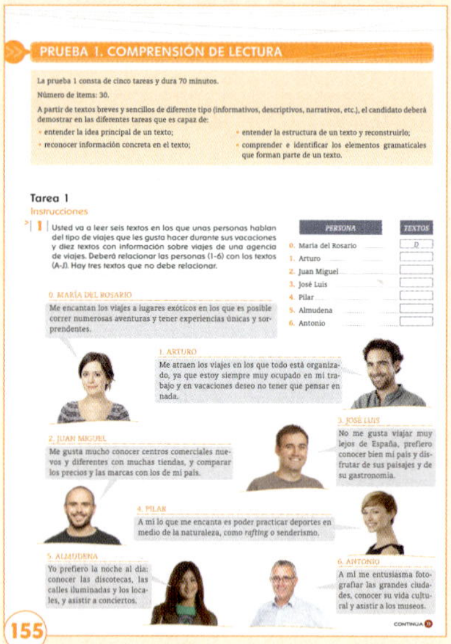

La prueba consta de cinco tareas con ítems discretos de respuesta preseleccionada y una serie de textos que acompañan a la tarea de comprensión. Alguna tarea puede incluir, en vez de un solo texto, varios fragmentos o textos más breves.

Los formatos de las tareas son: ítems de respuesta preseleccionada: selección múltiple (con tres opciones de respuesta), correspondencias (relacionar textos con enunciados sencillos), completar y *cloze* cerrado (con tres opciones de respuesta).

Los textos de lectura son textos auténticos, adaptados cuando es necesario para que la mayoría de las estructuras gramaticales y vocabulario sean accesibles a los candidatos de este nivel.

Tarea 1

La tarea consiste en relacionar las declaraciones de personas o enunciados con textos. En este caso las personas hablan de los tipos de viajes que les gusta hacer en sus vacaciones y los textos contienen información sobre viajes de una agencia de viajes.

En esta tarea se evalúa la capacidad del candidato para extraer la idea principal e identificar información específica en textos breves.

Los tipos de textos son anuncios publicitarios, cartelera, mensajes personales y avisos de los ámbitos personal, público, profesional y académico.

1. J; 2. F; 3. C; 4. A; 5. G; 6. H.

En el *Libro de ejercicios* corresponden a la tarea 1: ejercicio 13, unidad 1; ejercicio 13, unidad 9.

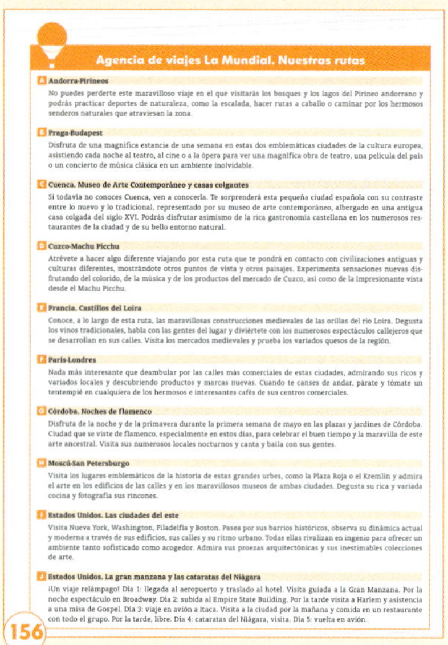

Tarea 2

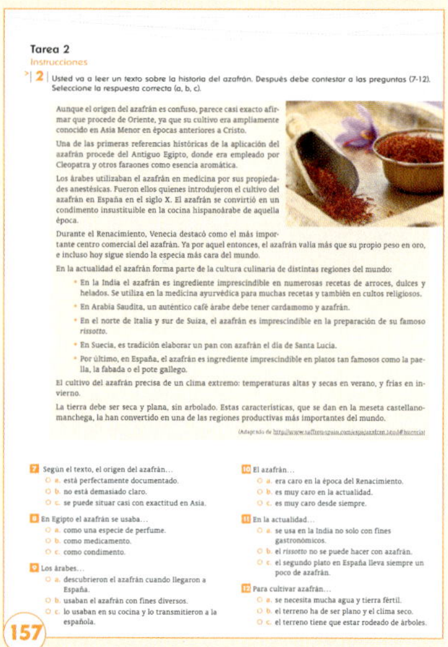

La tarea consiste en leer un texto y responder a las preguntas de selección múltiple seleccionando una de las tres opciones de respuesta. Este texto en concreto trata sobre el azafrán y su historia.

En esta tarea se evalúa la capacidad del candidato para extraer las ideas esenciales e identificar información específica en textos informativos simples.

El tipo de texto es informativo de los ámbitos público y académico.

7. B; 8. A; 9. B; 10. C; 11. A; 12. B.

En el *Libro de ejercicios* corresponden a la tarea 2: ejercicio 13, unidad 3; ejercicio 15, unidad 8; ejercicio 12, unidad 11.

Tarea 3

La tarea consiste en relacionar los tres textos de entrada con preguntas o enunciados. En este caso en concreto, tres personas explican en un foro de Internet las experiencias con las escuelas de sus hijos.

En esta tarea se evalúa la capacidad del candidato para localizar información específica en textos descriptivos, narrativos o informativos.

Los tipos de textos son anécdotas, información práctica de guías de viajes, experiencias, noticias, diarios, biografías, ofertas de trabajo..., del ámbito público.

13. C; 14. A; 15. C; 16. B; 17. C; 18. B.

En el *Libro de ejercicios* corresponden a la tarea 3: ejercicio 13, unidad 2; ejercicio 12, unidad 5; ejercicio 13, unidad 10.

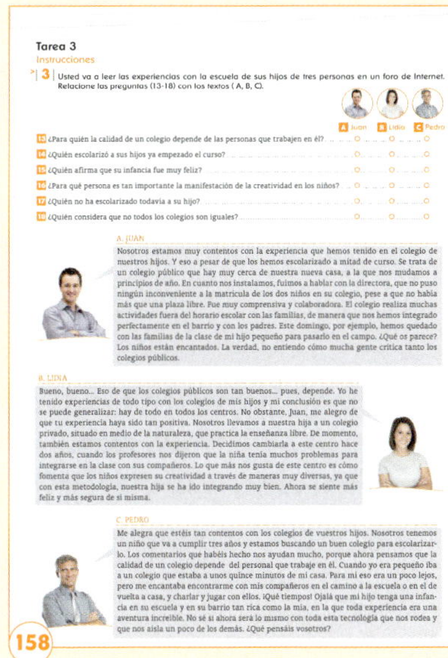

Tarea 4

La tarea consiste en completar párrafos con enunciados breves. Este texto en concreto trata sobre Las Fallas.

En esta tarea se evalúa la capacidad del candidato para reconstruir un texto a partir de sus elementos de cohesión.

Los tipos de textos son catálogos, instrucciones, recetas sencillas, consejos y textos narrativos..., de los ámbitos público y personal.

19. C; 20. E; 21. B; 22. F; 23. H; 24. A.

En el *Libro de ejercicios* corresponden a la tarea 4: ejercicio 11, unidad 4; ejercicio 14, unidad 6.

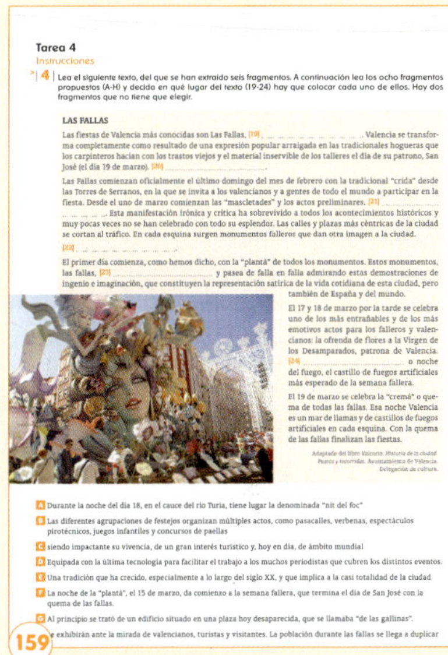

Tarea 5

La tarea consiste en leer un texto y completar los huecos seleccionando una de las tres opciones de respuesta para cada uno de ellos. Este texto en concreto es un correo electrónico en el que unos amigos les explican a otros su viaje.

Se evalúa la capacidad del candidato para identificar y seleccionar estructuras gramaticales para completar textos epistolares sencillos.

Los tipos de textos son epistolares (cartas al director, cartas formales básicas, y cartas o mensajes electrónicos personales...) de los ámbitos público y personal.

25. A; 26. B; 27. A; 28. C; 29. B; 30. C.

En el *Libro de ejercicios* corresponden a la tarea 5: ejercicio 11, unidad 7; ejercicio 11, unidad 12.

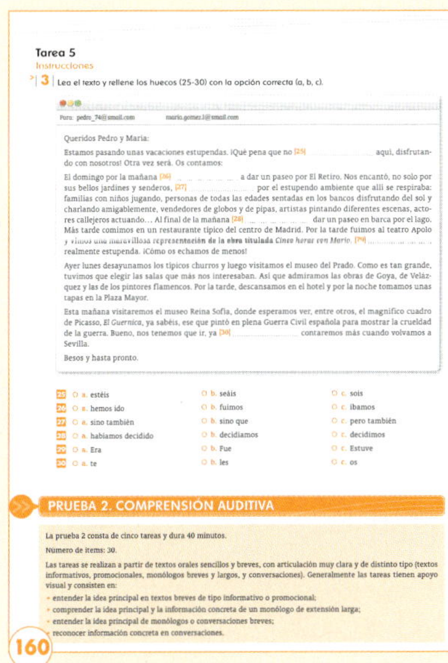

PRUEBA 2. COMPRENSIÓN AUDITIVA 160

La prueba consta de cinco tareas con ítems discretos de respuesta preseleccionada y una serie de textos que acompañan a la tarea de comprensión. Alguna tarea puede incluir, en vez de un solo texto, varios fragmentos o microdiálogos.

Los formatos de las tareas son ítems de respuesta preseleccionada: selección múltiple (con tres opciones de respuesta) y correspondencias (relacionar textos o imágenes con enunciados sencillos).

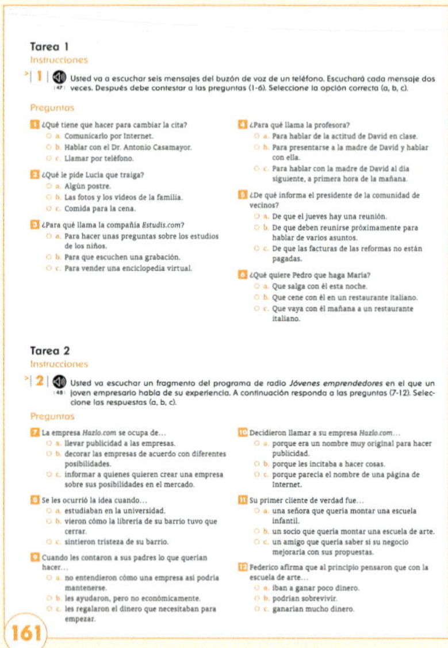

Tarea 1

Instrucciones

1 |47| Usted va a escuchar seis mensajes del buzón de voz de un teléfono. Escuchará cada mensaje dos veces. Después debe contestar a las preguntas (1-6). Seleccione la opción correcta (a, b, c).

Preguntas

1. ¿Qué tiene que hacer para cambiar la cita?
   - a. Comunicarlo por Internet.
   - b. Hablar con el Dr. Antonio Casamayor.
   - c. Llamar por teléfono.
2. ¿Qué le pide Lucía que traiga?
   - a. Algún postre.
   - b. Las fotos y los vídeos de la familia.
   - c. Comida para la cena.
3. ¿Para qué llama la compañía *Estudis.com*?
   - a. Para hacer unas preguntas sobre los estudios de los niños.
   - b. Para que escuchen una grabación.
   - c. Para vender una enciclopedia virtual.
4. ¿Para qué llama la profesora?
   - a. Para hablar de la actitud de David en clase.
   - b. Para presentarse a la madre de David y hablar con ella.
   - c. Para hablar con la madre de David al día siguiente, a primera hora de la mañana.
5. ¿De qué informa el presidente de la comunidad de vecinos?
   - a. De que el jueves hay una reunión.
   - b. De que deben reunirse próximamente para hablar de varios asuntos.
   - c. De que las facturas de las reformas no están pagadas.
6. ¿Qué quiere Pedro que haga María?
   - a. Que salga con él esta noche.
   - b. Que cene con él en un restaurante italiano.
   - c. Que vaya con él mañana a un restaurante italiano.

Tarea 2

Instrucciones

2 |48| Usted va escuchar un fragmento del programa de radio *Jóvenes emprendedores* en el que un joven empresario habla de su experiencia. A continuación responda a las preguntas (7-12). Seleccione las respuestas (a, b, c).

Preguntas

7. La empresa *Hazlo.com* se ocupa de…
   - a. llevar publicidad a las empresas.
   - b. decorar las empresas de acuerdo con diferentes posibilidades.
   - c. informar a quienes quieren crear una empresa sobre sus posibilidades en el mercado.
8. Se les ocurrió la idea cuando…
   - a. estudiaban en la universidad.
   - b. vieron cómo la librería de su barrio tuvo que cerrar.
   - c. sintieron tristeza de su barrio.
9. Cuando les contaron a sus padres lo que querían hacer…
   - a. no entendieron cómo una empresa así podría mantenerse.
   - b. les ayudaron, pero no económicamente.
   - c. les regalaron el dinero que necesitaban para empezar.
10. Decidieron llamar a su empresa *Hazlo.com*…
    - a. porque era un nombre muy original para hacer publicidad.
    - b. porque les incitaba a hacer cosas.
    - c. porque parecía el nombre de una página de Internet.
11. Su primer cliente de verdad fue…
    - a. una señora que quería montar una escuela infantil.
    - b. un socio que quería montar una escuela de arte.
    - c. un amigo que quería saber si su negocio mejoraría con sus propuestas.
12. Federico afirma que al principio pensaron que con la escuela de arte…
    - a. iban a ganar poco dinero.
    - b. podrían sobrevivir.
    - c. ganarían mucho dinero.

161

Los textos están grabados en un estudio para simular el lenguaje hablado real.

Los textos orales son auténticos, adaptados cuando es necesario para que la mayoría de las estructuras gramaticales y vocabulario sean accesibles a los candidatos de este nivel.

Tarea 1

La tarea consiste en escuchar seis textos y responder a una pregunta de selección múltiple sobre cada uno de ellos, seleccionando una de las tres opciones de respuesta. En este caso se trata de seis mensajes del buzón de voz de un teléfono.

Se evalúa la capacidad del candidato para captar la idea principal en textos breves de tipo promocional o informativo.

Los tipos de textos son monólogos cortos: anuncios publicitarios, mensajes personales, avisos…, de los ámbitos personal y público.

|47|

Mensaje 1

La llamo de su centro de salud para informarle de su próxima cita con el dermatólogo. Es el día 10 de septiembre, a las cinco y media de la tarde, con el doctor Antonio Casamayor. Recuerde llamar a este teléfono si le es imposible acudir ese día y a esa hora.

Mensaje 2

Soy Lucía, tu hermana. Acuérdate de que este sábado cenamos en mi casa, con toda la familia, para ver las fotos y los vídeos de nuestras últimas vacaciones. No lo olvides. ¡Ah! y recuerda traer también algo dulce para el postre. Besos.

Mensaje 3

Buenas tardes. La llamamos de la compañía *Estudis.com* para hacerle una estupenda oferta de una enciclopedia virtual totalmente actualizada. Para acceder a dicha oferta, tan solo tendrá que contestar unas preguntas sobre los hábitos de estudio de sus hijos. Para saber si le interesa, diga sí o no al final de esta grabación.

Mensaje 4

Hola, buenos días. Soy Marta, la maestra de su hijo David. La llamo porque queremos hablar con usted sobre el comportamiento de su hijo en clase. Pásese mañana por la escuela a eso de las 11.30 y pregunte por mí en conserjería. Muchas gracias.

Mensaje 5

Hola, soy Jaime, el presidente de la comunidad de vecinos. La llamo para decirle que el próximo viernes, a las ocho, tenemos una reunión de escalera para hablar de las próximas reformas del edificio y de las facturas no pagadas.

Mensaje 6

Cariño, soy Pedro. ¿Quedamos esta noche para cenar en un restaurante italiano y luego vamos al cine? Llámame para decirme algo. Te echo de menos. Un beso.

1. C; 2. A; 3. C; 4. A; 5. B; 6. A.

En el *Libro de ejercicios* corresponden a la tarea 1: ejercicio 12, unidad 4; ejercicio 12, unidad 12.

Tarea 2

La tarea consiste en escuchar un texto y responder a las preguntas de selección múltiple, seleccionando una de las tres opciones de respuesta. En este caso en concreto, se trata de un fragmento del programa de radio *Jóvenes emprendedores*, en el que un joven empresario habla de su experiencia.

Se evalúa la capacidad del candidato para captar la idea esencial y extraer información detallada de un monólogo de extensión larga.

El tipo de texto es un monólogo sostenido que describe experiencias personales del hablante. Ámbitos personal, público, profesional y académico.

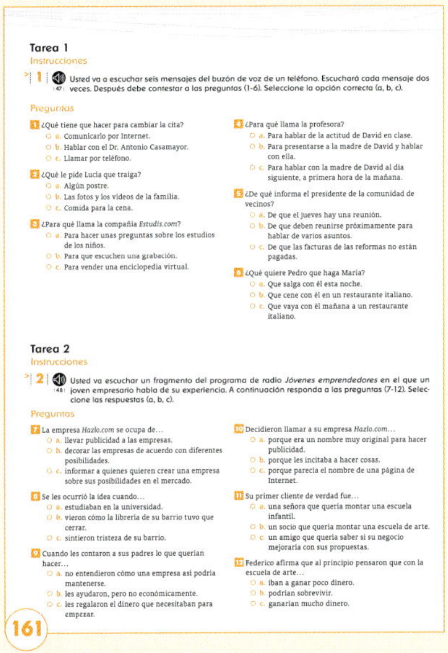

Tarea 1
Instrucciones
1 |47| Usted va a escuchar seis mensajes del buzón de voz de un teléfono. Escuchará cada mensaje dos veces. Después debe contestar a las preguntas (1-6). Seleccione la opción correcta (a, b, c).

Preguntas

1 ¿Qué tiene que hacer para cambiar la cita?
- a. Comunicarlo por Internet.
- b. Hablar con el Dr. Antonio Casamayor.
- c. Llamar por teléfono.

2 ¿Qué le pide Lucía que traiga?
- a. Algún postre.
- b. Las fotos y los vídeos de la familia.
- c. Comida para la cena.

3 ¿Para qué llama la compañía *Estudis.com*?
- a. Para hacer unas preguntas sobre los estudios de los niños.
- b. Para que escuchen una grabación.
- c. Para vender una enciclopedia virtual.

4 ¿Para qué llama la profesora?
- a. Para hablar de la actitud de David en clase.
- b. Para presentarse a la madre de David y hablar con ella.
- c. Para hablar con la madre de David al día siguiente, a primera hora de la mañana.

5 ¿De qué informa el presidente de la comunidad de vecinos?
- a. De que el jueves hay una reunión.
- b. De que deben reunirse próximamente para hablar de varios asuntos.
- c. De que las facturas de las reformas no están pagadas.

6 ¿Qué quiere Pedro que haga María?
- a. Que salga con él esta noche.
- b. Que cene con él en un restaurante italiano.
- c. Que vaya con él mañana a un restaurante italiano.

Tarea 2
Instrucciones
2 |48| Usted va escuchar un fragmento del programa de radio *Jóvenes emprendedores* en el que un joven empresario habla de su experiencia. A continuación responda a las preguntas (7-12). Seleccione las respuestas (a, b, c).

Preguntas

7 La empresa *Hazlo.com* se ocupa de…
- a. llevar publicidad a las empresas.
- b. decorar las empresas de acuerdo con diferentes posibilidades.
- c. informar a quienes quieren crear una empresa sobre sus posibilidades en el mercado.

8 Se les ocurrió la idea cuando…
- a. estudiaban en la universidad.
- b. vieron cómo la librería de su barrio tuvo que cerrar.
- c. sintieron tristeza de su barrio.

9 Cuando les contaron a sus padres lo que querían hacer…
- a. no entendieron cómo una empresa así podría mantenerse.
- b. les ayudaron, pero no económicamente.
- c. les regalaron el dinero que necesitaban para empezar.

10 Decidieron llamar a su empresa *Hazlo.com*…
- a. porque era un nombre muy original para hacer publicidad.
- b. porque les incitaba a hacer cosas.
- c. porque parecía el nombre de una página de Internet.

11 Su primer cliente de verdad fue…
- a. una señora que quería montar una escuela infantil.
- b. un socio que quería montar una escuela de arte.
- c. un amigo que quería saber si su negocio mejoraría con sus propuestas.

12 Federico afirma que al principio pensaron que con la escuela de arte…
- a. iban a ganar poco dinero.
- b. podrían sobrevivir.
- c. ganarían mucho dinero.

161

|48|

Locutor: Buenas tardes. Hoy tenemos en nuestro programa a Federico Jiménez, joven empresario de 30 años, que ha venido a contarnos sus experiencias. Bienvenido, Federico.

Federico: Buenas tardes. Muchas gracias.

Locutor: ¿Cuándo y cómo decidiste hacerte empresario? ¿Cómo ha sido tu experiencia hasta ahora?

Federico: Bueno, hace ya cuatro años que nuestra empresa, *Hazlo.com*, comenzó su andadura. Desde entonces muchas cosas han pasado, buenas y malas. Ha habido de todo, como es natural, pero puedo afirmar que, en definitiva, ha sido una experiencia muy positiva, que recomiendo a todos los jóvenes que me escuchan y que no saben qué hacer ante la difícil situación laboral que atravesamos ahora. Nuestra empresa se ocupa de informar a las personas que quieren crear una empresa, sobre las posibilidades reales que esa empresa puede tener en el mercado. Somos una consultoría formada por cuatro socios. Los cuatro estudiamos juntos en la universidad y, al terminar la carrera, y ver lo difícil que era encontrar trabajo, decidimos crear nuestra propia empresa. La idea nos vino cuando observamos, con tristeza, cómo nuestra librería de barrio favorita tuvo que cerrar. Pensamos, entonces, que los conocimientos que habíamos adquirido en la facultad de Económicas sobre estudios de mercado podrían servir para que esto no les ocurriera a otras empresas.

Locutor: Interesante…

Federico: Nuestro trabajo consiste, primero de todo, en animar a la gente a que construya algo propio y les ayudamos a conseguirlo. Les decimos que sean realistas y que elijan un buen lugar para su negocio, un lugar por el que pase mucha gente, y que desarrollen una actividad que ofrezca un servicio a la sociedad que esta necesite realmente.

Locutor: ¿Y cómo fueron los comienzos?

Federico: ¡Uf! Ese es otro cantar… Cuando contamos a nuestros padres lo que queríamos hacer, no entendieron cómo una empresa así podría mantenerse pero, finalmente, viendo nuestro entusiasmo, nos apoyaron y nos dejaron el dinero que necesitábamos para empezar. Pedimos también ayuda a unos amigos que tenían una imprenta para que nos hicieran publicidad sobre nuestra empresa, a la que muy pronto le pusimos el nombre *Hazlo.com* porque nos animaba a la acción. Pensamos que animaría mucho también a nuestros futuros clientes. Conseguimos tres ordenadores prestados y un alquiler bastante barato de un local.

Nuestros primeros clientes, si se puede decir así, fueron amigos y familiares que sentían curiosidad e interés por saber cómo irían sus negocios, si hacían esto o aquello… Sin embargo, muy pronto, nos llegó nuestro primer cliente serio: una señora que quería montar una escuela infantil con una metodología bastante nueva. Le hicimos un estudio de mercado muy completo y montó, finalmente, su escuela, siguiendo todos nuestros consejos. Es un negocio que ha funcionado casi desde el principio. Cada vez tiene más niños y ha tenido que contratar a diez

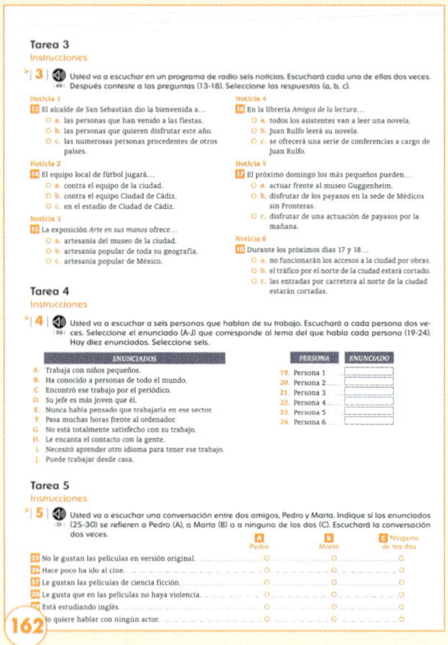

Tarea 3

Instrucciones

3 | Usted va a escuchar en un programa de radio seis noticias. Escuchará cada una de ellas dos veces. Después conteste a las preguntas (13-18). Seleccione las respuestas (a, b, c).

|49|

Noticia 1

13 El alcalde de San Sebastián dio la bienvenida a…
- a. las personas que han venido a las fiestas.
- b. las personas que quieren disfrutar este año.
- c. las numerosas personas procedentes de otros países.

Noticia 2

14 El equipo local de fútbol jugará…
- a. contra el equipo de la ciudad.
- b. contra el equipo Ciudad de Cádiz.
- c. en el estadio de Ciudad de Cádiz.

Noticia 3

15 La exposición *Arte en sus manos* ofrece…
- a. artesanía del museo de la ciudad.
- b. artesanía popular de toda su geografía.
- c. artesanía popular de México.

Noticia 4

16 En la librería *Amigos de la lectura*…
- a. todos los asistentes van a leer una novela.
- b. Juan Rulfo leerá su novela.
- c. se ofrecerá una serie de conferencias a cargo de Juan Rulfo.

Noticia 5

17 El próximo domingo los más pequeños pueden…
- a. actuar frente al museo Guggenheim.
- b. disfrutar de los payasos en la sede de Médicos sin Fronteras.
- c. disfrutar de una actuación de payasos por la mañana.

Noticia 6

18 Durante los próximos días 17 y 18…
- a. no funcionarán los accesos a la ciudad por obras.
- b. el tráfico por el norte de la ciudad estará cortado.
- c. las entradas por carretera al norte de la ciudad estarán cortadas.

Tarea 4

Instrucciones

4 | Usted va a escuchar a seis personas que hablan de su trabajo. Escuchará a cada persona dos veces. Seleccione el enunciado (A-J) que corresponde al tema del que habla cada persona (19-24). Hay diez enunciados. Seleccione seis.

|50|

ENUNCIADOS
- A. Trabaja con niños pequeños.
- B. Ha conocido a personas de todo el mundo.
- C. Encontró ese trabajo por el periódico.
- D. Su jefe es más joven que él.
- E. Nunca había pensado que trabajaría en ese sector.
- F. Pasa muchas horas frente al ordenador.
- G. No está totalmente satisfecho con su trabajo.
- H. Le encanta el contacto con la gente.
- I. Necesitó aprender otro idioma para tener ese trabajo.
- J. Puede trabajar desde casa.

PERSONA	ENUNCIADO
19. Persona 1	
20. Persona 2	
21. Persona 3	
22. Persona 4	
23. Persona 5	
24. Persona 6	

Tarea 5

Instrucciones

5 | Usted va a escuchar una conversación entre dos amigos, Pedro y Marta. Indique si los enunciados (25-30) se refieren a Pedro (A), a Marta (B) o a ninguno de los dos (C). Escuchará la conversación dos veces.

|51|

	A Pedro	B Marta	C Ninguno de los dos
25 No le gustan las películas en versión original.	O	O	O
26 Hace poco ha ido al cine.	O	O	O
27 Le gustan las películas de ciencia ficción.	O	O	O
28 Le gusta que en las películas no haya violencia.	O	O	O
29 Está estudiando inglés.	O	O	O
30 No quiere hablar con ningún actor.	O	O	O

162

personas. ¡Fantástico! ¿No? Después de este éxito nos vinieron otros y así hasta ahora. La verdad es que estamos muy contentos, porque no solo nuestra empresa funciona, sino que ayudamos a otras personas a tener empleo, como era nuestro sueño cuando empezamos. Otro de los proyectos que nos ilusionaron mucho fue el de dos socios que querían montar una escuela de arte. La idea nos parecía muy bonita, pero las perspectivas de ganar dinero con ella eran muy pocas. Lo estudiamos mucho, muchísimo, y al final, encontramos una solución muy buena, que permitió a esta empresa nacer y seguir adelante. Hoy son muchos jóvenes los que acuden a esta escuela de arte en su tiempo libre. Bueno, y hasta ahora eso es todo.

Locutor: ¡Es muchísimo! Enhorabuena, de verdad. Espero que sigáis creciendo como hasta ahora. Muchas gracias por venir al programa, y a ustedes, hasta mañana a la misma hora…

Federico: Muchas gracias a vosotros por invitarme. Ha sido un placer.

7. C; 8. B; 9. A; 10. B; 11. A; 12. A.

En el *Libro de ejercicios* corresponden a la tarea 2: ejercicio 14, unidad 3; ejercicio 14, unidad 10.

Tarea 3

La tarea consiste en escuchar un texto y responder a las preguntas de selección múltiple, seleccionando una de las tres opciones de respuesta. En este caso se trata de seis noticias que se emiten en un programa de radio.

En esta tarea se evalúa la capacidad del candidato para comprender la idea principal de un texto informativo.

El tipo de texto correspondiente a esta tarea es un programa informativo de radio o televisión con 6 noticias.

|49|

Buenos días, queridos oyentes. Ahora, las noticias de las ocho.

Noticia 1

Ayer por la noche, en un acto informal, el alcalde de San Sebastián dio la bienvenida desde el balcón del ayuntamiento a las numerosas personas procedentes de otras partes del país que habían venido a disfrutar de las fiestas.

Noticia 2

Mañana por la tarde, a las cinco, el equipo local de fútbol jugará contra el equipo Ciudad de Cádiz, en el estadio de nuestra ciudad. Les informamos de que las taquillas estarán abiertas hasta una hora antes del partido.

Noticia 3

A lo largo de toda esta semana permanecerá abierta al público la exposición *Arte en sus manos*, que ofrece muestras de artesanía popular mexicana de toda su geografía. La exposición está en el museo de la Ciudad y pueden visitarla por la tarde entre las cuatro y las diez.

Noticia 4

La librería *Amigos de la lectura* abre sus puertas durante estos días de fiesta a todos los públicos para invitarles a una lectura colectiva de la novela de Juan Rulfo, *Pedro Páramo*. Así mismo, ofrecerá una serie de conferencias a cargo de los más prestigiosos escritores del momento.

Noticia 5

El próximo domingo, Bilbao acogerá a los más pequeños en una divertida actuación de payasos de circo para recaudar dinero para Médicos sin Fronteras. Las actuaciones tendrán lugar frente al museo Guggenheim desde las diez de la mañana hasta la una del mediodía.

Noticia 6

Aviso: Les informamos de que, durante los próximos días 17 y 18, los accesos por carretera desde el norte de la ciudad quedarán cortados al tráfico por obras. Se ruega prevean esta situación.

13. A; 14. B; 15. C; 16. A; 17. C; 18. C.

En el *Libro de ejercicios* corresponden a la tarea 3: ejercicio 12, unidad 7; ejercicio 13, unidad 11.

Tarea 4

La tarea consiste en relacionar enunciados con seis textos. En este caso, seis personas hablan sobre su trabajo.

Se evalúa la capacidad del candidato para captar la idea general de monólogos o conversaciones breves informales.

Los tipos de textos son monólogos o conversaciones de carácter informal en los que se cuentan anécdotas o experiencias personales sobre un mismo tema.

|50|

Persona 1

Pues sí. Mi trabajo es muy interesante. Soy recepcionista en un hotel de la costa. Me encanta. Aquí puedo conocer a personas de todos los países. Ya tengo decenas de conocidos y de amigos por todo el mundo. Es algo que me hace sentir muy bien.

Persona 2

Mi trabajo no está mal. Trabajo en una oficina en el centro de la ciudad. Mis compañeros de trabajo son también amigos míos. No solo trabajamos, también bromeamos. Lo único que no me gusta es que paso mucho tiempo sentado delante del ordenador y, a menudo, me duelen el cuello y la espalda.

Persona 3

Yo me ocupo de cuidar las mascotas de las personas que están todo el día trabajando y que no tienen tiempo durante la semana para atenderlas. Jamás pensé que podría dedicarme a esto porque de pequeña era alérgica al pelo de los animales. Sin embargo, siempre me han encantado. Así que... ¡aquí estoy!

Persona 4

A mí me gustan mucho la tranquilidad y el silencio. Por eso, estoy muy contento con la posibilidad que tengo en mi trabajo de poder hacerlo desde casa. No sufro el no encontrar aparcamiento, ni las prisas por la ciudad a primera hora del día y a la última de la tarde. ¡Uf!

Persona 5

Yo disfruto mucho con mi trabajo, aunque por las noches estoy muy cansada. Soy profesora de educación infantil y los niños tienen muchísima energía, pero son encantadores y siento que puedo enseñarles muchas cosas.

Persona 6

Trabajo de guardia de seguridad en unos grandes almacenes y la verdad es que, aunque pueda parecer aburrido, mi trabajo es interesante. Puedes observar a la gente y aprender mucho de ella. Sin embargo, el salario es lo único que no me gusta porque trabajas muchas horas y este trabajo no está bien pagado.

19. B; 20. F; 21. E; 22. J; 23. A; 24. G.

En el *Libro de ejercicios* corresponden a la tarea 4: ejercicio 14, unidad 1; ejercicio 13, unidad 5; ejercicio 14, unidad 9.

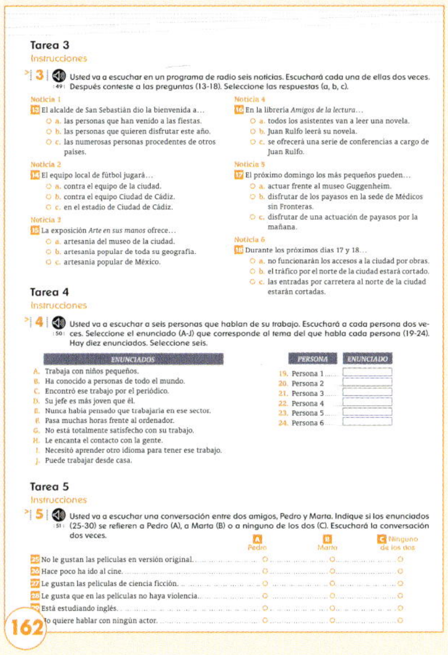

Tarea 3

Instrucciones

3 |49| Usted va a escuchar en un programa de radio seis noticias. Escuchará cada una de ellas dos veces. Después conteste a las preguntas (13-18). Seleccione las respuestas (a, b, c).

Noticia 1

13 El alcalde de San Sebastián dio la bienvenida a…
- a. las personas que han venido a las fiestas.
- b. las personas que quieren disfrutar este año.
- c. las numerosas personas procedentes de otros países.

Noticia 2

14 El equipo local de fútbol jugará…
- a. contra el equipo de la ciudad.
- b. contra el equipo Ciudad de Cádiz.
- c. en el estadio de Ciudad de Cádiz.

Noticia 3

15 La exposición *Arte en sus manos* ofrece…
- a. artesanía del museo de la ciudad.
- b. artesanía popular de toda su geografía.
- c. artesanía popular de México.

Noticia 4

16 En la librería *Amigos de la lectura*…
- a. todos los asistentes van a leer una novela.
- b. Juan Rulfo leerá su novela.
- c. se ofrecerá una serie de conferencias a cargo de Juan Rulfo.

Noticia 5

17 El próximo domingo los más pequeños pueden…
- a. actuar frente al museo Guggenheim.
- b. disfrutar de los payasos en la sede de Médicos sin Fronteras.
- c. disfrutar de una actuación de payasos por la mañana.

Noticia 6

18 Durante los próximos días 17 y 18…
- a. no funcionarán los accesos a la ciudad por obras.
- b. el tráfico por el norte de la ciudad estará cortado.
- c. las entradas por carretera al norte de la ciudad estarán cortadas.

Tarea 4

Instrucciones

4 |50| Usted va a escuchar a seis personas que hablan de su trabajo. Escuchará a cada persona dos veces. Seleccione el enunciado (A-J) que corresponde al tema del que habla cada persona (19-24). Hay diez enunciados. Seleccione seis.

ENUNCIADOS

- A. Trabaja con niños pequeños.
- B. Ha conocido a personas de todo el mundo.
- C. Encontró ese trabajo por el periódico.
- D. Su jefe es más joven que él.
- E. Nunca había pensado que trabajaría en ese sector.
- F. Pasa muchas horas frente al ordenador.
- G. No está totalmente satisfecho con su trabajo.
- H. Le encanta el contacto con la gente.
- I. Necesitó aprender otro idioma para tener ese trabajo.
- J. Puede trabajar desde casa.

PERSONA	ENUNCIADO
19. Persona 1	
20. Persona 2	
21. Persona 3	
22. Persona 4	
23. Persona 5	
24. Persona 6	

Tarea 5

Instrucciones

5 |51| Usted va a escuchar una conversación entre dos amigos, Pedro y Marta. Indique si los enunciados (25-30) se refieren a Pedro (A), a Marta (B) o a ninguno de los dos (C). Escuchará la conversación dos veces.

	A Pedro	B Marta	C Ninguno de los dos
25 No le gustan las películas en versión original.	○	○	○
26 Hace poco ha ido al cine.	○	○	○
27 Le gustan las películas de ciencia ficción.	○	○	○
28 Le gusta que en las películas no haya violencia.	○	○	○
29 Está estudiando inglés.	○	○	○
30 No quiere hablar con ningún actor.	○	○	○

162

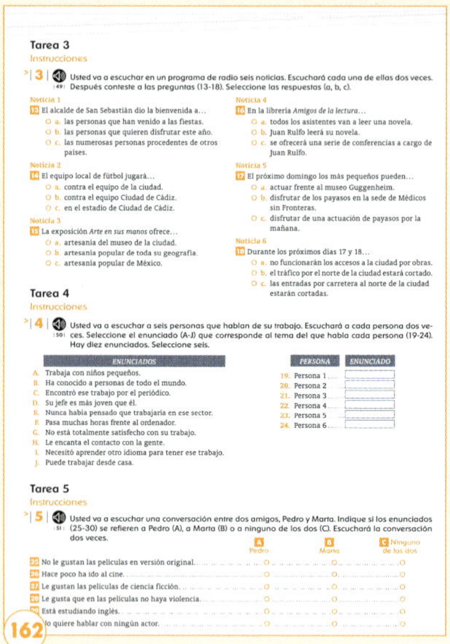

Tarea 5

La tarea consiste en escuchar un texto y responder a las preguntas de selección múltiple, seleccionando una de las tres opciones de respuesta. En este caso, se trata de una conversación entre dos amigos que quieren ir al cine a ver una película.

Se evalúa la capacidad del candidato para reconocer información específica en conversaciones informales.

El tipo de texto correspondiente a esta tarea es una conversación entre dos personas.

| 51 |

- **Pedro:** Marta, ¿qué te parece si vamos el sábado próximo al cine? Hace siglos que no veo una película en una sala de cine.
- **Marta:** Sí. A mí me pasa igual. Desde que tengo la televisión conectada a Internet, veo siempre las películas en casa. La verdad es que me encantaría ir. ¿Qué películas ponen?
- **Pedro:** No lo sé. Voy a mirarlo en la cartelera. ¿Prefieres una película en versión original y con subtítulos o doblada?
- **Marta:** La prefiero en versión original porque así es más natural, puedo reconocer otros idiomas y saber cuál es exactamente la voz de cada actor. Y tú, ¿qué prefieres?
- **Pedro:** Yo también la prefiero en versión original. Además, como las películas que más me gustan son en inglés, puedo practicar esta lengua, que estoy estudiando por las tardes.
- **Marta:** ¿Sí? No lo sabía. ¡Vaya! ¡Por fin te has decidido a aprender inglés en serio!
- **Pedro:** Pues sí. Y además, me encanta. Oye y a ti, ¿qué películas te gustan?
- **Marta:** Pues me gustan las películas tranquilas, interesantes, sin violencia... ¿Y a ti?
- **Pedro:** A mí me vuelven loco las de ciencia ficción, esas que tienen escenas del futuro y de viajes por el espacio.
- **Marta:** ¿Y si en lugar del cine vamos al teatro? También hace muchísimo tiempo que no voy, más tiempo que al cine, claro. Podríamos ver una de esas comedias musicales tan divertidas que anuncian en la televisión. ¿Qué te parece?
- **Pedro:** Estupendo. Y después podemos cenar en la cafetería del teatro. ¡A ver si vemos a alguno de los actores tomando algo! Nos podríamos presentar y pedirle un autógrafo.
- **Marta:** Conmigo para eso no cuentes, ya sabes que soy muy tímida. Pero lo de cenar en la cafetería del teatro me gusta. Hecho.

25. C; 26. C; 27. A; 28. B; 29. A; 30. B.

En el *Libro de ejercicios* corresponden a la tarea 5: ejercicio 14, unidad 2; ejercicio 15, unidad 6; ejercicio 16, unidad 8.

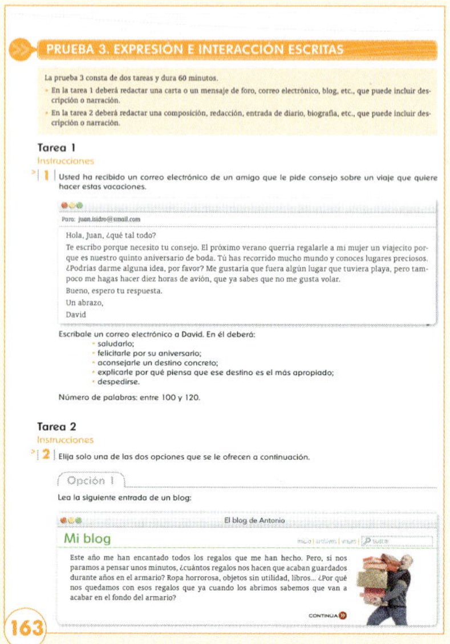

PRUEBA 3. EXPRESIÓN E INTERACCIÓN ESCRITAS 163

La prueba consta de dos tareas: una de interacción y una de expresión.

El candidato debe escribir los textos que se le piden en el espacio reservado para cada tarea en el cuadernillo correspondiente.

Tarea 1

La tarea consiste en redactar una carta o un mensaje de foro, correo electrónico o blog..., que puede incluir descripción o narración. En este caso en concreto se trata de redactar un correo electrónico a un amigo.

En esta tarea se evalúa la capacidad del candidato para, a partir de la lectura de un texto breve, producir un texto informativo sencillo y cohesionado.

El tipo de texto correspondiente a esta tarea es una nota, anuncio, carta o mensaje (correo electrónico, foro, muro de una red social, blog, revista...) que sirve de base para la redacción del texto de salida. Ámbitos personal y público.

En el *Libro de ejercicios* corresponden a la tarea 1: ejercicio 13, unidad 4; ejercicio 14, unidad 11.

Tarea 2

La tarea consiste en redactar una composición, redacción, entrada de diario, biografía..., que puede incluir descripción o narración, presentación de información y opinión personal. Se ofrecen dos opciones, de las que hay que elegir una.

En este caso, las opciones son escribir un comentario de blog sobre el peor regalo recibido, por un lado, y escribir un comentario de Facebook sobre los criterios a tener en cuenta a la hora de elegir un restaurante, por otro.

Se evalúa la capacidad del candidato para redactar un texto descriptivo o narrativo en el que se exprese opinión y se aporte información de interés personal, relacionada con experiencias personales, sentimientos, anécdotas...

El tipo de texto correspondiente a esta tarea es una noticia breve de una revista, blog o red social, que ayuda a acotar y contextualizar el texto de salida. Ámbitos personal y público.

En el *Libro de ejercicios* corresponden a la tarea 2: ejercicio 15, unidad 1; ejercicio 14, unidad 5; ejercicio 16, unidad 6; ejercicio 13, unidad 7; ejercicio 13, unidad 12.

PRUEBA 4. EXPRESIÓN E INTERACCIÓN ORALES 164

La prueba consta de cuatro tareas: dos de expresión y dos de interacción.

El candidato dispone de 15 minutos de preparación previa para las tareas 1 y 2 en los que puede tomar notas y escribir un esquema para consultar durante la prueba. Las tareas 3 y 4 no se preparan previamente.

Tarea 1

La tarea consiste en un monólogo sostenido breve, previamente preparado, a partir de un tema y unas preguntas que el candidato elige entre dos opciones dadas. En este caso, el tema sobre el que el candidato debe hablar es la medicina tradicional y la homeopatía.

Se evalúa la capacidad del candidato para realizar una breve presentación ensayada en la que dé su opinión, describa sus experiencias, o hable de sus deseos respecto a un tema o un titular que se le proporciona previamente.

En el *Libro de ejercicios* corresponden a la tarea 1: ejercicio 15, unidad 2; ejercicio 17, unidad 8; ejercicio 15, unidad 10.

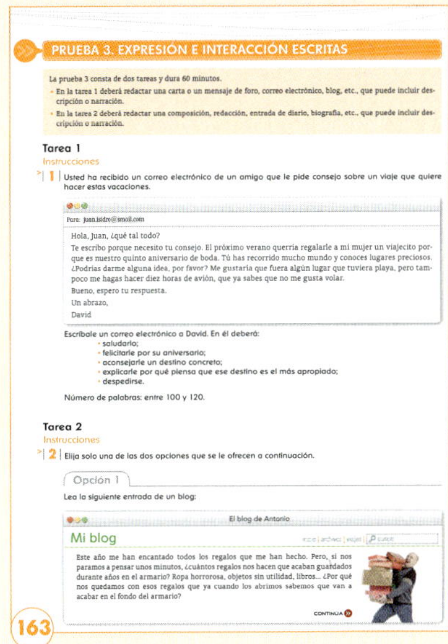

PRUEBA 3. EXPRESIÓN E INTERACCIÓN ESCRITAS

La prueba 3 consta de dos tareas y dura 60 minutos.
- En la tarea 1 deberá redactar una carta o un mensaje de foro, correo electrónico, blog, etc., que puede incluir descripción o narración.
- En la tarea 2 deberá redactar una composición, redacción, entrada de diario, biografía, etc., que puede incluir descripción o narración.

Tarea 1
Instrucciones
1 | Usted ha recibido un correo electrónico de un amigo que le pide consejo sobre un viaje que quiere hacer estas vacaciones.

Para: juan.isidro@smail.com
Hola, Juan, ¿qué tal todo?
Te escribo porque necesito tu consejo. El próximo verano querría regalarle a mi mujer un viajecito porque es nuestro quinto aniversario de boda. Tú has recorrido mucho mundo y conoces lugares preciosos. ¿Podrías darme alguna idea, por favor? Me gustaría que fuera algún lugar que tuviera playa, pero tampoco me hagas hacer diez horas de avión, que ya sabes que no me gusta volar.
Bueno, espero tu respuesta.
Un abrazo,
David

Escríbale un correo electrónico a David. En él deberá:
- saludarlo;
- felicitarle por su aniversario;
- aconsejarle un destino concreto;
- explicarle por qué piensa que ese destino es el más apropiado;
- despedirse.

Número de palabras: entre 100 y 120.

Tarea 2
Instrucciones
2 | Elija solo una de las dos opciones que se le ofrecen a continuación.

Opción 1
Lea la siguiente entrada de un blog:

El blog de Antonio
Mi blog
Este año me han encantado todos los regalos que me han hecho. Pero, si nos paramos a pensar unos minutos, ¿cuántos regalos nos hacen que acaban guardados durante años en el armario? Ropa horrorosa, objetos sin utilidad, libros... ¿Por qué nos quedamos con esos regalos que ya cuando los abrimos sabemos que van a acabar en el fondo del armario?

CONTINÚA

163

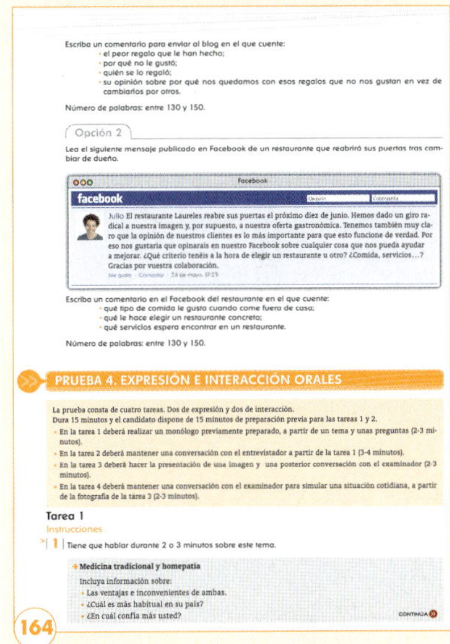

Escriba un comentario para enviar al blog en el que cuente:
- el peor regalo que le han hecho;
- por qué no le gustó;
- quién se lo regaló;
- su opinión sobre por qué nos quedamos con esos regalos que no nos gustan en vez de cambiarlos por otros.

Número de palabras: entre 130 y 150.

Opción 2
Lea el siguiente mensaje publicado en Facebook de un restaurante que reabrirá sus puertas tras cambiar de dueño.

Facebook
facebook
Julio El restaurante Laureles reabre sus puertas el próximo diez de junio. Hemos dado un giro radical a nuestra imagen y, por supuesto, a nuestra oferta gastronómica. Tenemos también muy claro que la opinión de nuestros clientes es lo más importante para que esto funcione de verdad. Por eso nos gustaría que opinarais en nuestro Facebook sobre cualquier cosa que nos pueda ayudar a mejorar. ¿Qué criterio tenéis a la hora de elegir un restaurante u otro? ¿Comida, servicios...? Gracias por vuestra colaboración.

Escriba un comentario en el Facebook del restaurante en el que cuente:
- qué tipo de comida le gusta cuando come fuera de casa;
- qué le hace elegir un restaurante concreto;
- qué servicios espera encontrar en un restaurante.

Número de palabras: entre 130 y 150.

PRUEBA 4. EXPRESIÓN E INTERACCIÓN ORALES

La prueba consta de cuatro tareas. Dos de expresión y dos de interacción.
Dura 15 minutos y el candidato dispone de 15 minutos de preparación previa para las tareas 1 y 2.
- En la tarea 1 deberá realizar un monólogo previamente preparado, a partir de un tema y unas preguntas (2-3 minutos).
- En la tarea 2 deberá mantener una conversación con el entrevistador a partir de la tarea 1 (3-4 minutos).
- En la tarea 3 deberá hacer la presentación de una imagen y una posterior conversación con el examinador (2-3 minutos).
- En la tarea 4 deberá mantener una conversación con el examinador para simular una situación cotidiana, a partir de la fotografía de la tarea 3 (2-3 minutos).

Tarea 1
Instrucciones
1 | Tiene que hablar durante 2 o 3 minutos sobre este tema.

Medicina tradicional y homepatía
Incluya información sobre:
- Las ventajas e inconvenientes de ambas.
- ¿Cuál es más habitual en su país?
- ¿En cuál confía más usted?

CONTINÚA

164

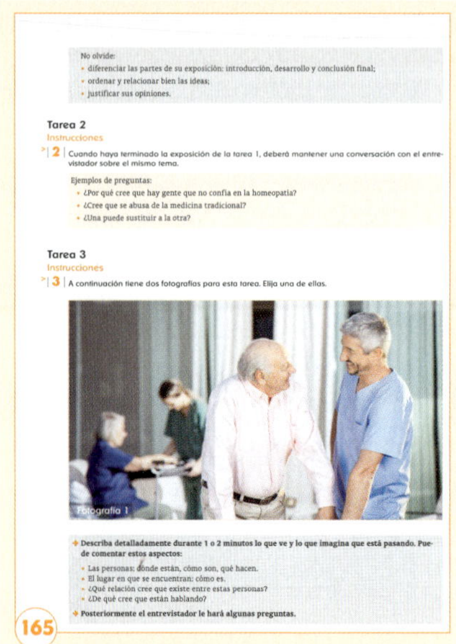

No olvide:
- diferenciar las partes de su exposición: introducción, desarrollo y conclusión final;
- ordenar y relacionar bien las ideas;
- justificar sus opiniones.

Tarea 2
Instrucciones
2 | Cuando haya terminado la exposición de la tarea 1, deberá mantener una conversación con el entrevistador sobre el mismo tema.

Ejemplos de preguntas:
- ¿Por qué cree que hay gente que no confía en la homeopatía?
- ¿Cree que se abusa de la medicina tradicional?
- ¿Una puede sustituir a la otra?

Tarea 3
Instrucciones
3 | A continuación tiene dos fotografías para esta tarea. Elija una de ellas.

Fotografía 1

- **Describa detalladamente durante 1 o 2 minutos lo que ve y lo que imagina que está pasando. Puede comentar estos aspectos:**
  - Las personas: dónde están, cómo son, qué hacen.
  - El lugar en que se encuentran: cómo es.
  - ¿Qué relación cree que existe entre estas personas?
  - ¿De qué cree que están hablando?
- **Posteriormente el entrevistador le hará algunas preguntas.**

165

Tarea 2

La tarea consiste en una conversación entre el candidato y el entrevistador a partir de la tarea 1.

Se evalúa la capacidad del candidato para participar en una conversación sobre el tema de la tarea 1 en la que el entrevistador preguntará por su opinión o su experiencia personal.

En el *Libro de ejercicios* corresponden a la tarea 2: ejercicio 18, unidad 8.

Tarea 3

La tarea consiste en una breve presentación de una imagen y posterior conversación con el entrevistador. Se ofrecen dos opciones, de las que hay que elegir una, que no se prepara.

En esta tarea se evalúa la capacidad del candidato para describir una fotografía, siguiendo las pautas establecidas, y responder a las preguntas del entrevistador, que relacionarán la imagen con el entorno del candidato.

En el *Libro de ejercicios* corresponden a la tarea 3: ejercicio 15, unidad 3; ejercicio 14, unidad 12.

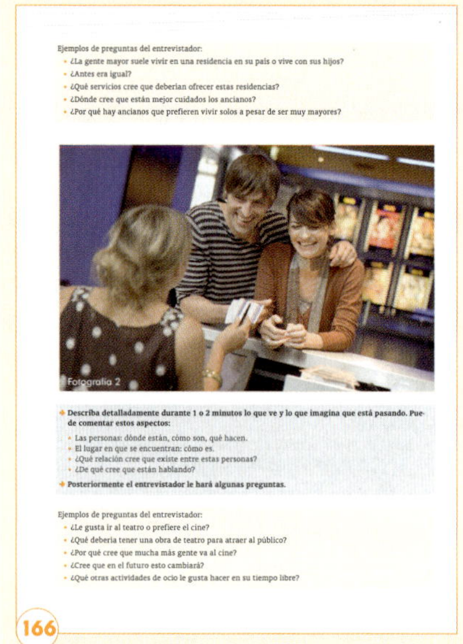

Ejemplos de preguntas del entrevistador:
- ¿La gente mayor suele vivir en una residencia en su país o vive con sus hijos?
- ¿Antes era igual?
- ¿Qué servicios cree que deberían ofrecer estas residencias?
- ¿Dónde cree que están mejor cuidados los ancianos?
- ¿Por qué hay ancianos que prefieren vivir solos a pesar de ser muy mayores?

Fotografía 2

- **Describa detalladamente durante 1 o 2 minutos lo que ve y lo que imagina que está pasando. Puede comentar estos aspectos:**
  - Las personas: dónde están, cómo son, qué hacen.
  - El lugar en que se encuentran: cómo es.
  - ¿Qué relación cree que existe entre estas personas?
  - ¿De qué cree que están hablando?
- **Posteriormente el entrevistador le hará algunas preguntas.**

Ejemplos de preguntas del entrevistador:
- ¿Le gusta ir al teatro o prefiere el cine?
- ¿Qué debería tener una obra de teatro para atraer al público?
- ¿Por qué cree que mucha más gente va al cine?
- ¿Cree que en el futuro esto cambiará?
- ¿Qué otras actividades de ocio le gusta hacer en su tiempo libre?

166

Tarea 4

La tarea consiste en una conversación con el examinador para simular una situación cotidiana, a partir de la fotografía de la tarea 3.

En esta tarea se evalúa la capacidad del candidato para participar en conversaciones para satisfacer necesidades cotidianas o intereses personales: hacer cambios o devoluciones, solicitar un servicio, exponer una queja o hacer una consulta, confirmar o concertar una cita, solicitar una información, quedar con amigos, etc.

En el *Libro de ejercicios* corresponden a la tarea 4: ejercicio 14, unidad 7; ejercicio 15, unidad 9.

(Información extraída de: http://diplomas.cervantes.es/)

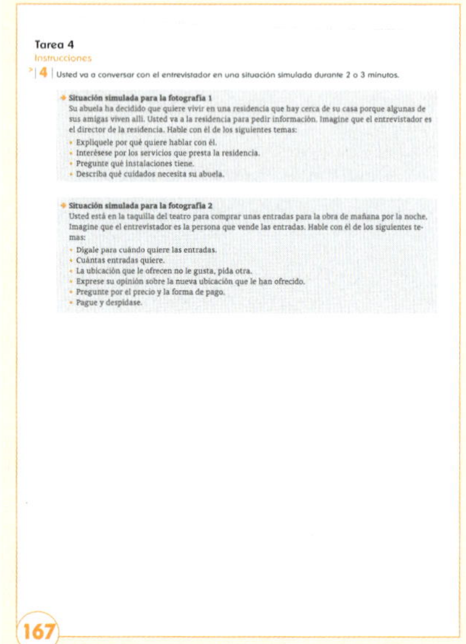

Tarea 4
Instrucciones
4 | Usted va a conversar con el entrevistador en una situación simulada durante 2 o 3 minutos.

- **Situación simulada para la fotografía 1**
  Su abuela ha decidido que quiere vivir en una residencia que hay cerca de su casa porque algunas de sus amigas viven allí. Usted va a la residencia para pedir información. Imagine que el entrevistador es el director de la residencia. Hable con él de los siguientes temas:
  - Explíquele por qué quiere hablar con él.
  - Interésese por los servicios que presta la residencia.
  - Pregunte qué instalaciones tiene.
  - Describa qué cuidados necesita su abuela.

- **Situación simulada para la fotografía 2**
  Usted está en la taquilla del teatro para comprar unas entradas para la obra de mañana por la noche. Imagine que el entrevistador es la persona que vende las entradas. Hable con él de los siguientes temas:
  - Dígale para cuándo quiere las entradas.
  - Cuántas entradas quiere.
  - La ubicación que le ofrecen no le gusta, pida otra.
  - Exprese su opinión sobre la nueva ubicación que le han ofrecido.
  - Pregunte por el precio y la forma de pago.
  - Pague y despídase.

167